浙江大学公法与比较法研究所　编

公法研究

第 21 卷

主编　章剑生

ZHEJIANG UNIVERSITY PRESS
浙江大学出版社

图书在版编目(CIP)数据

公法研究. 第 21 卷 / 章剑生主编. —杭州：浙江
大学出版社，2022.3
ISBN 978-7-308-22222-8

Ⅰ.①公…　Ⅱ.①章…　Ⅲ.①公法－研究－文集
Ⅳ.①D90-53

中国版本图书馆 CIP 数据核字(2022)第 003817 号

公法研究·第 21 卷
章剑生　主编

责任编辑	傅百荣	
责任校对	梁　兵	
封面设计	杭州隆盛图文制作有限公司	
出版发行	浙江大学出版社	
	（杭州市天目山路 148 号　邮政编码 310007）	
	（网址：http://www.zjupress.com）	
排　　版	杭州隆盛图文制作有限公司	
印　　刷	浙江新华数码印务有限公司	
开　　本	710mm×1000mm　1/16	
印　　张	27.25	
字　　数	433 千	
版 印 次	2022 年 3 月第 1 版　2022 年 3 月第 1 次印刷	
书　　号	ISBN 978-7-308-22222-8	
定　　价	82.00 元	

目　录

名作书评

行政诉讼"充分合理"证明标准研究

——以最高人民法院指导案例 101 号为例

蒋经中 *

内容提要:行政诉讼领域的证明标准问题素来得到学界的广泛关注与探讨,但囿于实定法规范尚不完备,以及实务中法官对证明标准论述的模糊不清,因而备受争议。随着最高人民法院指导案例 101 号"罗元昌案"的发布,其裁判理由及裁判要旨中之于政府信息不存在类案创设的审理思路,着实为下级法院审理类案提供了指引与参照方向。

本文试图切分解构"罗元昌案"的裁判理由及裁判要旨,提取出适用于政府信息不存在一类案件的"充分合理"证明标准。以原告能否提供初步证据为基准,在没有相反证据直接阻断的条件下,将负公开义务机关对于查找检索义务的证明责任提升到"充分合理"的证明标准,由此构建一个完整的应用于政府信息公开案件中避免负公开义务机关假借"政府信息不存在"敷衍卸责的复合保障体系。同时,将这一证明标准置于现有的行政诉讼证明标准体系加以审视,该"充分合理"证明标准从纵向"抽象-具体"维度应隶属于明确的且具有可操作性的类案具体证明标准,从横向"强-弱"维度则应高于明显优势证据标准、低于排除合理怀疑标准。

关键词:证明标准;信息不存在;依法行政

---

* 蒋经中,浙江大学光华法学院,法律(法学)专业 2020 届硕士。

一、引　言

长久以来，关于我国行政诉讼领域的证明标准问题，是否应当明确以及如何明确，一直是颇具争议的一个话题。证明标准问题，作为证据法学理论研究的磐石地基，亦是司法实践中法官常常三缄其口的"法外之地"，逐渐被涌上探讨剖析的风口浪尖。英国著名的证据法学家墨菲，对证明标准的性质曾有一段精准的表述，"是指证明责任被卸下所要达到的范围或程度……是证据必须在事实裁判者头脑中造成的确定性或者盖然性的程度……是承担举证责任的当事人在有权赢得诉讼之前使事实裁判者形成确信的标准。从证明责任的履行来看，证明标准是证据质量和证据证明力的测试仪"。[1]其试图阐释解决的就是司法证明活动中需要证明到何种程度的问题，即"判断承担证明责任的主体是否履行了其应尽的责任"，陈光中教授将其形象地比作"卸除证明责任的尺度和标杆"。[2]且需予以强调，明确证明标准的意义可不止是就事实裁判者而言，在一个完整的诉讼活动过程中，其对于参与诉讼活动的各方当事人——尤其是行政机关——的行为方式都会产生指引作用。换言之，证明标准的模糊泛化不仅会影响个案中法官对证据材料的采信程度，案件判决的处理结果，更会动摇社会民众对于该诉讼活动所要维护的社会秩序及其坚守的价值目标的信心，因此值得引起我们的关注与重视。

但就目前我国的证明标准体系构建领域，大多数学者都将目光聚焦于民事诉讼证明标准与刑事诉讼证明标准，却忽视了行政诉讼证明标准这片尚未开垦完全的沃土。回溯学界对于行政诉讼证明标准的探讨，从起初的一元论到后来的多元论，研究的深入伴随着对行政诉讼性质定位的明晰。它有着不同于刑事诉讼与民事诉讼的诉讼目的与诉讼任务，需要发展出符

---

[1] Peter Murphy, *Murphy on Evidence*, Blackstone Press Ltd., 2000:119.

[2] 陈光中：《证据法学》，法律出版社 2011 年版，第 288 页。

合其自身规律特点的证明标准，[3]而不只是"依样画瓢"地参照引用，与社会现实产生脱离。反观实定法的步履进程，作为对行政诉讼证据相关问题作出专门规定的《最高人民法院关于行政诉讼证据若干问题的规定》（以下简称《若干规定》）也已是 2002 年 10 月 1 日出台施行，十余年来并未突破完善。而实定法所依存的社会现实却在不断地涵养丰富着证明标准理论，伴随着行政诉讼相关个案的不断出现，司法裁判实践的不断探索，发展出一套多元化的行政诉讼证明标准体系的时机已至臻成熟。

　　曾有学者将证明标准从抽象到具体分为三个层次：第一层次是性质层面的抽象证明标准，即达到法定证明标准的案件事实是一种"客观真实"或"法律真实"；第二层次是表述层面的证明标准，即学界大多探讨的"排除合理怀疑""内心确信"等多种表述；第三层次则是证明标准的"具象面孔"，即明确的、具有可操作性的，包括各类案件和各类对象的具体证明标准。[4]本文所探讨的"充分合理"证明标准，恰恰是建立在判例基础之上的，针对类案研究的第三层次的具体证明标准。判例的意义不容忽视，审视目前中国的行政诉讼法学研究，往往或以外国法的制度和学说为参照系，或建立在我国若干同类案件加以梳理和剖析的基础之上，却忽视了对判例的彻底性研究。[5] 如末弘严太郎在《判例民法·大正十年度》序文中所言，"法院是依据实际的问题创造法律的场所，因此之故，若欲知晓现行法为何物，就必须要展开对判例的考察。"[6]判例才是丰富和发展法学理论最为鲜活的土壤。自《人民法院改革纲要》（2004—2008）首次将"建立和完善案例指导制度"加以明确，并提出其统一法律适用标准、指导下级法院审判工作和丰富发展法学理论的三大作用，紧随着 2010 年 11 月 26 日《最高人民法院关于案例指导工作的规定》的出台落地，具有中国特色的案例指导制度从原先的讨论设

---

　　〔3〕 王圣扬：《诉讼证明责任与证明标准研究》，中国人民公安大学出版社 2012 年版，第 254 页。

　　〔4〕 熊晓彪：《刑事证据标准与证明标准之异同》，《法学研究》2019 年第 4 期。

　　〔5〕 宋华琳：《当场行政处罚中的证明标准及法律适用——"廖宗荣诉重庆市公安局交通管理局第二支队道路交通管理行政处罚决定案"评析》，《交大法学》2010 年第 1 期。

　　〔6〕 参见民事法判例研究会：《判例民法·大正十年度》，有斐阁出版社，1954 年版。

想一跃变成了现实。[7]"应当参照"效力在法规范层面的确立,着实给当时的实务界打了一剂"强心针",毕竟法律适用的核心就在于如何正当合理地将普遍性的法律规范运用于具体个案当中。而制定法自身可能存在法律漏洞、前后矛盾、过于抽象或与外部法体系冲突等现象,借助于指导案例制度,司法机关可以通过这些在既有法律渊源基础上结合实际案情、国情发展出的新的适用规则来对案件作出更为妥当的处理,实现实质上的公平正义。同时,这也在一定意义上规范了法官的自由裁量权,实现法律适用的统一,维护法的安定性。2015 年 5 月 13 日《〈最高人民法院关于案例指导工作的规定〉实施细则》的进一步出台,将这一"应当参照"效力的具体化加以明确,若基本案情与法律适用这两方面与指导案例相似,则应当参照指导案例的裁判要点。[8] 指导性案例的"裁判要点"对于同类案件解释的"适切性"以及"必要性"已得到一定的认可。

至此,也确立了指导案例在我国各级人民法院审理案件及法律适用层面的一席之地,如同血脉一般为刚性骨架的实定法规范注入了生命的活力,互相补充、互相递进,真正实现了及时、有效地回应社会现实的合理需求,并且能结合本土的实际国情、社情、民情,实现法的稳定性与妥当性的有机统一。而本文所研究的"罗元昌案",其指导意义正是在政府信息不存在的案件中,人民法院对于原被告双方的证明责任分配、证明标准确立的一种全新尝试,笔者正是基于该案的基本案情与裁判理由,试图提取出一种"充分合理"的证明标准,并由此构建一个完整的应用于政府信息公开案件中避免负公开义务机关假借"政府信息不存在"敷衍卸责的复合体系,以期为类似案件的司法裁判归纳思路、提供指引。

---

〔7〕 参见《最高人民法院关于案例指导工作的规定》第七条规定:"最高人民法院发布的指导性案例,各级人民法院审判类似案例时应当参照。"由此确立了指导案例所具有的"应当参照"效力。

〔8〕 参见《〈最高人民法院关于案例指导工作的规定〉实施细则》第九条中直接表明:"各级人民法院正在审理的案件,在基本案情和法律适用方面,与最高人民法院发布的指导性案例相类似的,应当参照相关指导性案例的裁判要点作出裁判。"同时第十条予以补充:"各级人民法院审理类似案件参照指导性案例的,应当将指导性案例作为裁判理由引述,但不作为裁判依据引用。"

二、指导案例 101 号的切分

(一)基本案情

原告罗元昌是兴运 2 号船的船主,在乌江流域从事航运、采砂等业务。2014 年 11 月 17 日,罗元昌出于起诉重庆大唐国际彭水水电开发有限公司财产损害赔偿纠纷案的需要,向被告重庆市彭水苗族土家族自治县地方海事处(以下简称"彭水县地方海事处")邮寄书面政府信息公开申请书,具体申请公开的内容为:1. 公开彭水苗族土家族自治县港航管理处(以下简称"彭水县港航处")与彭水县地方海事处的设立、主要职责、内设机构和人员编制的文件。2. 公开下列事故的海事调查报告等所有事故材料:兴运 2 号在 2008 年 5 月 18 日、9 月 30 日的两起安全事故及荣华号、高谷 6 号等船舶在 2008 年至 2010 年发生的安全事故。同年 11 月 19 日,彭水县地方海事处签收了这一申请书,但随后并未在法定期限内对罗元昌进行答复,罗元昌遂向彭水苗族土家族自治县人民法院(以下简称"彭水县法院")提起行政诉讼。2015 年 1 月 23 日,彭水县地方海事处作出〔2015〕彭海处告字第 006 号《政府信息告知书》,载明:一是对申请公开的彭水县港航处、彭水县地方海事处的内设机构名称等信息告知罗元昌获取的方式和途径;二是对申请公开的海事调查报告等所有事故材料经查该政府信息不存在。

2015 年 3 月 31 日,彭水县法院对该案作出〔2015〕彭法行初字第 00008 号行政判决,确认彭水县地方海事处在收到罗元昌的政府信息公开申请后未在法定期限内进行答复的行为违法。同年 4 月 22 日,罗元昌以彭水县地方海事处作出的〔2015〕彭海处告字第 006 号《政府信息告知书》不符合法律规定,且与事实不符为由,提起行政诉讼,请求撤销彭水县地方海事处作出的〔2015〕彭海处告字第 006 号《政府信息告知书》,并由彭水县地方海事处向罗元昌公开海事调查报告等涉及"兴运 2"号船的所有事故材料。另查明,罗元昌提交了涉及"兴运 2 号"船于 2008 年 5 月 18 日在彭水高谷长滩子发生整船搁浅事故以及于同年 9 月 30 日在彭水高谷煤炭沟发生沉没事故的《乌江彭水水电站断航碍航问题调查评估报告》《彭水县地方海事处关于近两年因乌江彭水水电站不定时蓄水造成船舶搁浅事故的情况报告》《重庆市发展和改革委员会关于委托开展乌江彭水水电站断航碍航问题调查评估的函（渝发改能函〔2009〕562 号）》等材料。

彭水县人民法院作出〔2015〕彭法行初字第 00039 号行政判决，以现有证据不能证明涉案政府信息由彭水县地方海事处制作或保存，彭水县地方海事处已经履行了告知义务为由，判决驳回罗元昌的诉讼请求。在案件二审审理期间，彭水县地方海事处主动撤销了其作出的〔2015〕彭海处告字第 006 号《政府信息告知书》，但罗元昌仍坚持诉讼。2015 年 9 月 18 日，重庆市第四中级人民法院作出〔2015〕渝四中法行终字第 00050 号判决，以彭水县地方海事处未能证明其对涉案政府信息尽到查询、翻阅和搜索义务为由，撤销一审判决并确认涉案《政府信息告知书》违法。[9]

（二）问题提炼

1. 裁判思路剖析

最高人民法院纵览本案案情，从时间轴上来可分为两个阶段，第一阶段为原告罗元昌基于诉重庆大唐国际彭水水电开发有限公司财产损害赔偿纠纷案的需要，向彭水县地方海事处申请指定内容的政府信息公开；第二阶段为原告罗元昌以《政府信息告知书》不符合法律规定且与事实不符为由提起的行政诉讼。二审法院的裁判理由主要针对论述的是第二阶段，第一阶段作为其先行行为，也隐藏在论述之中。

首先，法院界定了政府信息的概念，从《中华人民共和国内河交通事故调查处理规定》这一法律规范出发，确认了"船舶在内河发生事故的调查处理"这一行政行为属于海事管理机构的法定职责，而在此事故的调查处理过程中所制作或者获取的，以一定形式记录、保存的信息，能够被政府信息的法律规范定义所涵摄，属于政府信息。而彭水县地方海事处作为该行政区划范围内的海事管理机构，具有相应的法定职权。其次，根据《中华人民共和国政府信息公开条例》（2008 年）（以下简称《信息公开条例》）第 21 条、第

---

〔9〕　参见重庆市第四中级人民法院二审判决书，〔2015〕渝四中法行终字第 00050 号。

26 条的规定说明了公开的范围及公开的形式,并且强调了罗元昌提供了兴运 2 号船于 2008 年 5 月 18 日在彭水高谷长滩子发生整船搁浅事故以及于 2008 年 9 月 30 日在彭水高谷煤炭沟发生沉没事故的相关线索,这一相关线索的提供大大削弱了仅有彭水县地方海事处自述的《政府信息告知书》的证明力。法院借此认定彭水县地方海事处仅凭自述而未进一步提供印证证据以证明其尽到了查询、翻阅和搜索的义务,而未达到相应的证明标准,需要承担举证不利的后果。最后则是由于原违法行政行为已撤销,故判决确认违法的裁判结果论述。

2."充分合理"证明标准的导出

粗看裁判理由似乎觉得不瘟不火,但当结合本案的裁判要旨加以审视,会发现最高人民法院将其列入指导性案例其实是颇有深意的。本案的裁判要旨为:在政府信息公开案件中,被告以政府信息不存在为由答复原告的,人民法院应审查被告是否已经尽到充分合理的查找、检索义务。原告提交了该政府信息系由被告制作或者保存的相关线索等初步证据后,若被告不能提供相反证据,并举证证明已尽到充分合理的查找、检索义务的,人民法院不予支持被告有关政府信息不存在的主张。[10]

该裁判要旨可被切分为两个部分,前半段是对以往实践中"信息不存在"案件审查标准的延续与肯定,即当行政机关答复信息不存在时,人民法院除了需要审查一般程序意义上的告知答复与说明理由义务之外,还需要审查被告的查找检索义务是否达到充分合理的证明标准。但这一证明标准的确立却引发出更多的疑问与思考:何谓"充分"? 何谓"合理"? 以及此等标准的查找检索义务的审查应如何进行? 而后半段则是对这一证明标准的具体运用加以释明。首先以原告能否提供初步证据为基准,将"政府信息系由被告制作或者保存的相关线索"这一原本作为申请法院调取证据的请求权基础转化为原告证明"信息不存在"的初步证据,为原告推翻信息不存在推定提供了救济途径,并且仅需要达到"初步"的要求就可以推定信息存在的主张。此时承担证明责任的被告在这一前置要求的推动下,将承担相较于一般行政诉讼更为严苛的证明标准。被告要么提供能够产生直接阻断效

---

〔10〕 参见重庆市第四中级人民法院二审判决书,〔2015〕渝四中法行终字第 00050 号。

果的相反证据，如不能则需进一步举证证明已尽到充分合理的查找检索义务，此刻人民法院应当深入审查负公开义务机关无法提供政府信息之原因，凭借内心真意审视行政机关的查找检索义务是否达到了"充分"与"合理"之程度。可想而知，这样的"充分合理"证明标准对于被告的负担是相当沉重的，但也映射出该指导案例对于行政机关依法行政的指引与规制。何谓行政诉讼？其根本目的就在于通过诉讼程序监督行政机关的依法行政，这是价值取向所映射出的制度设计原点，实质上就是审判机关对行政机关的一种司法监督，是权力制衡体系中国家司法权对国家行政权的制约。[11] 因而"充分合理"证明即使严苛，亦无可厚非。将上述诉讼流程具化，则可得到图1如下：

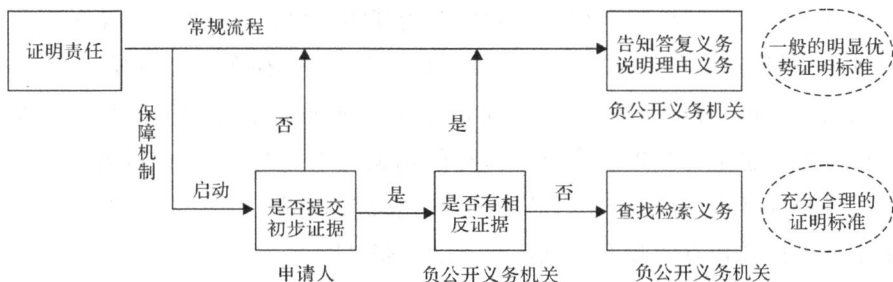

图 1 "充分合理"证明标准的诉讼流程

由上，将上述切分的两部分合而视之，则构建了一个完整的应用于政府信息公开案件中避免负有公开义务机关假借"政府信息不存在"敷衍卸责的复合体系。以"原告能否提供初步证据"作为开启这一保障体系的"按钮"，而启动后运作其中的核心便是"充分合理"证明标准。指导案例 101 号"罗元昌案"正是在"政府信息不存在"理由被泛化滥用的当下，最高人民法院对行政机关依法行政的严格要求，而明确在这一领域下的"充分合理"证明标准，对于助力多元化行政诉讼证明标准体系的构建也有所裨益。

---

〔11〕 王圣扬：见前注〔3〕，第 84 页。

三、"充分合理"证明标准的适用对象

（一）政府信息不存在的概念厘析

解读判例，提取规则都有一个大前提，即需要建立在对法律条文、法律概念的理解基础之上，因为"概念起着认识的渊源作用"[12]。"充分合理"证明标准的建构，必然离不开对"政府信息不存在"该类案件的独立价值和影响因素的充分考量，这既包含对"政府信息不存在"一类案件的实际裁判的情境化处理，还包含着对这一证明标准的适用对象的差异化特点与价值取向的精准把握。

1. 法规范下的内涵变迁

本文所试图导出的这一证明标准的"应用场景"就是"政府信息不存在"案件，因此有必要对"政府信息不存在"这一概念进行立法沿革上的梳理与界定。从文义解释的视角审视，它首先点出了一个法律概念"政府信息"，而这一"政府信息"处于一种不存在的状态。前者的内涵在《信息公开条例》（2008 年）第 2 条中就予以明确，指"行政机关在履行职责过程中制作或者获取的，以一定形式记录、保存的信息"。但 2019 年 5 月 15 日新修订的《信息公开条例》却将该条文表述进行了修改，即将原来的"履行职责"替换成了"履行行政管理职能"。原先的政府信息只要是政府履行职责范畴内皆可纳入，而现在的履行行政管理职能的圈定范畴则窄了许多，将一些与行政管理无关的内部事务信息予以排除，一定程度上避免了申请人申请一些相关性不强、关联度不高的政府信息，缓解行政机关对政府信息的制作保存方面的压力。

至于"政府信息不存在"的完整表述最早也是出自《信息公开条例》

---

〔12〕　［德］阿图尔·考夫曼，温弗里德·哈斯默尔：《当代法哲学和法律理论导论》，郑永流译，法律出版社 2002 年版，第 162 页。

(2008 年)中的第 21 条第 3 项,[13]该条款意在对申请公开的政府信息予以类型化分别处理,只是将其作为一种可以不提供政府信息的情形予以考虑。而要进一步揣度这一概念的立法本义,可以参考国务院法制办为解读条例编写的读本中的权威释义,"申请公开的政府信息不存在的,也就是这一政府信息自始至终不曾产生,根本谈不上是否应当公开",即仅限于"信息自始不存在"。[14] 相关的地方政府规章,如《上海市政府信息公开规定》第 23 条第 1 款第 4 项第对"政府信息不存在"的界定则更为具体,以双要素为限,一者是所申请信息应属于本机关职责权限范围之内;二者是该申请信息本机关未制作或者获取。综合相似之处,可以明确立法之初的"政府信息不存在"当是"自始不存在"。

然而这一内涵界定并不周延,随着近几年司法实践的不断变化演进,各级人民法院在裁判该政府信息公开案件中发现,申请公开的政府信息属于本机关职责权限内且经机关制作或者获取,但后期因为各类主观或者客观原因而灭失,行政机关就难以找到合适的答复方式,此时"政府信息不存在"通俗的广义上的文义解释就被各级行政机关所用。而这种难处其实也是能被法官所理解,因此法官更多将条文的现实解释逐渐由"自始客观的信息不存在"转变为"检索不得的不存在"。如"郑洪与上海市静安区住房保障和房屋管理局、上海市静安区人民政府政府信息公开答复及行政复议决定案"[15]中,人民法院经审查认为"被上诉人静安房管局在内部档案管理中心及相关科室的纸质材料等范围内,根据政府信息公开申请书中的特征描述及关键词进行了全面检索,均未找到上诉人要求获取的信息,故据此告知上诉人信息不存在"的行为符合《信息公开条例》第 21 条第 3 项的规定,已认同此处的"信息不存在"应理解为检索不得,而不仅限于自始的客观不存在。类似裁判理由论述的案例不胜枚举,如"张争等与中华人民共和国自然资源

---

〔13〕《中华人民共和国政府信息公开条例》(2008 年)第 21 条第 3 项规定:"依法不属于本行政机关公开或者该政府信息不存在的,应当告知申请人,对能够确定该政府信息的公开机关的,应当告知申请人该行政机关的名称、联系方式。"

〔14〕 曹康泰:《中华人民共和国政府信息公开条例读本》(修订版),人民出版社 2009 年版,第 87 页。

〔15〕 参见上海市第二中级人民法院行政判决书,〔2018〕沪 03 行终 251 号。

部政府信息公开纠纷上诉案"[16]中,法官直接在裁判理由明确指出,"本案中,张争等申请人申请公开的上述信息,原国土部经检索未能找到,后在作出被诉告知书中告知,根据张争等申请人的描述无法查询到其所需要的信息。"而《信息公开条例》(2019 年)第 36 条第 4 项"经检索"条件的增添,也反映出实定法规范对这一司法实践成果的吸纳。

2. 司法实务下的概念边界

然而光是"检索不得的信息不存在"界定,仍不足以有效应对日益增多的政府信息公开案件,"信息不存在"这一"万金油"式的答复也成为行政机关敷衍公民申请政府信息公开的惯用手段,某种程度上诱使导致了行政机关的不作为,危及到《信息公开条例》的立法初衷。实际统计整理我国 14 个省级行政区 2014 年至 2018 年的"信息不存在"答复数及其所在政府信息公开申请总数中的占比,[17]不难发现"信息不存在"答复数和比例总体上呈现上升的趋势,不过由于个别地区的政府信息公开工作年度报告并未检索到,本表所涉及的地区均是年度报告公开且较为完整的地区。至少在一定程度上能反映出目前"信息不存在"答复在政府中不断被援用的趋势。

表 1

地区	2014 年		2015 年		2016 年		2017 年		2018 年	
	不存在答复数	占比	不存在答复数	占比	不存在答复数	占比	不存在答复数	占比	不存在答复数	占比
北京	15173	43.40%	12328	39.86%	9020	27.21%	10288	30.06%	9740	28.47%
上海	6995	17.90%	5980	13.50%	5368	16.80%	4335	18%	4282	13.8%
天津	1727	15.15%	1673	19.12%	2030	22.06%	3647	27.96%	3247	21.95%
浙江	8739	38%	2456	4%	2904	12%	4130	13%	3860	12%
山西	37	1.83%	68	4.75%	89	7.73%	120	7.08%	82	4%
内蒙古	20	2.06%	33	2.30%	55	4%	124	10.46%	88	5.93%

[16]　参见北京市高级人民法院行政判决书,〔2018〕京行终 4464 号。

[17]　各地区工作报告在该地区人民政府官网的政府信息公开年报上均可查询。这 14 个省级行政区并非经过筛选,而是仅有这 14 个地区工作报告的历年数据是完整的,其他地区均有不同程度的缺失,出于占比数值的连续性与完整性比较,因而选取这 14 个地区。此外,虽然从绝对数上看,2014 年的答复数最高,但是主要因为当年北京、上海、甘肃、浙江等四地的案件数异常多,如浙江省 2014 年的"信息不存在"答复数较 2015 年多 6283 件。

续表

地区	2014 年		2015 年		2016 年		2017 年		2018 年	
	不存在答复数	占比	不存在答复数	占比	不存在答复数	占比	不存在答复数	占比	不存在答复数	占比
辽宁	196	4%	290	5.80%	701	10.80%	1322	11.30%	1113	9.4%
安徽	216	3.22%	400	4.45%	600	7.12%	522	6.04%	609	5.33%
山东	830	3.63%	1723	11.70%	1802	10.10%	2457	11.70%	2944	13.8%
河南	636	3.09%	912	4.99%	843	4.57%	1203	5.78%	1234	5.26%
湖北	243	2%	558	6.02%	825	8.43%	1102	8.84%	908	8.99%
四川	817	8.67%	626	6.20%	1132	9.11%	1556	10.38%	2595	14.78%
贵州	64	0.92%	91	1.64%	180	3.38%	192	5.05%	294	6.59%
甘肃	189	5.09%	11	0.60%	17	1%	94	4%	122	5.2%
平均	35882	10.64%	27149	8.92%	25566	10.31%	31092	12.12%	31118	15.07%

同时,"信息不存在"答复的过度援用,引发的是司法实务中相关政府信息公开案件的增多与裁判结果的混乱。为此,笔者在中国裁判文书网上以一级案由为行政案由,关键词为"信息不存在"进行全文检索,共检索出45284 份文书。[18] 按裁判年份予以梳理,2014 年 3722 份文书,2015 年7221 份文书,2016 年 7953 份文书,2017 年 9536 份文书,2018 年 9045 份文书,基本呈逐年上升趋势。该类案件的逐年增加意味着司法审判实践中将面临一系列涉及"政府信息不存在"的裁判纠纷,而"信息不存在"概念的模糊,已经引起举证责任分配不明、不利后果负担不清等大量问题。(1)信息不存在概念模糊。如"陈燕华与北京市公安局朝阳分局政府信息公开告知行为纠纷上诉案"中仍将信息不存在界定为自始客观不存在,以"陈燕华提交申请中所称的时间、地点等信息,其对应的信息载体 110 接处警系统和接报警系统登记簿中并不存在相关的接警记录为由"进行客观实际说明。而"陆颀慧等与中华人民共和国自然资源部政府信息公开纠纷上诉案"[19]中法院对于信息不存在则理解为"在《国土资源业务档案管理办法》和《电子文件管理暂行办法》对电子文件归档问题已作出了明确规定的前提下,原国土

---

〔18〕　参见中国裁判文书网,http://wenshu.court.gov.cn/,检索日期为 2020 年 2 月 15 日。

〔19〕　参见北京市高级人民法院行政判决书,〔2018〕京行终 4465 号。

部经查找后不存在申请人申请公开的信息,并作出了合理解释",由此得出本案现有证据亦不足以证明原国土部在作出被诉告知书时已经制作或获取了申请人申请公开信息的结论并无不当。此时法院并不是深度审查负公开义务机关的信息是否客观存在,而是转换成查找检索义务与合理解释的说明义务的履行,推定信息不存在。(2)举证责任分配不明。在现今的"信息不存在"案件中仍存在不少认为原告负举证责任的判例,比较典型的如"孙某某诉上海市人民政府政府信息公开案"[20]中,最高人民法院以"孙某某未提供有效证据证明其所申请的政府信息客观存在,亦未提供有效线索证明所申请政府信息的实际制作主体或保存主体"为由,判定原告应当承担举证不利的后果,最终驳回了再审申请。在"果某某等与北京市海淀区人民政府等信息公开案"[21]中,温泉镇政府只是以被诉告知书的形式答复赵某某等3人涉案信息不存在,仅仅履行了程序意义上的告知说明义务,但法院还是以"因在案证据不足以证明温泉镇政府制作、获取或保存了涉案信息"判定赵某某等3人上诉缺乏事实及法律依据,明显对原告课以过高的证明负担,并且要承担证明不利的后果,有悖行政诉讼中被告应对具体行政行为合法性承担举证责任的一般规定。(3)法院审查标准有待明确。毕竟在《信息公开条例》(2008年)的规定下,负公开义务机关一般只履行程序性的告知义务,就能满足信息公开的合法性要求,如在"王某与上海市静安区房屋土地管理局政府信息公开案"中,法院认为:"被告经查对该地块实施检查情况并未以纸质、胶卷、磁带以及其他电子存储材料等载体形式保留下来,原告也不能提供被告具有该类信息的证据,被告做出的信息不存在告知,适用法律正确,内容适当。"[22]在信息严重不对称的情况下,原告提出的申请信息公开的诉请只要不利于行政机关,行政机关就可以以"信息不存在"为由进行答复。信息存在与否,至少在信息对外公开上,全由行政机关主导。

不过随着《最高人民法院关于审理政府信息公开行政案件若干问题的规定(征求意见稿)》(2009年)的公布,首次表露出最高人民法院对于政府

---

〔20〕　参见最高人民法院行政裁定书,〔2017〕最高法行申3713号。

〔21〕　参见北京市第一中级人民法院行政判决书,〔2018〕京01行终237号。

〔22〕　参见上海市静安区人民法院行政判决书,〔2008〕静行初字第34号。

信息不存在主张证据的合理查询义务,强调需要达到"合理"的程度。[23] 尽管最终公布的规定定稿中没有该条款的出现,但意见稿中的出现与探讨至少表达了规则制定者对于合理查询义务的态度与意识。《最高人民法院关于审理政府信息公开行政案件若干问题的规定》(2011 年,以下简称《规定》)则进一步补强了对"信息不存在"的审查标准[24],即"在拒绝提供政府信息时,应当对拒绝的根据以及履行法定告知和说明理由义务的情况举证。若被告履行了相应的告知和说明理由义务,则判决驳回原告诉讼请求"。此处的条款针对政府信息不存在答复,为政府设定告知和说明理由义务。说明理由义务是一种客观层面的义务,只要政府在告知时同时对不能公开或者信息不存在的情况说明理由,义务就已经履行完毕。《规定》中涉及的说明理由义务是仍然是一个程序性义务,只要告知并说明理由就满足合法性要求。至于实体上是否存在该信息,以及政府机关如何算履行合理的检索查找义务以确认该信息存在的问题并没有得到根本解决。法院通过对告知和说明理由义务的审查,只能从形式上审查行政机关是否履行信息公开的义务,无法有效实现对政府信息公开的监督,因而这一审查标准尚待明确。

在这一背景下,指导案例 101 号的发布表明了最高人民法院对于该类实务困境的关注,而本案的特殊意义在于,法院以行政机关没有举证证明其履行了查找搜索义务为由判决行政行为违法,即以检索义务作为合法性要件,并赋予其较高的证明标准要求。以往的案件中很少出现因未查找搜索而被判决违法的案例,对行政机关的检索义务的举证也很少作要求,多采取比较宽松的证明标准。但本案的裁判要旨却异乎寻常地强调法院应审查负公开义务机关是否尽到充分合理的查找、检索义务,在原审法院并未在裁判理由的论述中着重笔墨于此的前提下,可以窥见最高人民法院想要确立这一类信息不存在案件证明标准的决心。

---

〔23〕　参见 2009 年公布的《最高人民法院关于审理政府信息公开行政案件若干问题的规定(征求意见稿)》第六条规定:"被告主张政府信息不存在的,应当提供经过合理查询的证据"。

〔24〕　参见《最高人民法院关于审理政府信息公开行政案件若干问题的规定》第 5 条第 1 款、第 5 款和第 12 条规定。

(二)"政府信息不存在"的类型化

司法实践中"信息不存在"概念的模糊不清实则由来已久,前文所列举的案例只是冰山一角,除了文义解释可得的客观不存在外,现在的"信息不存在"内涵在行政机关与法院的动态负相关推动下,呈现着不断扩张的趋势,不过却也真实的反映着司法实践的客观需求。因而在 2017 年"王蓉华诉上海市虹口区政府政府信息公开案"中,最高人民法院在裁判要旨中明确说明,"在现行立法未对'政府信息不存在'的内涵和外延作出明确界定的情况下,除明确答复政府信息不存在外,行政机关答复'未制作''未获取''未保存''未找到'相应的政府信息,均可视为属于'政府信息不存在'范畴。行政机关在尽到合理的查找和检索义务后,将相应查找和检索情况告知申请人,并就应当制作、获取、保存但未制作、未获取、未保存等情况作出合理说明的,即应视为履行了政府信息公开义务。"[25]但最高人民法院只是列举了"未制作""未获取""未保存""未找到"等多种情形,并将它们都扔进了"政府信息不存在"这个大筐,而没有进行合理的梳理归类,依旧不利于下级法院的依照适用。

因此厘清判定"信息不存在"的构成要件显得尤为重要,根据《信息公开条例》(2019 年)第 2 条"政府信息"的定义,可以解构提取出三个构成要件,分别是法定职责要件、实际履职要件和客观保存要件。此处的法定职责要件与实际履职要件可以直接从条文文义中提取,而客观保存要件则需要结合司法实践判例进一步解读提取,如"方某某与福州市鼓楼区五凤街道办事处等复议上诉案"[26]"唐某某等诉峨眉山市国土资源局等复议案"[27]等案中,法院在裁判理由中都将所申请公开的信息认定为应该是"客观存在的信息,而不能是推定存在的信息","应当是现有的"。若单纯从反面推定的思路出发,"政府信息不存在"的范畴可以理解为这三个相反要件的交集合。但这三个构成要件并不是简单的并列关系,而带有一定的递进关系。若该

---

〔25〕 参见最高人民法院行政裁定书,〔2017〕最高法行申 9250 号。
〔26〕 参见福建省福州市中级人民法院行政裁定书,〔2018〕闽 01 行终 142 号。
〔27〕 参见四川省乐山市市中区人民法院行政裁定书,〔2018〕川 1102 行初 53 号。

行政机关并无相应的法定职责或并未实际履职,则政府信息根本没有实际产生的可能性。因而在此种状况下,《规定》所原有的法定告知和说明理由义务足以解决该类争议,既不影响申请人的权利救济保障,又符合行政机关的效率原则,节约不必要的查找检索成本。而对于客观保存的相反要件,则需要进一步分类,从逻辑周延的角度可以划分为:客观上未制作保存与客观上制作保存却无法提供。依笔者理解,对于行政机关而言,在其履行行政管理职能的过程中必然会产生一定的政府信息,而这些信息是否以客观形式予以制作保存固定下来则仍是存疑的。即使已客观制作保存下来,仍存在后期无法提供的风险,因而后者又可细分为因客观原因无法提供与因主观原因无法提供。这一区分的意义在于三种类型中行政机关的主观过错程度不同,因而需要课以行政机关的证明负担有所轻重变化。从主观过错程度由轻到重加以排序,分别是客观上未制作保存、已客观制作保存但因客观原因无法提供、已客观制作保存但因主观原因无法提供。结合相应法院的审查标准,制表如下(见表 2)。

表 2

类型	内容	理由说明	审查标准
类型 1	客观上未制作保存	行政机关负有相应的法定职责和实际履职要求,即在实际履职过程中信息实际上已经产生,但却未将信息予以妥善保存。	法定告知和说明理由义务
类型 2	已客观制作保存但因客观原因无法提供	行政机关已保存信息,但信息因客观原因损毁灭失,如不可抗力、设备故障等。	法定告知和说明理由义务+充分合理的查找检索义务
类型 3	已客观制作保存但因主观原因无法提供	行政机关已保存信息,但信息因主观原因遗失损毁,如管理不当遗失、恶意销毁等。	法定告知和说明理由义务+充分合理的查找检索义务

但结合各级法院的司法审查实践会发现,原有的针对"信息不存在"案件的审查标准大多仅停留在类型 1 的层面,即使法院在裁判理由中说明行政机关已尽到查找检索义务,往往难以验证。的确按照指导案例 101 号前固有的审查标准,很难对行政机关的信息公开义务予以有效监督,原有的查找检索义务比较依赖行政机关的主观态度,可能存在恶意隐瞒信息抑或敷

衍了事并未进行积极检索信息的情况,甚至成为部分行政机关不愿公开政府信息的托辞。[28] 这显然已经与依法行政的要式原则相悖,已经危及到《信息公开条例》(2019 年)第一条[29]"提高政府工作透明度,推动法治政府建设,发挥政府信息对人民群众的服务作用"的立法初衷,应当对这一问题提高重视。而指导案例 101 号的发布,则为下级法院裁判该类案件提供了更为精细的思路模式。

以原告能否提供初步证据为基准,将"政府信息系由被告制作或者保存的相关线索"这一原本作为申请法院调取证据的请求权基础转化为原告证明"信息不存在"的初步证据,越过了被告行政机关以类型 1 为由仅需履行的法定告知和说明理由义务,为原告提供更深一步的救济。同时,在这一初步证据前置要求的推动下,合理加重了此时被告的证明责任,将承担相较于一般行政诉讼更为严苛的证明标准。被告要么提供能够产生直接阻断效果的相反证据,返回到类型 1 的状态,如不能则需进一步举证证明已尽到充分合理的查找检索义务,并由法院深入审查信息不存在的原因,通过内心真意判断确认被告属于类型 2 还是类型 3 的状态。

四、"充分合理"证明标准的内容

"专业的精细化程度是衡量司法职业化成熟的标志,如果我们真的能够精细化地认识理解法律专业某一狭窄领域,于我们的司法工作大有裨益。"[30]对于指导案例制度,裁判理由的发布、裁判要旨的归纳只是思想凝结的第一步,将指导案例背后法院所试图表达呈现的制度性构建提取出来,变成基层法院能够进行类型化适用的要式规则,则是思想真正得以落地生根的关键一步。而"充分合理"证明标准,则是本文提取了指导案例 101 号

---

〔28〕　李广宇:《政府信息公开司法解释读本》,法律出版社 2011 年版,第 365 页。

〔29〕　参见《中华人民共和国政府信息公开条例》(2019 年)第 1 条:"为了保障公民、法人和其他组织依法获取政府信息,提高政府工作的透明度,建设法治政府,充分发挥政府信息对人民群众生产、生活和经济社会活动的服务作用,制定本条例。"

〔30〕　王新环:《心思缜密是司法者的灵性所在》,载《法制日报》,2012 年 2 月 8 日。

裁判要旨中"充分合理的查找、检索义务",试图归纳出在处理"政府信息不存在"这类案件时,法院应持有的对待证据的评判标准及其所依附的客观诉讼推动规则。

(一)初步证据的前置要求

前文在导出"充分合理"证明标准时,曾说明过指导案例 101 号后半段是对这一证明标准具体应用的释明,而"原告提交的该政府信息系由被告制作或者保存的相关线索等初步证据"则是开启这一阶段的前置条件要求。此处的初步证据,首先要与申请政府信息公开申请中应有的对申请公开政府信息的名称、文号或者便于行政机关查询的特征性描述相区别开来。[31]前者已经进入司法审查阶段,后者则是作为申请政府信息公开申请的实质要件之一。其次,此刻原告提交的初步证据只需要承担程序上的证据提出责任,就可以开启这一阶段,而不必负实体上的说服责任。姜明安曾提出行政诉讼证明责任主要是由程序层面的证据提出责任和实体层面的说服责任两部分构成,认为前者的法律效果主要在于证明构成法律争端,而后者则是使法官确信其实体主张,从而由此确定败诉后果由谁承担的一种实体责任。[32] 在指导案例 101 号中,罗元昌提供的初步证据包括兴运 2 号船在彭水高谷长滩子发生整船搁浅事故以及在彭水高谷煤炭沟发生沉没事故的各类《问题调查评估报告》《船舶搁浅事故情况报告》《断航碍航问题调查评估的函》等材料,其与罗元昌所申请公开的海事调查报告有直接相关性,试图合理说明该海事调查报告在彭水县地方海事处实际履职过程中已客观实际产生,从而推动诉讼过程中证明责任的进一步强化,属于一种程序性推进责任,并不具有实体意义上的说服责任。

但核心问题在于"初步"二字,即该证据需要初步到何种程度才能开启这一程序性推进功能,进而带动本案的诉讼标准达到"充分合理"的证明标准的范畴?不可否认,这一"初步"内涵的界定是十分困难的,信息不对称的

---

[31] 参见《中华人民共和国政府信息公开条例》(2019 年)第 29 条第 2 款第 2 项:"申请公开的政府信息的名称、文号或者便于行政机关查询的其他特征性描述"。

[32] 姜明安:《行政法与行政诉讼法》,北京大学出版社 2013 年版,第 463 页。

现实困境短时间内难以突破，加之政府信息的类别繁杂庞大，因而只能从法技术的层面加以尝试探讨。此时就需要结合前文对于"政府信息不存在"的类型化分析，法定职责要件、实际履职要件其实是在申请公开信息时就会予以明确，若不属于，行政机关亦会告知申请人并说明理由。[33] 对于原告而言，此时在没有举出任何证据的情况下，法院的审查内容就仅限于负公开义务机关有无履行程序上的告知和说明理由义务以及实体上有无履行查找检索义务（无需达到充分合理的证明标准）。但参考现有的司法判例，不难发现此种程度的义务负担，远远无法起到保障公民、法人和其他组织依法获取政府信息及提高政府工作透明度、监督依法行政的制度保障作用，[34] 负公开义务机关说明已依法履行上述义务来卸除证明责任的成本是十分低廉的。在原有的诉讼模式下，原告只需要启动政府信息公开诉讼即可，无需举证政府信息存在，这一设计在大大减轻原告举证责任的同时，也导致了对被告证明标准的低要求，毕竟此种门槛下无法苛责被告过高的证明标准。换言之，只要负公开义务机关依法履行了上述义务，法院大多选择推定信息不存在，判令驳回原告诉讼请求，如"刘某某诉郑州市中原区人民政府等复议案"[35]"姜某某与南通市公安局崇川分局、南通市公安局行政监督、行政复议案"[36] 等皆是如此。

随后，笔者的目光便流转到客观保存要件，裁判要旨中对于初步证据的举例描述亦是"该政府信息系由被告制作或者保存的相关线索"，在原有的法定职责与实际履职基础上增添了一层制作保存要件。根据《信息公开条例》（2019 年）第 10 条规定，"制作"和"获取"是信息形成的不同原因，包括由自身行政活动产生信息的"信息制作责任机关"和保存其他行政主体制作的信息的"信息获取责任机关"，两者的保存行为对应着不同的推定规则，对应原告所需举证的"初步"范畴也有所不同。

---

〔33〕 参见《中华人民共和国政府信息公开条例》（2019 年）第 36 条第 5 项："所申请公开信息不属于本行政机关负责公开的，告知申请人并说明理由；能够确定负责公开该政府信息的行政机关的，告知申请人该行政机关的名称、联系方式"。

〔34〕 曹康泰：见前注〔14〕，第 22-23 页。

〔35〕 参见郑州铁路运输中级人民法院行政判决书，〔2018〕豫 71 行初 170 号。

〔36〕 参见江苏省南通市中级人民法院行政判决书，〔2018〕苏 06 行终 239 号。

对"信息制作责任机关"而言,其制作保存行为是信息存在的前提要件,原告提交的"初步证据"只要证明这一点即可推动证明标准的升格,而后续是否因主观抑或客观原因无法提供,则是负公开义务机关的责任。而要证明"信息制作责任机关"的制作保存行为,一般有两种类型:其一,法律依据。若法律有明确行政活动信息的制作保存义务,可径直推定信息业已客观制作保存的事实。虽然《信息公开条例》中对实际履职后的信息保存并无要求,但是可以结合其他实体法或程序法的特定规范可以进行体系解释。[37]其二,事实证据。若没有法律明确规定的制作保存义务,原告可举证作为信息存在原因的关联行为,当处于多阶段行政程序中,先行行为与后续行为往往存在逻辑上、内容上的关联性,先行行为能成为后续行为合法性的证据,同样后续行为也能成为先行行为客观存在过的证据。[38] 这是基于行政行为的构成要件效力予以周延,尽管理论上的探讨目前仍限于规范意义上的行政行为效力,[39]但是相关信息作为承载前行为的必要形式,也会因此构成信息存在的因果关系,因此原告只要能提供相关的后续行为客观存在过的证据亦即达到"初步证据"的要求。其次,在事实上是基于行政行为的要式规范,即对行政行为要式原则的法定化,如《治安管理处罚法》第 96 条、《行政许可法》第 38 条、《行政强制法》第 37 条皆有对行政决定的书面要求作出规定,在"曲某某诉北京市顺义区南法信镇人民政府政府信息公开案"中[40],法院更是指出"从行政公文处理的一般流程推测,行政机关制作政府信息后应当予以备案保存,行为留痕越发成为现代行政机关工作的基本要求之一"。各类行政决定原则上都要以书面形式作出,与之相关的事实依据和文书都要保存,也是依法行政的应有之意,所以该类证据的获取对原告来说还是有迹可循的。

---

〔37〕 如《政府采购法》第 42 条规定:"采购人、采购代理机构对政府采购项目每项采购活动的采购文件应当妥善保存,不得伪造、变造、隐匿或者销毁。采购文件的保存期限为从采购结束之日起至少保存十五年。采购文件包括采购活动记录、采购预算、招标文件、投标文件、评标标准、评估报告、定标文件、合同文本、验收证明、质疑答复、投诉处理决定及其他有关文件、资料。采购活动记录至少应当包括下列内容:……"

〔38〕 成协中:《行政行为违法性继承的中国图景》,《中国法学》2016 年第 3 期。

〔39〕 章剑生:《现代行政法总论》(第 2 版),法律出版社 2019 年版,第 156 页。

〔40〕 参见北京市第三中级人民法院〔2018〕京 03 行终 133 号行政判决书。

对"信息获取责任机关"而言,"事实证据"这一路径的获取变得更加困难,而且往往没有多阶段的关联行为可供搜寻。一般就只能通过法律依据推定,而这一层面"初步"的界定在目前司法实务中也颇为模糊。一般而言,行政机关从外部获取信息的用途并不限于保存,也有可能在完成行政任务后就及时处理。因此"初步证据"的范围只能根据法律的明确规定。在此前提下,原告举证行政机关已向外部获取过相关信息的事实才可以勾连至信息保存行为,否则仍属于信息形成职权的自主空间,无法判定行政机关已经保存信息。

综上,指导案例 101 号"初步证据"的举证提出至少确立了以下两点指导意义。第一,从形式上确立了一种前置的证据提出程序。一个具有证据能力和证明力的证据在诉讼程序中并不一定能够发挥其应有的证明作用,因为证据作用的发挥不仅仅依赖于证据规则本身,证据的准备、提交和庭审等证明程序,对于证据能否进入审判程序并发挥相应的证明效力起着至关重要的作用。[41] 初步证据的前置要求相当于为原告设定了一种额外的程序救济保障,在"政府信息不存在"案件中这种形式设计为原告提供了制度上的余地保障。第二,从内容上更强调其证据提出责任而不是说服责任,"初步"二字强调原告提供的证明内容与信息存在是要具有一定关联性,但程度上是初步而非充分的,只要能通过上文提及的法律依据抑或事实证据加以间接推定证明政府信息业已制作保存过即可,而后续是否因主观或客观原因而无法提供,是为后言。

(二)相反证据的直接阻断

随后的"若被告不能提供相反证据,并举证证明已尽到充分合理的查找、检索义务的",这段中首先需要对"并"字做一个法解释学上的释义,即这里的"并"表达的是一种并列关系还是递进关系。若是并列关系,则意味着在原告提出初步证据后,负有公开义务机关不仅需要举出相反证据,同时还需证明查找检索义务的充分合理。若此,且先不考虑司法成本等其他因素,这里对于相反证据的理解就变得尤为重要了。首先,相反证据的证明对象

---

〔41〕 阎巍:《行政诉讼证据规则:原理与规范》,法律出版社 2019 年版,第 228 页。

为何？若是为了证明政府信息客观不存在,那显然后续的查找检索义务便失去了意义,并若行政机关能举出政府信息客观不存在的证据,那在行政信息公开环节一般就会予以出示说明。由此衔接前后文意便可知,此处的相反证据所针对的是初步证据而言。当相反证据对初步证据所要证明的对象起到了证明力上的相反效果,则会直接导致初步证据的证明效力丧失,如《若干规定》第 65 条、第 68 条第 2 款等条款均表明了相反证据的推翻效力。[42] 在有效相反证据的作用下,诉讼状态就会回归到了一般的行政诉讼证明流程及证明标准之中。换言之,这里的相反证据起到了一种直接阻断初步证据证明效果的作用,而后面的"并"则是表达一种递进关系,当没有相反证据进行直接阻断时,法院对被告行政机关提出了更为高的证明标准,即需要达到"充分合理"证明标准的查找检索义务。

　　阐述清楚"并"之涵义,问题就剩下了"何谓之相反证据"。"相反"之意味并不是证据本身具有的性质,证据本身的性质事实与对于证据的评价是两种不同的概念。前者是固化的客观性的载体,而后者则会随着对于这种证据所处的评价体系与评价规则的不同而不同,与主观意识相联。陈瑞华教授曾将法官对证据的审查判断过程细分为两个证据评价过程:一是对证据合法性的评判,即对于证据本身是否具有证据能力的判断;二是对证据真实性、相关性大小强弱的判断,即证据证明力如何的判断。[43] "相反"则是对其证据证明力效果的要求。负公开义务机关若想借助相反证据的举出,来阻断由初步证据所引起的保障机制,这一相反证据应当符合证据基本的合法性、真实性与相关性。[44] 三者确保了相反证据证明力存在之前提,而后阻断之效果,则在于相关性之强弱。该相关性并非直接指向"政府信息不存在"之事实,亦非指向初步证据所描述之事实,而是直接指向初步证据本身。换言之,相反证据试图证明反驳的乃是初步证据本身,具体也可从"证

---

　　[42] 参见《最高人民法院关于行政诉讼证据若干问题的规定》第 65 条规定:"在庭审中一方当事人或者其代理人在代理权限范围内对另一方当事人陈述的案件事实明确表示认可的,人民法院可以对该事实予以认定。但有相反证据足以推翻的除外。"第 68 条第 2 款规定:"前款(一)、(三)、(四)、(五)项,当事人有相反证据足以推翻的除外。"

　　[43] 陈瑞华:《以限制证据证明力为核心的新法定证据主义》,《法学研究》2012 年第 6 期。

　　[44] 我国诉讼法学界通常采用"证据三性标准",即合法性标准、关联性标准和真实性标准。

据三性标准"入手加以批驳,即初步证据的合法性、真实性与相关性。

首先,初步证据的合法性,包括但不限于以下三方面:一是形式合法性,是否属于法定种类能够在诉讼中适用;二是内容合法性,一般即是否属于非法证据应当予以排除;三是程序合法性,即证据的调查收集程序是否符合法律规则,证据的举证质证程序是否合法等。不过对于第三方面,在"政府信息不存在"类案中的初步证据提出中不应过分严苛,该程序合法性多强调于刑事诉讼法。《若干规定》对于行政诉讼中的非法证据排除规则作出了规定,对于严重违反法定程序收集的证据、以不正当手段获取的证据、以违反法律禁止性规定或者侵犯他人合法权益的方法取得的证据应当予以排除。[45] 因此,若相反证据能证明初步证据的合法性存在问题,如初步证据是经非法手段获取的,证据来源违法等等,自然能起到阻断效果。

其次,初步证据的真实性指用来确定或者推翻待证事实的信息材料与实际情况相一致吻合。若认定证据不具有真实性,即可推定其不具有相应的法律效力,不能来证明任何待证事实。因此相反证据若能说明初步证据来源的真实性存疑、内容存在相关矛盾点,则可起到阻断效果。证据的矛盾点,则可采用证据比对予以审查,一般包括"部分比对法"与"全面比对法",[46] 具体证据比对操作细节与本文中心论点联系不大,故不详述。相反证据能明确证明初步证据存在失真,有违一般的逻辑法则与经验法则,如仅凭猜测产生时间、地点等矛盾的证言,人物出现时空交叉的收据等等,也能达到同样之效果。

最后则是初步证据的相关性,相关性作为证据的基本属性,[47] 是指一种逻辑上的证明力,即某个证据可以对某个事实存在与否的可能性加以证

〔45〕 参见《最高人民法院关于行政诉讼证据若干问题的规定》(2002 年)第 57 条第 1 项至第 3 项、第 58 条等规定。

〔46〕 司法人员审查证据是否存在矛盾,主要采用两种方法:一是"部分比对法"。将证明同一待证事实的两个以上证据进行比对,审查其内容和反映的情况是否一致,能否合理地共同证明案件事实。二是"全面比对法"。将案件中全部证据进行综合比对,看其内容和反映的情况是否协调一致,能否确实、充分地证明案件的真实情况。参见杜邈:《证据矛盾排除"三步法则"》,载《人民检察》2019 年第 7 期。

〔47〕 参见《人民法院统一证据规定(司法解释建议稿)》(2008 年)第 11 条规定:"相关证据,是指对案件事实的认定具有证明力、有助于审判人员审查判断案件事实存在可能性的证据。"

明的程度。[48] 初步证据的待证对象是"该政府信息系由被告制作或者保存"，且前文已论述限缩至"业已制作保存过即可，后续是否因主观或客观无法提供并不影响程序推进之效果"，由此相反证据若要从否定初步证据的相关性入手，其待证对象则为"该政府信息未曾由被告制作或者保存"，由此则可排除初步证据的相关性，进而阻断保障机制回归到一般诉讼流程。

（三）递进后的"充分合理"证明标准

首先予以申明，借助判例确立针对特定案情适用的证明标准（通常是更高的证明标准）并非毫无渊源。在 20 世纪 80 年代的美国，优势证据规则可谓是当时行政程序与行政诉讼中的"黄金规则"，其地位犹如物理学中的三大基本定律般不容置疑。但在此背景下，基于 1996 年 Woodby 诉美国移民局的驱逐出境案件打破了这一局面，联邦最高法院以移民局作出驱逐出境的行政决定必须提供"清楚的、明确的、可信的证据"（Woodby 标准）为由确立了明显优势的证明标准。联邦最高法院认为该类案件会导致"严厉的剥夺权利"和"即可的生计困难"，行政机关的处理决定会对相对人的生产和生活造成不可弥补之影响，即会侵犯公民、法人或者其他组织的基本权利，优势证据标准对这类案件缺乏应有的严肃性而不能适用，除非有清楚的、明确的和可信的证据证明被指控的驱逐出境事实的真实性，非此便不能维持驱逐出境的行政决定。[49] 同理，指导案例 101 号"证明已尽到充分合理的查找、检索义务"的强调，在笔者看来就是最高人民法院试图确立"政府信息不存在"案件中"Woodby 标准"的一次大胆尝试。

同样的，在国内针对一类案件的证明标准研究已非鲜见，山东省高级人民法院行政庭课题组曾专门开展系列类案证明标准研究，[50] 通过规范统一类案裁判尺度这一举措，来提升法官的司法能力，实现特定类案裁判尺度的"同一性"，提升法院裁判的权威性与公信力，其实也是为构建多元化的行政

---

〔48〕 张保生：《证据规则的价值基础和理论体系》，《法学研究》2008 年第 2 期。

〔49〕 樊崇义：《诉讼法学研究》（第 1 卷），中国检察出版社 2002 年版，第 546 页。

〔50〕 山东省高级人民法院开展了系列类案证明标准研究，如山东省高级人民法院行政庭课题组：《国有土地上房屋征收类案证明标准研究》，《山东法官培训学院学报（山东审判）》，2019 年第 2 期。

诉讼证明标准"投石问路"。当然,要真正确立好"充分合理"这一证明标准,需要将目光流转于我国证明标准的溯往与发展中去寻找理论原点。

1. 从客观真实到法律真实

对于证明标准的原点,自由心证永远是个无法回避的课题,因为无论是法律规定抑或规则设计,都有其局限性,真正判决的作出最终必然要诉诸于自由心证。而证据制度的历史发展,经历了从神明裁判到法定证据再到自由心证的演变过程,而作为起源于法国大革命时期的自由心证制度,其对于法官证据判断与证据运用权力的完全度与自由度可谓历史之最,被认为是人类历史上首次出现的完全以人的思维逻辑和思想信念为基础的证据采信原则。[51]《法国刑事诉讼法典》第 353 条对此曾有过这样一段经典论述:"法律并不会过问,法官究竟借助何种径路达成内心确信;法律亦不会明确要求其证据追求的充分与足够;法律,只会要求法官能心平气和、集中精神,以自己内心的诚实与善良为指引,以自己的理性与智慧为依托,根据有罪证据和辩护理由,形成印象、作出裁判。至此,法律才向法官提出这最后一个问题:你是否已形成内心确信了? 这便是他们的全部职责所在。"[52]但落地到中国的本土实践,不同地域不同层级法院法官的法学修养与认知水平差异较大,自由心证缺乏实质控制,会导致自由裁量权的不合理扩张。

而我国最早奉行的便是"案件事实清楚、证据确实充分"的证明标准,讲究事实认定之准确,且该事实认定应达到清楚明白之程度,由此得出的证明结论应当具有排他性和唯一性,而并未对司法裁判人员的主观意识状态提出任何要求抑或设立标准。[53]这在《行政诉讼法》(1989 年)第 4 条、第 54 条、第 61 条的条文内容中均有所体现。[54]但这种过分强调客观真实的做法,已受到诸多学者的批判,认为是鲁莽地割裂了诉讼中主体与客体、价值与事实之间的有机联系,迫使法官独立于自己的判断对象之外,这样的割裂

---

〔51〕 何勤华:《法国法律发达史》,法律出版社 2007 年版,第 470-474 页。

〔52〕 参见《法国刑事诉讼法典》,余叔通、谢朝华译,中国政法大学出版社 1997 年版,第 132 页。

〔53〕 王晓杰:《行政诉讼证明标准的重构》,《行政法学研究》2004 年第 2 期。

〔54〕 参见《行政诉讼法》(1989 年)第 4 条规定:"人民法院审理行政案件,以事实为根据,以法律为准绳。"第 54 条规定:"人民法院经过审理,根据不同情况,分别作出判决:(一)具体行政行为证据确凿,适用法律法规、正确,符合法定程序的,判决维持。"第 61 条规定:"人民法院审理上诉案件,按照下列情形,分别处理:(一)原判决认定事实清楚,适用法律法规正确,判决驳回上诉,维持原判。"

不仅客观上难以实现,且对于事实判断本身的准确作出亦无太多裨益。[55]
而随后 2002 年《若干规定》的颁布实施,无论是第 53 条的"应当以证据证明
的案件事实为依据",抑或第 54 条全款[56]对于"应当对经过庭审质证的证
据和无需质证的证据进行逐一审查和对全部证据综合审查"的要求均可视
为对现代自由心证理论的合理吸纳和有益借鉴,通过对"事实"内涵的深入
解构,在实定法层面确立了"以证据证明"的事实真相即"法律真实"的历史
地位,也映射出我国立法者对其背后司法价值追求态度的转变,实现了从
"客观真实"向"法律真实"的完全过渡。[57]

毕竟对客观真实的追求是有限的,过分地追求绝对真实,必然会导致部
分犯罪或者违法行为因为无法被百分百确定而被放纵,抑或即便少数案件
能最终达成精确的证明,而因案件的久拖不决和种种的成本负担导致社会
秩序长期无法稳定,这显然是在追求公平正义的道路上走进了"死胡同"。
法学视角审视下的正义,其内核就在于对实体真实的追求,这亦是大多数诉
讼行为由来的根本动因,即诉讼证明的最终目标就是为了实现客观真实。
但如同现实和理想永远存在着差距,在有限的诉讼条件之下,诉讼终结时所
能论证的证明程度与客观意义上的实体真实总是存在一段距离。而寻找这
段距离中合理的平衡点,则成为证明标准的价值所在。既要能在人们现有
的认知限度内,最大限度地发现案件真实,又期望案件事实的确认能够得到
绝大多数社会成员的信赖,这才是我们所试图追求的法律真实的本义。

在一个完整的诉讼活动过程中,严格明确的程序和制度则是确保司法
机关查明、认定的事实符合案件发生时的客观真相,确保案件裁判结果是在
分清是非基层之上,且符合人民群众公平正义观念的重要保障。[58] 因此,
此种语境下的法律真实并不是那种脱离案件客观真相的法律真实,而是在

---

〔55〕 吴振宇:《行政诉讼中的证据评价与证明标准》,《行政法学研究》2004 年第 3 期。

〔56〕 参见《最高人民法院关于行政诉讼证据若干问题的规定》第 54 条规定:"法庭应当对经
过庭审质证的证据和无需质证的证据进行逐一审查和对全部证据综合审查,遵循法官职业道德,运
用逻辑推理和生活经验,进行全面、客观和公正地分析判断,确定证据材料与案件事实之间的证明
关系,排除不具有关联性的证据材料,准确认定案件事实。"

〔57〕 曹恒民:《行政诉讼中证明标准的重构》,《法学杂志》2012 年第 8 期。

〔58〕 参见周强:《推进严格司法》,载《〈中共中央关于全面推进依法治国若干重大问题的决
定〉辅导读本》,人民出版社 2014 年版,第 108 页。

确保证据真实性、合法性、关联性符合要求的基础上所要达到的一种尽可能趋向于客观真实的法律状态。这是证明标准的内核,同样也是"充分合理"证明标准的内核。尽可能的趋向,也意味着理想中的精确推理必然是少之又少,诉讼中的证明标准总体上仍属于盖然性推理的范畴。"证据只能产生程度不同的盖然性,而不会有哲学上的绝对真理的意义。"[59]纯粹意义上的"充分合理"是不存在的,只能试图通过设想中的要求去寻找去还原政府信息是否存在的事实原貌,并得到为大多数人所能接受理解的裁判结果。而这一盖然性程度需要考量的因素,主要借鉴了最高人民法院行政审判庭主审法官阎巍在其《行政诉讼证据规则:原理与规范》中对于决定行政诉讼证明标准因素的见解。他认为证明标准的确立主要受以下四方面因素的影响:不同司法传统的下对司法案件的处理所应达到确信程度的要求和可接受程度、案件处理结果对当事人权利义务的影响程度、证明的难易,以及对特定社会秩序的追求与维护。[60]

从司法传统来看,我国经历了从神明裁判到法定证据再到自由心证的演变过程,从单纯地追求客观真实逐渐过渡到趋于客观真实的法律真实。为了保障这种来自于司法裁判者的内心确信不会形成司法恣意,对其的证明标准要求往往是很高的,如最早的"案件事实清楚、证据确实充分"证明标准。而且受到成文法宣示及职权主义的法院审查模式的影响,这也会变相提高对证明标准的要求,加之目前法院对于裁判理由证据认定部分说理要求的日益提高,证明标准的要求普遍较高。

至于案件处理结果对于当事人权利义务的影响程度,在政府信息不存在案件中,即有关公民、法人和其他组织对政府信息的依法获取。自1987年党的十三大报告中就已指出"要通过各种现代化的新闻和宣传工具,增强对政务和党务活动的透明度,发挥舆论监督的作用"。2002年党的十六大报告中进一步提出"认真推行政务公开制度"。随后的《立法法》《行政许可法》《安全生产法》等上百部法律、行政法规都对有关政府信息公开作出了规定,足见对于依法获取政府信息这一权利的重视。而具体到个案,所申请的

---

〔59〕　参见上海社会科学院法学研究所:《诉讼法》,知识出版社1981年版,第208页。

〔60〕　阎巍:见前注〔41〕,第97页。

政府信息往往也是公民、法人和其他组织进行其他救济途径抑或争议解决的前提抑或依据。

而证明的难易程度对于证明标准的影响,在政府信息不存在案件的确会因个案的差异而有诸多不同,这实际上是公平合理原则在证明标准领域的体现。而从指导案例中提取出的初步证据的前置要求与相反证据的直接阻断,恰恰是对高要求证明标准的设卡与缓冲,使得"充分合理"证明的高要求变得不那么严苛。

最后对于特定社会秩序的追求和维护,可以说是决定证明标准的核心因素,也是为何针对政府信息不存在案件,笔者要提取设立新的"充分合理"证明标准的原因。"充分合理"这一程度的把控,需要平衡好司法裁判者内心真意的遵循与自由裁量权的限制之间的矛盾;需要平衡好监督行政机关依法行政、提高政府工作透明度与提高行政效率、合理考量取证证明难度之间的矛盾;需要平衡好公民、法人和其他组织依法获取政府信息的权利与申请信息庞杂细琐可能引起的行政资源浪费之间的矛盾。不过归根结底,仍在于依法行政。政府信息公开是依法行政的必然产物,是依法行政的重要内涵;政府信息公开的实施又会推动依法行政的实现,促进依法行政,[61]此可谓是《信息公开条例》立法的核心宗旨之一。

2."充分合理"标准之具化

作为证明标准内核的"内心确信"虽然是一种主观状态,但它的决定和评判因素是相对客观的。相应地,由"内心确信"状态所决定的证明标准,也就必然有着相对客观的基础以及由此决定的评判标准。[62] 这也是本文能够对"充分合理"证明标准深入解构的依据所在。而对于"充分合理"标准的界定,可分拆为"充分"与"合理"两个界定维度。"充分"侧重于对负公开义务机关的客观查找检索方法的全面与周延,"合理"则侧重于查找检索义务履行过程中是否满足通常的注意要求,尽到合理的尽力查询义务。而且需要明确,查找检索的充分合理追求的是法律真实,经过充分合理查找检索后的结果未必与客观真实一致。充分与否、合理与否的判断更讲求法官在衡

---

〔61〕 曹康泰:见前注〔14〕,第 22-23 页。

〔62〕 阎巍:见前注〔41〕,第 59 页。

量这些证据后依据内心真意所体会出的主观性认知。不过在梳理 64 篇"信息不存在"类案后，[63]笔者发现这些证据的评判依据是相对客观的，且具有一定的共通性。

笔者摘录了其中的典型案例，并梳理出其裁判理由中对查找检索义务的论证依据，如表 3：

表 3

序号	案件名称	法院裁判理由中对查找检索义务的论证依据
1	涂某某、湖北省商务厅经贸行政管理(内贸、外贸)案[64]	(1)地方商务主管部门对在外劳务人员信息备案系通过对外投资合作在外人员信息管理系统来完成，并无其他途径。 (2)该系统通过搜索人员姓名及身份证号，可以搜索到其外派对应的项目名称及项目备案表。 (3)省商务厅通过对外投资合作在外人员信息管理系统检索了涂某某的姓名、身份证号，未查询到相关信息，应当视为其针对申请人的第 3 项政府信息公开申请履行了合理必要的检索义务。
2	苏某等四人诉济南市历下区人民政府政府信息公开案[65]	(1)检索范围合理，对书面文件和电子文件均进行相应检索； (2)检索方法合理、全面，既应包括文号检索，也应包括题名、档案主题词、内容等方面的检索。 (3)本案中政府在进行电子检索时，当以文号检索检索不到时，应当以相关内容或者题名、主题词等再进行充分检索，方为检索合理。
3	袁某诉青岛市国土资源和房屋管理局政府信息公开案[66]	(1)本案中政府提交的证据无法说明其在收到袁某的申请后，如何履行的检索义务； (2)其提交的"情况说明"也无法表明政府具体的检索时间、检索范围、检索方法等，因而无法证明其尽到了合理的检索义务。

〔63〕　参见北大法宝网，http://www.pkulaw.cncaseadv，以"信息不存在"为关键词进行全文检索，检索日期为 2020 年 2 月 15 日，检索记录共 51346 条，其中指导性案例 2 篇，典型案例 3 篇，参阅案例 5 篇，经典案例 54 篇，共计 64 篇。

〔64〕　参见湖北省武汉市中级人民法院行政判决书，〔2018〕鄂 01 行终 15 号。

〔65〕　参见山东省高级人民法院行政判决书，〔2016〕鲁行终 1256 号。

〔66〕　参见山东省青岛市中级人民法院行政判决书，〔2015〕青行终字第 363 号。

续表

序号	案件名称	法院裁判理由中对查找检索义务的论证依据
4	张某诉上海市规划和国土资源管理局案〔67〕	（1）被告作为本市土地行政管理部门，应当知晓这一申请公开政府信息的规范名称。 （2）被告在未与原告确认的前提下，擅自认为原告仅要求获取名称为缴款凭证的相关政府信息，并仅以缴款凭证为关键词至其档案中心进行检索，显然检索方式失当，应为未能尽到检索义务。
5	马某某与北京市人民政府等信息公开案〔68〕	（1）本案中延庆区政府在检索涉案信息时使用的关键词为"福利厂腾退方案""福利厂、福利厂腾退"，并未以批准文件为关键词进行检索，不足以证明查找范围已经准确指向"关于北京市延庆区福利厂职工宿舍腾退方案的批准文件"； （2）其延庆区政府所采用的搜索方式亦不足以证明完全覆盖涉案信息可能存在的范围，在本单位进行检索涉案信息的同时，并未向有关单位发函要求协助查找或提供信息； （3）在原告已经在行政复议程序中提出了上述涉案信息可能存在的相关线索后，延庆区政府亦未向复议机关进行解释说明。

但若要细究到底法官如何应用这些客观评判依据裁判，还是需要结合不同案件实际情况，即根据当事人提出证据类型，是隶属直接证据还是情况证据，以及考虑当事人在诉讼中提出的各类申请，由法官综合考量作出裁决。〔69〕而作为法院具体衡量负公开义务机关是否尽到"充分合理"证明标准的查找检索义务，笔者结合上述表格中所呈现的论证共通点，认为可从以下三个层面加以审查。

（1）检索范围之周延

一是在于检索范围之周延，查找检索义务的承载对象即用以检索的载体（如数据库、信息系统等）是否已实现法定意义上的穷尽则是主要判定要素。一般分为三个步骤：首先，依照实定法确定这一政府信息是否应当存在

〔67〕 参见上海市黄浦区人民法院行政判决书，〔2013〕黄浦行初字第 132 号。
〔68〕 参见北京市第四中级人民法院行政判决书，〔2019〕京 04 行初 141 号。
〔69〕 白绿铉：《美国民事诉讼法》，经济日报出版社 1996 年版，第 137 页。

还是无需留存；其次，依法划定这一政府信息所附载体（实体或电子存档），确保包含的信息资料是否全面准确，检索载体收纳的数据是否及时更新等等；最后才开始查找检索对应的政府信息。而政府信息所附载体（实体或电子存档）是否完备则是从源头上界定政府信息是属于"客观上未制作保存"还是"已客观制作保存但因客观或主观原因无法提供"。

以"涂某某、湖北省商务厅经贸行政管理（内贸、外贸）案"为例，[70]省商务厅先就涂某某所申请公开的第 1、3 项内容，根据《对外承包工程管理条例》规定无需在省商务厅备案为由，说明其客观上未保存的正当性基础。随后查阅相关规定，依据《商务部办公厅关于启用对外投资合作在外人员信息管理系统的通知》第 3、4、5 条的条文规定，由此确定在外劳务人员的信息（即本案所涉的政府信息）均是通过对外投资各做在外人员信息系统进行的，并无其他途径。换言之，这一信息系统成为了所申请信息的唯一检索载体，实现了对检索载体的充分圈定。之后省商务厅通过这一信息管理系统检索了涂某某的姓名、身份证号，未查询到相关信息，借检索范围之周延说明其查找检索义务之充分合理，说理顺畅。

（2）检索手段之妥当

二是在于检索手段之妥当，即使针对同一对象，选择不同的检索关键词、采用不同的检索方法就可能会产生截然不同的检索结果，因此需要根据申请人所申请的信息选取适当的检索方式，尽可能确保信息检索的适当性与准确性。"山东省高级人民法院在审理苏某等四人诉济南市历下区人民政府政府信息公开案"中，[71]就将这种合理的检索义务的审查切分为两个面向，一个面向是检索范围合理，即对书面文件、电子文件等均予以检索；另一面向则是检索方法的合理全面，应当包括文号、题名、内容、档案主题词等方面的综合检索。法院裁判理由中提及的"检索方法合理全面"，其实就是笔者文中检索手段的同义表述。

该案中历下区政府以文号"历政法〔2000〕29 号文"对所申请信息进行电子检索时检索不到，即认定已检索妥当，但山东省高级人民法院却对此提

---

[70]　参见湖北省武汉市中级人民法院行政判决书，〔2018〕鄂 01 行终 15 号。
[71]　参见山东省高级人民法院行政判决书，〔2016〕鲁行终 1256 号。

出更高要求,"应当以相关内容或者题名、主题词等再进行充分检索"方可判定尽到了充分合理的查找检索义务。此案更是被选入了山东省高级人民法院 2017 年发布的十大行政典型案例,强调了应当履行必要的多渠道查找的检索义务,在合理的检索范围内进行全面周延的查找搜索。达到检索手段之妥当,才能真正充分保障申请人的知情权。

当然,检索手段之妥当,亦包含着"不可过度"之意。检索手段的全面当以行政机关尽到必要的注意义务为限,穷尽法定的查找检索手段与作为负公开义务机关应有的专业检索方式,但又不可超出行政机关之权限与权能,实现行政权的"有限制"且"有效率",在提升政府工作透明度的同时促进依法行政,确保行政的高效运行。

(3)检索人员之尽职

三是在于检索人员之尽职,这是由查找检索这一工作的性质决定的。[72] 毕竟检索的范围、检索的手段不可能无限趋向无穷,抑或达到满溢。此时,作为检索工作主体的检索人员的工作态度是否认真尽职就变得格外重要。检索看似是一个技术性工作,甚至在信息管理电子化体系愈加完备的今天变得更为简单,但依旧不能忽视行为主体的主观能动性。检索人员履职态度的不同有时会直接对检索方法的选取及最后的检索结果产生一定的影响,最高人民法院在"马某某、上海市浦东新区人民政府再审审查与审判监督案"[73]的裁判理由中,就信息公开申请中何谓明确具体的"内容描述"加以阐释,在行政机关检索、查找政府信息的义务中强调了"需要处理好群众习惯用语与法律专业术语之间的关系,若申请中对内容描述和特征描述能够被理解和识别,不会发生歧义,可以进行查找检索,行政机关就不能以内容描述不明确不具体为由拒绝答复"。其中对于"内容描述和特征描述的合理理解与识别"与"歧义"的理解,更多就取决于检索人员是否尽心履职,出于尽可能帮助申请人获取信息的工作态度去执行这一查找检索工作。由此,也能提升法院对于负公开义务机关的充分合理证明标准之达成。

---

〔72〕 陈振宇:《政府信息不存在情形下举证责任分配》,《人民司法》2010 年第 24 期。

〔73〕 参见最高人民法院再审审查与审判监督行政裁定书,〔2018〕最高法行申 3608 号。

(四)依法行政诉讼价值之指引

何谓诉讼价值？王圣扬教授将其理解为诉讼主体通过诉讼活动所能得到的满足的性质和程度。[74] 以刑事诉讼价值为例,是人们据以评判一项刑事诉讼程序是否正当、合理的伦理标准,亦是刑事诉讼程序在其具体运作过程中期以实现的伦理目标。[75] 而在行政法中,寻求其诉讼之价值,目光必然先回归到宪法之中。诚如弗立兹·韦纳教授所言,行政法是具体化之宪法。宪法中的种种规定,都投射出行政法的影子与轮廓,因而确立行政诉讼中的证明标准必然也要放射出宪法的价值光芒。而"法治国家"与"基本人权"就是行政法最为基本的两个宪法条款,[76]在宪法规范的框架中,依法行政原理构成了行政法的核心,这一价值定位在行政诉讼领域也不例外。当然,行政诉讼的诉讼价值肯定不止于此,如保障司法审查权有效行使的工具性,如为行政相对人提供公正、平等的救济措施的程序正义性等等皆在其中。但由于本文试图构建的"充分合理"证明标准适用于"政府信息不存在"案件,无论是《信息公开条例》(2008 年)第 1 条中"促进依法行政"的直接表述,抑或《信息公开条例》(2019 年)第 1 条中"建设法治政府"的进一步具化,都无不表明对依法行政诉讼价值的追求。

但在依法行政原则的作用下,也意味着更为严谨的合法性构成要件。行政实体法上的合法性要件严格,所引起的将是行政救济法上请求权及行政行为合法性的同等高要求。而证据所反映的事实恰恰是法院用以裁判的原材料,原材料的"低质"抑或"变形"则会根本性影响到法院所采取的实体法的适用效果。如果行政诉讼法上仅要求宽松的证明标准,则会导致行政实体法严谨的合法性要件的松动,既危害到个案裁判的合理公允,也违背法治国家要求的依法行政,更不利于法治政府的构建。行政诉讼证明标准作为行政诉讼制度体系完整的重要一环,也应起到为法治国家服务的通盘作用,确保公权力的合法行使与保护公民的权利。之于政府信息不存在案件,

---

〔74〕　王圣扬,见前注〔3〕,第 164 页。

〔75〕　周伟:《刑事诉讼法学》,北京大学出版社 2011 年版,第 13 页。

〔76〕　章剑生:见前注〔39〕,第 36 页。

需要切实保障的便是公民的知情权,因而需要要求行政行为符合合法要件和严格构成要件,并通过诉讼环节由法院加以控制。而这一严格程度也非无止限,并不会达到"排除合理怀疑"的标准,在政府信息公开诉讼案件的证明初步阶段其实仍处于大多数行政诉讼案件的明显优势证据标准的范畴之中。只是现实中负有公开义务机关对"政府信息不存在"理由的滥用,"政府信息不存在"这一消极证明对象的存在使得负有公开义务机关渐渐脱逃于依法行政的规制体系,在这之下的有着合理推进阻断机制的"充分合理"证明标准弥补了这一缺陷,合理维护了申请人的信息公开请求权,而不是流于形式。因此,"充分合理"证明标准应当严格,应当确立至少不低于明显优势证明标准的证明要求。

五、"充分合理"证明标准的确立

不过随着分析的深入,"尤其是当我们注意到,证明标准事实上是作为一个体系整体发挥作用的",[77]因而确立这一证明标准的理论价值,必然需以锚定其在既有行政诉讼证明标准体系中的定位为前提。证明标准是具有其体系性价值的,若仅是单独从裁判要旨归纳提取出一个"充分合理"证明标准,仍易使法官在裁判适用过程中感到茫然抑或不安,但若将其放在既有的由排除合理怀疑、明显优势、一般优势标准组成的体系中加以审视,明晰其定位,则绝大多数裁判者可以准确把握这一标准,并在裁判中予以合理运用。

(一)既有证明标准的理论检视

证明标准一般是指当事人为完成其举证责任,提供证据说明待证事实所要达到的可信程度。[78]既有标准之称,固有其安定性、平等适用性和可预见性,原则上必须固化,并且符合一般大众的道德观念与理念感知。目前

---

〔77〕　阎巍:见前注〔41〕,第102页。
〔78〕　何海波:《行政诉讼法》(第2版),法律出版社2016年版,第212页。

我国学术界对于行政诉讼证明标准的研究相较于刑事诉讼证明标准和民事诉讼证明标准而言晚了不少。在起初的传统行政诉讼证明标准理论中,民刑行三大诉讼客观实行的是同一证明标准,即"事实清楚,证据确实、充分"标准,要求案件事实得到已经查实的必要证据予以证明,证据与证据之间、证据与案件事实之间的矛盾得到合理排除,形成完整的证明链,则判定已达到证明标准。[79] 而这样一种一元化的证明标准所存在的漏洞和缺陷,学界与实务界均进行了有益的探讨和反思,如三大诉讼审理对象不同,若实行同一的证明标准容易混淆不同诉讼在客观上存在的实质差异;或如为了达到证明标准所要求的证据证明事实与客观真实案件相一致,而耗费了审判人员过量的时间和精力进行调查取证,导致审判效率低下,司法资源被严重浪费。由此,学界的目光渐渐都流转到构建多元化证明体系的思路之中。

可我国的《行政诉讼法》及《若干规定》都没有关于行政诉讼证明标准的明确条款,缺乏实定法的有力支撑,很难推动学界的进一步挖掘。而探究立法者原意的过程中,最高人民法院孔祥俊法官曾就此予以说明,在《若干规定》第一稿至送审稿的起草中都有对行政诉讼证明标准的相关规定,针对不同的具体行政行为分别设定了"优势证明标准、明显优势证明标准和排除合理怀疑标准"这三类,且以明显优势证明标准为基本的证明标准。虽然在后续最高人民法院审判委员会讨论中,多数委员的意见是删去有关证明标准的相关规定,但主要是出于行政诉讼案情复杂性与多样性的考量,相较于民事诉讼很难作出具体规定。同时指出对"证明标准"这一部分的删除,并不是对行政诉讼证明标准的否定,只是基于目前的司法实践现状,考虑到这些标准的弹性较大,在司法解释中暂不作规定,但送审稿中规定的证明标准仍可供行政审判中参照适用。[80] 笔者亦是因此之由,并未采用学界中的"合理根据标准、优势证据标准和确凿证据标准"[81]、"确信无疑标准、高度盖然性标准"[82]等分类体系,而是试图借此标准进行证明标准强度层次的行政

〔79〕 陈一云:《证据学》,中国人民大学出版社 1991 年版,第 118 页。

〔80〕 孔祥俊:《行政诉讼证据规则与法律适用》,人民法院出版社 2005 年版,第 229-241 页。

〔81〕 何海波:见前注〔78〕,第 426-431 页。

〔82〕 张保生:《〈人民法院统一证据规定〉司法解释建议稿及论证》,中国政法大学出版社 2008 年版,第 359 页。

诉讼证明标准的体系构建,以期在其中锚定"充分合理"证明标准的合理位置。

由此分述,作为证明标准强度最高的排除合理怀疑证明标准,其在行政诉讼中,一般是指被告提供的证据中若有合理怀疑得不到排除的,那么不利于原告的那部分事实就不得认定。[83] 这是英美法系刑事诉讼案件中较为通用的证明标准,美国著名学者布莱克将其解释为一种全面的证实、完全的确信,是达到道德上的确定性的证明。当然,排除合理怀疑的证明,并不排除轻微可能的亦或想象的怀疑,而是排除每一个合理的假设即这种假设已有了一定的根据。[84] 在我国,这一标准与刑事诉讼中的无罪推定原则亦是不谋而合,毕竟通过此标准认定的案件事实也是最贴近客观真实的,因此在涉及人身自由、重大财产的行政案件中往往会适用这一标准。而政府信息不存在案件中涉及的当事人权益,尚处于信息获取权或者说知情权的轻微层面,可能尚不需要达到排除合理怀疑的如此之高的标准,并且高标准的审查伴随的是对事实问题的严苛要求,课以负公开义务机关过高的证明标准负担可能会变相降低行政效能,有悖初衷。

即使换个视角,从行政行为的性质来看,负公开义务机关对于申请政府信息的公开应属于授益性行政行为,其实现了公民对政府信息的获取权。相区别于对相对人不利的损益性行政行为,[85]其作用可能是对相对人权利的侵害、抑或是对优待申请的拒绝,而此种情况下才是适用排除合理怀疑标准的行为类型。损益性行政行为的法律效果使得相对人应有的权利不发生或者一个从无到有的权利产生负面变动,其作出需要的理由显然应强于授益性行政行为,因此行政主体在诉讼中要证明该行为合法,也应达到更为严格的证明标准。[86] 这一证明标准的评判依据在行政法领域尚未形成通说,一般即要求法官根据现有的案件证据考量,行政人员是否形成一种排除一切合理怀疑的内心确信,从而作出被诉具体行政行为的判断。目前基于司法实践,该标准的主要适用情形包括以下三种:一是涉及拘留等限制人身自

---

〔83〕　章剑生:见前注〔39〕,第 470 页。

〔84〕　江伟:《证据法学》,法律出版社 1999 年版,第 119 页。

〔85〕　[德]哈特穆特·毛雷尔:《行政法总论》,法律出版社 2000 年版,第 208 页。

〔86〕　朱新力:《论行政诉讼中的事实问题及其审查》,《中国法学》1999 年第 4 期。

由的行政诉讼案件;二是涉及较大财产数额的行政处罚及行政强制措施引起的行政诉讼;三是吊销许可证营业执照、责令停产停业等对行政相对人人身或者财产有其他重大影响的行政案件。典型案例如河北省三河市公安局与刘玉恒治安行政处罚纠纷上诉案[87]等均是如此,由此横向考量,不难发现这一证明标准对于"尽到充分合理的查找检索义务"而言过于严苛了。

而明显优势证据标准借鉴于美国"清楚、明确、令人信服的证明标准",作为行政诉讼所特有的证明标准且证明程度介于优势证明标准与排除合理怀疑证明标准这两极之间而被广泛应用。英美法系对于这一证明标准的认识也较为统一,即"当某一事实主张被陪审团确信为在证据上具有占优势的盖然性,那么,此项事实主张就被认定为真实。"[88]此处的占优势的盖然性很难具化,一般当能得出待证事实十之七八该是如此的程度即可。而就盖然性这一概念,最高人民法院 2002 年施行的《关于民事诉讼证据的若干规定》第 73 条[89]规定,已确立了我国对于"高度盖然性"证明标准的认可。

对于明显优势证据标准的评判基准,基本思路也是从三个维度让法官进行自由心证的考量:一是被告方提供的证据必须确实且具有符合相应要求的证明力,此外证据与证据之间应当有清楚明白的逻辑关系,形成可解释的证据链;二是被告方提供的证据相比原告方应具有明显优势;三是根据证据认定的法律事实具有一定的可信度,但不排除存在合理的怀疑。这三个维度所核准的优势其实本质上也只是一种"相对"优势,缺乏一定的分流阻断机制,面对具有天然举证优势的行政机关,其实在司法实践中起到的效果并不明显。而在政府信息不存在案件中,这样的一种信息不对称劣势会被成倍的放大,显然不利于申请人信息获取权的保护,而"充分合理"证明标准所搭建的启动、阻断、推进机制,较为合理地明确且提升了证明标准在此类案件的适应性,回应了司法实践的实际需求。

---

〔87〕 参见最高人民法院行政审判庭:《中国行政审判案例》(第 4 卷),中国法制出版社 2013 年版,第 65 页。

〔88〕 李国光:《最高人民法院〈关于民事诉讼证据的若干规定〉的理解与适用》,中国法制出版社第 2002 年版,第 465 页。

〔89〕 参见《关于民事诉讼证据的若干规定》第 73 条规定,"方当事人对同一事实分别举出相反的证据,但都没有足够的依据否认对方的证据的,人民法院应当结合案件情况,判断一方提供证据的证明力是否明显大于另一方提供证据的证明力,并对证明力较大的证据予以确认。"

至于优势证据标准,则是对盖然性程度要求最低的证明标准,亦是源自英美法系的陪审团制度,多适用于民事诉讼案件。其是法庭按照证明力占优势的一方当事人提供的证据认定案件事实的证明标准。[90] 换言之,只要法官认为证据所证明的待证事实存在的可能性比不存在大一点,即使是51％的比例,也可认定证据达到了相应的证明标准。由于此种标准要求很低,目前在司法实践中的运用确实不多,一般仅出现于涉及公民财产权或者人身权的行政裁决案件、适用简易程序作出的行政行为案件[91]抑或行政机关临时保全措施以及应急措施引起的案件。[92] 至于本案中设置于负公开义务机关的证明标准,显然不能处于此种低要求,亦不符合《信息公开条例》的立法初衷。

所以据上分析,具体行政行为的多样性一定程度上决定了行政案件审理中证明标准的多样性,需要根据被诉行政行为类型的不同,确定不同的证明标准,在既有的证明标准体系框架下完善各种类案的特殊情形,是现今行政法发展不可阻挡的大趋势。而对于政府信息不存在案件而言,确立"充分合理"证明标准进行类型化应用是确有必要的,这既是基于"政府信息不存在"这一适用对象的特殊身份决定,又体现出最高人民法院目前对于监督好行政机关依法行政、提高政府工作透明度、保障公民、法人和其他组织应有知情权的强烈导向。

(二)"充分合理"证明标准的双维度定位

纵览我国的行政诉讼证明标准体系,由于行政诉讼中行政纠纷类型的繁杂,带来的是证明标准适用的笨重和单一。而简单参照英美法系建立起来的证明标准体系缺乏灵活性、参照性和相容性,很难满足现实司法裁判的实际需求,所导致的直接后果就是乱用、滥用或者不用。短时间内似乎并不会造成太大影响,但长此以往消磨的是当事人对权利实现的期待,甚至会影响到行政诉讼制度建设的长远发展。

---

〔90〕 同前注〔53〕。

〔91〕 此处将简易程序作出的行政行为案件纳入其中是出于简易程序作出的行政行为手续简便、速度快、情节简单、争议不大的考量。

〔92〕 甘文:《行政诉讼的证明标准》,《人民司法》2003 年第 4 期。

因而体系化、法定化的证明标准的缺失所带来的第二重影响,便是行政诉讼的公正信任危机。可以说,行政诉讼是公民作为个人意志对抗国家公权力的最后一道屏障,若这一屏障的基石遭到动摇,那后果将不堪设想。而公开是公正的保证,法定的合理的证明标准的明确将有助于消解公民对于行政诉讼裁判公正性的质疑,实现依法行政原理的有效落实。

第三重影响则是法官自由心证缺乏实质的控制,自由裁量权的膨胀甚至失控。这是引起行政诉讼公正信任危机的主要诱因,但亦是难以把控的"无主之地"。尽管《若干规定》规定了第 55 条、56 条等条款用以限制法官的自由心证,可具体到每个独立的案件,不同的行政诉讼中自由心证所应达到的程度仍需由法官自行决断,若不加规制,在这方面法官的自由裁量及解释空间是非常大的,也是目前政府信息不存在案件同安不同判现状颇为严重的原因之一。

因此,构建具体化的、具有可操作性的类案证明标准具有立竿见影的现实意义。学界对于证明标准的具体化构建,以"量化理论"与"最佳解释论"最为著名。[93] 前者是借助概率化来明确证明标准所要达到的程度,从而试图解决证明标准自身存在的模糊不清与主观性问题。后者则认为所有的最佳判断都是基于正确参照组作出的,在庭审中存在着由控辩双方描述的两种事实版本,关键在于事实认定者判定何者更为似真,则可作出有利于这一方的判决。"最佳解释论"往往用于对案件整体事实的论证层面,而"量化理论"则体现为部分学者将上文中的各类证明标准进行数字形式的具化。如德国学者艾克洛夫·马森的"刻度盘理论"就是一例,将其证明程度分为 $1\%\sim24\%$,$26\%\sim49\%$,$51\%\sim74\%$,$75\%\sim99\%$ 四级,[94] 区分其可能度,类似的做法也常见于国内学界。[95] 但两种学说皆有疏漏,"量化理论"最令学者诟病的就是其运用于审判存在极大的风险,即所谓的"逻辑乘积难题",因此用具体化的数值进行证明程度的区分仅能做参考。而"最佳解释论"更

---

[93] 同前注[4]。

[94] [德]汉斯·普维庭:《证明责任问题》,吴越译,法律出版社 2006 年版,第 155-160 页。

[95] 如民事诉讼法领域的李浩教授,将证明标准尺度划分为三个区间:初级盖然性,证明强度为 $51\%\sim74\%$;中级盖然性,证明强度为 $75\%\sim84\%$;高级盖然性,证明强度为 $85\%\sim99\%$,异曲同工也。参见李浩:《民事诉讼证明标准的再思考》,《法商研究》1995 年第 5 期。

强调事实认定者的内心真意,由其进行各方证据的逻辑比对,能避免具体化数值的僵化与呆板,但却往往缺乏证明标准依存附着的要件机制。

对于"充分合理"证明标准的定位,笔者将从两个维度加以标定。一是纵向维度:从证明标准从抽象到具体层次的"三层次"划分,第三层次的证明标准是明确的且具有可操作性的类案具体证明标准。其具体定义在于庭审证据能否对每一项要件事实予以融贯性证成,且在案件事实的整体论证层面存在完整推论。[96]结合"充分合理"证明标准所依附的查找检索义务的检索范围、检索手段、检索人员的具体细化,符合其融贯性逻辑证明之所需,因此属于第三层次的证明标准。二是横向维度:从《若干规定》的实定法条文出发,以具体行政行为类别划分之不同,分出的"优势证明标准、明显优势证明标准和排除合理怀疑标准"这三类,在其中确定"充分合理"证明标准的位置。前文在对行政诉讼证明标准的理论检视中,已提及行政诉讼一般以明显优势证据标准为主要的证明标准类型,而排除合理怀疑标准、优势证据标准则成为例外之补充。"充分合理"证明标准作为递进后的赋予负公开义务机关的证明标准,其应当对行政机关履行信息公开义务进行有效威慑,需要规制现实中这样一种失范的行政行为,需要将信息是否存在的主导权从政府手中平衡过来,实现公民权所代表的个人利于与行政权所代表的公共利益之间的互动和平衡,最终实现有效的社会治理和良好的行政秩序。而要起到这一层面的效果,就意味着"充分合理"证明标准不能停留于一般的明显优势证据标准,作为负公开义务机关的递进后的证明标准显然要高于此,毕竟前面已经设有初步证据的前置要求和相反证据的直接阻断,灵活性与应变性已经大大提升。而排除合理怀疑的证明又太过严苛,并没有充分考虑到行政机关的行政能力和水平以及目前我国仍处于社会主义初级阶段的基本国情,耗费行政机关过高的行政资源就有些舍本逐末了。

而这一证明标准之解读也已得到司法实践的切实印证。指导案例 101 号的发布后,北京市第四中级人民法院就"马石力与北京市人民政府等信息公开案"[97]的裁判理由中,明确提及"原告已提交涉案信息存在的相关线

---

〔96〕 同前注〔4〕。

〔97〕 参见北京市第四中级人民法院行政判决书,〔2019〕京 04 行初 141 号。

索,故原告有理由相信延庆区政府可能制作或保存了涉案信息。在此情况下,本院应采用更加严格的标准对《答复告知书》的合法性进行审查",此处"更加严格的标准"与"充分合理"证明标准不谋而合。随后,法院又从检索范围并未以批准文件为关键词进行检索,不足以证明查找范围之准确;再从检索手段之单一,搜索方式不足以证明完全覆盖涉案信息所涉之范围;最后再辅以向复议机关解释说明之不足,点明检索人员之职责有失。综上论述,得出延庆区政府未能证明其尽到全面、谨慎的查找义务。法院整体裁判理由的论述背后,其实隐伏着指导案例裁判要旨的设计思路,以"涉案相关线索"即初步证据为开启点,从三个维度以"更加严格的标准"对查找检索义务加以审查,此案可谓是本案所述观点付诸实践的有力佐证,亦明晰了这一"充分合理"证明标准应高于一般的明显优势证据标准的司法实践意义。

(三)"充分合理"证明标准的适用范围

毋庸多言,在指导案例 101 号的"应当参照"效力的不断影响下,类似的"马石力案件"的裁判理由与审理方式将不断涌现,之于政府信息不存在类案的合理裁判,"充分合理"这一证明标准及其依附的保障体系的应用亦会愈加频繁。当"充分合理"证明标准的确立得以落实,出于学术延展性的考量,我们往往会思考一个问题,"这一证明标准能否应用于政府信息不存在类案以外的类似案件?"前文中对"充分合理"证明标准的适用对象的探讨,自然是基于裁判要旨所指向的政府信息不存在这一类案件,仍在指导案例设立的"先前理解"范畴之中,[98]但当该证明标准业已形成,能否跳出这一既定适用范围融入新的认识,则需要对《〈最高人民法院关于案例指导工作的规定〉实施细则》中第 9 条、第 10 条中之于"类似案件"这一法规范概念作进一步的理解。

一般而言,案件的"类似"不外乎案件事实层面的类似与法律适用层面的类似,在判例法制度中多采用"区别技术"来寻找现有案件与参照案例的

---

〔98〕 [德]拉伦茨:《法学方法论》,陈爱娥译,商务印书馆 2003 年版,第 91 页。

异同点,由此确定是否能够最终适用该参照案例。[99] 大陆法系虽未以遵循先例为传统,但之于判例的参照适用亦十分重视。以德国法为例,其对于"区分技术"的实践运用也普遍存在,一般分为"重大差别阐述"与"附带性区分"两种,[100]但无论是哪一种,都尚未形成对相似性比较——这一"区分技术"的核心问题——的基本共识。毕竟任何两个案件之间其实在被比较时都存在着相似性与差异性,而之于其程度强弱的取舍就变得难以把握。对于比较点的确定、区分技术的合理运用,很难进行实体意义上的归纳概括,往往还是依靠法官凭借其学识、经验、智慧和推理作出判断。[101]

就"罗元昌案"而言,裁判要旨已明确点明是在政府信息公开案件中,并且又进一步细化到"被告需以政府信息不存在为由答复原告"的案件事实情况下,即在案件事实层面的拓展空间其实业已殆尽。而法律适用层面是以案件事实类似为基础进行探讨,纵然"充分合理"证明标准的提取,一定程度上反映出其在行政诉讼证明体系中的理论价值,但若脱离裁判要旨所约束的案件事实类型,进而扩展类推至其他同样面临"待证对象不存在"的证明困境,可能会超出指导性案例的设立初衷。换言之,这已不再是停留于对指导案例裁判要旨的解释层面的探讨,而已经到类似于"类推适用"一般的规范再造的层面,而这两者之间是存在实质性区别的。因此,笔者认为"充分合理"证明标准的适用范围仍应只限于政府信息不存在类案范围之中,而不可恣意延展。

六、结　语

"充分合理"证明标准的提取归纳,也许只是"罗元昌案"作为指导案例"应当参照"效力的一个侧影,但对于今后行政诉讼类案具体证明标准的丰

---

〔99〕 章剑生:《作为行政法上非正式法源的"典型案件"》,《浙江大学学报(人文社会科学版)》2007 年第 3 期。

〔100〕 孙光宁:《区别技术在参照指导性案例之司法实践中的应用及其改进——以指导性案例第 24 号为分析对象》,《法学家》2019 年第 4 期。

〔101〕 董暤:《判例解释之变迁与重构:中国判例解释发展与构建之路》,中国政法大学出版社2015 年版,第 269-270 页。

富提供了有益的判定思路。该指导案例裁判要旨的形成,回应了此前大多数"政府信息不存在"类案中,负公开义务机关以此为由敷衍塞责,缺乏更高强度的证明标准制约的困境,又用合理的机制设计避免了行政机关"无用效率"的浪费,可谓是一举两得。

回顾这一应用于政府信息公开案件中避免负公开义务机关假借"政府信息不存在"敷衍卸责的保障体系,以"原告能否提供初步证据"作为开启这一保障体系的"按钮",启动后则负公开义务机关要么提供能够产生直接阻断效果的相反证据,如不能则将承担证明标准强度高于明显优势证据标准的"充分合理"证明标准,举证证明已尽到充分合理的查找检索义务。司法裁判是不断助推法律发展完善的重要实践渊源之一,类案具体证明标准的发展自然亦离不开判例的指导、法官的作用,需要不断地积累沉淀,不断地归纳总结,才能历久弥新。本文研究的出发点与落脚点也正于此,通过判例的积累总结去完善这一"充分合理"证明标准及其依附的机制体系,真正实现公民权所代表的个人利益与行政权所代表的公共利益之间的良性互动与平衡,实现《信息公开条例》等实定法对于政府信息不存在该类案件提高行政机关工作透明度、促进依法行政、建设法治政府的立法应有之义。

[推荐人及推荐理由]

行政诉讼证明标准是行政诉讼法学的难题之一。无论是《行政诉讼法》还是最高人民法院的司法解释,一直以来对这个问题都没有作出规定。作为行政诉讼案件之一的政府信息公开行政诉讼,有着它自身的某些特殊性,难以用一般行政诉讼证明标准解决相关问题。最高人民法院指导案例 101号"罗元昌案"确立了政府信息不存在争议的证明标准,补充了制定法的不足。本文试图切分解构"罗元昌案"的裁判理由及裁判要旨,提取出适用于政府信息不存在一类案件的"充分合理"证明标准。即以原告能否提供初步证据为基准,在没有相反证据直接阻断的条件下,将负公开义务机关对于查找检索义务的证明责任提升到"充分合理"的证明标准,由此构建一个完整的应用于政府信息公开案件中避免负公开义务机关假借"政府信息不存在"敷衍卸责的复合保障体系。从国内既有成果看,本文研究成果可以说处于前沿地位,尽管它在论证、说明等方面还有不少可以改进之处,但它所整理并加以论证的"充分合理"证明标准,不仅加厚了行政诉讼法学中证明标准的理论厚度,也为法院审查类似案件提供了较为可行的裁判思路。

——章剑生,浙江大学光华法学院教授、博士生导师

Abstract: The issue of proof standards in the field of administrative litigation has always attracted widespread attention and discussion in the academic circle, but it is controversial because of the fact that the statutory law norms are not complete and the judges' vagueness of the proof standards in practice. With the release of the Supreme Court's Guiding Case No. 101, the "Luo Yuanchang Case", the ruling thoughts and gist of the ruling are based on the ruling ideas for the creation of no case of government information, which really provides guidance and reference for lower courts to try such cases.

This article attempts to decompose the reasoning and gist of the judgment of the "Luo Yuanchang case" and extract the "sufficient and reasonable" certification standards applicable to cases where government information does not exist. Based on the plaintiff's ability to provide preliminary evidence, and without the direct evidence of the contrary, the burden of proof of the obligation of the public obligation on the search and retrieval obligation was raised to a "sufficient and reasonable" proof standard, thereby constructing a complete application In the case of government information disclosure, the compound guarantee system that avoids the obligation of public disclosure to use the "government information does not exist" to perfunctory and blame. At the same time, this certification standard is placed in the existing system of administrative litigation certification standards for review. The "fully reasonable" certification standard from the vertical "abstract - concrete" dimension should belong to a clear and operable case - specific specific proof. Standards, the horizontal "strong-weak" dimension should be higher than the evident advantage standard and lower than the reasonable exclusion doubt standard.

Keywords：Standard of Proof；Nonexistence of Information；Administration according to law

（特约编辑：朱可安）

论行政诉讼原告资格中的利害关系

谢明睿[*]

内容提要："利害关系"作为一种不确定法律概念,使人民法院在判定"利害关系"时见仁见智,并集中表现出过度限缩解释利害关系内涵、错误理解权益与权利关系、贸然引入域外理论等问题。法教义学视角下分析利害关系仍应当从"是否存在合法权益"与"是否受到行政行为不利影响"出发。在整体性法律解释观的指导下,合法权益得以成为由"宪法"与"案涉整体规范体系"所共同构建的"公法秩序"所能体现的合法权益,并具有个人特定归属性。从理论解构来看,"是否受到行政行为不利影响"主要包括"是否受到不利影响"与"不利影响与行政行为因果关系"两方面内容。其中,不利影响不能简单地以权益受侵犯加以概括,还存在"多负担义务""利益增加未达程度"等情形;另一方面,由于"直接因果关系理论""相当因果关系理论"存在混同诉讼审查阶段的局限性,所以,因果关系仅需达到"可能性"标准即可。利害关系双重要素的法教义学分析路径实则为现行实务提供了可资依循的判定基准,人民法院的裁判逻辑也得以重塑,以改善审判实践不统一的困境。首先,需要明确利害关系的判定应属诉的合法性审查阶段,是一种形式审查;其次,指导性案例制度的发展为我国确立整体性解释观与合宪性解释提供了可能;最后,以"合法权益—不利影响"为基准重塑利害关系判定逻辑,既符合了我国行政诉讼的语境体系,又满足了"利害关系"作为纠纷过滤机制以防公民滥诉的应有之义,同时也顺应了原告资格不断扩大的世界性趋势。

---

* 谢明睿,清华大学法学院 2019 级博士研究生,南京大学法学院宪法学与行政法学专业 2019届硕士。

关键词：原告资格；利害关系；合法权益；不利影响；因果关系

一、引　言

从"公民权利—国家权力"二元结构来分析，行政诉讼作为典型的公法制度，无论是在规范领域还是在价值层面，都呈现着权利与权力互动的面相；而在这种互动关系的作用、影响之下，繁复多元的行政诉讼关系得以不断优化，这也正是我国行政法治建设不断发展的缩影。2015年修正实施后的《行政诉讼法》第25条第1款规定："行政行为的相对人以及其他与行政行为有利害关系的公民、法人或者其他组织，有权提起诉讼"，这一限定原告资格的法律规定，不仅改变了原本1989年《行政诉讼法》第24条第1款："依照本法提起诉讼的公民、法人或者其他组织是原告"的模糊规定，更突破了2000年3月8日最高人民法院发布的司法解释第12条"与具体行政行为有法律上的利害关系的公民、法人或其他组织对该行为不服的，可以依法提起行政诉讼"的规定，将"法律上的利害关系"扩展为"利害关系"，为认定行政诉讼原告资格，确立了新标准。此后，《最高人民法院关于适用〈中华人民共和国行政诉讼法〉的解释》（以下简称新《解释》）于2018年2月8日正式实施，旧司法解释（2000年）旋即废止，新《解释》第12条以"列举＋兜底"的方式规定了6项属于"与行政行为有利害关系"的情形，可以说，行政诉讼原告资格的认定彻底迈入"利害关系"标准时代。

因此，在迭经变革的行政诉讼制度中，诉讼程序启动的主体已非仅限于行政行为的相对人，还包括行政行为的利害关系人。然而，无论被认为是"制度的飞跃"还是"正本清源"，"利害关系"本身就是不确定的法律概念，且囿于法律规范性文件未有对"利害关系"的具体明确定义，司法解释这种"点数硬币"式的做法虽看似界分出了"利害关系"的类型，但终究会滞后于不断扩张的个人权益保护需要，[1]这就可能使得人民法院在判定"利害关系"时

---

〔1〕　参见赵宏：《原告资格从"不利影响"到主观公权利的转向与影响》，《交大法学》2019年第2期。

见仁见智,造成实务见解不一,并或引发具体个案中真正的"利害关系人"丧失诉讼救济机会之风险,背离于保障人权的法治精神。但倘若"利害关系"的开口过大,甚至毫无限制地扩展"利害关系"的外延,抑或会导致任何公民、法人或其他组织皆可针对行政行为提起诉讼,行政诉讼逐渐遁入"公民诉讼"或"公民个人提起公益诉讼",这又与当前我国业已建立的检察机关提起行政公益诉讼制度相冲突。

如是,究竟"利害关系人"于我国的行政诉讼制度中扮演着何种角色?应以何种理论或标准来解释和界定"利害关系",进而适切地判断第三人是否为案件的适格原告? 实有澄清之必要。本文立足我国行政诉讼的司法实践,结合国内外的相关理论学说,对我国行政诉讼原告资格中的"利害关系"进行实证性分析与学理性探讨,并在此基础上重塑一套较为明确、完整的"利害关系"判断脉络和标准,俾以健全我国行政诉讼的原告资格制度。

二、人民法院判定利害关系的实证分析

纵观我国公法领域的相关规范,尚不存在对利害关系的精准定义。与"公共利益"类似,"利害关系"同作为一种需要法律适用者补充阐释的不确定法律概念,[2]在行政诉讼领域主要依赖于司法实践于具体个案中的研判。有鉴于此,笔者以公开的司法判例为抓手,以法律数据库为依托,运用实证分析方法对相关问题进行整体数据和文本分析,尝试探索、归纳出人民法院对利害关系的判定逻辑与思路。

(一)研究方法说明与一般性描述

笔者通过"北大法宝—法律信息数据库"中"司法案例数据库"进行检索并搜集下载司法裁判文书。[3] 具体操作方法为:以"原告资格""与行政行

---

〔2〕 参见王贵松:《行政裁量的构造与审查》,中国人民大学出版社 2016 年版,第 60 页。

〔3〕 "北大法宝—法律信息数据库"网址:https://www.pkulaw.com/searchall。之所以选择"北大法宝—法律信息数据库"作为检索媒介,是基于其长期致力于裁判公开建设的考量,该数据库全面详实地收录了全国各级法院的绝大部分裁判文书,业内认可度、真实性和可靠性都比较高。

为有利害关系"为关键词，选择"全文""精确"作为高级搜索限制，并将案件审结日期限定在"2016 年 1 月 1 日至 2018 年 12 月 31 日"，[4]检索得"裁判文书"共 5678 篇；再选择"行政"选项，筛除与研究内容无关的知识产权、执行、国家赔偿等 361 篇裁判文书，余下 5317 篇裁判文书再经过"北大法宝"专业数据处理技术进行二次甄别与筛选，最后选得 4144 篇裁判文书，其案由均属于行政诉讼范畴，且"原告资格""与行政行为有利害关系"两关键词均为原告主张依据、被告答辩事由或是人民法院的裁判理由，与本文研究话题十分接近乃至完全契合。笔者对符合上述条件的 4144 篇行政诉讼案件裁判文书予以收录，[5]并以此作为整体数据分析的样本，仔细阅读与研析人民法院对事实的认定、对"与行政行为具有利害关系"的论证及裁判结果，以得出针对本文研究话题的司法审判概览与裁判逻辑。

需要强调的是，本文研究司法裁判文书目的不在于得出一个具有统计学意义上的结果，而是反映特定法律问题，即人民法院对利害关系的判定逻辑与思路，所以，对裁判文书调查总体的确定、样本的选择、抽取的方法和使用并不具有统计学上的意义。

承前所述，不确定法律概念广泛存在于各部门法，"是立法者面对复杂现实不得不使用、却又能保障立法目的实现的手段"，[6]所以，从立法技术的角度来看，"利害关系"本身的不确定属性，并非构成理论、实务两界非议的对象。但在实践操作层面，不确定法律概念的具体适用往往面临难以涵盖或过度满足实际需求的双重风险，这才是人们所警惕和担忧的，更遑论与原告资格实现与否具有直接关联的"利害关系"，普遍确信的具体判定逻辑与步骤尚未形成，势必会造成"公说公有理，婆说婆有理"的尴尬处境。现实果然未出所料，笔者通过仔细研读所收集的裁判文书发现，不少法院在判定

---

　　〔4〕　之所以作此时间限定，是基于两方面的原因：一方面，本文主要探讨的是"法律上的利害关系"到"利害关系"的法规范条文转向之后，人民法院的判定逻辑；另一方面，2016 年 1 月 1 日的时间节点，晚于 2015 年《行政诉讼法》正式实施的时间（5 月 1 日）半年之久，大抵能够让其后案件涵摄于新的法律条文规定之下。

　　〔5〕　部分行政诉讼案件历经一审、二审甚至再审程序，检索而得裁判文书的内容虽多有重复，但并不影响对人民法院裁判逻辑的爬梳与归总，故笔者将 4144 篇行政诉讼案件裁判文书全部予以收录、研究。

　　〔6〕　同前引〔2〕，第 56 页。

"利害关系"时的论证思路与裁判逻辑莫衷一是。虽然在 2017 年"刘广明诉张家港市人民政府行政复议案"[7]中,最高人民法院对原告资格中"利害关系"的判定作出了最新推进,且不论此番推进的质量好坏与否,但是本案的裁判逻辑与说理方式似乎并未在实务界蔚然成风,[8]仅有部分法院予以采纳和适用,绝大多数法院判定"利害关系"的方式并未与之相近或相同,这不得不应当引起关注。概而论之,从笔者收集的裁判文书来看,各地法院在判定"与行政行为具有利害关系"时的逻辑思路,大体可以类型化为四种,即:(1)结合法规范直接判断;(2)分析利害关系概念内涵;(3)分析利害关系构成要件;(4)结合相关学术理论。

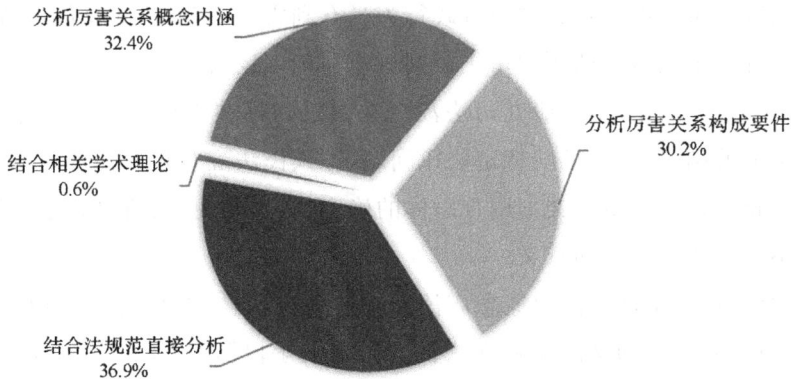

图 1　与行政行为具有利害关系四种裁判类型

如图 1 所示,法院结合法规范直接判定"利害关系"的案件数量占比达36.9%,这表明有超过 1/3 牵涉原告资格问题的行政诉讼案件,法院都直接

---

〔7〕　最高人民法院〔2017〕行申 169 号。

〔8〕　事实上,笔者在原有检索的基础上,增加"保护规范理论"为关键词,检索得裁判文书数量为 8 件;增加"主观公权利"为关键词,检索得裁判文书 42 件,排除诉讼程序或原、被告多有重复所致文书内容具有重复性等因素,实际可参考的裁判文书数量仅为 24 件;增加"反射利益"为关键词,检索得裁判文书为 20 件。上述三次检索而得裁判文书的数量,并未排除三个关键词同时出现或两两出现的情况,故实际文书数量则更少之。

由此可见"刘广明案"的作用并未如部分学者所言:"因为刘案的示范效应,法院在此后诸多判决中都开始适用保护规范理论、主观公权利及与其相关的'反射利益'等概念框定我国的原告资格,我国在原告资格的判定问题上开始发生重要转向。"赵宏:《原告资格从"不利影响"到主观公权利的转向与影响》,《交大法学》2019 年第 2 期,第 180 页。

适用《行政诉讼法》及相关司法解释或其他行政法律规范中的对应条款加以解决;而在新《解释》正式施行后,其第12条所概括列举的六种情形[9]更是为法院径行判定"利害关系"提供了直接适用的依据,故而法院也更倾向于此种做法。事实上,面对司法环境愈发昌明的大背景,人民法院几乎不可能也不愿意铤而走险,选择直接适用法律或司法解释搪塞、敷衍利害关系人甚至枉法裁判,即便是有,利害关系人也能通过审判监督、法律监督等救济渠道来申请纠正案件;而在大多数情况下,基于法律关系较为清晰的缘故,人民法院大抵是可以直接判定利害关系存在与否的,故此种裁判逻辑在文中作进一步探讨的空间与意义并不大。需要深入研究分析的,是后述的裁判逻辑。当然,针对第四种裁判逻辑,即结合相关学术理论判定利害关系,虽案件数量并不多(占比仅0.6%),但以最高人民法院为代表的部分法院将域外主观公权利、保护规范等相关理论引入国内裁判说理中,凸显出司法为统一和规范利害关系判定标准而力图寻找新突破口的能动主义倾向,是故笔者将之独立成章加以探讨,不再于本章中作重复评价与论述。

(二)裁判逻辑的类型化分析

1.分析利害关系概念内涵

判定公民、法人或者其他组织是否与行政行为具有利害关系的一条进路,是对"利害关系"的概念作出阐释,通过解读内涵来寻得结论。法律概念是法的最基础要素,法律概念的解读与运用在一定程度上就代表着法的适用。所以,当人民法院试图厘清较为复杂的利害关系时,自然也会首选此种方式作为自己论证说理的逻辑思路,诚如图1所示,法院采用此种裁判逻辑

---

〔9〕 根据最高人民法院关于适用《中华人民共和国行政诉讼法》的解释(法释〔2018〕1号)第12条,有下列情形之一的,属于行政诉讼法第二十五条第一款规定的"与行政行为有利害关系":

(一)被诉的行政行为涉及其相邻权或者公平竞争权的;

(二)在行政复议等行政程序中被追加为第三人的;

(三)要求行政机关依法追究加害人法律责任的;

(四)撤销或者变更行政行为涉及其合法权益的;

(五)为维护自身合法权益向行政机关投诉,具有处理投诉职责的行政机关作出或者未作出处理的;

(六)其他与行政行为有利害关系的情形。

的案件数量并不算少数，占比达 32.4%。

在此种裁判逻辑中，或许是受旧司法解释的影响过深，法院没有完全摆脱"法律上的利害关系"思维束缚，将"利害关系"限定为"公法上的利害关系或行政法上的利害关系"[10]，也即：只有当事人公法领域的权利和利益，受到行政行为影响，存在受到损害的可能性时，该当事人才具有行政诉讼的原告资格；无论当事人的权益是公法、私法甚至是习惯层面的，只有在有关行政法律规范对其加以保护的情形下，才能形成行政法（公法）上的利害关系。

然而，笔者认为将利害关系完全限制于法律上，并非妥适。以消费者作为投诉举报人请求获得法定赔偿等案件为例，在"孟某某与如皋市市场监督管理局、南通市工商行政管理局行政处罚纠纷案"[11]中，孟某某购买了大红门公司生产的"寿之源脱脂肉"后，认为该商品包装上的食品成分表不符合食品安全相关规定，遂向如皋市场监管局投诉举报，并要求大红门公司给予其法定赔偿，后因如皋市场监管局未能及时将行政处罚的决定告知孟某某，孟某某遂先向南通市工商行政管理局提起行政复议，后提起行政诉讼。从法律关系的性质来看，本案中的赔偿对于孟某某来说，是一种私益，一般应通过民事途径获得；且案涉行政行为的被处罚对象是第三人大红门公司，而非孟某某，孟某某能否获得法定赔偿以及举报奖励，不是行政诉讼法所调整和保护的范围，也并非如皋市场监管局在作出被诉处罚决定时需要予以考虑和保护的公法上的利益，所以，若按照前述法院的裁判逻辑，孟某某作为投诉举报人是无法被认定为利害关系人而获得原告资格的。

但应当关注的是，即便行政机关在作出行政行为时未必把孟某某主张的权益作为考量因素，孟某某要获得上述赔偿的前提仍是要认定大红门公司的案涉行为违法，只有大红门公司违法，孟某某才能依法获得上述赔偿。如果大红门公司自认其行为违法，孟某某获得赔偿没有障碍；反之，则在一定程度上依赖于行政机关对违法行为的认定，行政机关对违法行为的定性及法律适用往往是消费者获得该类赔偿的前提条件，这也正是本案孟某某

---

〔10〕 如湖北省荆门市中级人民法院〔2018〕鄂 08 行终 19 号、江苏省常州市中级人民法院〔2017〕苏 04 行终 366 号等案件。

〔11〕 详见江苏省南通市中级人民法院〔2018〕苏 06 行终 528 号。

通过投诉的方式要求如皋市场监管局进行调查处理的主要原因。申言之，孟某某是为了维护获得赔偿的合法权益而向如皋市场监管局投诉的，其投诉具有正当性，其与案涉行政行为具有利害关系，如果不赋予其原告主体资格，那么其依法应获的赔偿将可能因案涉行政处罚的瑕疵而无法得到救济和实现。可见，此种类型的利害关系也并非必须是行政法乃至公法领域的。

当然，新《解释》第 12 条第 5 项已经规定，为维护自身合法权益向行政机关投诉，具有处理投诉职责的行政机关作出或者未作出处理的，属于《行政诉讼法》第 25 条第 1 款规定的"与行政行为有利害关系"的情形。实际上，与该规定密切联系的是《行政诉讼法》第 2 条的规定[12]，两者交相呼应，将"为维护自身合法权益向行政机关投诉"作为认定投诉人与被诉行政行为有利害关系的标准，实践中也不应再人为地附涉其他条件以限制投诉人提起行政诉讼的权利，或者以没有法律规定赋予诉权为由将投诉人拒之"门"外。

另外，诚如上文所言，随着最新司法解释的正式施行，行政诉讼原告资格的认定彻底迈入"利害关系"标准时代，现行行政诉讼的法定术语中，已经不存在"法律上的利害关系"，"公法或者行政法上的利害关系"也只是人民法院在裁判中施加的限定，并非圭臬。这就意味着我国行政诉讼原告资格标准，形式意义上已经处于由"法律上的利益"标准向"事实上的利益"标准过渡的阶段。而现行《行政诉讼法》第 2 条规定[13]中所使用的"认为"这一相对主观性的认识标准，体现的是现行法律对诉权的重视和保护强度。故而在行政诉讼法和相关解释对"利害关系"未作明确阐释前，从诉权保护角度考量，起诉人可否作为利害关系人而获得原告资格，不宜作过于狭隘的理解，连最高人民法院江必新法官亦认为："至少在理论上对利害关系不宜做过于严格的限制，既不要将其限定在法定权利的范围，也不要将其限定在直接利害关系的范围，只要起诉人在该案件中具有一定的诉讼利益就应当认为有利害关系"[14]。由此可见，部分法院采用的第二种裁判逻辑，对利害关系的解读存在矫枉过正之嫌，并非明智之选。

---

〔12〕《行政诉讼法》第 2 条：公民、法人或者其他组织认为行政机关和行政机关工作人员的行政行为侵犯其合法权益，有权依照本法向人民法院提起诉讼。

〔13〕 同上引。

〔14〕 江必新、梁凤云：《行政诉讼法理论与实务》（第 3 版），法律出版社 2016 年版，第 548 页。

2. 分析利害关系构成要件

法院的第三种裁判逻辑是分析利害关系的构成要件来判断起诉人的原告资格,且采用此种裁判逻辑的案件数量也不少,如表 1 所示,占比达到 30.2%。一般而言,这种解构利害关系并对其构成要件进行分析的做法,可以增强裁判文书说理论证的充分性与深刻性,故而部分法院也愿意采用此种逻辑。

通常情况是,人民法院将利害关系解构成三个要件,即:(1)是否存在一项权利,(2)该权利是否属于原告的主观权利,(3)该权利是否可能受到了被诉行政行为的侵害。[15] 诚然,法院开始尝试分析利害关系的构成要件,已经表现出司法积极的一面,但如此解构尚存逻辑和内容上的漏洞。一方面,马克思主义认为,权利归根结底是由社会经济关系所决定,是社会经济关系的一种法律形式,统治阶级利用法律确认人们的某种权利,并赋予它以法律上的保护,[16] 换言之,在中国特色社会主义法治体系的语境下,权利即是法律对法律关系主体能够作出或者不作出一定行为,以及其要求他人相应作出或者不作出一定行为的许可与保障。既然权利是法定的,那么部分法院所认为"利害关系"的第一项要素,就有可能将利害关系构陷进"法律上的权利义务关系"之意,重新回到只有公民、法人或其他组织的"法定权利"受到侵害才能提起行政诉讼的理论窠臼[17] 之中,导致行政诉讼原告资格的狭隘理解。另一方面,此处的"权利"与现行《行政诉讼法》第 2 条所使用的"合法权益"的表述虽有重合,但权益既有权利也含利益,其范畴终究比权利的范畴更加广泛,部分法院实则是曲解了利害关系的构成要件,把权利与权益的内涵与外延画上等号,同样会引起原告资格被过分限制的问题。

当然,此种裁判逻辑亦有值得借鉴之处。在第三项构成要素中,"权利是否可能受到了被诉行政行为的侵害"的表述,指明了权利可能受到侵害与

---

〔15〕 详见西安铁路运输中级法院〔2018〕陕 71 行初 9 号、甘肃省高级人民法院〔2018〕甘行终 51 号等案例。

〔16〕 李康宁:《以社会主义核心价值观塑造民法典灵魂》,光明日报 2018 年 9 月 28 日理论版。

〔17〕 无论是从学术理论还是司法实践来看,我们很早就已经摈弃了"法定权利"标准,发展了行政诉讼的相关人理论,将原告资格标准,从行政相对人拓展到相关利害关系人。目前,我国行政诉讼法律法规等相对应的条款即是证明。

被诉行政行为之间需要有因果关系；且先不论因果关系的强弱程度，倘若两者之间毫无关联性，任何人都可基于自身合法权益可能受到侵害而对任何行政行为提起诉讼，则不仅会损害行政行为的效力和效率，破坏行政管理秩序的稳定和公共利益的安全，也会浪费有限的司法资源，违背行政诉讼的立法宗旨。是故在笔者的观点中，判断"因果关系"是判定"与行政行为有利害关系"的应有之义。

（三）问题总结

行文至此，虽然笔者尚未置评法院的第四种裁判逻辑，但其他两种裁判逻辑所存在的问题也绝非晦而不彰、泛泛而谈，只是囿于篇章结构，未能直接将问题条分缕析地胪列，故本节欲对司法实践中存在的问题逐一列出，使之更为直观清晰，并以此作为本章小结。

1. 过度限缩解释利害关系的内涵

在第二种裁判逻辑中，法院将利害关系的内涵限定于公法或行政法领域，当且仅当起诉人公法领域的权利和利益，受到行政行为影响，存在受到损害的可能性时，该起诉人才与行政行为有"公法上"的利害关系。这实际上是对利害关系的过度限缩，容易导致值得法律保护的利益被排斥于行政诉讼的大门外，而事实上也确实存在利害关系人的合法私益需要通过赋予其原告资格以行政诉讼的方式进行救济的情况，正如前述消费者作为投诉举报人请求获得法定赔偿一案。[18] 另一方面，无论是现行《行政诉讼法》，还是新《解释》，都没有再使用"法律上的利害关系"的表述，法院狭隘地理解利害关系，未免"乐不思蜀"，稍有不慎便会引发对利害关系的误解，即将利害关系错误地解读为：因被诉行政行为有关的法律规范保护范围的权益可能受到被诉行政行为的不利影响，而在行政主体与受影响人之间产生的法律关系。[19] 这实际上是将利害关系直接与行政法律关系画等号。而行政法律关系，一般来说，是行政机关通过行政行为与行政相对人发生的法律上

---

〔18〕　详见江苏省南通市中级人民法院〔2018〕苏 06 行终 528 号。

〔19〕　参见孔祥俊：《行政行为可诉性、原告资格与司法审查》，人民法院出版社 2005 年版，第 135 页。

关系,多为行政法律法规所明确规定;且行政法律关系本质上将行政事实行为排除在外,这完全与《行政诉讼法》与新《解释》的立法目的不相符合,会增设当事人寻找司法救济的门槛。

2. 错误理解权益与权利的关系

部分法院在判定利害关系时,将权益等同于权利,加以混淆使用,这是错误地理解了权益与权利的关系。众所周知,权利是受法律保护的一种利益,但并非所有的利益都能受到法律的保护,只有为法律所确定的利益才能称之为权利,所以在我国的语境下,权利即是法定权利。而将权益完全等同于法定权利,就容易把利害关系错误地理解成"法律上权利义务关系",也即只有公民、法人或其他组织的"法定权利"受到侵害才能提起行政诉讼,这会引发行政诉讼制度上的倒退。事实上,将合理正当但尚未由法律明确规定的权益纳入行政诉讼保护的范畴却有必要。例如,违法建筑不受法律保护,违法建设人及其相邻权人对违法建筑并不享有法定权利,但若违法建筑的相邻权人对违法建筑存在生活上的依赖或某种事实上的权益(如景观、采光、遮光等),那么当行政机关拆除行为对该部分权益造成侵害时,相邻权人应得为向法院寻求司法救济。

三、主观公权利与保护规范理论的引入与省思

或许是发现了前述裁判逻辑的漏洞瑕疵而意图弥合,抑或专门独辟蹊径,以最高人民法院为首的部分法院打破传统,首创式援引德国法上的"主观公权利"概念与"保护规范理论"来论证原告资格中利害关系的存立与否,由此形成新的裁判视角与逻辑,即如前所述第四种裁判逻辑——结合相关学术理论对利害关系加以释解,并以"刘广明诉张家港市人民政府行政复议"(下称"刘案")[20]一案为代表。虽然笔者梳理相关裁判文书后并未发现"刘案"所引理论和裁判逻辑被广泛适用于各级法院(如图 1,其数量占比仅为 0.6%),但终究也在理论和实务界形成了自己的"拥趸"。但在"鼓与呼"

---

[20]　同前引[7]。

的同时,我们也应当冷静地反思:作为域外理论的主观公权利和保护规范理论,能否和谐地融入中国的制度土壤? 理论的引入究竟能在何种程度上再次引起"利害关系"判定标准的转向? 伴随如此疑问,笔者尝试以回溯"刘案"的裁判逻辑为依托,省思其所引入并适用的核心学理妥当与否,至于"刘案"的裁判结论,本文暂不作评价。

(一)"刘案"的裁判逻辑

本案当事人刘广明历经行政复议、行政诉讼一审、二审和再审的整体过程,其案件事实并不复杂,案涉核心争点也相对明确、单一,即:刘广明与张家港市发改委作出"张发改许备〔2015〕823 号《关于江苏金沙洲旅游投资发展有限公司金沙洲生态农业旅游观光项目备案的通知》"(下称《通知》)之间是否存在利害关系。最高人民法院的再审裁定基本围绕这一争点,对原告资格中的利害关系展开论证说理。

1. 利害关系与主观公权利等价转化

尽管从条文表述上,"利害关系"取代了"法律上的利害关系",但最高人民法院在本案中依然将"利害关系"解释成"法律上的利害关系",同时基于行政诉讼乃公法上诉讼之考量,对案涉"法律上的利害关系"作进一步限定,"一般也仅指公法上的利害关系;除特殊情形或法律另有规定,一般不包括私法上的利害关系"[21]。此处我们可以发现,最高人民法院的第一步解释路径,与上文笔者总结归纳的第二种裁判逻辑雷同,先对利害关系作出限定以便后续铺陈。当然,最高人民法院并未止步于此,而是进一步明确申述:"只有主观公权利,即公法领域权利和利益,受到行政行为影响,存在受到损害的可能性的当事人,才与行政行为具有法律上利害关系。"[22]本案与诸多裁判的一个不同之处就在于此,最高人民法院首次适用"主观公权利"概念,并搭设一座联系的桥梁,将利害关系的判定问题直接等价转化成"主观公权利"能否证立以及是否具有受到损害的可能性。这也可以看得出最高人民法院棋高一着,并没有深耕"利害关系"的不确定性以使之确定化,而是将逻

---

〔21〕 同上引,前引〔7〕。
〔22〕 同上引,前引〔7〕。

辑与视角转向对主观公权利的探求,欲使主观公权利成为认定我国行政诉讼原告资格的新标准。尚且不谈最高人民法院此番理解适用"主观公权利"的场景正误与否,单论其思路转换之巧妙就足以彰显高明。

2. 以保护规范理论证立(否)主观公权利

在将"利害关系"转化成"主观公权利"之后,接下来就面临主观公权利能否证立的问题。最高人民法院在本案裁定中当然地吸收了德国的一般做法,即诉诸保护规范理论。"保护规范理论或者说保护规范标准……以行政机关作出行政行为时所依据的行政实体法和所适用的行政实体法律规范体系,是否要求行政机关考虑、尊重和保护原告诉请保护的权利或法律上的利益,作为判断是否存在公法上利害关系的重要标准",[23]从本案最高人民法院给出的解释来看,主观公权利的证立与否依赖于行政实体法律规范体系是否存在"个人权益保护的指向",这种存在性证成的问题,最终又转化成法律解释的问题,这是最高人民法院又一高明之处。所以,究其本质而言,裁判者认为适用保护规范理论是在运用法律解释技巧,即除了以法条作文意解释外,还可参酌整个行政实体法律规范体系、行政实体法的立法宗旨以及作出被诉行政行为的目的、内容和性质。当然,即便最高人民法院借助保护规范理论,意欲承认更多值得且需要保护、属于法律保护的利益,从而认可当事人的主观公权利,也不得不基于司法体制、司法能力和司法资源限制的考量,将私益保护的扩张仍限定于"语义解释法、体系解释法、历史解释法、立法意图解释法和法理解释法等法律解释方法能够扩张的范围"。

3. 排除反射性利益

当然,德国法中保护规范理论的另一作用是强调主观公权利与反射性利益的区分,并将反射性利益剔除出个人请求司法救济的范畴,[24]在本案裁定中,最高人民法院从《行政诉讼法》的语境体系和行政诉讼制度的功能定位出发,对此问题予以回应。一方面,依照当前《行政诉讼法》第 25 条第 4 款之规定,只有人民检察院才具有提起行政公益诉讼的原告资格,公民、

---

〔23〕 同上引,前引〔7〕。

〔24〕 参见赵宏:《保护规范理论在举报投诉人原告资格中的适用》,《北京航空航天大学学报(社会科学版)》2018 年第 5 期。

法人或其他组织无法为保护公共利益而寻求司法救济，以行政法规范存在"私益保护指向"证成主观公权利进而判定利害关系人具有原告资格，恰好能与我国现行公益诉讼的立法与实践匹配一致。所以，回归到行政诉讼本来的样貌，最高人民法院认为："行政诉讼虽有一定的公益性，却显然不能将原告主体资格范围无限扩大，将行政诉讼变相成为公益诉讼"。[25] 另一方面，最高人民法院认为，现行行政诉讼法在确定原告主体资格问题上，总体坚持主观诉讼而非客观诉讼理念，行政诉讼首要以救济原告权利为目的，因此有权提起诉讼的原告，一般宜限定为主张保护其主观公权利而非主张保护其反射性利益的当事人，所以只要原告本人能够提供证据证明其权益具有不同于普通公众的独特性，且受行政实体法律规范所保护，并存在被诉行政行为侵害的可能性，其原告资格即得证成。

至此，最高人民法院完成了主观公权利与保护规范理论理论的引入与解析，并回溯本案加以适用，最终得出：再审申请人刘广明与张家港市发改委的《通知》不具有利害关系。

当然，诚如前文所述，虽然最高人民法院在裁判逻辑的第一步，将利害关系的判定转化成"主观公权利"能否证立以及是否具有受到损害的可能性，但在后续的步骤中，我们似乎无法直接看到最高人民法院对所谓"主观公权是否具有受到损害可能性"的论证，或许是因为"刘案"中的主观公权利被证否而无须进一步论证；抑或在排除反射性利益时，最高人民法院直接假定了只有原告在权益面临损害可能性的情况下才会选择起诉，而将论证消解于原告所提供的证据中；更或者，是最高人民法院硬套主观公权利概念所致，这一点也是笔者下一节重点着墨的内容。无论如何，最高人民法院对此问题按下不表，着实令人遗憾。

（二）理论引入的纠偏与省思

德国法将主观公权利与保护规范理论共同适用的领域主要是判定行政诉讼原告诉讼权能，而最高人民法院在"刘案"中将两者引入判定原告资格的裁判说理中，单纯从适用环节来看，是无可非议的，其对"利害关系"判定

---

〔25〕 同前引〔23〕。

问题的多次转化，体现出了论证思维灵活的积极一面。然而，也正是因为这种"灵活"的转化，主观公权利在裁判逻辑的第一步就"马失前蹄"，直接被同义替换成了"公法领域权利和利益"，致使"主观公权利"的应有之义无法尽显，最高人民法院也或受到生搬硬套域外理论的指摘。因此，笔者认为，有必要对两项理论作简要梳理，以纠正问题、择善而从。

1. 主观公权利的历史流变

主观公权利的历史发展源头可追溯至耶利内克（Jellinek），在耶氏的"地位理论"[26]中，公民的主观公权利得到体系化的归纳，突破了绝对主义主权观念下"公权否定说"的藩篱，公民个人得以确立相对于国家的地位。当然，在耶氏笔下的主观公权利是一种"整体的主观公权利"，其不仅包括个人相对于国家的地位，也包括国家自身的主观公权利[27]，只是此后在德国的本土实践中，"国家主观公权利"因广受批判而逐渐消弭，主观公权利单纯地剩下公民个人法律地位的内涵。而将这种流变加以彻底固化的则是德国学者布勒（Büehler），他对主观公权利理论的重要发展极具桥头堡意义。布勒对主观公权利下了完整而经典的定义，他认为，主观公权利是指公民基于法律行为或保障个体目的而制定的强行性法律规范，得以援引该规范向国家为某种请求或某种行为的法律上的地位。[28] 从这样的表述中我们可以看出，主观公权利并没有完全等同于受保护的个人利益本身，而是包含着三方面要素：第一，强行性法规范；第二，对国家请求的地位（或权能）；第三，保护私益；其中，"保护私益"要求法规范至少要保护个人特定私益，而不保护客观规范纯粹要求国家所保护的公共利益反射而成的利益，这在后来逐渐发展为"保护规范理论"。上述三方面要素作为一个整体，实际上成为证立主观公权利所不可或缺的基础。随着德国基本权利法教义学的跃进发展与形塑完成，公民基本权利逐渐从主观公权利的范围中剥离，上升成为主观公

---

〔26〕 ［德］格奥格·耶利内克：《主观公法权利体系》，曾韬、赵天书译，中国政法大学出版社2012 年版，第 6 页。

〔27〕 反对国家主观公权利的主要代表学者为奥托·迈耶，参见［德］哈特穆特·鲍尔：《国家的主观公权利：针对主观公权利的探讨》，赵宏译，《财经法学》2018 年第 1 期。

〔28〕 Otmar Büehler, Die Subjektiven öffentlichen Rechte und ihr Schutz in der deutschen Verwalt-ungsrechtsprechung，1914，Berlin，S. 1f. f. 36.

权利的上位概念,主观公权利的重心也逐渐转向行政法领域,成为判别行政法上请求权的重要概念。申言之,从某种意义上看,主观公权利的第一、第三要素结合构成了行政法上的请求权基础,而第二要素则兼具行政实体法上请求权和程序法上诉权的应有内涵。〔29〕 由此,经由布勒(Büehler)发展的主观公权利理论,被广泛地应用于司法救济与司法保护层面。

当然,主观公权利的发展脚步并未停止。伴随二战以后德国裁量理论的前进,尤其是"无瑕疵裁量请求权"的精致构筑,使原本作为主观公权利三要素之一的"强行性法律规范"被打开了空间,奥托·巴霍夫(Otto Bachof)作为"无瑕疵裁量请求权"倡导者,也借此推进了主观公权利的历史进程,客观法规范的"强行性"限定被舍弃,"只要该规范施与行政为特定行为的义务",〔30〕即可作为主观公权利的产生基础。此后,由于行政性规范文件大量充斥于社会生活的方方面面,主观公权利对客观法规范的要求程度不断降低;而在 1949 年德国《基本法》颁布施行之后,因为第 19 条第 4 款〔31〕从国家宪法层面明确"任何人"的司法救济请求权,这种近乎完整的司法保护,使得主观公权利的第三项要素,即对国家请求的地位(或权能),在行政诉讼的个案实践中无需再被特殊的审查与证明。

自此,在德国法的语境体系下,主观公权利的证立与否被凝炼成一个问题,即:个案客观规范是否并不仅保护反射性利益,而且也同时保护个人特定私益;保护规范理论得以升为判定主观公权利的核心要论。仍需强调的是,主观公权利的判定问题之所以最终仅取决于客观规范的私益指向性问题,是因为德国德本土实践发展与《基本法》颁行直接导致了主观公权利中另外两要素被普遍证成,从司法经济的角度考量,法院无需多此一举,但这

---

〔29〕 卡尔·拉伦茨(Karl Larenz)认为,请求权不仅表明一种客观上(实体法)上的权利,而且也表明一个特定人针对他人的特定请求权可以通过诉讼来主张和执行,它首先说明一种实体法地位,同时也表明了程序上的功能。参见[德]卡尔·拉伦茨:《德国民法通论》,王晓晔等译,法律出版社 2003 年版,第 322 页。

〔30〕 Erichsen/Martens, Allgemeines Verwaltungsrecht, Berlin: Springer, 6. Aufl., 983, S. 149.

〔31〕 《德国基本法》第 19 条第 4 款第 1 句:"任何人权利受到国家权力干预和侵犯时,如无法律规定的其他方式,均可诉诸司法救济"。详见 HEINOLINE 法律全文数据库:https://heinonline. org/HOL/Page? colle-ction＝cow&handle＝hein. cow/zzde0051&id＝20&men_tab＝srchresults. 最后访问日期:2019 年 1 月 5 日。

并不意味着主观公权利本身概念的蜕变,"保护私益"仍旧只是"主观公权利"三个要素的其中一个而已。

2.保护规范理论的现代扩张

作为证立主观公权利的固有内容,保护规范理论向来要求,客观规范在保护公共利益的同时,至少也要服务于特定的个人私益。自主观公权利的判定问题发生转向之后,保护规范理论自身也随之发生重要变化,主要集中于特定个人私益从客观规范中析出方式的变化,究其本质而言是法律解释方式的变化。而这种变化,虽不涉及保护规范理论作为判定主观公权利的核心要论之地位,但因其涉及主观公权利内容的多少及行政诉讼原告资格范围的扩大与缩小,应当值得关注。

在保护规范理论的最初阶段,布勒认为,对客观规范中个人私益保护指向的探求,应当严格地依赖对立法者主观意图的探讨;其后,巴霍夫对布勒的观点予以完善,他认为,探求立法者的主观意图固然重要,但更重要的是对个人利益的客观评价,且并非完全探究制定法律当时的利益评价,而是探究当下的利益评价。[32] 在这一阶段,无论是布勒还是巴霍夫,对客观规范中个人私益保护指向的探求,都局限于目的解释的范畴,只不过前者是主观目的解释,后者更倾向于客观目的解释。

保护规范理论真正迎来扩张的时期是当代,其中的代表人物是施密特·阿斯曼(Schmidt Assmann)。为了与布勒、巴霍夫时代的保护规范理论相区分,德国法学界将阿斯曼等诸多学者对保护规范理论所做"现代扩张"的学术努力成果,称为"新保护规范理论"。当然,在德国法的语境下,新旧保护规范理论的本质内涵是一致的,差异主要体现在探求主观公权利所适用的法律解释方法的不同。在新保护规范理论的解释体系中,客观规范所欲保护的个人私益,并非"绝对地,或首要地、排他地、一次性地从规范制定者的主观意图中探求"[33],而应当从整体法规范构造与制度秩序视角,综

---

〔32〕 参见王锴:《行政法上请求权的体系及功能研究》,《现代法学》2012 年第 5 期。

〔33〕 赵宏:《原告资格从"不利影响"到主观公权利的转向与影响》,《交大法学》2019 年第 2 期。

合运用文义解释、体系解释、目的解释、历史解释等法律解释方法来判断。[34] 在德国基本权利的法教义学形塑完成的前提下,阿斯曼认为,基本权利的保障条款亦可作为判定主观公权利的基础,并发挥着明确价值体系的规范效果。[35] 宪法价值与宪法基本权利经由合宪性解释渗透进一般规范的个人私益保护指向上,这种做法也得到德国法学界多数学者的赞同和倡导。自此,保护规范理论经过法律解释方法的"换挡升级",基本完成了其在当代的扩张,以一种灵活、开放的样态,较为妥当地适应了行政诉讼原告资格不断扩大的世界性趋势。

3."刘案"中的适用纠偏与扬弃

在提要钩玄式梳理"主观公权"与"保护规范理论"后,我们回溯审思"刘案",便会发现最高人民法院在裁判说理中的逻辑问题。

一方面,诚如上文所述,最高人民法院在裁判逻辑第一步直接将主观公权利"同义置换"为公法上权利和利益,这种做法是存在偏颇的。在德国法的语境体系中,主观公权利历经历史流变,尤其是《基本法》第 19 条第 4 款从国家宪法层面明确了公民司法救济请求权(对国家请求)的地位,对主观公权利的判定得以表现为对客观规范私益保护性的判定,申言之,德国法下"主观公权利"与"公法权利或利益"作同义置换,是基于司法成本考量的便宜操作,主观公权利的概念与三要素本身是不会也不可能变为"法律所保护的利益"的。但反观我国,我国《宪法》似乎并没有明确赋予个人基于国家任何形式的侵害可能性而对国家的请求权地位,相类似的赋权条款,仅体现在《行政诉讼法》第 2 条[36]中,且本身该条的表述是"有权提起诉讼",此种表述与德国《基本法》所赋予个人司法请求权具有实实在在的法律效果差异,《行政诉讼法》第 2 条并不能免除人民法院对个人是否具有请求权地位的审查义务。换言之,在我国的语境下,人民法院仍应当对个人是否受到行政行为侵害(可能性)进行审查,这是其获得请求权地位的前提,并不能预设侵害已经存在,而仅仅只是探讨客观规范对个人私益的保护指向。所以,最高人

---

〔34〕 Vgl. Schmidt‐Assmann, in: Maunz, Duerig, u. a., Grundgesetz Kommentar, Heidelberg: Mueller,1985,Rdnr. 116. zu Art. 19 Abs. 4GG.

〔35〕 同上引。

〔36〕 同前引〔12〕。

民法院将主观公权利与公法权利或利益画等号,进而运用保护规范理论来判别主观公权利,实际上是误解了主观公权利的本质内核,照搬了德国学界与实务界的便宜做法,忽视了德国的实践土壤与我国的制度环境并不相同,且事实上,这也导致了利害关系整体判定逻辑链条的断裂。

另一方面,保护规范理论对主观公权利的判别依托法律解释技艺。最高人民法院在"刘案"中也把握住这一点,认为对利害关系的判定可以"参酌整个行政实体法律规范体系、行政实体法的立法宗旨以及作出被诉行政行为的目的、内容和性质"〔37〕,但具体适用于本案时,基本还是从立法者的主观意图出发,认为相关规范仅纯粹考量的是公共利益,并不能从中看出对土地承包经营权的保护指向。然而,从基本"常识"的角度来看,行政机关在作出项目审批行为时对包括土地承包经营权在内的各种利益是应当均衡考量的,〔38〕"刘案"中最高人民法院的解释方法过于严苛,给"刘案"之后的案件审判形成了不良示范。而前文已述,倚重立法者主观意图是旧保护规范理论的做法,经过发展的新保护规范理论已然呈现一种开放、灵活的样态,最高人民法院对理论的实际适用并不恰当。当然,这种不当适用或许是基于我国宪法的基本权利规定无法直接被用于司法裁判的考量,但笔者认为,不能就此因噎废食,不能直接适用并不代表不能通过解释技术进行渗透,在合宪性解释的话题研究于学界方兴未艾之际,将宪法的价值与基本权利通过对"整体法规范体系构造与制度秩序"的衡量与解释,渗透进一般法保护个人权益的目的之中,或许是存在操作空间的。

综上所述,最高人民法院在对待主观公权利和保护规范理论的态度上,是截然相反的:利害关系、主观公权利与公法权利利益的转化采用的是德国的最新立场,而对保护规范理论的实际适用则是徘徊犹豫、踟蹰不前。而这种相反的态度,也反映出完全引入德国的主观公权利与保护规范理论,在我国出现了"水土不服",毕竟两者自有其德国法的现实语境依赖与实践土壤培植,因而才能一脉相承。有鉴于此,笔者大胆地认为,现行中国行政诉讼制度对利害关系的判定仍不宜直接引入主观公权利概念与保护规范理论,

〔37〕 同前引〔7〕。

〔38〕 参见杨建顺:《适用"保护规范理论"应当慎重》,《检察日报》2019 年 4 月 24 日第 007 版。

利害关系的判定思路仍应当基于"利害关系"自身出发并展开。不过,不整体引入理论不代表不能借鉴方法论,新保护规范理论在论证主观公权利时所运用的法律解释方法,是可以学习借鉴的;当然,也仅限于方法,对于整个理论体系,笔者的立场不变。

四、利害关系判定要素的法教义学厘定与重释

　　源于立法目的与价值的慎重考量与权衡,利害关系的立法表述仍然呈现出一种模糊的情态,立法者或许是期待着法院能够在审判实践中对利害关系形成合乎法律的判定基准,但无论是第一部分所述两种裁判逻辑,还是最高人民法院在"刘案"中所做的探索,抑或最高人民法院发布的司法解释,似乎都未如人意。[39] 不过,本文并非完全否定人民法院业已形成的裁判逻辑,而是基于功能主义的立场,指出裁判逻辑的漏洞以去粗存精,汲取不同裁判逻辑中的积极成分,通过适当的方式结合,进而形成较为完善的利害关系判定基准来反哺实践。

　　一般认为,要素分析是释解法律概念的重要方式,而利害关系作为不确定法律概念,当然也可以借助要素的框定,使自己相对确定化。那么,司法实践是否也多采用这种方式来判定利害关系呢? 通过对上文除第一种裁判逻辑以外三种裁判逻辑化繁为简、提要钩玄,凝炼、吸收相应限定语成分,以还原最本质的要素,本文得到的答案是肯定的,即:无论人民法院采用何种裁判逻辑判定利害关系,终究是围绕"是否存在权益"与"权益是否受到行政

---

　　〔39〕 最高人民法院先是在 2017 年 9 月 14 日发布《关于进一步保护和规范当事人依法行使行政诉权的若干意见》(法发〔2017〕25 号),并在其中第 11 条规定:"要准确把握新行政诉讼法第二十五条第一款规定的'利害关系'的法律内涵,依法审查行政机关的行政行为是否与当事人权利义务的增减得失密切相关,当事人在诉讼中是否确实具有值得保护的实际权益,不得虚化、弱化利害关系的起诉条件。对于确与行政行为有利害关系的起诉,人民法院应当予以立案。"虽然此条规定的论调有积极的价值导向意义,但依然停留在提纲挈领的抽象原则层面。

　　此后的 2018 年 2 月 8 日,最高人民法院又颁布实施《关于适用〈中华人民共和国行政诉讼法〉的解释》(法释〔2018〕1 号),其中第 12～18 条以"概括列举＋肯定列举"的方式,对"利害关系"的特殊情形予以法定化,但采用明确肯定式列举的做法,随着社会经济的不断发展,必然难以涵摄后发新形态,即便第 12 条第 6 款具有兜底性,也仍表现出最高人民法院谨慎、保守的态度。

行为影响"两方面展开论述,只是在具体理解每项要素内部含义、采用何种理解进路等方面存在差异,这才导致了人民法院形成不同裁判逻辑与裁判结果;即使第四种裁判逻辑适用了德国法中的主观公权利与保护规范理论,但最高人民法院将主观公权利等同于公法领域权益,并预设权益受到行政行为影响,进而用保护规范理论探求客观规范中的个人私益保护指向,其实质就是对个人特定私益是否存在的论证。所以本文初步认为,利害关系最本质要素包括两项:其一,权益;其二,行政行为的影响,至于"是否是主观权利""是否是公法领域的权益""是否具有受到损害或不利影响的可能性"等问题,都属于两项要素自身的内容与性质,可以置于单项要素的分析中加以识别与探讨。

结合我国《行政诉讼法》来看,第 2 条作为判定起诉人原告资格的原则性条款,理应与第 25 条第 1 款进行体系化适用,所以利害关系人若想具备原告资格,一方面需要自认为自己有所谓的"合法权益",另一方面,还需要此"合法权益"受到行政行为的侵犯,利害关系的两项要素可见一斑。事实上,脱离利害关系人的合法权益,来空洞地探讨利害关系,且不论这种合法权益是特定个人私益还是公共利益,都是不妥当的,权益本身是作为利害关系人请求权基础而存在的;而如果利害关系人并没有认为合法权益受到行政行为的影响,或者利害关系人的合法权益受到行政行为的有利影响,那么利害关系人也基本不会多此一举地选择提起行政诉讼,如果起诉,难免会陷入滥诉而受到惩戒的风险中。

所以综合法理、实践与法律条文,上述"权益"可进一步明确为合法权益,"影响"可进一步明确为"不利影响"。当然,笔者在此稍加阐释与说明,之所以使用"不利影响"而未用法律条文中的"侵犯",是因为原告在起诉时需要提供证据以证明合法权益受到不利影响,如果采用"侵犯"的表述,则语气的加重或可导致原告证明责任的加重;而且"受到侵犯"的内涵与外延包含于"受到不利影响",这也给了利害关系的要素更多的探讨空间。利害关系的要素由此得证,即:"合法权益"以及"行政行为的不利影响"。那么,关于利害关系成立与否的判定,也就转化成对其要素存在与否的阐释、分析与判定。

（一）判定要素之一：是否存在合法权益

1. "公法秩序"所能体现的合法权益

任何法官在将抽象的规则运用于具体案件时，都要对法律规则的内涵及适用的范围根据自身的理解作出判断，这种判断实际上就是一种对法律的解释。而事事实上，权益本身包括权利和利益，权利具有法定性与合法性自不必赘言，但利益与权利不同，法定性并非利益的特性，大多数利益实则与法律法规并无直接联系，并非任何正当利益都为法律所明文规定；且公民权益繁杂，也并非任何利权益都能在具体个案中受到行政诉讼的辐射而得到保护，否则司法将会被动地绑架于个人无缘由的诉求。所以从本质上来说，判定"是否存在合法权益"就是要对"合法权益"进行解释，且更为关键的是，如何进行解释。笔者认为，新保护规范理论的方法论，即该理论对法律解释的适用方式，提供了可借鉴的思路。新保护规范理论在判定主观公权利时所坚持的是客观解释立场和整体性解释观，并不拘泥于规范条文的字面意思，也不强调对立法者原意的还原，而是从整体法规范构造与制度秩序视角，注重探求规范随社会实情转变而具有的客观意旨；而且，德国《基本法》所确立的宪法价值原则及关于公民基本权利的规定，也得益于法教义学的发展而可以融入案涉客观规范以探求个人权益。申言之，新保护规范理论的法律解释视角被放宽至"宪法"与"案涉整体规范体系"所共同搭建的公法秩序。

其实，最高人民法院在"刘案"中也表明了一种对合法权益的法律解释立场："应坚持从整体进行判断……可参酌整个行政实体法律规范体系、行政实体法的立法宗旨以及作出被诉行政行为的目的、内容和性质进行判断"；[40]从表述中我们可以看到，最高人民法院也逐渐树立起整体性的法律解释观，将目光开始转向整个行政实体法律规范体系与立法宗旨来探求"合法权益"的存在与否，而这种表述实质上也是与上文法律解释视角中"案涉

---

〔40〕 同前引〔7〕。当然笔者认为，此处"行政实体法律规范体系"的表述似乎并不准确，一般规范性文件也应当被纳入其中，毕竟最高人民法院在其后的说理中也写道："在实体问题上的判断，更多是依据行政实体法律、法规、规章甚至规范性文件"。

整体规范体系"的内涵与价值基本一致。所以,笔者是支持最高人民法院继续采用这种大局观的法律解释的。但能否更进一步,像新保护规范理论的法律解释一样,将宪法价值抑或公民基本权利规定也纳入考量范围呢?

笔者认为是可以的。诚如张翔教授所言,在 2004 年"尊重和保障人权"入宪之前,我们对于基本权利的理解具有实证主义的封闭性,但当"人权条款"进入宪法后,其与《宪法》第 33 条关于公民基本权利的规定相结合,《宪法》实际上已经为国家社会与人民生活构建了一套以宪法为首的价值秩序,基本权利的实证化研究由此向体系化迈进,[41]这也给我们宪法和法律的适用与解释提供了价值基础。所以理论界纷纷将目光聚焦于合宪性解释,希冀以此来弥合宪法作为国家根本大法与效力被虚置的云泥之别。而合宪性解释的一个重要面向,[42]就是指人民法院在作出裁判时应当先对其所适用的法律进行合乎宪法的解释,换言之,我国各级人民法院在对个案裁判所适用的法律进行解释时,应当将宪法原则和精神纳入考量范围,从而通过司法把宪法在实践中运用起来。[43] 虽然在整个司法实践发展的过程中,合宪性解释也面临过窒碍难行的困窘,但好在 2016 年 8 月施行的《人民法院民事诉讼新文书样式及制作规范》中要求宪法不能作为裁判依据但可以在说理部分予以阐述,[44]实践中也有人民法院在民事裁判说理中直接对"人权条款""基本权利规定"进行阐释的个例,[45]虽然数量不多,但也足以表明立场。由此观之,既然人民法院可以在民事裁判领域中结合宪法的规定与价值对具体个案进行分析、阐释,为何不能将宪法的价值原则与有关规定通过合宪性解释融入行政诉讼的裁判说理中呢? 利害关系的判定问题在多数情

---

〔41〕 参见张翔:《宪法释义学:原理·技术·实践》,法律出版社 2013 年版,第 141-149 页。

〔42〕 另一个主要指立法对宪法规定的具体化,即由于宪法规范本身所具有的纲领性与抽象性,使得必须通过立法加以具体化,而这种具体化的过程本身也体现着合宪性解释的过程。

〔43〕 参见夏正林:《"合宪性解释"理论辨析及其可能前景》,《中国法学》2017 年第 1 期;黄卉:《合宪性解释及其理论检讨》,《中国法学》2014 年第 1 期;张翔:《合宪性解释的两个面向——答蔡琳博士》,《浙江社会科学》2009 年第 10 期。

〔44〕 最高人民法院于 2016 年 6 月 28 日印发《民事诉讼新文书样式及制作规范》,其中规定:"裁判文书不得引用宪法和各级人民法院关于审判工作的指导性文件、会议纪要、各审判业务庭的答复意见以及人民法院与有关部门联合下发的文件作为裁判依据,但其体现的原则和精神可以在说理部分予以阐述"。

〔45〕 河北省枣强县人民法院〔2015〕枣城民一初字第 345 号等。

况下难以直接适用法律规范,仍然是需要对其进行说理和阐释的;而且有鉴于包括《行政诉讼法》在内的行政程序或实体法律规范皆有"根据宪法,制定本法"之规定内涵,在面对司法实践难以解决的疑难杂症时,也即难以适用行政程序或实体法律规范加以解决,为保障宪法维护法秩序一致的作用,完全可以回溯至宪法、借助合宪性解释的方式,将宪法的有关规定渗透进具体个案的裁判说理中。

职是之故,我国宪法中的价值原则与基本权利有关规定,可以作为探求利害关系中"是否存在合法权益"的规范渊源,合宪性解释也因之可以同"语义解释、体系解释、历史解释、目的解释和法理解释等法律解释方法"[46]一道,作为一种法律解释方法而在此类型的裁判说理中存在。换言之,人民法院在判定利害关系中的合法权益是否存在时,也可以将法律解释的视角扩展至"宪法"和"案涉整体规范体系"所共同搭建的"公法秩序","合法权益"也由此成为"公法秩序"所能体现的"合法权益"。

至此,笔者能够揣测出,诸多案件中人民法院对合法权益的限定,即"公法领域权利或利益",其真意指向的便是上述"公法秩序"所能体现的"合法权益";然而,个案中的权益本身并不一定是公法领域或公法上的,人民法院采用这样的表述方式,或许是为了更加契合合法权益中的"合法"字眼,但这不仅易引发他人误解,也易将自己引入歧途,终将利害关系限制于法律上的利害关系。实际上,利害关系应如合法权益一样,理解为"公法秩序所能体现的利害关系"。

当然,前述"'宪法'及'案涉整体规范体系'所共同搭建的公法秩序"的表达方式仍或许相对抽象,本文特此作进一步细化:

(1)行政实体法。既包括与个案相关的行政实体法律、行政法规、地方性法规,也包括部门规章与地方政府规章。

(2)一般规范性文件。包括行政规定、行政规则、行政决定、命令等。在我国的语境下,无论是中央还是地方的各级行政机关,都会基于行政管理的需要而颁布大量行政规范性文件;在这些规范性文件中,有相当数量的行政规定会直接赋予不特定对象以正当利益,或者将非纯粹为公益而管理的义

---

〔46〕 同前引〔7〕。

务课予行政机关自身。

(3)行政惯例与法律原则。如不得违背公序良俗、行政自我约束原则、信赖利益保护原则等。试举一例:上级行政机关为了简化下级行政机关对个案进行行政裁量的困扰,统一法律适用和行政执法标准,往往会对大量性、重复性行政行为制定"裁量性基准",举凡该基准已经作出,下级行政机关无特别理由不得违反,当且仅当上级行政机关主动废弃或作出新的基准,才有违反之例外;如果这些基准经常被下级行政机所依据适用,径行做成合义务性裁量时,就将形成一种行政惯例,[47]此种惯例将导致行政相对人或相关人形成信赖,最终引发行政机关自我约束的效力,而根植于行政惯例、信赖保护与行政自我约束原则的渐次演进所阐发的利益,应属利害关系中的合法权益。

(4)宪法。这里主要指我国宪法第二章"公民的基本权利和义务"规定以及宪法的基本价值原则。当然,宪法所发挥的是一种兜底与保障的作用。所以,基于法律优先适用的原则,个案中判定是否存在合法权益,应首先在上述三种规范所形成的体系下进行,采用语义解释、体系解释、历史解释、目的解释和法理解释等方法;只有在"案涉整体规范体系"都无法判定是否存在合法权益时,才可诉诸宪法进行合宪性解释,从而在公法秩序中判定合法权益的存否。

2.个人特定化的合法权益

依照《行政诉讼法》第1条的规定,我国行政诉讼制度的功能设定既包括"保护公民、法人和其他组织的合法权益",也包括"监督行政机关依法行使职权",由此引发学界有关主观诉讼与客观诉讼的争鸣。针对原告资格的判定,最高人民法院在"刘案"中表明了立场:"总体坚持的是主观诉讼而非客观诉讼的理念,行政诉讼首要目的仍然是救济原告权利"[48]。笔者赞同最高人民法院的观点,行政诉讼虽有公法属性,使其兼具公益性,但不能顾此失彼,所以行政诉讼仍应当保持其以主观诉讼为主的趋势,以救济原告合

---

〔47〕 参见李宗惠:《主观公权利、法律上利益与反射利益之区别》,《行政法争议问题研究》(上),五南图书出版有限公司 2000 年版,第 152-160 页。

〔48〕 同前引〔7〕。

法权益为目的。申言之,"公法秩序"所能体现的合法权益,应当具有归属性,是个人特定化的合法权益。

一方面,从理论上来说,我国法院虽与政府机关并列,但终究是由政府机关的财政支撑才能运转的,因此为了避免司法资源的过度浪费,行政诉讼的开启应当在确有必要之时;如果合法权益非原告自身所有,原告是为实现他人权益而提起诉讼的,那么原告就有可能僭越、甚至剥夺了权益所有者在其受侵害时请求法院提供救济的权利,这样的起诉就不具有正当性。当然,原告资格的转移问题并不在此讨论序列,自有《行政诉讼法》第 25 条第 2、3款以及新《解释》第 14 条对其明确规定。

另一方面,若以客观诉讼为主,强调维护我国客观法秩序和监督行政机关依法行政职权,那么任何人都可以基于行使监督权或维护公共利益而提起行政诉讼,行政诉讼就此沦为民众诉讼,这与我国业已建立的"检察机关提起行政公益诉讼制度"背道而驰,还会引发行政诉讼泛滥成灾的风险,严重透支我国的司法力量。

不过,在某些情况下个人权益与公共利益的关系微妙复杂,两者呈现出你中有我、我中有你的情态,但如果经由上述整体性解释观以及合宪性解释后,可以得出公共利益规范不仅是保护公共利益,同时也是为了保护个人特定的利益,那么此种情况所形成的公法所能体现的个人特定合法权益,依然可以成为行政诉讼所保护的内容。譬如,在新《解释》第 12 条第 3 项所规定的"要求行政机关依法追究加害人法律责任"的情形中,虽然行政机关对加害人实施处罚具有维护公共利益的积极意义,但从语义学与条文体系的角度来分析,这里的"加害人"实质指向的是"对利害关系人施加侵害的人",利害关系人要求行政机关惩戒违法行为而追究加害人法律责任,其行为初衷就是保护自己的合法权益,这也与刑事自诉权的部分机理相同。[49]

由此,我们也可以发现,将公法秩序所能体现的合法权益同时进行个人特定化论证的过程,实质也是人民法院对合法权益进行客观评价的过程;而

---

〔49〕《中华人民共和国刑事诉讼法》第 210 条:"自诉案件包括下列案件:……(三)被害人有证据证明对被告人侵犯自己人身、财产权利的行为应当依法追究刑事责任,而公安机关或者人民检察院不予追究被告人刑事责任的案件。"

这种客观评价本身也得益于宪法"人权条款"和有关基本权利的规定,呈现出灵活、动态的特点,这也使得当未来某种权益需要法律予以保护和评价时,人民法院不至于捉襟见肘。

(二)判定要素之二:是否受到行政行为不利影响

当合法权益被确认存在时,利害关系是否成立接续所须进一步探讨的问题,即是合法权益是否受到行政行为不利影响,这里包含了两方面内容,一是合法权益是否受到不利影响,二是合法权益受影响与行政行为的因果关系强弱。虽然行政行为是否确实对合法权益造成不利影响是案件实质审理才确定的问题,且我国《行政诉讼法》第 2 条所确立的是一种起诉人"主观"认为的规范结构,但从诉讼内部阶段构造与诉讼法理来看,人民法院对利害关系的审查权限并不会因此受限;相反地,起诉人理应就其合法权益受到不利影响及其与行政行为的关系作出陈述说明,使得法院达到一定程度的确信,以认可其"与行政行为具有利害关系",那么更确切地说,该判定要素实则考察的就是法院应当达到何种程度的确信。

1. 是否受到不利影响

诚如前述,既然不利影响的内涵更丰富、外延更宽广,不能简单地以权益受侵犯、受损害加以概括,那么就需要对其作进一步阐释。本文认为,利害关系中的"不利影响"主要可分为以下几种情形:(1)利害关系人原有的利益减少,如因变更、转移或征收农村集体所有的土地等行政行为,在当前农村土地"三权分置"的背景下,村民个人作为利害关系人可能会失去承包权、经营权甚至土地上房屋等相关利益;(2)行政行为使利害关系人负担一定义务,利害关系人为承担此义务需要付出一定时间、金钱等,此种情形本质上是一种间接的利益受损;[50](3)利害关系人的利益虽不曾变化或虽有增加,却未达到应有的程度,该类型多发生于利害关系人的公平竞争权及衍生分

---

〔50〕 参见余雅蓉:《行政诉讼原告资格判定标准研究——王春等诉环境保护部环境影响报告书批复案评释》,载《公法研究》(第 19 卷),浙江大学出版社 2019 年版,第 21 页。

享请求权[51]等权益受到不利影响的情形中,如行政机关审批出租车经营许可牌照时对本地机动车宽松而对外地机动车无理限制;又如在行政给付类案件中,行政机关基于某种条件对某对象实施合法的给付行为,利害关系人亦满足该条件却未获给付等,上述利害关系人的合法权益均是受不利影响的。

2.因果关系强弱

合法权益是否受到行政行为不利影响的第二层内涵,即合法权益受到不利影响与行政行为之间因果关系强弱,这与法院能否确信和认可起诉人与行政行为"有利害关系"也密切相关。目前德国学界针对此问题的学说理论大致有三:主张性理论、正当性理论与可能性理论。[52]

主张性理论认为合法权益受到行政行为的不利影响应完全取决于利害关系人的言辞主张,法院判断因果关系是多此一举,也就是说利害关系人仅需声称因案涉行政行为致其合法权益遭受损害,即为足已。[53] 此理论对因果关系的证明与论说最为宽松,起诉人可能会空泛地主张自己的权益,但实际上因果关系却完全无成立的可能性,并将导致利害关系本身存在的意义被无限贬低而易使行政诉讼沦为民众的恣意诉讼。

正当性理论认为,原告必须在诉的合法性要件审查阶段(原告资格审查阶段)尽可能作出一切必要的事实陈述,从而使法院得以推论出:案涉行政行为已经对原告的合法权益造成不利影响,两者之间存在程度强的因果关系,此时案涉行政行为是充分条件,合法权益受到不利影响是必要条件。[54]

---

〔51〕 所谓衍生分享权,是指行政机关本无义务作出一定行政给付,但在特定的行政行为中,行政机关已经针对某特定群体做出了合法的给付,从而使得具有相同条件之人,即可援引平等原则要求行政机关作出相同的给付。行政机关因先前的裁量性给付而产生法律上之给付义务,因此,此项权益被称为"衍生分享请求权"。换言之,对于其后的给付义务,只要请求给付的情形相同,即使没有法律依据,行政机关也负有一般性的给付义务,这种请求权亦被称为"利益均沾之要求"。参见方颉琳:《行政诉讼制度的解释学发展进路——以行政诉权为视角》,中国政法大学出版社 2017 年版,第 192 页。

〔52〕 同上引,第 195-200 页。

〔53〕 参见盛子龙:《撤销诉讼之诉讼权能》,《中原财经法学》2001 年第 7 期,第 31 页,转引自方颉琳:《行政诉讼制度的解释学发展进路——以行政诉权为视角》,中国政法大学出版社 2017 年版,第 196 页。

〔54〕 同上引。

虽然从利于法院司法裁判的角度来说，正当性理论下的因果关系判断是便捷的，如果在原告资格审查阶段，原告愿意主动陈述足够的事实、提供足够的证据来证明因果关系，自不必多说；但原告不愿意或碍于客观情况无法提供充足证据呢？若采用正当性理论则会导致两方面问题：一方面，高强度的证明责任（或义务）过早地课予利害关系人，法院面临逃逸审查责任的诟病，另一方面会造成原告资格审查阶段与案件实体审理阶段相互渗透、甚至混淆，毕竟行政行为是否实质侵害利害关系人的合法权益、两者之间是否具有实质因果关系，是法院实体审理的内容，而利害关系的判断仅仅是诉的合法性审查（诉讼要件审查）阶段中原告资格审查的内容。

可能性理论目前为德国通说，其认为合法权益受到不利影响与行政行为之间的因果关系仅在可能性层面探讨，是一种盖然性的因果关系；[55]易言之，在审查原告资格中的利害关系时，当合法权益与不利影响皆得起诉人初步证明的前提下，行政行为仅需满足"可能"对起诉人的合法权益造成不利影响，法院即确信两者之间存在因果关系，进而认可"利害关系"的存在。实际上，可能性理论介于主张性理论与正当性理论之间，既可以发挥过滤功能，适度筛选诉请以防止民众的恣意滥诉，又能对诉讼法理论的基本要求表现得合乎、适切；且适用可能性理论所应对诉的合法性审查与实体审查加以区分以避免两阶段混同，并在适当程度上课以起诉人初步证明责任的做法，也合理调配了行政诉讼起诉人（利害关系人）与行政机关、人民法院的义务分担。

在我国的行政诉讼审判实践中，诚如第二章所言，也有部分法院在其裁判文书的表述中使用"该权利是否可能受到了被诉行政行为的侵害"的表述，看似是将"可能性理论"贯穿于因果关系的审查中，但在实际的论证释明中，法院依然在诉的合法性审查阶段追求"行政行为应当对合法权益产生实际、直接、客观的影响"[56]的实体性审查内容，或许是法院无心为之，却仍难以幸免于"正当性理论"的弊端中。不容置否的是，法院在案件实体审判阶段审查行政行为对利害关系人的合法权益造成侵犯时，必然也会对行政行

---

[55]　同上引，第 198 页。
[56]　详见西安铁路运输中级人民法院〔2018〕陕 71 行初号。

为与合法权益受侵犯的因果关系进行判断，此时应当从实质意义上进行考量，但诉讼的不同阶段终究有别，不能为了审判效率而顾此失彼，影响利害关系人的权益救济。

除此之外，还有不少法院在利害关系判定阶段采用"相当因果关系"的认定标准。在传统理论当中，相当因果关系的定位一直是在归因层面的事实判断，而这种事实判断带有较强的概率论色彩。[57] 有学者提出："相当因果关系的本质在于，行为与所发生的结果之间是否存在一般经验意义上的、通常意义上的关联性"[58]，也即：如果没有行政行为，起诉人主张的损害一定不会产生，但是有了这个行政行为，一般都会产生这种损害，即为有因果关系；而如果即使该行政行为存在，通常也不会发生这种损害，即为无因果关系。笔者认为，虽然从相当因果关系的概率论色彩来看，其在一定意义上体现着"可能性理论"中行政行为与合法权受到不利影响的"可能性因果关系"，但"一般、通常"的表述实则表达出一种概率较高的判断，而无论是"高"还是"低"的本质上就是一种价值判断而已，那么，事实判断中融入价值判断本身就会使得"相当因果关系"无法自圆其说。但真正意义上的"可能性因果关系"则不同，其并不研究概率的高低，仅仅是"0"和"1"的事实考量。另一方面，当存在介入行为且介入行为也会对权益损害存在一定影响时，运用"相当因果关系"则会深入案件实体，对合法权益受到损害与行政行为和介入行为的关系进行实质意义上的审查，这又落入"正当性理论"所体现的"混淆审查阶段"的疑病中。综上所述，面对我国行政审判实践所存在的问题，笔者认为，德国"可能性理论"提供了极具启发性的思路，"可能性理论"下的可能性因果关系才是利害关系审查阶段的应有含义，因果关系的判断只需要停留在"可能性"层面，即事实层面的考量，利害关系人初步证明之，法院即可得以确信。

---

〔57〕 相当因果关系说之所以登上历史舞台，在根本上是为了克服直接因果关系说的缺陷，而其克服的方法就是运用概率论。参见陈文昊：《相当因果关系理论的规范化考察》，《辽宁师范大学学报（社会科学版）》2018 年第 5 期，第 24 页。

〔58〕 张小宁：《相当因果关系的兴盛与危机——兼谈客观归属论的提倡》，《东岳论丛》2014 年第 8 期，第 158 页。

五、利害关系审查实践的可能性改造与建议

在主流观点的印象中,进入法院审理的案件数量越多,就越意味着公众权益得到保障是充分、全面的。在当前法治化质量有待进一步提升的中国语境下,这样的认识有一定合理性;但毋庸置疑的是,司法本身的专业性、程序性与高诉讼成本性使得司法“并不适合做纠纷的最早介入者,也不应当是所有社会纠纷的裁判者”。[59] 因此,即便原告资格的不断拓宽是世界性趋势,即便从历史发展的维度来看,我国行政诉讼原告资格的利害关系判断标准不断降低,也不应当就此认为任何公民均得为保护公共利益而任意提起行政诉讼,在司法公正与司法效率的矛盾关系下,利害关系依然能发挥其缓释、平衡的价值与作用。不过,也诚如应松年教授所言:“当代是放宽起诉资格要求,使更多的人能对行政机关提起申诉,扩大公民对行政活动的监督和本身利益的维护的时代”,[60]降低利害关系标准、拓宽原告资格,确实是当代立法、司法与社会发展的“大势所趋”,笔者是认同的;但当下我国司法实践也暴露出了诸如“过度限缩解释利害关系”“错误理解权益内涵”“贸然引入域外理论”等偏轨、背轨的问题,这不得不令笔者反思:利害关系标准的如何拓宽? 怎样对现行的审查逻辑予以完善? 笔者在第四章对利害关系的判定要素进行了法教义学维度的厘定与重释,正是对其中一项反思的回应。

当然,理论所得终须回归实务、并对实务产生积极作用,才能更加凸显理论的价值。故而本章的内容,也是本文的最终旨趣,便是对第二项反思进行回应。笔者认为,在当前我国“法治体系”正逐步发展完善的语境下,在处理好部分前提性问题的基础上,以上文利害关系的二重判定要素作为分析基点,重整法院的判定逻辑与标准,是解决当下行政审判实践所存问题的可行进路。

---

〔59〕 耿宝建:《立案登记制改革的应对与完善——兼谈诉权、诉之利益与诉讼要件审查》,《人民司法》2016年第5期,第49页

〔60〕 应松年、杨伟东:《我国〈行政诉讼法〉修正初步设想(下)》,《中国司法》2004年第5期,第28页;转引自王名扬:《美国行政法》,中国政法大学出版社1995年版,第618页。

（一）明确诉讼各审查阶段的分野

上文提到，在判定利害关系时，我国法院的做法有混同诉讼审查阶段之嫌。所以在阐明重整的利害关系审查逻辑之前，有必要再次明确诉讼各审查阶段的分野，保证原告资格中利害关系的审查不逾矩。

行政诉讼与民事诉讼的构造顺序大致相同，从现有的理论来看，一项社会纠纷从其产生到能接近法院再到诉被确定为合法从而能进入本案实体审理，直至最终作出实体判决，大致可以依次分为三个阶段，即起诉要件审查阶段、诉讼要件审查阶段与本案实体审理阶段，[61]具体如下：（1）起诉要件的审查不仅是诉讼要件审查与实体审理阶段的前提，更是判断诉讼是否系属于法院、诉讼能否正式成立的基础。通常情况下，起诉要件的判断，始于案件的起诉与受理阶段，其以诉状中包含必要记载事项、诉讼费用缴纳、诉状向被告送达等[62]为已足；且法院对起诉要件的审查仅限于最低程度的形式审查，并不涉及案件的实质性与真实性。（2）诉讼要件的审查阶段，是案件满足起诉要件、系属于法院之后，法院对案涉实体争议问题进行审理与判决的前置必经程序，所以诉讼要件审查的逻辑设定是与实体审查相区分的，两者分属不同的诉讼阶段，其本质是对诉的合法性审查，且这种审查仍应当停留在形式层面。诉的合法性审查主要包括法院具有审判权且属于行政审判庭的审判权范围、具备当事人能力与诉讼行为能力、不违反一事不再理原则、具有原告资格、权利有保护必要性等内容，[63]如果法院无法从形式上认定诉的合法性要件是齐备的，那么诉讼则无法进入实体审理阶段而被驳回。（3）在案件经过前两阶段的审查且具备相应要件之后，诉讼进入本案实体审理阶段，这是判断诉是否有理由的阶段，其在内容上表现为审查原告有关实体权利义务关系存在之主张属实与否，具体包括：相关法律法规依据、被告

---

〔61〕　三阶段之提法，源自日本学者中村一郎对诉讼过程阶段化构造的经典归纳。参见［日］中村一郎：《新民事诉讼》，陈刚、林剑峰、郭美松译，法律出版社 2001 年版，第 152 页。

〔62〕　根据《行政诉讼法》第 49 条规定，诉状中应当明确记载当事人、诉讼请求、事实根据等内容；除此之外，根据新《解释》第 54 条等规定，提起诉讼还应当提交被诉行政行为或者不作为、原告与被诉行政行为具有利害关系等材料，此皆为我国行政诉讼制度下起诉要件的内容。

〔63〕　梁君瑜：《"诉权层次论"视域下的行政诉权要件探析——基于诉权本质学说与诉权要件之关联性考察》，《北京理工大学学报（社会科学版）》2018 年第 5 期，第 132 页。

行政行为（作为或不作为）的合法性、原告合法权益是否确实遭受侵害等；换言之，相比起诉要件与诉讼要件两阶段的形式审查，本案实体审理是一种实质意义上的审查，形式与实质泾渭清渭、不可混淆。诉讼三阶段构造与法院审查过程之全貌还可归纳为图 1：

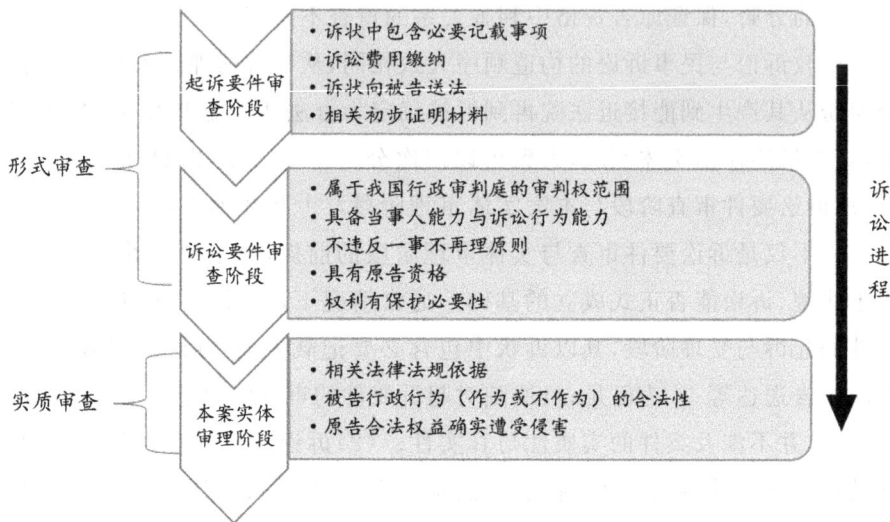

图 1

从图 1 中可以清晰地看出，诉讼三阶段构造与法院审查过程形成了一种良性的呼应，且根据法院审查向纵深迈进的程度不同，三阶段被归为形式审查与实质审查两大类，形与实的区分也是诉讼法领域中的基本分析模式。当然，之所以确定如此审查次序与分类，乃基于更深层次的原因：一方面，从程序正义的角度来说，诉讼程序应当有严格的格式化要求，只有起诉人提出合乎格式的诉讼，法院才有实体审理的必要；另一方面，由于司法资源本身具有有限性，法院无法对所有的案件进行实体审理，且公民非理性的诉讼观所引发的滥诉更会挤占司法资源，进而弱化有限司法资源的利用效率，所以有必要以起诉要件和诉讼要件作为过滤纠纷的机制，在形式上把关。值得一提的是，在大陆法系国家的行政审判实践中，有部分法院采用复式平行的诉讼审查结构，[64]即在诉成立之后，法院同时进行诉讼要件的审查与本案

---

〔64〕　参见段文波：《起诉条件前置审理论》，《法学研究》2016 年第 6 期，第 79 页。

的实体审理；但笔者认为，从行政诉权的逻辑层次而言，提起诉讼的权利要先于满足诉讼请求的权利。[65]进言之，诉讼要件的满足必然是本案进行实体审理的前提，因而诉讼要件审查的先决性是应当得到维持的，即便案件本身较为简单，使得法院先行觉察原告无法获得胜诉判决，也不得忽视或混同诉讼要件的先行审查而径直驳回请求。

综言之，诉讼要件的审查是在法院已经完成起诉要件审查并受理案件之后、实体审理尚未开始之时。原告资格应属诉讼要件审查的范畴，而利害关系作为原告资格的判定标准，其也应当遵循诉讼要件审查的要求，[66]即仅需满足一种形式上的审查。

（二）通过指导性案例确立整体性法律解释观

诚如第四章所述，考虑到理论适用的本土语境，本文并不赞同贸然效仿和移植德国法中的主观公权利和保护规范理论，但这并不意味着我们不能借鉴其中的方法论。新保护规范理论在探求客观规范的个人私益保护指向时所运用的法律解释方法，以及建构起的整体性法律解释观，给我国理解与判定利害关系中的合法权益带来了很大启发。事实上，整体性法律解释观在"刘案"中已经初现端倪；但本文并不满足于"整个行政实体法律规范体系、行政实体法的立法宗旨以及作出被诉行政行为的目的、内容和性质"[67]所建构起的"案涉整体规范体系"，而是在此基础上，衡量合宪性解释在我国的发展与可操作空间，并结合我国宪法中"人权条款"、基本权利规定以及宪法基本价值原则可被运用于司法裁判说理的实际，将"合法权益"解释的视角扩展至"宪法"和"案涉整体规范体系"所共同搭建的公法秩序，以综合语义解释、体系解释、历史解释、立法意图解释、法理解释以及合宪性解释等法律解释方法，来探求公法秩序所能体现的合法权益。

---

〔65〕 即起诉权先于胜诉权而存在的。

〔66〕 《最高人民法院关于适用〈中华人民共和国行政诉讼法〉的解释》第54条规定了公民、法人或者其他组织提起诉讼时，应当提交的材料包括原告与被诉行政行为具有利害关系的材料；看似起诉要件审查阶段也要审查利害关系，但结合条文文义与起诉要件审查的目的来看，该阶段只审查利害关系人是否提交相关证明材料，是一种程序格式化审查；而对利害关系存否的判定则属于诉讼要件审查阶段。当然，无论起诉要件还是诉讼要件，两阶段的审查都是形式审查。

〔67〕 同前引〔7〕。

其实,既然最高人民法院在个案裁判中已经开始显现这种整体性法律解释观,也完全有理由继续精进一步,将合宪性解释运用于司法裁判的说理当中,以更好地承担起行政诉讼保护个人权益的使命与担当。当然,这需要一个推而广之的平台。本文认为,我国正在实行的指导性案例制度在解释法律、指导审判实践等方面,已经发挥了重要作用,整体性法律解释观可依此确立。一方面,当前判定利害关系的实践并不统一,以指导性案例为媒介,确立整体性法律解释观与合宪性法律解释方法,能够指导下级法院如何判定利害关系,以便能够承认更多的值得保护且需要保护的合法权益;另一方面,指导性案例本身是公之于众的,在司法政策层面体现出了法院对于同类案件的基本立场和裁判倾向,原告可以借此先行对照,以达稳定社会对法律预期的效果。

(三)以合法权益—不利影响为基准重塑判定逻辑

有鉴于上文较为详实的论述,本文尝试重塑以"合法权益—不利影响"为基准的判定新逻辑,以期为行政审判实践辟畦解困。如图 2 所示,重塑后判定利害关系的逻辑进路围绕"是否存在合法权益"与"行政行为是否对合法权益造成不利影响"的双重判定要素,渐次依序展开。

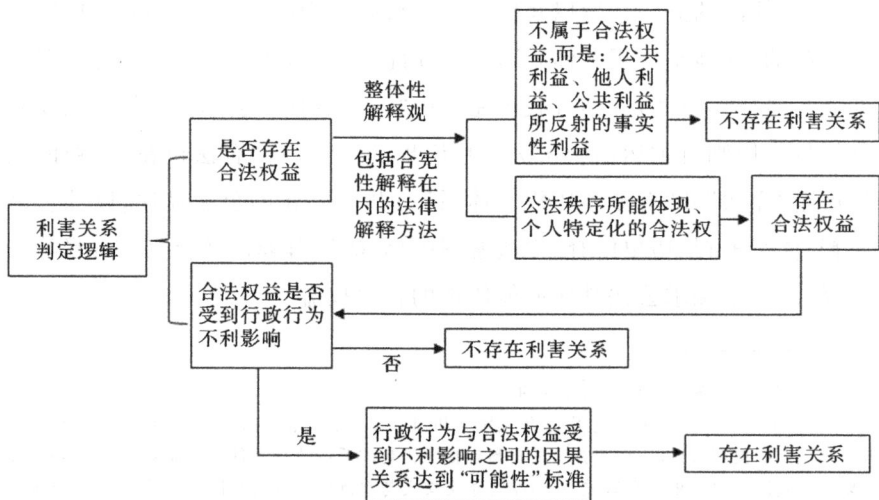

图 2

　　首先,法院应当判断起诉的公民、法人或其他组织是否存在合法权益。在综合运用包括合宪性解释在内的各种解释方法后,仍然得出:起诉人诉请保护的合法权益是纯粹公共利益、与自身毫无关联的他人利益,则可认定起诉人与行政行为不存在利害关系;如果起诉人所诉情保护的权益,无论是法定权利还是事实性利益,只要是公法秩序所能体现和保护的合法权益,且具有个人特定化的性质,那么法院即可认定起诉人存在合法权益。所谓公法秩序,是由"宪法"和"案涉整体规范体系"所共同搭建的,具体包括:行政实体法、一般规范性文件、行政惯例与法律原则、宪法等。当然,解释"公法秩序所能体现的合法权益",不仅需要人民法院树立起整体性法律解释观,同时也对具体案件审判人员的法律解释能力与法学理论素养提出了更高要求。

　　其次,在确定起诉人存在合法权益之后,法院应当进入第二基准的判定,即:合法权益是否受到行政行为不利影响。在这里,法院又面临两方面的思虑:一是合法权益是否受到不利影响,二是合法权益受影响与行政行为的因果关系强弱。不利影响主要包含:(1)原有利益减少;(2)为承担行政机关所要求的义务而多付出一定时间、金钱;(3)利益虽不曾变化或虽有增加,却未达到应有程度。如果起诉人主张合法权益受侵犯但并非属于上述不利影响的三种情形时,法院即可判定利害关系并不存在。

　　最后,合法权益受到不利影响的基本事实确定之后,法院还应判断行政行为与合法权益受到不利影响之间是否存在因果关系,但这种因果关系的标准不再需要达到"相当性"或"正当性"程度,考虑到利害关系之判定属于诉讼要件审查阶段,这是一种形式意义上的审查,为避免实体审查的渗透,此时的因果关系仅需满足"可能性"标准即可,换言之,在合法权益可能受到行政行为不利影响时,起诉人与行政行为之间的利害关系即告成立。

　　因此,循此逻辑判定原告资格中的利害关系,强调与时俱进的整体解释观,在与宪法实施、合宪性解释与法律解释形成呼应的同时,随社会实情变化而不断更新利害关系的范围,可以较好地改善当前审判实践不统一的困境,顺应拓宽原告资格范围的趋势,满足人民群众请求保障合法权益的强烈呼吁。于是,无论是新《解释》第 12 条明确列举的五种情形,或是未来可能出现的"利害关系"新类型,人民法院皆可据以判定。另一方面,从我国《行政诉讼法》设置"原告资格"的初衷来看,"利害关系"本身就像是一套"过滤器",其目的就在于防止滥诉情形的发生,并达节省司法资源、体现诉讼经济原则之效果;那么基于不颠覆这套"过滤器"的考虑,则需要对其"滤网"的疏密程度作出衡量,伴随着我国法治体系的不断完善与全方位法律规范性文件的出台,"利害关系"的整体发展方向必然是"有限度、宽严结合"式的扩大,重塑后的逻辑则肯切地契合了这一点,这也使其能够在今后"利害关系"的判定实践中表现出极强的适应性与生命力。

六、余论:行政公益诉讼条款的兼容性思考

　　随着人民对美好生活的向往和社会法治文明的演进,行政活动的领域不断扩大,以致人民生活与行政活动处于密不可分的相互依存关系,且现代行政多以更加复杂的形式对人民生活产生作用,例如除行政行为外,行政活动还会通过行政规划、行政指导、甚至以私法形态干预经济、公共事业以及设置公共设置等多种多样的形式,广泛渗透到人民生活的每个角落,而在这其中,必然会涉及不特定对象的公共利益。然而,在权利意识不断觉醒的当下,人民理所当然地会对与自己生活密切相关的行政活动寄予相当大的关心,并对行政机关专权保障公共利益表达了不同程度的警惕。为了消解人民的担忧,2015年7月全国人大授权最高人民检察院在部分地方开展为期两年的检察机关提起行政公益诉讼实践探索,并最终于2017年6月修正《行政诉讼法》,将检察机关提起行政公益诉讼以法律制度的形式加以确立。从全国人大的试点决定及最高人民检察院的实施方案、办法,到《行政诉讼法》的修正、再到"两高"联合司法解释的出台,一系列措施都表明,我国行政公益诉讼制度带有明显的"国家化"色彩,更多地融入了顶层设计的考虑与政策价值的统筹,故而以检察机关作为社会公共利益的代表来提起行政公益诉讼,这样"一元论模式"的制度安排,是不支持公民、法人或一般性社会组织提起行政公益诉讼的,《行政诉讼法》第25条第4款作为行政公益诉讼条款,与第25条第1款的"利害关系人"条款相互并列,且单独强调表述,即是证明。

　　确实,检察机关作为我国宪法规定的法律监督机关,无论是在调查取

证、还是督促执法方面都有着其他主体无法比拟的优势,保障社会公共利益的效果可见一斑。但仍应当关注到的是,《行政诉讼法》将检察机关作为行政公益诉讼的单一起诉主体,能否与该法原初确立的原告资格制度相匹配或者相兼容?事实上,从最初立法机关计划修改《行政诉讼法》的时候,该疑问就被国务院法制办公室提出,[68]时至今日也无定论。有学者提出应当建立统一的公益诉讼法,将《行政诉讼法》第25条第4款剥离出现行行政诉讼法体系。[69]但笔者认为,行政公益诉讼在管辖、证据、审理等方面,与行政诉讼制度有着难以割裂的共性,检察机关作为提起行政公益诉讼的单一主体,也是完全能与当下行政诉讼原告资格制度相兼容的,制定统一的《公益诉讼法》实无必要。

首先,以《行政诉讼法》第2条建构的一般性原告资格制度,要求存在一项合法权益,且合法权益受到行政行为的不利影响;而当行政机关违法行使职权或者不作为、致使国家利益或者社会公共利益受到侵害时,行政机关的行为实质上也侵犯了国家的"法秩序",作为宪法规定的国家法律监督机关,面对国家"法秩序"被侵犯,毫无疑问地应当站出来维护国家"法秩序",此时"法秩序"即成为检察机关的"合法权益"。其次,设立国家机关的目的除了实现国家治理之外,还应当落脚于保障社会公共利益与国家利益,并最终指向的是人民的根本利益,故而可以说,作为国家机关的检察机关,既是社会公共利益、国家利益的代表之一,也是人民根本利益的代表之一,面对利益被侵犯,其为了维护权益而提起公益诉讼并无不妥。最后,行政公益诉讼的制度设计虽然不支持公民、法人或一般性社会组织提起行政公益诉讼,但这并不能理解为:行政相对人、利害关系人与检察机关不能共存于行政诉讼法的体系安排之下。根据诉讼法基本理论对起诉主体的分类差异,行政诉讼本身即可类型化为相对人诉讼、利害关系人诉讼与公益诉讼;[70]由此观之,行政相对人、利害关系人、检察机关皆可受到《行政诉讼法》中一般性原告资

---

〔68〕　参见江必新、梁凤云:《行政诉讼法理论与实务》(第3版),法律出版社2016年版,第590页。

〔69〕　参见赵红旗:《从长远考虑应制定公益诉讼法》,《法制日报》2017年5月2日第010版。

〔70〕　参见黄忠顺:《论诉的利益在公益诉讼制度中的运用——兼评〈关于检察公益诉讼适用法律若干问题的解释〉第19、21、24条》,《浙江工商大学学报》2018年第4期,第21页。

格制度的映射而得以共存,三者各有分工,相辅相成。

其实,在个人与国家的交往中,个人必然面临着受到国家侵害的危险,如何与之抗衡以更好地维护自身权益,是实现国家法治的一个重要面向。本文所重塑的利害关系判定新逻辑,已然较大程度地扩展了原告资格的范围,使得更多公民能够诉请法院保护其可能受到不利影响的合法权益;而检察机关提起的行政公益诉讼,又能在保障国家利益、社会公共利益上下功夫、做文章,并最终也落脚于对人民根本利益的维护。总体上来说,当下"利害关系人提起诉讼"与"检察机关提起公益诉讼"的制度总安排,是恰当、合理的;但通向法治的道路并不可能是康庄坦途,且法治本身镶嵌于一定的社会政治、经济与文化结构中,如此的玉汝于成与时代特性使得本文重塑后的"利害关系"判定标准也很难做到一劳永逸。因此,无论是"利害关系"之判定,还是"行政公益诉讼"之完善,这些问题都是国家法治建设中的永恒课题,笔者囿于才疏学浅,搜肠刮肚之后仍无法做完全周密的思量,权且留待法学先进们继续引领我等后辈共同发力,持续研考,久久为功。

[推荐人及推荐理由]

依照现行《行政诉讼法》的规定,与被诉行政行为具有利害关系,是判定行政相关人具有行政诉讼原告资格的基本条件。但"利害关系"这一概念本身的不确定性,使其在法律条文中一经出现,便引发学界的"百家争鸣",司法实践的判定逻辑也莫衷一是;在其后司法实践的发展过程中,最高人民法院试图通过个案直接引入域外理论对利害关系的判定予以明确与统一,但依然面临着域外理论能否和谐地融入我国制度土壤的风险。基于此种状况,论文从法教义学的视角,回归利害关系最本质的构成要素,从实证与理论两个维度探讨人民法院在判定利害关系时所必须分析的内容,进而勾画出一套较为明确完整、可供司法实践参考依循的"利害关系"判断脉络和标准。此外,针对学界关于保护规范、主观公权利等域外理论引入国内的"鼓"与"呼",论文秉持一种冷静的态度,理性地分析出域外理论在我国可能出现"水土不服"的现象,为保护规范理论、主观公权利等有机融入我国行政诉讼理论研究和司法实践进行了积极有益的探索。

——王太高,南京大学法学院教授、博士生导师

Abstract: "Interest" is an uncertain legal concept, and the People's Courts have different opinions when judging it, which leads to the problems of over-limiting the interpretation of the connotation of the "interest", wrongly understanding the rights and interests and rashly introducing the theory outside the territory. From the perspective of legal dogmatics, analysing "interest" should start from "whether there are legitimate rights and interests" and "whether they are adversely affected by administrative acts". With the guidance of holistic legal interpretation, "legitimate rights and interests" with individuality can be embodied by "public law order" jointly constructed "constitution" and "overall normative system of cases involved". "whether to be adversely affected by administrative acts" mainly includes "whether to be adversely affected" and "whether to exist the causal relationship between adverse effects and administrative acts". On the one hand, adverse effects cannot be simply summarized as infringement of rights and interests, and there are some special situations such as "the increase of interests does not reach the expectation". On the other hand, because of the application of "direct causation" and "equivalent causation" causing the confusion of the stage of judicial review, it can be a reference in "Possibility Theory", which means the extent to which the court is convinced is only to satisfy the requirement that administrative acts might lead a negative impact on legitimate rights and interests. In fact, the foregoing path of analysis provides the rule of judgment that can be followed in current practice. Thus, the current logic should be reconstructed to improve the dilemma. First of all, it is necessary to clarify that the judicial review of the "interest" belongs to the stage of Litigation Legitimacy Review, which is a kind of formal review. Secondly, the development of Guiding Case System makes it possible to establish the holistic legal interpretation and constitutional interpretation in China. Finally, referring "legitimate rights and interests-adverse effects" to reshaping the logic of the judgment, not only conforms to the context of administrative litigation in China, but also satisfies the "interests" as a dispute filtering mechanism to prevent citizens from abuse of litigation. Besides, it appeals to the global trend of expanding plaintiff qualification.

Keywords: plaintiff qualification; interest; legitimate rights and interests; adverse effects; causation.

（特约编辑：朱可安）

行政诉讼重复起诉的识别

陈姿君[*]

内容提要：最高人民法院关于适用《中华人民共和国行政诉讼法》的解释第 106 条规定了行政诉讼重复起诉的三要素识别要件，即当事人相同、诉讼标的或诉讼请求相同、后诉的诉讼请求为前诉裁判所包含。但是"当事人相同""诉讼标的""诉讼请求"都是内涵模糊不清的概念。通过对司法判决的梳理，我们可以发现对于重复起诉的认定并没有统一的标准，另外，司法实践中重复起诉的情形不止包含法条所规定的三种，还包括撤诉后重新起诉、多阶段行政行为单独起诉、两种救济制度反复缠诉的情形。识别行政诉讼中的重复起诉应当考虑以下几个因素：行政诉讼的目的、当事人诉权的保护以及司法资源的合理配置。当事人相同分为"原告相同"和"被告相同"。传统的"诉讼标的"理论认为行政诉讼的标的是行政行为，但是该学说不足以适用于所有的诉讼类型。在判断"诉讼标的"是否相同时，前提是区分出不同的诉讼类型有着不同的诉讼标的。在一些诉讼类型中，"诉讼请求"要素同样发挥着不可替代的识别作用。引入行政诉讼类型化制度、同时发挥法官的释明义务有利于重复起诉的识别。后诉的诉讼请求为前诉裁判结果所包含可以转换为部分诉讼请求可诉性的判断，应当在明确原告的说明义务、正当理由的具备以及限制部分诉讼请求提起的次数这几个要件的前提下，判断是否属于重复起诉。撤回起诉后或者按撤诉处理应当允许当事人再次起诉，但需要限制当事人再次起诉的次数，否则以同一理由和事实再次提起诉讼就是重复起诉。多阶段行政行为单独起诉的判断应当以辩证的眼光看待，判断诉的利益是否存在进而判断是否属于重复起诉。另外，多种途

---

[*] 陈姿君(1995—)，江苏连云港人，中国政法大学行政法方向博士研究生。

径缠诉是重复起诉的情形之一,也是滥用诉权的表现,判断此种情形的重复起诉则转换为对"滥用诉权"的认定。

关键词:行政诉讼;当事人;诉讼标的;诉讼请求;重复起诉

引　言

(一)问题缘起

2018 年《中华人民共和国行政诉讼法司法解释》(以下简称"新司法解释")出台,第 106 条首次规定了重复起诉的识别要件即前后诉中的原告和被告相同、诉讼标的或者诉讼请求相同以及诉讼请求为前诉裁判所包含这三个识别要件,不仅为行政诉讼司法实践如何认定及处理重复起诉问题提供了明确的法律依据,同时也为学界提供了一个新的研究方向。然而,该条款的建构及运用不足之处颇多,仍需完善。

一是理论层面。首先,行政诉讼标的理论研究尚未得到应有关注。诉讼活动的程序开展都是围绕诉讼标的进行的。因此,诉讼标的扮演着识别不同诉讼的关键角色,换言之,原告再次起诉合法与否是由诉讼标的的相同与否决定的。[1] 民事诉讼标的理论流派林立,大体经历了从旧实体法说到诉讼法学说,再到新实体法说、诉讼标的概念相对性说的发展脉络,[2]其阶段性成果对于指导民事诉讼实践的作用仍举足轻重。对比之下,我国行政法理论界的文献著作鲜有设章置节探讨行政诉讼标的,一般被认定成行政诉讼类型化构造、行政诉权行使的技术保障而有所提及。[3] 当前,传统的"行政行为说"已面临无法回应新的诉讼类型、无法使行政之诉特定化、无法保护相对人的主观公权利而受到诟病。[4] 因此,对于行政诉讼标的理论的认

---

〔1〕　参见杨荣馨:《民事诉讼原理》,法律出版社 2003 年版,第 78 页。

〔2〕　参见[德]罗森贝克:《德国民事诉讼法》,中国法制出版社 2007 年版,第 671 页。

〔3〕　参见梁君瑜:《行政诉权论:研究对象、现实意义与轴心地位》,《河南财经政法大学学报》2018 年第 1 期。

〔4〕　参见马立群:《行政诉讼标的研究——以实体与程序连接为中心》,中国政法大学出版社 2013 年版,第 146-147 页。

识,有待于更新和深化。

二是立法层面。"新司法解释"第 106 条规定的三款识别要件过于笼统。其一时间要素,法条规定了"诉讼过程中"和"裁判生效后"两个时间基准,明显将"重复起诉"与"既判力"制度混同,立法颇显粗糙。其二主体要素,当事人相同要素过于抽象,如在诉讼系属后提起同一诉讼的利害关系人或继受人是否是同一原告? 上下级隶属机关是否属于同一被告? 其三客体要素,行政诉讼中的诉讼标的与诉讼请求的关系是什么?"诉讼请求"是否有必要作为独立识别要素的问题尚不明确。其四,三款识别要件是独立发挥识别作用还是必须同时具备才构成"重复起诉"仍不得知。此外,"新司法解释"第 69 条第 6 款规定"重复起诉",第 7 款规定的"撤回起诉后无正当理由再行起诉",该条是否也属于重复起诉的情形之一? 若是,那么此条款明显冗余。上述问题均待回应。

三是司法层面。我国法院对"重复起诉"的识别标准不一,同案不同判现象显著。笔者"北大法宝裁判文书分享平台""中国裁判文书网"收集了数百份典型的裁判文书,涉案领域主要包括行政征收、行政赔偿、行政登记等。从笔者整理的案例来看,首先,司法实践中对相关概念理解不一致。重复起诉中"当事人"相同、"诉讼标的"的认定及其与"诉讼请求"的关系认定不一导致出现同案不同判现象。其次,笔者发现"当事人相同要件"分为"实质相同"和"形式相同"两类,司法实践的认定混乱。最后,前后两次提起的诉讼类型都是不同的,有的先提起撤销之诉,后提起确认违法之诉;有的先提起给付之诉,后又提起确认违法之诉。但目前的司法审查主要以行政行为的合法性为中心,后诉一般被认定为"重复起诉",在识别过程中"诉讼请求"识别要件被虚置。另外,司法实践中对"重复起诉"的认定不止局限于法条规定的情形,仍有必要对其他情形类型化研究。提取并反思司法经验,无疑会提高重复起诉识别的可操作性。另外,笔者发现司法实践中重复起诉的情形不止包括法条规定的几种,还包括多阶段行政行为中当事人就某一行政行为单独提起诉讼、当事人违反复议制度和诉讼制度的衔接反复缠诉造成滥诉的情形,对于此种重复起诉的识别司法实践的判断并没有给出统一的答案,这些情形中重复起诉的认定仍需探讨。

(二)研究价值及意义

我国 2018 年行政诉讼法司法解释首次明确规定了重复起诉的条件。然而,该条款内涵的模糊性导致在具体适用中出现了一定的困难。重复起诉之所以为诉讼法学所禁止,在于其浪费司法资源、增加当事人的诉累以及可能导致矛盾判决。但是,若重复起诉的识别标准过于模糊,必然也不利于保障当事人的诉权。当下中国社会处于转型时期,民众用法律维权的意识愈加强烈,行政案件的数量也逐年增加。在此背景下,探究行政诉讼中重复起诉的识别要件对保护当事人的诉权同时预防滥诉、彻底解决行政争议具有重要的意义。笔者通过检索中国裁判文书网发现,因重复起诉被驳回的案件占驳回起诉案件的 27.47%,比重较高,因此具有一定的研究价值。重复起诉问题本质上功能性大于学理性的命题。研究重复起诉问题事关当事人诉权的保障、司法判决的统一性。行政诉讼制度与民事诉讼制度存在相似之处,但同时也存在本质差别,重复起诉制度直接照搬民诉的法条是不妥当的。我国行政法学界对此制度的关注度几乎为零,研究该制度对于完善行政诉讼基础具有重大意义。

(三)研究现状

国内最早涉及重复起诉问题研究的文献是赵钢发表于《法商研究》1996年第 5 期的《试析起诉的消极条件》。论者认为重复起诉是起诉的消极条件之一,探讨了重复起诉两种不同的表现形态以及具体禁止理由,呼吁将"重复起诉"从隐性禁止改为显性禁止。[5]在此之后的数年里,学界这一研究主题的关注度较低,大量论文介绍了诉讼标的理论和既判力理论。从 2011 年开始,民事诉讼法学界再次关注到了"一事不再理"原则。2015 年《民事诉讼司法解释》颁布之后,有大量的论文文献研究重复起诉制度,成为热门的硕士论文选题。然而,行政诉讼法学界对重复起诉制度的关注度低靡,仅有寥寥数篇文章涉及。纵观论文作品,笔者发现学界对重复起诉制度的研究范围主要包括下列三项内容:

---

〔5〕 参见赵钢、占善刚:《试析起诉的消极条件》,《法商研究》1996 年第 5 期。

　　第一，重复起诉制度的功能。蒋玮从三个方面分析了诉讼法上禁止重复起诉的原因。一是司法资源属于公共资源，应当物尽其用。二是重复起诉会迫使当事人不断应诉，被动地一直处于"诉讼"的状态中，明显为当事人带来了不利益。三是重复起诉可能会使司法判决出现前后不一的情况。[6] 柯阳友认为，禁止当事人重复起诉的功能和目的主要体现在以下三个方面：一是为了当事人免受烦琐无端的诉讼程序干扰，维护被告的诉讼权益。二是避免法院重复审理之不经济，合理利用司法资源。三是预防就同一事件产生互相抵触的判决，同时维护司法权威。[7]

　　第二，重复起诉的识别要件。《民事诉讼法司法解释》规定了重复起诉的识别要件，[8]但该条款的内涵并不明晰，对此学界有着较多的讨论。"当事人相同"标准是重复起诉制度的主观范围。蒋玮将主观范围在实务上的判断分为一般标准和例外标准。[9] 王亚新认为在前后诉当事人范围不完全重合的情形中，只要后诉的当事人少于前诉，原则上都应视为"当事人相同"。[10] 此外，李雨菡对诉讼担当人、民事诉讼中的诉讼继受人、前诉遗漏的当事人等是否属于重复起诉的主观范围也一一作出分析。[11] 段厚省教授从分析"当事人"的概念出发，在判断当事人是否相同时，已经涉及判断"诉讼标的"或"诉讼请求"是否相同。因此，"当事人"要素没有必要列为识别要素之一。[12] 针对"诉讼标的相同"或"诉讼请求相同"标准，学界有着诸多深刻的讨论。"诉讼标的"始终是民事诉讼法学界研究的热点，一是其重要性不言而喻，研究诉讼法学并不能绕开这个概念。二是关于"诉讼标的"

　　〔6〕　参见蒋玮：《大陆法系诉讼系属中重复起诉禁止及经验借鉴》，《甘肃社会科学》2016 年第 6 期。

　　〔7〕　参见柯阳友：《也论民事诉讼中的禁止重复起诉》，《法学评论》2013 年第 5 期。

　　〔8〕　最高人民法院出台的《关于适用〈中华人民共和国民事诉讼法〉的解释》第 247 条首次明文规定："当事人就已经提起诉讼的事项在诉讼过程中或者裁判生效后再次起诉"，同时符合"后诉与前诉的当事人相同、诉讼标的相同或者后诉的诉讼请求实质上否定前诉裁判结果"，构成重复起诉。

　　〔9〕　参见前引注〔6〕，蒋玮文。

　　〔10〕　参见王亚新、陈晓彤：《前诉裁判对后诉的影响——〈民诉法解释〉第 93 条和第 247 条解析》，《华东政法大学学报》2015 年第 6 期。

　　〔11〕　参见李雨菡：《论重复起诉中相同当事人的判断》，《南方论刊》2017 年第 12 期。

　　〔12〕　参见段厚省：《重复诉讼判断标准检讨——以法释〔2015〕5 号第 247 条为分析对象》，《甘肃政法学院学报》2019 年第 5 期。

的学说流派复杂多样，至今何谓"诉讼标的"学界内并无定论。诉讼标的是否同一，可能因采取不同的诉讼标的理论而有着不同的结论，这就导致对于"诉讼标的相同"的判断极为困难。[13] "诉讼请求"要件也是识别要素之一，但讨论重复起诉的识别要件有必要探讨"诉讼标的"与"诉讼请求"二者之间的关系。段厚省教授指出："在识别重复起诉时，诉讼请求要素是否相同不是必要的并列因素。因为，在判断前后两诉的诉讼标的是否相同时，也就是判断前后诉的法律关系是否相同，其间必然要判断和对比当事人关于诉讼的说明、案件基础事实以及法律关系的属性。这三者在一般的案件中都是明确而又具体的，所以诉讼请求要素并没有和'诉讼标的'要素并列是冗余的。"[14] 同样的，严仁群教授指出："以当事人和诉讼标的为要素的'二同说'相对更为合理……当事人为了解决争议而向法院提起诉讼，但是该争议已经在诉讼系属之中，或者说该争议已经被法院固定成审判对象。同一当事人再次起诉，再次请求法院审理其诉讼请求，此时诉讼标的是相同的，两次的诉讼也是相同的。"[15] 袁琳认为，法定的重复起诉包含两种样态：一是本质相同的诉讼。在此种样态中，对主体要素、两个客体要素的识别缺一不可，它们彼此之间发挥的作用是各异而必须的。在此种情形下，诉讼标的和诉讼请求的内涵应然相同。二是为了不让相悖的裁判出现而禁止重复起诉的样态。在这种情况下，识别标准的扩张会使更多的案件纳入到禁止二重起诉的范畴中，潜移默化地侵犯到原告的权利。[16]

第三，重复起诉制度与既判力制度的区别。《民事诉讼法司法解释》第247 条与第 248 条对"重复起诉"与"既判力"打包处理，司法适用实践中存在大量案例混同使用这二者的情形。既判力的渊源可追溯至罗马法上的"一案不二讼"和"一事不再理"规则。但既判力与"一事不再理"规则内涵并不一致。

谢佑平教授认为，古罗马法中的一事不再理原则实际上涵括了诉讼系属的效力与判决的既判力这两层含义，其两层含义与古罗马的审判制度密

---

〔13〕　参见前引注〔8〕，柯阳友文。

〔14〕　参见前引注〔13〕，段厚省文。

〔15〕　参见严仁群：《既判力客观范围之新进展》，《中外法学》2017 年第 2 期。

〔16〕　参见袁琳：《民事重复起诉的识别路径》，《法学》2019 年第 9 期。

切相关。[17]陈洪杰认为,罗马法规定的重复诉讼包括两种。一种是法院已经就当事人的诉讼请求作出了实体裁判,当事人因为不满裁判等原因而再次提起事实和理由相同的诉讼,从而导致重复起诉,这也就是学理上所称的既判力的拘束力。另一种是当事人明明已经起诉了,法院也受理了,但是相关裁判结果尚未形成。此时,当事人又一次起诉,也构成了重复起诉,此乃狭义的重复起诉。[18]

冉博认为,我国民事诉讼法实际上将两类重复起诉的情形杂糅在一起。这两类重复起诉的情形最明显的特征是发生的时间节点并不相同。一是审理程序已经开始,也即口头辩论已经开始了,当事人此时更行起诉。二是法院已经对其中一个诉讼作出了实体判决,当事人又把已经产生拘束力的诉讼请求诉至法院。这两种诉讼的理论基础是截然不同的,将二者混为一谈会使司法实践中对其适用也会出现混乱。《民事诉讼法司法解释》混同"重复起诉"与"既判力",导致既判力的作用范围明显缩小。一是既判力的正向功能被忽视。狭义的重复起诉不支持后面的诉讼的提起,总体来说,是一种消极的诉讼要件。但是既判力制度有其积极的功能。也即,如果当事人提起后诉,法院在审理的时候,会参考前诉的事实和理由而作出裁判。二是既判力的作用范围将会变小。

我国现行的行政诉讼法律规范中并没有既判力这一概念。《行政诉讼法司法解释》第 44 条第 1 款第 10 项规定。[19] 以上条文涵盖了行政诉讼既判力的内容。马立群认为,何谓既判力?马立群认为,既判力是一种法律效果。此种法律效果发生于法院的生效裁判作出之后。它的效力不仅及于当事人,同样及于国家司法机关。也即,当事人再次提起相同的诉讼为既判力所不允许,司法机关在别的诉讼中作出与生效裁判相悖的判决同样为既判力所不允许。[20] 其中,既判力的内容包含主、客观范围以及时间范围。既

---

〔17〕 参见谢佑平、万毅:《一事不再理原则重述》,《中国刑事法杂志》2001 年第 3 期。

〔18〕 参见陈洪杰:《论"一事不再理"与"既判力"之区分——从罗马法到现代民事诉讼理论体系》,载《民事程序法研究》,厦门大学出版社 2008 年版。

〔19〕 《行政诉讼法司法解释》第 44 条第 1 款第 10 项:诉讼标的为生效判决的效力所羁束的,应当裁定不予受理,已经受理的,裁定驳回起诉。

〔20〕 参见前引注〔5〕,马立群书,第 30 页。

判力的主观范围是指生效判决对相关判决具有的拘束力,即对人的拘束力。既判力的时间范围,是指已确定判决的既判力作用的时间界限,也即既判力基准时。既判力的客观范围是生效判决对事(诉讼标的)的拘束力,即对事的拘束力。[21]

(四)主要研究方法

本文主要采用以下四种方法对此问题展开研究:

1. 剖析案例法。通过梳理裁判文书网的典型案例,观察司法实践中重复起诉的不同样态,并窥探法院识别行政诉讼中重复起诉的路径。提取有益的司法探索、反思其糟粕之处,进而完善重复起诉识别的标准,形成可操作可复制的经验。

2. 跨学科研究方法。重复起诉是诉讼法学共同关注的命题,尤其是民事诉讼法学,对此研究非常深刻。我国行政诉讼法学界对重复起诉的关注并不多,吸收民事诉讼法学科相关的研究成果,可得到一定的启发,有利于系统地构建行政诉讼中重复起诉的识别标准。

3. 法条分析法。概念是所有逻辑的起点,对法律规范进行法释义学解释,能够剖析法条所规定的三要素相同的内涵,并且把握三者之间的联系。

4. 比较研究方法。诉讼标的是识别重复起诉的桥梁。德国、日本等地域的行政诉讼标的理论成熟丰富,但是我国对行政诉讼标的理论的研究仍然不够深入,相形见绌。因此诉讼标的理论的比较研究能够为重复起诉识别要件的改良提供镜鉴。

(五)论文结构

本文共分为三个部分。

第一部分主要总结司法实践中重复起诉的典型样态和存在的问题。通过整理典型案例裁判思路,可以发现以下问题:当事人要素发挥了形式上的区分作用、诉讼标的理论亟待更新以回应新的诉讼类型、诉讼请求要素几乎被虚置,三要素要件之间的关系并不明确。另外,其他重复起诉的情形复杂

---

〔21〕 参见前引注〔5〕,马立群书,第 39 页。

多样,如何处理撤诉后再次起诉、多阶段行政行为单独起诉、缠诉情形中的重复起诉该如何认定,立法和司法都没有给出标准,因此需要诉诸理论以寻找答案。

第二部分主要分析重复起诉识别要件在学理上的释义。对当事人相同的内涵、诉讼标的或诉讼请求相同的内涵、后诉的诉讼请求为前诉裁判所包含的内涵进行了厘定和分析。行政诉讼与民事诉讼相比,在这三个方面的特殊性体现在被告相同范围的不同、诉讼标的理论差异很大、后诉的诉讼请求为前诉裁判所包含是行政诉讼重复起诉的特殊识别要件。另外,借鉴学理上对其他重复起诉情形的探究,获得鉴别其他重复起诉情形可行性的一些思路。

第三部分主要对重复起诉的识别路径提出完善建议。识别重复起诉时需要考虑若干因素。具体的完善建议有以下几点:第一,判断当事人相同时,应当考虑到行政诉讼的特殊性。第二,判断诉讼标的或诉讼请求相同应当持有诉讼类型化的思维,区分不同诉讼类型中的诉讼标的和诉讼请求。因此,有必要引入诉讼类型化制度。第三,部分诉讼请求具备可诉性,但是在一定条件下仍然会被认定是重复起诉。第四,撤诉后再行起诉不应当被"有无正当理由"限制,但应当限制次数。多阶段行政行为的案件应当判断有无诉的利益进而是否属于重复起诉。另外,缠诉是特殊的重复起诉样态,对其识别转换为对"滥诉"的识别。

(六)论文主要创新及不足

本文的创新之处在于从司法案例出发,总结出司法实践中重复起诉的若干情形,发现了行政诉讼中重复起诉识别的困境:法律规制供给不足、司法实践判决相左情况严重、识别标准并不周全等。在分析裁判思路的基础上,找出识别标准中存在的主要问题,并试图在学理上寻求解释和答案,并对重复起诉的识别提出相关完善建议。

我国对行政诉讼重复起诉问题鲜有关注,也没有系统的介绍和讨论。本文的不足之处在于没有直接的参考文献,行政诉讼重复起诉的识别问题理论上处于空白状态,如何将司法实践中所有的重复起诉样态呈现在论文中、如何将识别标准类型化以及形成操作性较强的标准,需笔者结合民诉的理论以及行政诉讼自身的价值和特点去大胆探索、合理建构。能否形成逻辑自洽、效益最佳的制度设计对笔者来说具非常大的挑战性。基于知识背景的限制,很多观点都只是笔者的一家之言,在逻辑上存在诸多不周延的地方,论证仍不够有力,值得深入推敲。

一、行政诉讼重复起诉的司法判断

2018 年"新司法解释"第 106 条规定了行政诉讼重复起诉识别的依据,以"裁判过程中或裁判生效后"为时间要素、以"当事人、诉讼标的、诉讼请求"为主客观要素,当前后诉中基本要素相同或者诉讼请求存在包含关系时,可判定为重复起诉。通过对经典案例的宏观梳理,试图描述行政诉讼中重复起诉典型样态,分析法官的法律适用路径,探索司法实践中识别重复起诉时存在的主要困境,以期展开后文的论证分析。

(一)案例样本情况评析

笔者在无讼网上以"重复起诉""行政案件"为关键词进行检索,发现该类案件从 2015 年开始呈增长趋势,在 2018 年案件数量达到顶峰 6570 件。案由主要涉及政府信息公开、行政登记、房屋征收、行政赔偿等领域。将时间条件设置为"2018—2020 年",在无讼网上检索到 10878 件案件,值得一提的是,虽然行政诉讼对重复起诉的判断依据于 2018 年才正式固定下来,2015 年"司法解释"第 247 条同样对重复起诉的判断作出规定,同样包含"当事人、诉讼标的、诉讼请求"相同的规定。在 2015—2018 年间,行政诉讼司法实践中判定重复起诉时,许多案例都参照适用民事诉讼此条款的规定,其中许多案例的裁判思路同样值得思考。同时,司法实践中重复起诉的情形不止包含法条所规定的情形,还有其他若干复杂的状况。

案件数量众多,其中不乏裁判思路相似案例。经过筛选发现,认定是重复起诉的案件数量大于否认是重复起诉的案件数量,占比 71.5%。同时"否定是重复起诉"的案件裁判思路较前者更加清晰。笔者剔除了相似的案例,选取了 43 件典型的、裁判思路值得借鉴的案例作为分析材料,展开本文的论证。

二、重复起诉识别的司法经验

本节主要是对裁判思路爬梳,试图提炼以下富有价值的信息:当事人的范围界定以及在何种情况下原告相同、被告相同? 行政诉讼的诉讼标的是什么以及何为诉讼标的相同? 公法上的诉讼请求内涵指涉以及诉讼标的与诉讼请求的关系如何? 后诉的诉讼请求为前诉所包含的表现样态以及判定思路如何? 法官在判断重复起诉时究竟有着怎样的本土因素考量? 对司法实践中重复起诉识别要件加以提炼和反思,期冀收获对上述问题的回应。

(一)"当事人相同"的识别

"新司法解释"第 106 条规定的第一个识别要素就是"当事人相同"要素,行政诉讼的特殊性之一在于,原告和被告事实上的地位并不平等。与行政行为有一定法律上利害关系的人或组织通常被视为原告,同时,一般情况下,行政行为的作出机关是被告,当然也有例外,比如说行政委托等。在讨论当事人是否相同的判断时,有必要将原告和被告作区分的研究。

1. 原告相同的判断

行政诉讼的原告是与行政行为有利害关系的公民、法人或其他组织。相同原告的范围如何界定,司法实践给出不同的答案。

案例一:在刘某某等与郑州市人民政府登记案中,刘某某提起诉讼,要求撤销郑州市人民政府颁布的第 0709 号国有土地使用证。一审法院认为,张某某、刘某某于 2016 年 4 月 21 日已提起诉讼且该案正在审理过程中,刘某某等人针对相同的行政行为提起相同的诉讼请求,属于重复起诉。但二审法院认为,这两个诉讼的当事人并不相同,所以并不属于重复起诉,因此撤销一审法院的行政裁定。[22]

案例二:在杨某某诉贵州省遵义市红花岗区人民政府案中,原告杨某某请求确认被告作出的征收决定违法并撤销。一审法院认为,其他被征收人

---

[22] 参见河南省高级人民法院行政判决决书〔2016〕豫行终 2756 号。

王某某、杨某于 2016 年 9 月 1 日提出诉讼且判决已经生效,所以原告杨某某的诉讼请求的诉讼标的已经被生效判决所羁束。而二审法院认为,在撤销诉讼中,需要区分审查对象和审理对象。其中,审查对象是"行政行为"的合法性,审理对象包括"行政法律关系"。因为此案与彼案的原告不同,所以不同的当事人可能有着不相同的诉求,即使案涉的诉讼标的是同一个行政行为。故应进行实体审理,以查明前后诉有无在事实或法律上的重要区别,在此基础上进行裁判。[23]

案例三:在张某某诉郑州市惠济区人民政府案中,原告张某某的丈夫侯某某向惠济区人民政府申请公开独生子女费领取人员的具体名单及其领取金额、老年补助费领取人员的具体名单及其领取金额、土地上附属物补偿款的领取人员名单及其领取补偿金额的明细,并针对政府的答复提起诉讼。原告张某某认为被告于 2017 年 7 月 23 日作出的答复仍然没有按照生效判决书答复,且不符合原告的要求。一是撤销被告于 2017 年 7 月 23 日作出的信息公开申请的答复,二是责令被告对原告申请的"张砦村城中村改造项目已发放的房屋补偿款的具体明细、发放的个人承包集体土地上附属物补偿款的具体明细、老年补助费的具体明细、独生子女费的具体明细;动力电表等费用的具体明细"的政府信息依法予以公开。

被告认为,张某某的丈夫侯某某已针对涉案信息起诉,原告再次起诉系重复起诉。一审法院认为两案的原告不同,且诉讼请求并不相同,因此不属于重复起诉。[24]

案例四:本案两次诉讼的当事人不同,第二次诉讼增加了第三人秦家楼村委会;两次诉讼的诉讼标的和诉讼请求不同,原告于 2016 年 11 月 24 日的起诉系要求撤销被告 1991 年的涉案土地行政登记审批,而原告本次起诉系要求确认被告于 2000 年颁发集体土地使用权证的行为无效。故本案原告的起诉,不属于重复起诉。[25]

在上述案例中,两个不同的诉讼中原告不同,法院认定不属于重复起

---

〔23〕　参见贵州省高级人民法院行政判决书〔2018〕黔行终 1045 号。

〔24〕　参见郑州铁路运输中级法院行政判决书〔2018〕豫 71 行初 736 号。

〔25〕　参见最高人民法院行政裁定书〔2018〕最高法行申 4670 号。

诉,但裁判理由各不相同。在案例一中,原告与另案原告不同,但是其诉讼请求和诉讼标的都指向同一个行政行为。二审法院以"当事人不同"为由不认定为重复起诉。在案例二中,两起诉讼涉及的仍是同一行政行为、原告仍是不同的主体,二审法院进一步以"两主体权利主张可能不同""事实和法律上可能存在重要区别"为由,认为不应当被驳回起诉。在案例三中,尽管诉讼请求存在包含关系,但是原告仍是不同的主体,仍不被认定成重复起诉。案例一对"原告相同"的审查是"形式上"的审查,并未说理,即不认定成重复起诉。案例二中,法院认为因为"原告不同"所以以"权利主张存在不同"为由,不认定是重复起诉。案例三中,"诉讼请求"不同在前,故原告不同必然构成重复起诉,采取了"实质性"审查。在案例四中,当事人不同是因为增加了第三人"秦家楼村委会",但是此处司法判决并没有说明第三人在诉讼中的地位如何,以至于使案件达到"当事人"相同的程度。

显而易见的是,在判断原告是否相同时,并未涉及诉讼标的或诉讼请求是否同一的判断或者未涉及两原告之间是否有一定关联的判断,径行认定"原告不同"。但在下文的案例中,法院对相同原告的判断又有了不同的标准。

案例五:在曹某某与甘肃省兰州市西固区人民政府行政复议案中,曹某某请求撤销西固区人民政府作出的征收公告以及 20 号复议决定。法院另查明,案外人张某某同样以"撤销西固区人民政府的征收公告以及 20 号复议决定"为诉讼请求提起过行政诉讼,法院对征收公告和复议决定进行全面的审查,并作出驳回张某某的〔2016〕甘行终 365 号行政判决。再审法院认为,曹某某与张某某所诉的行政行为以及诉讼请求无实质区别,判决驳回其诉讼请求并无不当。[26]

案例六:在杨某某诉余姚市人民政府征收案中,原告杨某某起诉要求确认余姚市人民政府的《征收决定》违法,但是在杨某某起诉征收决定前,案外人何某某以相同的事实和理由提起了诉讼。一审法院通知杨某某可以作为共同原告参诉,但其执意要求分案处理。一审法院认为其系重复起诉,二审法院以同样的理由驳回其上诉。再审法院认为,对同一行政行为进行重复

---

〔26〕　参见最高人民法院行政裁定书〔2018〕最高法行申 5858 号。

司法审查系浪费司法资源,何某某的审查结果同样适用于杨某某,故驳回再审申请人的申请。[27]

案例七:在冯某某诉安徽省当涂县人民政府案中,法院认为本诉原告冯某某和彼诉原告陈某某系夫妻关系,虽然当事人不同,但是二人属于同一利害关系主体,所主张的事由以及诉讼请求一致,故属于重复起诉。[28]

在案例五中,虽然两案主体不同,但是法院并不以"主体要素"的不同而不认定是重复起诉,同时还审查了"客体要素"。在另案中,被诉行政行为和诉讼请求已经过全面审查,该生效判决对后诉产生了羁束力。因此,就算主体不同,也被认定是重复起诉。在案例六中,前后诉的原告不同,但是属于共同诉讼中的诉讼主体执意另案起诉的情形。在此种情形中,即使原告不同,基于对浪费司法资源的考虑,法院仍将其认定成重复起诉。在案例七中,出现了"同一利害关系主体"的识别标准——前后诉中的原告属于夫妻关系,因此此处的原告也是相同的。

2. 被告相同的判断

被告是否相同的司法认定同样有着颇多耐人寻味之处,在下面的几则案例中,法院的裁判思路不仅解答了什么是"被告相同",同时揭示了"当事人相同""诉讼标的相同""诉讼请求相同"三者之间的关系,值得借鉴。

案例一:在褚某某等诉唐山市人民政府等登记上诉案中,当事人前后两诉都要求撤销为第三人颁发的国用〔2014〕第 11575-11578 号国有土地使用权证。法院认为褚某某等人先以唐山市国土资源局为被告提起行政诉讼,后以唐山市人民政府为被告提起行政诉讼,前后两次所诉的被告不同,不属于重复起诉。[29]

案例二:在商某某与荥阳市人民政府、荥阳市国土资源局城乡建设行政管理案中,法院认为:原告商某某在前诉中以荥阳市政府为被告,在后诉中变更荥阳市国土资源局为被告,不属于重复起诉。[30]

案例三:在蔡某某与惠安县国土资源局城乡建设行政管理案中,法院认

---

〔27〕 参见最高人民法院行政裁定书〔2017〕最高法行申 8167 号。
〔28〕 参见安徽省高级人民法院行政裁定书〔2018〕皖行赔终 155 号。
〔29〕 参见河北省高级人民法院行政裁定书〔2017〕冀行终 185 号。
〔30〕 参见河南省巩义市人民法院行政判决书〔2016〕豫 0181 行初 68 号。

为本案原告系以惠安县人民政府为被申请人和被告分别向泉州市人民政府、泉州市中级人民法院提起行政复议和行政诉讼,而本案原告系以惠安县国土资源局为被告提起行政诉讼,案件主体不同,因此,原告的起诉不属于重复起诉。[31]

在案例一中,法院在认定被告是否相同时,说理较为简单,并没有说明为何不同。在案例二和案例三中,前后诉的被告主体也明显不同,但同样没有说理。这三个案例还有另外的相似之处,即前后诉的被告要么是某一行政部门,要么是某人民政府。由此引发笔者思考,行政诉讼中由谁来做被告法条规定得较为清晰,原告起诉不同的被告是否是因为起诉的被告不适格,"被告不同"的情形是否是一种不存在的问题。

案例四:在"薛某某诉洛阳高新技术产业开发区管理委员会土地行政管理纠纷案"中,法院认为,再审申请人前后两次的诉讼请求都是确认征收土地行为违法,尽管后诉的被告是开发区管委会,前诉的被告是洛阳市人民政府,从形式上判断,虽然此诉与彼诉的当事人确实不同,但是此诉与彼诉的关系不应当仅由当事人要素是否相同来判断,而应当以正确的被告来判断彼此之间的关系。因此属于重复起诉。[32]

案例五:在琼海市中原镇迈汤村民委员会客村村民小组诉琼海市人民政府、琼海市自然资源和规划局案中,法院认为,虽然原告增加了琼海市资规局和海南省资规厅作为共同被告,但是,就撤销琼海市政府颁发的第003506号土地证这一诉讼请求而言,琼海市政府是适格的被告,本诉与前诉的当事人、诉讼标的、诉讼请求都是相同的。[33]

相较于案例一、二、三,案例四和案例五的说理更加周延。同样的,案例四和案例五中前后诉的被告中,一诉的被告是某一行政部门,另一诉的被告是人民政府。案例四中,法院认为虽然从表面上看"被告不同",但是"后诉的被告"并非是适格的,应当以"适格与否"为标准来判断前后诉被告之间的关系。另外,案例五中,判断被告是否适格后,还同时判断了"诉讼标的""诉

讼请求"要素是否相同,将三要素一并纳入考量范围而非单一地将"当事人"要素剥离,然后得出系"重复起诉"的认定。

(二)"诉讼标的或诉讼请求"相同的识别

在此组案例中,当事人的诉讼请求都是不同的,但是法院似乎并不把诉讼请求作出审查的重点。即使诉讼请求不同,如果指向的是同一行政行为即同一诉讼标的,那么也被认定是重复起诉。从笔者收集的案例来看,司法实践中大多以"行政行为""行政行为的合法性"为诉讼标的,若当事人前后诉的是同一个行政行为,不论其诉讼请求是否一致,都将被判定为重复起诉。类似的案例还有很多,[34]笔者不一一赘述,但也有少数案例与上述判决相左。

案例一:在刘某某诉宿迁市宿城区双庄镇人民政府行政强制案中,法院认为,虽然当事人前诉要求"确认拆除其房屋行为违法",后诉要求确认拆除其房屋行为无效。但两次的诉讼标的均是"行政强制执行"行为,故属于重复起诉。[35]

案例二:在刘某某、临武县自然资源局资源行政管理案中,法院认为后诉的诉讼请求"确认临武县自然资源局对申请请求事项未作出处理答复的行政行为违法,并判令临武县自然资源局依法处理并答复"与前诉的诉讼请求"请求人民法院判令临武县自然资源局依法履行法定职责"实质内容相同,系重复起诉。[36]

案例三:在广州市增城区永宁街岗丰村钟屋经济合作社诉广州市增城区人民政府等征收行政纠纷案中,原告在前诉提起了撤销之诉,后诉提起了要求确认无效之诉。法院认为,虽然诉讼请求不同,但实质上都是请求人民法院对同一土地征收行政行为的合法性进行全面审查,仍属于同一诉讼标

---

〔34〕 前后两诉"诉讼请求不同",但"诉讼标的"一致的案例还有很多,参见最高人民法院行政判决书〔2017〕最高法行申 7359 号、最高人民法院行政判决书〔2017〕最高法行申 8100 号、最高人民法院行政判决书〔2017〕最高法行申 1493 号、北京市高级人民法院行政判决书〔2016〕京行终 1056 号。

〔35〕 参见江苏省高级人民法院行政判决书〔2016〕苏行终 1204 号。

〔36〕 参见湖南省郴州市中级人民法院行政判决书〔2019〕湘 10 行终 68 号。

的,属于重复起诉。[37]

在案例一中,当事人在前诉提起了"确认违法之诉",在后诉提起了"确认无效之诉",前后的诉讼请求并不相同,但是法院认为其针对的是同一"诉讼标的"即行政强制执行行为,故将其认定成重复起诉。在案例二中,当事人在前诉中提出"确认违法"之诉,在后诉中提起"课予义务"之诉,二者的诉讼请求仍不相同,但是法院认为虽然表述有所差别,但是诉讼请求仍然相同,故判定为重复起诉。同样的,在案例三中,原告在前诉中提起"撤销之诉",在后诉中提起"确认无效之诉",法院认为当事人的诉讼请求仍指向同一"诉讼标的"——征收行为的合法性。由上述分析可知,原告的"诉讼请求"是否相同并不是认定"重复起诉"的决定性因素,"诉讼标的"才是发挥实质性作用的因素。法院的审查思路都是以"行政行为的合法性"为核心,在一定程度上将"诉讼请求"要素虚置。

案例四:在石家庄市栾城区公安局、栾城区朱家庄玉田木器加工厂公安行政管理案中,法院认为该案与〔2017〕冀0111行初4号案尽管当事人一致,但诉讼标的和诉讼请求是不同的。该案中原告的诉讼请求是请求石家庄市栾城区公安局继续履行法定职责,按行政(治安)案件调查,追纠参与破坏财产人员的责任,而彼岸中的诉讼请求是确认石家庄市栾城区公安局不作为违法,并判决赔偿。故不是重复起诉。[38]

案例五:在丛某某、孙某某诉大连金普新区管理委员会不履行法定职责案中,法院认为原告虽然曾就请求责令三道沟村村民委员会公开村务事宜提起行政诉讼,但是其本次申请公开的村务与之前其申请公开的村务不尽相同,不仅包括1994年1月1日至2012年8月29日期间的村务信息,还包括2012年8月30日至2016年2月29日期间的村务信息。故本案不属于重复起诉。[39]

在案例四中,法院认为两个案件中,"诉讼标的"和"诉讼请求"是不同的。当事人在前诉中提起了"确认违法之诉",在后诉中提出"课予义务之

〔37〕 参见广东省高级人民法院行政裁定书〔2017〕粤行终1639号。
〔38〕 参见河北省石家庄市中级人民法院行政判决书〔2018〕冀01行终275号。
〔39〕 参见辽宁省高级人民法院行政判决书〔2017〕辽行终280号。

诉"。前文中有与此案相同的情形被认定为重复起诉，此处出现判决相左的情形。而且。法院似乎将"诉讼请求"和"诉讼标的"混同，视为同一概念，因为它并没有分开说理"诉讼标的"和"诉讼请求"的不同之处。在案例五中，原告在前后两诉中都提出了"课予义务之诉"，诉讼标的是相同的，都是针对同一行政行为提起的诉讼，但是诉讼请求并不相同，此处的不同是指原告向被告申请的信息时间跨度并不相同。因此，法院不认为这是重复起诉。

（三）后诉诉讼请求为前诉裁判所包含的判断

"后诉的诉讼请求被前诉裁判结果所包含"是相较于民事诉讼特有的识别要件，在行政诉讼司法实践中突出地表现原告拆分部分诉讼请求提起行政诉讼。

案例一：在罗某某等诉广州市人民政府征收案中，将诉讼请求进行了拆分。在彼诉中，人民法院已对案涉《征收土地公告》进行了全面合法性审查，并对《征地补偿安置方案公告》是否违反法定程序、标准过低的问题作出了认定。实质上，前诉的诉讼标的和诉讼请求包含了后诉的诉讼标的和诉讼请求。现罗某某等 5 人对案涉《征收土地公告》进行拆分，选择其中的《征地补偿安置方案公告》单独另行起诉，构成重复起诉。[40]

案例二：在谢某某、毛某某诉衡阳市高新技术产业开发区管理委员会等案中，原告在前诉中请求确认被告违法并要求赔偿 705、706 房屋的损失，法院判决确认被告违法但驳回了原告的其他诉讼请求。原告在后诉中分割出"部分诉讼请求"再次起诉：主张赔偿除 705、706 房以外的 114、203、204、205 房损失。一审法院认为其"因同一事由提起本案事实"，属于重复起诉。但二审法院认为原告在本案中请求的"1741.82m² 房屋的损失超出了前案中的诉讼请求，不属于重复起诉。[41]

案例三：在中山火炬开发区濠头股份合作经济联合社与中山市人民政府等征收行政纠纷上诉案中，法院认为上诉人本诉的诉讼请求是请求确认被告征收位于官路林 1060 亩土地的行为违法并退还多征的 150.359 亩土

---

〔40〕 参见最高人民法院行政判决决书〔2017〕最高法行申 7456 号。
〔41〕 参见湖南省高级人民法院行政判决决书〔2017〕湘行终 61 号。

地,前诉的诉讼请求是请求确认被告征收位于官路林、何家山、三图、假坦、文阁共计6670.044亩土地的行为违法,退还多征的150.359亩土地并赔偿损失2437875.51元。但实质上前诉的6670.044亩土地包括了本诉的官路林1060亩土地,即后诉的诉讼请求实质上已被前诉裁判所包含。[42]

案例四:在"张某某诉被告渭南市人民政府政府信息公开案"中,法院认定原告在前诉的诉讼请求第二项是:判令华阴市人民政府立即履行信息公开法定职责,公开如下信息即:一华阴市罗敷镇基本农田保护区的划区定界档案文件资料和罗敷镇兴乐坊村基本农田保护区定界档案文件资料,二华阴市罗敷镇土地利用总体规划,三华阴市政府征收罗敷镇兴乐坊村土地征收批准文件,四华阴市生物医药产业园区立项批准文件,五华阴市政府征收罗敷镇兴乐坊村土地征收告知、确认、听证程序文件资料,六华阴市政府征收罗敷镇兴乐坊村土地一书四方案,七华阴市政府征收罗敷镇兴乐坊村土地征收公告,八华阴市政府征收罗敷镇兴乐坊村土地征收补偿安置方案公告,九华阴市政府征收罗敷镇兴乐坊村土地听取被征地的农村集体经济组织和农民的意见文件资料。原告在本案的诉讼请求第二项是:判令被告立即履行信息公开法定职责,公开"在华阴市罗敷镇兴乐坊村基本农田保护区经过划区定界后,被告组织土地行政和主管部门和农业行政主管部门,对基本农田划区定界后的验收确认相关材料"。本案的诉讼请求并未被前一案的裁判所包含,不属于重复起诉。[43]

在案例一中,原告起诉要求撤销其《征收公告》。在后诉中要求撤销《征地补偿安置方案公告》。法院认为"后诉的诉讼请求已经被前诉所包含"。因此,系重复起诉。在案例二中,前后诉要求赔偿的房屋数量不一,且后诉中提出对其他牌号房屋的赔偿,虽然都是赔偿之诉,但是法院认为"后诉的诉讼请求未能被前诉所包含",也即"诉讼请求不一致",所以不认为是重复起诉。在案例三中,前后诉中所起诉的"土地亩数"并不一致,但是后诉的土地亩数已经被前诉所包含,所以也是重复起诉。在案例四中,原告在前诉中诉请公开9项政府信息,在后诉中所诉请公开的政府信息不包含于前诉中,

〔42〕　参见广东省高级人民法院行政判决书〔2017〕粤行终1767号。
〔43〕　参见陕西省渭南市中级人民法院行政判决书〔2019〕陕05行初28号。

因此法院不认为其是重复起诉。

在"后诉的诉讼请求为前诉所包含"的这组案例中,可以发现每个案例中所诉的"行政行为"是同一的,"诉讼请求"是可拆分的,且案例二、三、四前后诉讼类型都是"给付之诉","诉讼请求"要素在此处发挥了实质性的识别作用。

(四)其他情形中的重复起诉

笔者在搜集案例中发现,实践中重复起诉的情形不仅包括"当事人相同""诉讼请求相同或诉讼标的相同""后诉的诉讼请求为前诉裁判所包含",还包括其他一些繁杂的情形。之所以认为它复杂,是因为适用以上三个标准并不能准确地识别出该类案例是否属于重复起诉。在此,笔者欲列举三类在实践中较为突出的情形,并分析其裁判思路,以期获得有价值的参考信息。

1. 撤诉后再行起诉

"撤诉后再行起诉"包括两种情形。一是"撤诉后无正当理由再次起诉",二是"按撤诉处理"。"新司法解释"第 69 条第 7 款规定,撤回起诉无正当理由再次起诉的应当驳回起诉。司法实践中很多案例认为,对于有无"正当理由"的判定直接关系到当事人是否属于重复起诉,将两条款混合适用。具体而言,如果有正当理由再次起诉,就不属于重复起诉;如果没有正当理由再次起诉,则属于重复起诉。另外,按撤诉处理后再次起诉也被认定成是重复起诉。详见以下案例一、案例二、案例三。

案例一:在火某某诉永登县人民政府行政登记案中,原告火某某于 2016 年提起诉讼要求撤销永登县政府给第三人李某某颁发的土地承包经营权证书,原告于 2017 年撤回起诉,后原告以相同的事由再次起诉。一审法院认为其系重复起诉驳回。原告不服提起上诉,并认为其撤诉并非自愿撤诉,其诉讼请求尚未得到实体裁判。二审法院认为在一审的撤诉裁定属于生效裁定,上诉人无新的证据和理由再次提起诉讼系撤回起诉后无正当理由再行起诉,且属于重复起诉,遂驳回其上诉。[44]

---

〔44〕　参见甘肃省高级人民法院行政裁定书〔2018〕甘行终 11 号。

案例二：在李某某诉上海市公安局浦东分局某派出所案中，原告李某某在诉讼中，法院传唤其到庭却不到庭且无正当理由，遂法院按撤诉处理。原告之后又以相同的诉讼请求诉至法院，法院认定其是没有正当理由重复起诉，驳回其起诉。[45]

案例三：在"张某某等诉新化县人民政府土地行政管理"案中，2018年张某某等12名原告提起行政诉讼，请求法院裁判：确认新化县琅塘镇人民政府、新化县人民政府、新化县公安局的行政征收行为违法。在该案的审理过程中，原告自愿申请撤回起诉，一审法院遂作出准许其撤回起诉的行政裁定。但是原告在撤回起诉后，又以相同的事实和理由重新起诉，法院驳回其起诉。法院认为，原告在前诉中撤回起诉再次起诉，属于重复诉讼的特殊情形。《司法解释》第69条第6款规定了重复起诉，第7款规定了撤回起诉后无正当理由再行起诉，一般优先适用第7款的规定，一审法院关于重复起诉的裁定不当，加以指正。[46]

通过以上的案例，从中可以总结出以下三点问题，并展开讨论：

一是撤诉的理由是否正当？换言之，再次提起诉讼是否有正当理由决定了后诉是否属于重复起诉。在案例一中，原告诉称其撤诉是因为受到审判人员的劝说，"判决结果对其不利"，因此其申请撤诉。但是法院并没有认定此种理由，即使该案未经过实体判决，再次以同一事实和理由起诉，仍是重复起诉。但是在"安徽省临泉县再生资源公司回收经营部诉临泉县城关街道办事处行政强制执行案中"，原告在前诉中自愿提出书面撤诉申请，理由是与被告正在协调解决相关纠纷。但是在18年后又提起诉讼，法院以"提起的诉讼事项并没有得到解决"为"有正当理由"再次起诉，且时间要素不属于"在诉讼中或者裁判生效后再次提起诉讼"，因此不属于重复起诉。[47] 同样的，在周某某与昆山市自然资源和规划局一案中，原告在前诉中基于法院的释明更改被告进而再行起诉，法院同样认定其属于有正当理由再次提起诉讼。[48] 从案例一中可得到的信息也即，正当理由的判断决定

〔45〕　参见上海市高级人民法院行政判决书〔2017〕沪行申730号。
〔46〕　参见湖南省高级人民法院行政判决书〔2019〕湘行终104号。
〔47〕　参见安徽省临泉县人民法院行政判决书〔2018〕皖行初190号。
〔48〕　参见江苏省苏州市姑苏区人民法院行政判决书〔2020〕苏行初6号。

了后诉是否能被法院接纳，决定了是否属于重复起诉。

二是撤诉后纠纷是否得到解决？法条规定的按撤诉处理的情形，包括无正当理由拒不到庭、妨碍法庭秩序、不交诉讼费用等。为了使庭审活动的顺利开展，按撤诉处理。在这种情况下，案件本身并没有定纷止争，但是在案例二中，当事人另行起诉被认定是重复起诉。在自愿撤诉的情形中，当事人可能与行政机关达成协议，纠纷本身得到化解，再次提起诉讼是否属于重复起诉值得辨析。在冯某某诉当涂县人民政府行政赔偿一案中，法院认为原告与当涂县征收小组就诉讼请求已经达成了《征地附着物补偿协议》并且履行完毕，纠纷得到化解。此后，原告仍然以同样的事实和理由起诉，被认定是重复起诉。值得一提的是，在该案中，如果另行起诉，应当起诉《行政协议》可不认定是重复起诉，在此处法官是否应履行释明义务以引导当事人行使其诉权。但在案例一中，法院认为前诉的"撤诉裁定"已经生效，当事人应当受其拘束，即使该案未得到实体上的裁判，再次起诉仍然属于重复起诉。笔者认为，"撤回起诉后无正当理由再次提起诉讼应当驳回"的规定本身"剥夺或限制了当事人的诉权"值得反思。

三是"撤诉后再起诉"条款与"重复起诉"条款有何关系？在案例三中，法院认为"撤回起诉后，没有新的事实和理由再行起诉"是一种特殊的"重复诉讼"，但是法院没有说明"特殊性"在何处。接着，法院认为一般优先适用第 7 款的规定，同样没有说明"优先适用"的理由。笔者发现，实践中许多案例都将两条款混用，二者之间的关系究竟如何，不同的判决也给出不同的答案。如在凌某诉杭州市西湖区市监局案中，法院认为"重复起诉"与"撤回起诉"属于两种不同的不予立案的情形。[49] 在曹某某等人诉河南省国土资源厅政府信息公开案中，法院认为"王某某等人在申请撤诉后，无正当理由再次提起诉讼属于重复起诉"。[50] 从上述分析可知，司法实践中对这两者的关系判断有一般与特殊、两者不同、两相重叠这三种观点。

2. 通过若干种救济途径反复缠诉

在此组案例中，案情的共同特征是，原告针对某一诉讼请求提起诉讼，

---

〔49〕 参见浙江省杭州市中级人民法院行政判决书〔2019〕浙 01 行终 465 号。

〔50〕 参见郑州铁路运输中级人民法院行政判决书〔2017〕豫 71 行终 291 号。

又针对指向该诉讼请求的行政复议决定提起数次诉讼。行政复议和行政诉讼都是救济公民公法上权益的法律途径,但是反复诉讼无疑是对司法资源的浪费,其应当为重复起诉制度规制。

案例一:在张某某诉安徽省人民政府行政复议案中,原告张某某于2015年7月起诉马鞍山市政府行政强制及补偿行为被一、二审法院驳回起诉。2017年3月张某某又提出行政复议申请,安徽省政府驳回其复议申请,遂提起行政诉讼。法院认为,原告无论是就原行政行为还是针对复议行为多次起诉,都是指向拆迁补偿安置事由,属于重复起诉。

案例二:在林某某等诉西安市人民政府行政复议案中,七位原告向被告提出行政复议,但是未收到答复,因此提出请求被告履行职责之诉。在案件审理期间被告针对其申请作出了行政复议决定。原告先是就该决定另行起诉,请求撤销该决定。其后在前案审理期间变更诉讼请求请求确认被告不作为违法。前案已经作出生效裁判,驳回原告要求撤销的诉讼请求。两案均是针对行政复议决定,且本案的诉讼请求已经被包含,因此属于重复起诉。[51]

案例三:在陕西镐京教育科技发展有限公司诉咸阳市工商行政管理局行政登记及行政复议案中,原告2016年向被告提出行政复议申请,请求撤销股权出质登记行为,被告驳回其复议申请。原告第一次起诉是在2016年9月13日,请求撤销相关行政登记,一、二审法院均驳回原告的诉讼请求。2016年原告再次提起诉讼,请求撤销被告的复议决定,法院裁判撤销复议决定并责令被告重新作出复议决定。被告作出维持原行政行为的〔2017〕4号行政复议书。原告再次提起诉讼,要求撤销〔2017〕4号行政复议以及股权出质登记行为。法院认为,基于司法最终原则,行政复议和行政诉讼应当是先后关系且不能颠倒。行政复议书是按照法院判决重新作出的行政行为,不能变更原行政行为。复议决定没有对当事人的行为产生新的影响,因此起诉的仍是原行政行为,属于同一诉讼请求,系重复起诉。[52]

在案例一中,原告多次提起行政复议行为、行政诉讼行为,虽然关于诉

〔51〕　参见西安铁路运输法院行政裁定书〔2017〕陕71行初443号。
〔52〕　参见西安铁路运输法院行政裁定书〔2017〕陕7102行初735号。

讼请求的表述不同,但是多次申请救济的事项都是"拆迁补偿安置事宜"。在案例二中,原告在行政复议未得到答复之前,又提起行政诉讼。在案件审理期间另行起诉,在行政诉讼对其诉讼请求作出生效裁判之后,再次变更诉讼请求。如此反复缠诉,针对的仍然是同一诉讼请求。同样地,在案例三中,原告提出数次诉讼,要么诉的是"股权出质登记行为",要么诉的是针对此行为提起的"行政复议",在行政复议行为维持的情况下,复议决定对当事人的权利义务并无实质性的变更,因此属于重复起诉。

行政复议后的"复议决定"较原行政行为而言,是独立的行政行为。但是在复议维持的情况下,原行政行为和复议行为指向的是同一诉讼请求,分别起诉这两个行为是否该认定成重复起诉同样包含了一定的价值判断。遗憾的是法院在裁判文书中并没有详细说理。但是在陆某某诉南通市发展和改革委员会政府信息公开答复案中,面对原告的 36 次诉讼,法院认定其提起的诉讼明显缺乏诉的利益、无诉权行使的必要性、违反诚信原则,属于滥用诉权行为。[53]

3. 多阶段行政行为单独起诉某一行政行为

此组案例的共同特征是当事人虽然起诉的是不同的行政行为,但是"诉讼标的不同"的识别标准在此处有些失灵。在行政征收的过程中,涉及不同机关作出的不同行政行为。前行政行为和后行政行为之间彼此独立但是存在一定的关联。当事人就不同的行政行为提起多个行政诉讼是否属于重复起诉,不同的法院有着不一样的观点。

案例一:在黄某某诉湖南省宁乡县人民政府行政批准案中,原告黄某某的房屋被行政机关强制拆除,其针对强拆行为提起行政诉讼。强拆行为由公安机关、国土部门、城管等多个机关实施。宁乡县人民法院认为原告所诉的被告不适格,因此驳回其诉讼请求。黄某某第二次提起诉讼针对的是《宁乡县人民政府关于依法拆除黄玉林户非法占用土地上建筑物的批复》。一审法院认为该《批复》属于内部行政机关作出的内部行政行为,法律效果并没有外化。此外,黄某某已经在另案中针对行政强制行为提起过诉讼,属于重复起诉。二审法院认为《批复》已经对当事人的权利产生了实质性的影

---

〔53〕 参见《最高人民法院公报》2015 年第 11 期。

响，同时两个诉讼不属于重复起诉，因为二者的行政法律关系不一、诉讼标的不一，故不属于重复起诉。再审法院的观点认为《批复》并没有产生对外的法律效果，依然驳回了其诉讼请求。[54]

案例二：在海南年丰渔业有限公司诉海口市龙华区综合行政执法局案行政强制执行案中，原告于 2018 年向法院起诉，要求撤销龙华执法局作出的执行决定，原审法院驳回原告的诉讼请求，且该判决已经生效。本案中，原告起诉龙华执法局的"强制拆除行为"，法院认为执行决定和执行行为是不同阶段的具体行政行为，原告的起诉不属于重复起诉。[55]

案例三：在吴某诉东营市垦利区综合行政执法局房屋拆迁行政管理案中，强制拆除行为中的"行政决定"行为、"强制执行决定"分别被吴某提起诉讼，本案中吴某起诉的是"强制拆除房屋"的事实行为。法院认为，这三个行为都是单独可诉的、会对当事人的权益产生危害的、相对人有权获得司法救济权利的行为。因此，吴某的行为并不属于重复起诉。[56]

在案例一中，一审法院认定，"批复行为"属于内部行政行为，不具有可诉性，且原告在前案中已经就"行政强制行为"提起过诉讼，因此属于重复起诉。但是二审法院对此案作出了截然不同的认定。其不仅认为批复行为是对外产生了法律效果的行为，而且区别于行政强制行为，属于独立可诉的行政行为，并运用三要素识别标准进行了说理，认定前后两诉不属于重复起诉。在案例二中，虽然"强制拆除行为"是以"执行决定"为依据作出的，但是不同阶段的具体行政行为具有独立性，因此并不属于重复起诉。同样的，在案例三中，法院认为行政强制行为是由三个部分组成：行政决定、强制执行决定、事实行为。"行政决定"确定了行政强制行为的范围，"强制执行决定"一经作出便具有法律效力，事实行为是具体的施行。这三个行政行为若侵犯到公民的权益，均有权得到司法救济。类似的，在有的案例中一审法院认为"征地行为"中包含了"强制拆除行为"，故分别起诉这两个行为属于重复起诉，但二审法院认为"征地行为"和"强制拆除行为"分属于单独的、可诉的

---

〔54〕　参见最高人民法院行政裁定书〔2017〕最高法行申 2821 号。

〔55〕　参见海南省海口市中级人民法院行政判决书〔2019〕琼 01 行终 112 号。

〔56〕　参见山东省东营市中级人民法院行政判决书〔2019〕鲁 05 行终 79 号。

行政行为。[57] 有的案例认为"房屋征收公告"并不对当事人的权利义务产生影响，因此只能起诉"房屋拆迁行为"。[58] 值得讨论的是，将不同阶段的"行政行为"剥离开来审查，隔断了彼此之间的联系，是否有利于查清案件事实。相较于"全局性"的审查，"割裂"式的审查是否也是对司法资源的一种浪费。

由此可见，因多阶段行政行为产生的行政纠纷中，对重复起诉的判断路径是以"前行政行为能否被后行政行为"吸收或者说"前后的行政行为"是否都具有独立的可诉性。此类重复起诉识别较为复杂，法律并没有提供相应的规则，司法判决经验虽有欠妥之处，但是法院的探索仍具有极大的借鉴意义。

三、行政诉讼重复起诉识别存在的主要问题

以上是笔者对案例裁判理由的初步梳理，对"重复起诉"识别要件类型化作出的初步尝试。然而，由于各地法院审判人员的业务素质参差不齐，对该条款的理解存在偏颇，需弃其糟粕而取其精华。另外，实践中关于重复情形颇为复杂，本文涉及的案例可能存在数量不多、代表性不强的问题，笔者在后续的研究中予以增补。

（一）混淆"重复起诉"与"既判力"

《司法解释》第 106 条的规定了判断重复"新司法解释"第 106 条规定了判断行政诉讼重复起诉的两个时间范围，一是"在诉讼过程中"，二是"裁判生效后"，此条款将"重复起诉"与"既判力"打包在一个条款中处理，会造成司法适用的混乱。排斥在诉讼系属中提起诉讼和既判力辐射于其他诉讼中，是为两种不同诉讼类型的重复起诉禁止的原因。排斥在诉讼系属中提起诉讼，指某一事项系属于诉讼后，不得再次被起诉。既判力是生效裁判既

---

〔57〕 参见成都市青白江区人民法院行政判决书〔2019〕川 0113 行初 64 号。

〔58〕 参见辽宁省高级人民法院行政裁定书〔2019〕辽行终 496 号。

判事项对后诉的效力,包括遮断后效的消极效力与拘束后诉的积极效力,均起源于"一事不再理"原则,均形成于德国。

"重复起诉"与"既判力"二者存在明显差异。一是时间条件不同。重复起诉的时间条件是前诉隶属于法院系属中,诉讼系属始于法院立案受理时,而既判力以事实审口头辩论终结时为既判力的标准时。二是制度趣旨侧重不同。禁止重复起诉的制度趣旨是为了实现诉讼经济、预防矛盾判决进而降低司法公信力。既判力目的是为了终局解决纠纷,判决一旦确定不容许再轻易改变。三是作用范围不同。必然的联系不存在于彼此诉之间,这是狭义的重复起诉所规制的。但是既判力不同。后诉的裁判基础应当是前诉的既判力所涉及的主、客观范围,也即既判力有其积极的效用。同时,既判力的消极作用是后诉的当事人不能提出、法院不能受理与前诉裁判冲突的主张,除非有新的事实和理由。而重复起诉的规制手段是要么驳回后诉,要么与前诉合并审理。[59] 将二者打包处理不利于指导司法实践,将会造成司法适用的混乱。

(二)识别要件的适用存在偏差

通过上述分析可知,司法实践中对重复起诉的识别标准并不统一,时有出现判决相左的情况。

首先,"原告相同"要素发挥着实质的还是形式上的识别作用,司法判决给出了不同的答案。在此值得一提的是,裁判文书中存在说理薄弱的现象,此原告与彼原告之间的关系如何并没有涉及,因此上述案例中"原告不相同"进而认定不是重复起诉的裁判逻辑不得而知。但是"原告不相同"进而认定是重复起诉的裁判逻辑仍然是以"既判力"规定为基础。"被告相同"的认定也有不同的观点。有的判决认为原告起诉不同的行政机关即被告不同,进而不认为是重复起诉。但是有的裁判将"被告是否相同"的问题实质上替换成是判断"被告适格"与否,而非从形式上评价。

其次,司法裁判对"诉讼标的""诉讼请求"相同的理解并不一。首先,对二者的内涵理解并不一致。司法实践中一致认为,行政诉讼的诉讼标的以

---

〔59〕 参见冉博:《"重复诉讼"与"既判力"的混同及其规制》,《法律适用》2018 年第 16 期。

行政行为为核心。有的判决认为"诉讼标的"就是行政行为,有的判决认为"诉讼标的"是行政行为的合法性。但是有的判决认为"诉讼请求"就是"诉讼标的",而有的判决认为"诉讼请求"是"诉讼标的"所指向的内容。在这两个概念模糊不清的前提下,识别"诉讼请求"或"诉讼标的"是否相同自然成为难题,司法实践中同样出现识别标准不一的情形。

再次,"后诉的诉讼请求为前诉裁判结果所包含"的识别标准存有一定的争议。在前述分析中,司法实践统一地将诉讼标的理解为行政行为,从司法判决来看,此处的"诉讼请求"都是可分的,也即最后一个识别标准可以置换成"部分诉讼请求"的可诉性问题。如果"部分诉讼请求"是可再次提起诉讼的,那么就不存在重复起诉;如果"部分诉讼请求"是不可再次提起诉讼的,那么就存在重复起诉。有争议的地方在于行政诉讼法并没有规定"部分诉讼请求"是否能够单独提起。因此,司法判决对此标准也同样出现了不一致的理解。

最后,三要素相同的识别标准并不适用于其他重复起诉的情形。在上述分析中,可以发现三要件识别标准并不能适用于其他重复起诉的情形中。一是撤回起诉后再次起诉,无论是否有正当理由,当事人的诉讼请求并没有得到实体裁判,以三要件相同来认定是重复起诉,限制了当事人的诉权。二是在反复缠诉情形中,当事人的诉讼请求都是不同的,但是并不能就此认定其不属于重复起诉。当事人恶意行使诉权构成滥诉,实质上已经是重复起诉。三是多阶段行政行为单独起诉,当事人的诉讼标的都是指向不同的行政行为,但是未必不构成重复起诉。在此种情况下,司法实践有着不同的审查路径。这三种情形下的识别标准也并不一致。

(三)对三要素标准的关系理解不一

当事人相同要件、诉讼标的或诉讼请求相同要件、后诉的诉讼请求为前诉裁判所包含要件笔者将之简称为"三要素"标准。

这三要件之间的关系如何,司法实践给出了不同的答案。有的法官认为,当事人要件并不能够用来单独判断是否是重复起诉,需要结合其他两要件来判断。有的判决认为,当事人要件也可以单独来判断是否构成重复起诉。只要当事人形式上不同,就不属于重复起诉。有的判决认为,三要件必须同时满足,才构成重复起诉。还有的判决认为,诉讼标的一个要素便足以识别重复起诉,即使当事人不同、诉讼请求不同,只要诉讼标的相同,那么便构成重复起诉。实践中,最后一种判断思路是最为常见的。那么问题来了,如果其他两个要素无法发挥其识别作用,法条为何还作出如此规定? 诉讼标的是否真的能够"独挡一面",识别出所有的重复起诉情形? 后诉的诉讼请求为前诉裁判所包含中的"诉讼请求"又有何内涵? 司法裁判并没有给出相应的回应。

四、行政诉讼重复起诉识别标准的学理阐释

在前一章中,通过对司法案例的分析发现实践中对于识别重复起诉的困境且尚未解决。若试图理性、周延地去搞明白一个法律问题,研究的起点应当是严谨的法律概念,它利于解决思考过程中所遇到的困境,是十分必要的研究工器。[60] 在研究行政诉讼重复起诉识别问题之前,有必要将相关概念和理论进行爬梳,试图找到重复起诉识别标准的法解释学释义,并为后文的论证进行铺垫。

(一)时间要素:诉讼过程中或裁判生效后

"新司法解释"第 106 条规定了判断行政诉讼重复起诉的两个时间范围,一是"在诉讼过程中",二是"裁判生效后",此条款将"重复起诉"与"既判力"打包在一个条款中处理,会造成司法适用的混乱。因此本节有必要借鉴学理上对这两个时间点的区别研究,讨论并强化对时间要素的认识,细化重复起诉的识别标准。

1. 两种时间节点的区别

两种不同的重复起诉类型在于时间节点不同。如何区分这两种时间节点是研究重复起诉问题的前提。排斥在诉讼系属中提起诉讼和既判力辐射于其他诉讼中,是为两种不同诉讼类型的重复起诉禁止的原因。诉讼系属

---

〔60〕　参见前引注〔59〕,博登海默书,第 504 页。

排除效力,指某一事项系属于诉讼后,不得再次被起诉。既判力是生效裁判既判事项对后诉的效力,包括遮断后效的消极效力与拘束后诉的积极效力,均起源于"一事不再理"原则,现代形态均形成于德国。[61]

诉讼系属的时间起始点与既判力标准时的时间跨度并不相同。从时间要素来看,"新司法解释"第 106 条规定混淆了"重复起诉"与"既判力"。"重复起诉"与"既判力"二者存在明显差异。一是时间条件不同。重复起诉的时间条件是前诉隶属于法院系属中,诉讼系属始于法院立案受理时,而既判力以事实审口头辩论终结时为既判力的标准时。二是制度趣旨侧重不同。禁止重复起诉的制度趣旨是为了实现诉讼经济、预防矛盾判决进而降低司法公信力。既判力目的是为了终局解决纠纷,判决一旦确定不容许再轻易改变。三是作用范围不同。既判力的积极作用是前诉既判力应当成为后诉的裁判前提,对后诉应当予以审理。但从禁止重复起诉的规制来看,前诉与后诉的联系是切断的。既判力的消极作用是后诉的当事人不能提出、法院不能受理与前诉裁判冲突的主张,除非有新的事实和理由。而重复起诉的规制手段是要么驳回后诉,要么与前诉合并审理。[62] 将二者打包处理不利于指导司法实践,将会造成司法适用的混乱。

2. 诉讼系属概念的缺位

为何该条款会将二者混同,究其原因是我国诉讼法上一直没有引入诉讼系属理论,作为诉讼法的基本概念,"诉讼系属"指的是因诉讼的提起产生特定案件由特定法院予以审判的状态。如前文所述,起诉一般指的是诉状被原告提起。在德国的民事诉讼中,有两个时间节点需要引起特别的注意。一个是原告提起诉讼的时间。原告在提起诉讼时,有可能向不同的法院提起多个相同的诉讼。此时还未进入到实体审理,也即只是系属,并没有侵犯到被告的权益。另一个时间节点是被告接受到诉状的时间。此时已经被告已经知道被起诉。即使一个诉讼比另一个诉讼先提起,哪个诉讼的诉状送到被告手里决定了哪个诉讼是真的诉讼,那么另外一个诉讼就是重复起诉。

---

〔61〕 参见陈晓彤:《重复起诉识别标准的统一与分立——诉讼系属中与裁判生效后重复起诉的"同异之辨"》,《甘肃政法学院学报》2019 年第 5 期。

〔62〕 参见前引注〔60〕,冉博文。

也即,以"诉讼系属"来判断重复起诉。[63]

另外,一个案件已经处于"审判之中"这样的状态,实践中似乎没有一个准确的概念去描述这样的发生。但是,此种事实状态又蕴涵着特别重要的法律上的效果。有的裁判以"诉讼过程"来概述。但是这种界定并不是精确的。所以有必要去引入大陆法系国家"诉讼系属"概念。此概念浓缩并表达了以下几种事实:一是案件审理对象被固定。二是当生效裁判发生时,意味着此概念使命的完成。譬如,再审案件时当事人不服生效裁判以新的理由,请求司法机关再次审理的案件。再审当然地不处于诉讼系属中,重复起诉并不禁止再审案件。

综上,重复起诉与既判力无论是法理基础,还是作用机制都是大相径庭的。对"诉讼系属"这一概念的引入明显是必要的,有利于彻底地将两个不同的制度厘清,以发挥其应然的作用。

(二)主体要素:当事人相同

案件中主体是否相同的判断首先需要划定"相同当事人"的范围。基于行政诉讼的特殊性,应当分别确定"原告相同"的范围和"被告相同"的范围。遗憾的是,法条并没有对之加以规定。本节拟从行政诉讼当事人的概念出发,借鉴民事诉讼法学的有益经验,窥探学理上对当事人相同的界定。

1. 行政诉讼当事人的概念剖析

"当事人"是识别重复起诉的主体要件。何谓行政诉讼中的当事人?"行政机关在行使职权过程中,相对人对其作出的行政行为不服,亲自诉诸法院要求司法解决行政争议。而且受法院作出的生效裁判所拘束的所有人都系行政诉讼中的当事人。"[64]"行政诉讼当事人中,被告是行使国家行政管理职权的行政主体,原告是与具体行政行为有利害关系的公民、法人或其他组织。"[65]"当事人是指因发生行政争议,以自己的名义进行诉讼,并受人民法院裁判拘束的主体。"[66]从以上观点初步可得知,学者在界定"当事人"

---

〔63〕 参见廖浩:《德国法上重复起诉禁止制度评析》,《司法改革论评》2016年第1期。

〔64〕 参见马怀德:《行政诉讼原理》,法律出版社2009年版,第189页。

〔65〕 参见林莉红:《行政诉讼法问题专论》,武汉大学出版社2010年版,第139页。

〔66〕 参见李广宇:《新行政诉讼法逐条注释》,法律出版社2015年版,第206页。

的时候围绕着系争"行政争议"或"行政行为"展开。

因此,笔者存有疑义,"当事人"要素在识别重复起诉时发挥的作用是实质的还是形式的。"行政诉讼之提起,缘自行政争议,而其根本在于原告主观上认为行政存有瑕疵、公法上权利不明或受到侵害。"[67]我国传统理论认为,(具体)行政行为是行政诉讼的标的。"诉讼客体就是诉讼标的,行政诉讼标的只能是具体行政行为。"[68]"在行政诉讼法被修改之后,诉的客体要素便成为行政行为,因此学理上过去指称行政诉讼标的是具体行政行为"[69],但是笔者认为放在现在应当指的是行政行为。判断当事人是否适格,还要考虑诉讼标的要素。这是有法条依据的,规定于我国现行《行政诉讼法》第 25 条第 1 款。[70] 也即诉的成立,不仅需要有诉的主体、客体要件,二者之间还应存在利害关系[71]。换言之,与诉讼标的是否有利害关系是确定诉讼主体是否有当事人资格的主要判断标准。从理论上说,"当事人要素"在识别重复起诉中扮演着"形式上"的区分作用,而前后两诉当事人是否相同主要看"诉讼标的"是否一致。如果前后两诉的诉讼标的不同,即使当事人相同,后诉也不构成重复起诉;如果前后两诉的诉讼标的相同,即使当事人不同,也同样构成重复诉讼。

2. 原告相同的范围

行政诉讼法学界对于相同当事人范围的研究几乎处于空白状态,但是民事诉讼法学界对此研究颇多。在对《行政诉讼法司法解释》的权威说明中,最高人民法院将相同当事人的范围进行了类型化列举,具有"同一性"的当事人主要包括通常当事人、诉讼担当人、诉讼参与人、当事人的继受人、其他"同一"当事人。[72] 不难看出,行政诉讼重复诉讼的相同当事人的范围与前诉的既判力主观范围一致。

---

〔67〕　参见蔡志芳:《行政救济法新论》,元照出版有限公司 2007 年版,第 192 页。

〔68〕　参见应松年主编:《行政诉讼法学》,中国政法大学出版社 2002 年版,第 150-151 页。

〔69〕　薛刚凌:《行政诉权研究》,华文出版社 1999 年版,第 197-203 页。

〔70〕　《行政诉讼法》第 25 条第 1 款规定:行政行为的相对人以及其他与行政行为有利害关系的公民、法人或者其他组织,有权提起诉讼。

〔71〕　参见前引注〔13〕,段厚省文。

〔72〕　参见江必新、梁凤云:《行政诉讼法及司法解释关联理解与适用》,中国法制出版社 2018 年版,第 457 页。

民事诉讼法学界对于当事人相同范围的成果颇多,行政诉讼与民事诉讼的原告范围都是"公民、法人或其他组织",笔者认为,民事诉讼法学界的观点对于判断行政诉讼的原告是否相同具有一定的借鉴意义。民事诉讼法学界从以下几个方面展开了讨论。第一是对前后诉当事人数量不一的讨论。民事法律关系不变时,原告和被告的数量各有变化,但一方恒定不变时,第三人是否变化并不影响同一当事人的认定。在后诉的当事人与前诉的当事人范围不完全重叠时,需要结合客体因素来辨别。第二是关于第三人的讨论。通说认为有独立请求权的第三人是可以构成同一当事人的,但是无独立请求权第三人可以成为当事人,但重复起诉规制的范围是否包括无独立请求权第三人学界有着不同的观点。第三是对诉讼继受人的讨论。继受人提起诉讼受到既判力主观范围的约束,学界认为诉讼系属前的继受人不属于同一当事人的范畴,而诉讼系属后的继受人若以同一事实和理由提起诉讼,则属于重复起诉。第四是对诉讼担当人的讨论。诉讼担当人本身不是特定民事法律关系的参与主体,但是其拥有"诉讼权利",原民事法律关系主体也受判决效力的拘束。主流观点认为法定的担当人和任意的担当人都属于相同当事人。[73]

值得一提的是,即使前后诉的当事人不同,也未必不构成重复起诉。因为民事诉讼中有关于反诉的规定,后诉的当事人很有可能是前诉的原告。[74] 当然,这种情况不会发生在行政诉讼中,行政诉讼是民告官的诉讼,法律尚不允许提起"官"告"民"的诉讼。

3. 被告相同的范围

判断被告相同应当考虑到行政诉讼的特殊性。相同被告的判断标准要遵循三个原则:一是被告是否适格。关于适格被告的判断,本身就是一个较为复杂的问题。作出行政行为的机关、行政委托中的委托机关、临时成立的综合性管理机关如管委会、行政复议机关、行政机关的内设机构、派出机构、原行政机关被撤销后继续行使其职权的行政机关等都有可能成为行政诉讼

---

〔73〕 参见前引注〔8〕,柯阳友文。

〔74〕 参见戴晨逸:《重复起诉问题探究》,《东南大学学报(哲学社会科学版)》2009 年第 11 卷。

中的被告。二是可以借鉴行政诉讼中既判力的主观范围来判断。在宽泛的重复起诉情形下，行政判决既判力主观范围的扩张及于"被告方可能存在的扩张"。主要包括隶属于同一上级行政机关的职能部门、多阶段行政行为中作出不同行政行为的行政机关、行政委托的各个机关等。如果两案中的被告包含于前面所说的情况中，即使形式上不同，也应当属于相同的被告。[75]三是否属于选择关系的被告，如果是，则为相同被告。另外还要判断是否属于遗漏的共同被告、两案是否可以合并审理。如前所述，适格被告的判断情形复杂，当事人在选择被告时极有可能混淆、遗漏。再次，在涉及具体的裁判标准时要兼顾当事人诉讼权利的保障也要防止当事人滥用诉权维护司法权威。[76]

（三）客体要素：诉讼标的或诉讼请求的相同与包含

诉讼标的是诉讼法学上的重要概念，在重复起诉的识别中扮演着轴心作用。传统的理论认为，行政诉讼的诉讼标的是行政行为。但是现代行政的方式产生了多样变迁，此种学说的合理性受到质疑，这也体现在对重复起诉的识别中。本节将介绍行政诉讼标的流派学说，并试图准确厘定行政诉讼的诉讼标的。

1. 我国行政诉讼标的学说概述

诉讼标的是当事人诉讼和法院裁判的对象，是用来判定重复起诉问题的重要依据。民事诉讼标的理论观点繁芜、流派林立，虽然迄今没有统一的权威理论，但其阶段性成果对于指导民事诉讼实践的作用仍举足轻重。诉讼标的"本质"是什么，权威的学说流派大体经历了从旧实体法说到诉讼法学说，再到新实体法说、诉讼标的概念相对性说的发展脉络。旧实体法说主张，原告对于法律关系或实体法定权利的诉请，是诉讼标的。[77] 它以原告享有的实体权利为标准来识别诉讼标的，因此仍无法解释和处理请求权竞合问题。诉讼法学说是在批判旧实体法学说的基础上建立起来的，主要包

---

〔75〕　参见前引注〔66〕，林莉红等书，第 263-265 页。

〔76〕　参见前引注〔12〕，李雨蓝文。

〔77〕　参见陈荣宗：《民事程序法与诉讼标的理论》，台湾大学法学丛书编辑委员会，1984 年版，第 336 页。

括二分肢说和一分肢说。二分肢说以案件事实和请求作为等值元素来确定诉讼标的，一分肢说单独以"请求"确定诉讼标的。新实体法学说认为诉讼标的的概念不应当过分强调诉讼法上的独立性，而应当考虑其与实体法的关系，区别诉讼标的的异同应当仍然以实体法上的权利主张为准。诉讼标的的相对性理论首先在德国出现，不同的诉讼类型即给付、确认、形成之诉中各有不同的诉讼标的。就行政诉讼中的"诉讼标的"概念的界定，我国已有研究可以概括为以下四类：一是"具体行政行为说"。[78] 该说认为，按照现行行政诉讼法的规定，只能以具体行政行为为诉讼标的。二是"权利主张说"。"行政诉讼标的应为原告根据实体法规范，向法院提出的行政行为违法并侵害自己合法权益的权利主张。"[79]二是"权利主张说"。该说认为："原告认为自己的合法权利或者权益受到违法行政行为的侵害，因而为了维护自己的权益，诉诸司法。在诉讼中所主张的系列请求就是行政诉讼中的诉讼标的。"[80]三是"违法性说"或"合法性说"。"行政诉讼是评判行政行为合法性和合理性的诉讼。所有的诉讼活动都是围绕此争议来展开的。一般来说，诉讼标的是实体法律关系。但是，基于行政诉讼的特殊性，行政诉讼的中的诉讼标的是对行政行为的法律评价。"[81]四是"法律关系说"。"诉讼标的一词，在行政诉讼中虽未作明文规定，但其在诉讼上的含义是指法律关系。当然地，行政法律关系包含于前述的含义中。那么行政诉讼的诉讼标的就应当是行政机关在行使职能过程中与相对人产生的一系列行政法律关系。"[82]

2. 域外行政诉讼标的学说概述

德国学者胡芬认为，"撤销之诉"或"义务之诉"的诉讼标的之确定，应当根据原告的权利主张以及适当的诉的理由。"确认之诉的诉讼标的，顾名思义，就是确认一个行政法律关系违法与否或者存在与否。而这又由两个部

---

〔78〕 参见何海波：《行政诉讼法》，法律出版社 2016 年版，第 247 页；参见张旭勇：《行政判决的分析与重构》，北京大学出版社 2006 年版，第 96 页；参见前引注〔68〕，应松年主编书，第 197-203 页。

〔79〕 参见前引注〔5〕，马立群书，第 155 页。

〔80〕 参见章剑生：《现代行政法总论》，法律出版社 2019 年版，第 379 页。

〔81〕 参见林莉红：《行政诉讼法学》，武汉大学出版社 2009 年版，第 48 页。

〔82〕 参见范德浩：《浅论我国司法审查的对象》，《法律评论》1993 年第 4 期。

分组成,一个是当事人所主张的基本案件事实,另外一个是根据适当的诉的声明。"[83]也即根据实体法与诉讼法区分的进路展开讨论。日本学界将"诉讼标的"称作"诉讼物"。课予义务诉讼和禁止诉讼的给付诉讼性质,决定了其诉讼物的设定可以与民事诉讼实现更为贴合的对接,是一种实体法上的请求权。[84]而撤销诉讼的诉讼物是系争"行政处分的违法性","撤销请求权"尚未被日本学界接受。[85]

3. 对行政诉讼标的学说的评价

前文的学说一、三和学说二、四是分别从程序法和实体法出发,但各有一定的局限性。早期的行政诉讼类型主要以"撤销之诉"为主,"具体行政行为说"适应"撤销之诉"以审查行政行为的合法性为主要任务,是长期流行的主流观点。但如今,行政诉讼的类型除了撤销之诉之外,还发展出给付诉讼、确认诉讼、履行诉讼等。诚如李某某法官所言,因此将行政行为统一地确定为行政诉讼的诉讼标的,难以起到统领各种诉讼类型的作用。[86]另外,行政行为说没有区分行政诉讼之程序标的与诉讼标的这两个概念。程序标的旨在确定受案范围,而后者有助于确定审判范围。[87]民事诉讼是以"法律关系"为中心的诉讼,而传统的行政诉讼是以"行政行为"为中心的诉讼。随着确认诉讼类型的出现,德国学者对以"行政行为"为中心的行政法体系提出质疑。德国行政诉讼法上的"一般确认之诉"是请求确认某种法律关系存在与否的诉讼,争议标的是法律关系本身的存在与否。[88]但是,这类案件在我国目前的法律上并不存在。所以,"法律关系说"在我国尚无可适用的空间。"违法性或合法性说"忽视了对具体行政行为进行合法性审查是以原告为保护其合法权益而引起的这样一个基本事实与条件。这是享有诉权和提起诉讼的最起码的要求。同时也漠视了诉讼请求及其所反映的原

---

　　〔83〕　参见〔德〕弗里德赫尔穆・胡芬:《行政诉讼法》,莫光华译,法律出版社 2003 年版,第139-140 页。

　　〔84〕　参见王天华:《行政诉讼的构造》,法律出版社 2011 年版,第 194 页。

　　〔85〕　参见〔日〕盐野宏:《行政法》,杨建顺译,法律出版社 1999 年版,第 309 页。

　　〔86〕　参见〔2017〕最高法行申 405 号判决书。

　　〔87〕　参见前引注〔4〕,梁君瑜文。

　　〔88〕　参见〔德〕弗里德赫尔穆.胡芬:《行政诉讼法》,莫光华译,刘飞校,法律出版社 2003 年版,第 312 页。

告诉讼目的在裁判中的地位和作用。[89]

(四)强化对诉讼请求的识别

在当前以"行政行为合法性"为中心的审查模式下,"诉判不一"的司法实践使得行政诉讼法中的"诉讼请求"定位显得有些模糊。而且,"新司法解释"虽然规定了何为明确的诉讼请求,但在前文案例中,诉讼请求要素在重复起诉的认定中并没有发挥应然的作用。本节欲吸纳学理上的有益讨论,以解决司法实践中遇到的困境。

1. 公法上诉讼请求的内涵

诉讼标的和诉讼请求本质上是同一范畴,这是"旧实体法"学说和"诉讼法"学说所主张的观点。但是有关诉讼标的和诉讼请求的关系探讨不只有这一种观点。比如,诉讼请求为诉讼标的所包含,是诉讼标的的要件,这是二分肢说的观点。[90] 从以上学说可以判断,我国民事诉讼法学界持的是"相同范畴"说。之所以将诉讼请求作为判断重复起诉的要件之一,沈德咏认为:"诉讼请求的内容是辨认出一个诉的诉讼标的所不可缺少的理论工具,可以说,抽象的诉讼标的等同于诉讼中具体明确的诉讼请求。"[91]但行政诉讼法学界对诉讼请求的内涵有着不一致的认识,即诉讼请求是一种"权利主张"。如有的学者认为:"原告不服行政机关作出的行政行为,因而请求国家司法机关作出一定的裁决。其中,希望就不服事项获得公正司法判决的权利主张就是当事人的诉讼请求。"[92]还有的学者认为:"诉讼请求是一种主张,希望司法裁判能够维护自身合法权益的权利和主张。"[93]而实务界的法官有的观点认为:"行政诉讼中的诉讼请求核心就是该请求所指向的行政行为。"[94]有的观点认为:"由于行政诉讼是当事人对行政行为不服提起

---

〔89〕 参见王周户、李大勇:《试论行政诉讼请求在司法审查中的地位》,载《裁判方法》,人民法院出版社 2005 年版,第 495-504 页。

〔90〕 同前注〔5〕,马立群文,第 40 页。

〔91〕 参见沈德咏:《最高人民法院民事诉讼法司法解释理解与适用》,人民法院出版社 2015 年版,第 635 页。

〔92〕 参见马怀德主编:《行政诉讼法学》,北京大学出版社 2012 年版,第 174 页。

〔93〕 参见叶必丰:《行政法与行政诉讼法》,武汉大学出版社 2008 年版,第 403 页。

〔94〕 参见前引注〔72〕,江必新、梁凤云书,第 457 页。

的诉讼,因此,具体的诉讼请求应当指向有关行政行为。"[95]从以上表述可看出,诉讼请求是"权利主张"还是落脚于"行政行为"本身出现分歧。究其原因,我国行政诉讼制度的目的和构建本身就先天性地存在对诉讼请求的功能定位存在偏差。通常来说,在民事诉讼中,当事人诉请法院解决什么争议,法院就会依据相关法律规范作出实体判决,以回应当事人的诉讼请求,法院无权超越诉讼请求裁判。这是民事诉讼法上处分原则所应有的含义之一。但是,行政诉讼有其特殊性。行政诉讼的司法实践中,经常会出现诉判不一的情况。也即,法院的裁判不一定会回应当事人的诉讼请求,并非是严格按照诉讼请求来审理案件,而是围绕行政行为的合法性来展开对案件诉讼的审理。在一些诉讼类型中,譬如给付之诉中,当事人的诉讼请求甚至可能被忽略。[96]换言之,受处分原则应当约束法院的裁判。在我国行政诉讼审判实践中处分原则显然也未得到严格执行。诉讼的起点是原告提出诉讼请求,诉讼的终点是法院作出裁判。而法院的裁判不一定能够回应诉讼请求,无疑是原告诉讼请求的一种忽视。[97] 因此,在当下的行政审判实践中,只有强化对原告诉讼请求的认识,以实现真正的救济,促进纠纷的实质化解。

2. 对诉讼请求的合理定位

在当前以"行政行为"合法性审查为中心的诉讼模式下,原告的权利是否受到损害并非是诉讼成立与否的决定性因素。如有观点认为,在判断诉讼请求是否具有"同一性"时,不能仅根据原告请求的表述方式不一致而认定其不具有"同一性"。无论当事人的诉讼请求是确认无效还是确认违法,法院会对是否违法以及违法的程度作出全面审查和评价,后诉因前诉已经进行了全面的合法性审查而构成重复起诉。但有认为观点认为"当事人基于同一类诉讼请求,对同一事项再次提出的诉讼属于重复起诉。当事人对同一事项再次起诉,如果所提诉讼请求属于不同类型的,不属于重复起

---

〔95〕 参见全国人大常委会法制工作委员会行政法室编著:《中华人民共和国行政诉讼法解读》,中国法制出版社 2014 年版,第 136 页。

〔96〕 参见王次宝:《新解处分原则中的"处分"》,《河北法学》2014 年第 11 期。

〔97〕 张松波:《论行政诉讼原告诉讼请求对法院的拘束力》,《行政法学研究》2019 年第 1 期。

诉。"〔98〕"新司法解释"第 68 条将"诉讼请求"类型化,包含请求判决撤销或者变更行政行为、请求判决行政机关履行特定法定职责或者给付义务、请求判决确认行政行为违法或无效等八项具体的内容,蕴涵着立法者对"原告诉讼请求"予以尊重和关注的呼吁。应当指出,若采前一种观点,在识别重复起诉时,"诉讼请求"要素实质上被虚置,第 68 条的内容也鲜有适用的空间。若采后一种观点,在"以违法性审查"为中心的诉讼类型中确实会存有重复评价"行政行为合法性"的疑虑。将"诉讼请求"单列,不但与诉讼标的理论相悖,对重复起诉的识别也会带来消极影响。首先,当事人若将权利主张以不同的诉先后提出或先提出部分请求再提出剩余部分请求,是不构成重复起诉的,这明显与重复起诉制度的规范意旨不符。因此,没有必要将"诉讼请求"要件单列。

3. 部分诉讼请求可诉性探讨

"后诉的诉讼请求被前诉的裁判结果所包含"之所以被界定为重复诉讼,基本出发点在于防止矛盾判决的产生,但该问题尚未得到我国行政法学界关注。笔者认为,根据原告的诉讼请求划分,我国目前的行政诉讼类型可固定成撤销之诉、确认之诉、给付之诉三大诉讼类型。理论上,后诉的诉讼请求被前诉裁判所包含可能发生在以下情形中:一是前后诉的诉讼请求不同,但审判核心都是判断行政行为的合法性,如前诉提起撤销之诉,后诉可提起确认之诉。二是前后诉的诉讼请求存在包含关系,通常发生在给付之诉中,该问题突出地表现为"部分诉讼请求的分割"。

在第一种情形中,厘清不同诉讼类型之间的关系是识别的前提。行政诉讼之种类,不同的行政诉讼类型之间有选择、排除、重叠、互补、变换等不同的关系。

法律之所以规定不同的诉讼类型,是要充分保障公民在公法上的权利得到充分的救济,并敦促行政机关依法履职。能够发生转换的诉讼种类,在于因程序标的之情事变更或者因诉讼种类失去实益。在提起撤销之诉后,因该程序标的消减或执行完毕,原诉讼种类失去实益,后原告欲采取更有效的救济方法,可转换为课予义务诉讼。在课予义务之诉中,当涉及金钱或其

---

〔98〕　参见前引注〔79〕,何海波书,第 249 页。

他代替物之给付或因确认内容已经失去实益,可转换为不同的确认之诉。确认诉讼具有补充性或辅助性,换言之,除非原告依据撤销之诉、给付之诉无法寻求救济,确认之诉才具有诉讼利益,他们之间存在排斥关系。在若干情况下,可能发生既无诉讼种类之排斥关系,亦无诉讼种类之重叠或交错关系,但是提起一种诉讼种类,将造成权利保护的漏洞。故应当结合各自诉讼种类附带损害赔偿或者其他财产上的给付。[99]

在第二种情形中,部分诉讼请求意味着当事人的诉讼请求包含着可量化的事项。如在给付之诉中,当事人有可能就请求给付的金钱数额拆分成若干个诉讼请求。[100] 其可诉性探讨常见于大陆法系民事诉讼法学中,其中日本学界的相关观点颇具代表性。行政赔偿诉讼中公民的请求权基础是公法上的损失赔偿请求权,属于一般给付之诉。"部分请求"的学说主要包括"部分请求全面肯定说"和"部分请求否定论"两大类观点。其中"部分请求全面肯定说"认为,债权人对自己的债权是有处分权的,可以说,在私法领域内,债权人对提起怎样的诉讼有着决定权。当事人可以将自己的债权分割成数个部分,然后一一起诉。法条依据是关于诉讼标的可任意设定的规定。这就是肯定说的主张。[101] 第一种观点认为,当原告未言明该诉讼请求客观上是部分诉讼请求时,不允许原告就剩余部分提出再诉。第二种观点认为,若原告保持沉默,一律排除原告对剩余部分请求的起诉。而当原告作出明示时,当事人能否就部分诉讼请求提起诉讼,是由当事人在前诉中的诉讼请求是否得到法院的支持决定的。换言之,如果在前诉中诉讼请求没有得到法院的支持,当事人就没有对另一部分诉讼请求提起诉讼的权利。第三种观点认为,原告应当通过其他办法,如在诉讼过程中变更诉讼请求,来使所有的诉讼请求都纳入到诉讼中。如果一部分一部分地提起诉讼,一是会给被告带来数次的出庭义务,侵犯到被告的程序利益。二是浪费了国家的司法资源,降低了审判的效率。[102]

---

〔99〕 参见前引注〔68〕,蔡志芳书,第 251-255 页。

〔100〕 段文波:《日本民事诉讼法上部分请求学说与判例评说》,《环球法律评论》2010 年第 4 期。

〔101〕 高桥宏志、林剑锋译:《民事诉讼法制度与理论的深层分析》,法律出版社,第 85-86 页。

〔102〕 同注〔46〕。

(五)其他情形重复起诉的判断原则

在前文的分析中发现,当事人相同、诉讼标的或诉讼请求相同、后诉的诉讼请求为前诉裁判所包含这三个识别标准并不能覆盖至所有重复起诉的情形。欲识别出这几种情形中的重复起诉,需对这几种情形出现的行政法问题有一个基本的认知。

1.撤诉后无正当理由不得再诉的正当性存疑

"新司法解释"第 60 条和第 69 条第 7 款规定了对撤回起诉后无正当理由再次起诉的处理:原告撤诉之后如果事实原因和诉的声明与之前的诉讼没有区别的话,法院不应当立案。如果是在立案之后才发现的,应当驳回其诉讼请求。同时,《行政诉讼法》第 58 条以及"新司法解释"第 61 条规定了两种按撤诉处理的情形:一是原告在诉讼开始时没有到法院开庭且没有法律认可的理由,二是在诉讼活动进行时没有经过法庭的许可就退出法庭。另外不按规定的期限交诉讼费,且没有申请减免或者缓交的,或者申请未获批准,自动按照撤诉处理。值得说明的是,司法实践中,也有因为扰乱法庭秩序而被按撤诉处理的情形。[103]

自《行政诉讼法》实施以来,行政诉讼一直有着较高的撤诉率,这一现象受到学界的关注。分析原告撤回起诉的原因,包括正常的撤诉和非正常的撤诉。

正常的撤诉,也就是原告基于自由、真实的意思表示,处分自己的诉讼权利撤回诉讼请求。而非正常撤诉,指的是由于被告的强行干涉、司法机关的不当游说、原告被利诱胁迫等原因而导致原告撤诉,[104]这会导致行政纠纷并没有得到实质性的化解,同时因为撤诉后不能够再次提起诉讼,公民的合法权益没有了救济的可能。无论是正常撤诉还是非正常撤诉,在行政诉讼中,公民都不能再次提起诉讼。对比我国民事诉讼相关规定以及域外的相关制度,可以分析得出此制度规定的不合理性。

---

[103]　在纪爱美诉南通市人民政府征地补偿安置方案行政批复及行政复议案中,法官以纪爱美戴帽不符合法庭要求,扰乱法庭秩序,视为拒绝陈述,按照撤诉处理。

[104]　吴玉婷:《行政诉讼撤诉中不良博弈产生的后果及克服》,《武夷学院学报》2018 年第 8 期。

《民事诉讼司法解释》规定与行政诉讼法的规定截然不同。当事人撤诉后可以持相同的诉讼请求再次提起诉讼。[105] 基于民事诉讼法上的处分原则,撤诉权是原告的一项法定自由的诉讼权利。通常来说,撤诉具有两方面的法律效果。一是程序上的法律效果。撤诉意味着诉讼程序的终结,当事人程序上的权利义务消灭而实体上的权利义务仍然存留,也即原行政行为仍保持不变,行政法律关系所固定的权利义务仍需履行。二是实体上的法律效果。有学者言,撤诉的产生并不代表当事人实体权利的消灭。因为撤诉权是诉讼权利,其指向的是诉讼程序,而不应当波及当事人的实体权利。不论是何种撤诉,当事人都没有放弃对行政争议的司法救济途径的意思表示。[106] 可以说,《民事诉讼法》的规定保护并尊重了当事人的诉权,原告在撤诉后仍然能够再次提起诉讼。

　　放眼域外,行政诉讼撤诉的规定也是较为宽容的。在美国,美国对原告的撤诉次数作出了限制。原告在第一次撤诉后可以再次起诉,但是为了避免给被告造成诉累,原告再次起诉后再次自愿撤诉,二次撤诉被视为法院对案件已经做出实体判决,原告被禁止第三次撤诉。在英国,原告撤诉后再行起诉受到一定的限制。如果原告的撤诉是在被告提交答辩状之后提出的,而且原告基于与撤诉相同的事实和理由再次提起诉讼,需得到法院的同意。在法国,原告撤诉并不意味着诉权的消灭,撤诉之后当然地可以再次请求法院救济。在德国,如果诉讼被撤回,则被视为没有发生诉讼系属。原告在法定的诉讼期限内可以再次提起诉讼。日本限制了原告撤回起诉的时间节点。被告在还没有开始言词辩论前,原告可以未经被告的同意而撤回起诉。但是如果被告就辩论程序已经作出准备或者已经进行了口头的辩论,原告想要撤诉的应当得到被告的同意。撤回诉讼视为没有发生诉讼系属。从上述分析可以看出,撤诉后以同一事实和理由再次起诉的,无论是否具备正当事由,当事人都可以再次提起诉讼。[107] 笔者认为,应当吸取有益经验,不应

---

　　[105]　《民事诉讼法司法解释》第 144 条:当事人撤诉或人民法院按撤诉处理后,当事人以同一诉讼请求再次起诉的,人民法院应予受理。

　　[106]　参见解志勇:《行政诉讼撤诉:问题与对策》,《行政法学研究》2010 年第 2 期。

　　[107]　参见魏海深、卢瑜:《行政诉讼原告撤诉后再诉问题比较研究》,《郑州大学学报(哲学社会科学版)》2010 年第 3 期。

当限制当事人在此种情形下的诉权。但是按撤诉处理的情况,不应当允许当事人再次提起诉讼。因此当事人怠于行使诉讼权利、藐视司法权威,就要为其行为付出代价。

2. 多阶段行政行为的司法审查困境

多阶段行政行为是指,一个行政行为在最终能够对外产生法律效力之前,需要经过多个机关的审核、同意或者是相关意见的指导。其中参与的机关所作出的"指示"或"意见"是内部性的,不对外发生法律效果,也即是不可诉的。[108]

而与多阶段行政行为相似的一个概念是关联行政行为。关联行政行为是指最终的行政行为也是由很多行政机关在不同的阶段所作的行政行为的集合。但是与多阶段行政行为不同的是,关联行为之间是互相独立的,也即先前的行政行为和后续的行政行为都具有可诉性。这是与多阶段行政行为最大的不同之处。[109]

在第一章的案例分析中可得知,关联性行政行为重复起诉问题一般发生在土地行政征收领域。对于关联性行政行为中单独、分别地提起一个行政行为是否属于重复起诉,应当从以下几个方面展开分析。土地征收程序是一个比较复杂的程序,现行的《土地管理法》规定了流程,包括土地征收审批、土地征收公告、补偿登记、补偿公告等多个阶段。土地征收程序中涉及的行政行为之间的关系是属于"多阶段行政行为"还是"关联性行政行为"存有疑义。有研究者认为,土地征收过程中有不同的行政机关在不同的阶段参与进来,如申请单位报批、国土资源部审查材料、省级人民政府批复等,符合一个行政行为、一个对外程序、多个行政机关的原则,因此属于多阶段行政行为。[110]

多阶段行政行为的司法实践困境之一在于,多阶段行政行为中如果前

---

〔108〕　参见赵宏:《法治国下的目的性创设——德国行政行为理论与制度实践研究》,法律出版社 2012 年版,第 406-413 页。

〔109〕　参见蔡震荣:《多阶段行政处分与行政救济》,载《行政争议问题研究》(上),台北五南图书出版有限公司 2000 年版,第 501-503 页。

〔110〕　参见欧阳君君:《土地征收审批行为的性质认定及其意义》,《中国农业大学(社会科学版)》2013 年第 4 期。

面的行政行为具备"可诉性"也即对公民的权利义务产生一定的影响,那么也是可以提起诉讼的,如果当事人执意要同时起诉前后两个阶段的行政行为,是否属于重复起诉。"构成要件效力"理论认为,行政机关作出的所有行政行为都会产生法律效力,该种效力辐射于多阶段行政行为的各个阶段。这种效力是基于法的安定性理论,后阶段行政行为的作出机关必然地受前阶段行政行为的拘束。所以,多阶段行政行为中每一个行政行为都具备"行政行为"的属性和品格,其合法性应当为法院分别判断。[111]但又有观点认为,如果当事人同时向法院提起一前一后关于两个不同阶段的行政行为的诉讼,法院在审理过程中势必会产生审理内容重叠的状况,与诉讼经济原则相背离。同时,"后续的行政行为对当事人的权利义务产生了实质性的最终的影响,剥离后续的行政行为只审理单一的行政行为不能够全面地了解案件事实,不能实质性地化解纠纷。"[112]而且,前面的行政行为违法性需要由后面的被诉行政机关承担,这种负面的评价于被诉行政机关而言是不公平的。在这些价值之间如何选择成为理论上的难点问题。

3. 缠诉与滥用诉权的判定

有的理论认为滥用诉权是一个伪命题。因为公民在行使法定权利的同时被认定是违法的,是不符合逻辑的。[113] 公民的权利和自由都是有限制的,不是绝对的。如果损害了公共利益或者其他公民的利益,也是要被追究法律责任的。也即,权利不得滥用是施行法治的前提要件。如果对诉权的行使不加限制,无疑会损害诉权的行使。有研究者统计,行政诉讼中的滥用诉权现象较为严重。在 2013 年至 2017 年这五年内,滥诉案件的数量一直处于持续增长的状态。[114]

何为滥用诉权,学理上主要存在以下几种观点:有学者认为,诉讼当事人在没有诉权时提起诉讼,或者虽然享有诉权,但是其提起诉讼的目的是损

---

[111] 参见王文娟:《行政诉讼中关联行为的司法审查进路研究》,中国政法大学 2015 年硕士学位论文,第 33 页。

[112] 参见黄文凯,王书娟:《后续行政行为能否吸收先行行为》,《海峡法学》2018 年第 2 期。

[113] 参见[法]雅克·盖斯旦、吉勒·古博:《法国民法总论》,陈鹏等译,法律出版社 2004 年版,第 702 页。

[114] 参见朱雨昕:《滥用行政诉权行为的司法识别与规制——以 102 份申请履行法定职责案件判决书为分析样本》,载《南海法学》2019 年第 4 期。

害他人的合法权益。提起诉讼的时候主观上是存在恶意的。[115] 有学者认为,滥用诉权是指"诉权的使用必定有一定的正当界限,超越此界限时,就构成了对诉权的滥用"。[116] 还有学者认为,滥用诉权表现为当事人行使法定的诉讼权利时缺乏一定的根据,并且存在故意或者重大过失,损害相对方的利益,造成了时间、人力以及财力的浪费。[117] 对于滥用诉权的构成要件,学界似乎没有达成一致的意见。有学者认为,行政滥诉的构成要件包括:当事人必须拥有诉权、存在主观恶意、客观上浪费了司法资源,最后结果是对行政机关或法院产生了一定的干扰。[118] 有学者认为,滥用行政诉权的构成要件由"主观恶意"以及"滥诉行为"共同构成。其中的"主观恶意"是指"为了达到不正当的目的而提起诉讼"。对于滥用诉权的判断,法依据可参照适用《民事诉讼法》中的"诚实信用条款"。滥用诉权的表现包括违反审判活动的开展顺序,在不同的诉讼阶段提出有违程序开展逻辑的诉讼请求,也包括违法多种救济途径之间的制度顺序安排,同时重复起诉也被认定是对诉权的一种滥用。[119] 有学者认为滥用诉权表现为滥用起诉权、滥用反诉权、滥用上诉权、滥用答辩权。[120]

　　总结来说,当事人滥用诉权是指,起诉的目的不是为了化解纠纷而是损害他人利益,或者司法判决已经就诉求作出裁判仍然反复缠诉,造成了司法资源的浪费。笔者认为"重复起诉"和"诉权的滥用"二者的关系是包含关系。"滥诉"话语体系集中于学界的讨论,事实上,我国行政诉讼法律规范并没有"滥诉"条款,"滥诉"是从司法经验中衍生出来的概念。但是我国规定了重复起诉条款,重复起诉有着多种表现形式,笔者认为其中"滥用诉权行为"是"重复起诉"的一种特殊、抽象的表现形式,同样为法律所禁止。因此种重复起诉的识别可转换为对滥用起诉权的判断,并且可以为"滥诉行为"

---

[115]　参见张晓薇:《民事诉权正当性与诉权滥用规制研究》,法律出版社 2014 年版,第 188 页。

[116]　参见钱玉林:《禁止权利滥用的法理分析》,《现代法学》2002 年第 1 期。

[117]　参见刘虹:《论对滥用诉权的法律规制》,《南昌航空工业学院学报(社会科学版)》2003 年第 4 期。

[118]　参见闫映全:《行政滥诉的构成及规制》,《行政法学研究》2017 年第 4 期。

[119]　参见前引注[116],朱雨昕文。

[120]　参见董如英:《论滥用诉权》,《黑龙江省政法管理干部学院学报》2012 年第 1 期。

正名。反之,如果将所有的"重复起诉"行为打包成"滥诉行为"处理,不仅会使重复起诉条款虚置,更有可能在无形中限制了当事人的诉权。

五、行政诉讼重复起诉识别的完善建议

文章开篇以司法案例为起点,在梳理裁判思路后发现了行政诉讼重复起诉识别的若干问题,在后文中试图通过学理上的分析以拨云见雾。在本章中,笔者针对既有问题提出若干完善建议,期许能够厘清重复起诉的识别标准,以回应理论和实践。

(一)识别重复起诉需考量的前提因素

立足于宏观的角度,对于重复起诉的识别,必须考虑以下因素,一是行政诉讼的目的,二是当事人诉权的保护,三是司法资源的配置。唯有以之为识别的原则,重复起诉识别口径的大小方能妥当、适宜。

1. 行政诉讼的诉讼目的

在法律体系中,"目的是全部法律的制造者,每条法律规则的产生都源于一种目的,即一种实际的动机"。[121] 行政诉讼目的决定了行政诉讼具体制度中的诸多环节,如行政诉讼的目的决定了重复起诉的识别口径大小。行政诉讼的立法目的是立法者对该部法律的期望,是在行政诉讼性质和社会现实的基础上的一种预见,这种预见可能完全符合或者偏社会实际。关于行政诉讼的目的理解学界可谓见仁见智,主要包括以下观点:一是三重目的说。三重目的说又包括旧的三重目的说和新的三重目的说。旧的三重目的说是根据修订前的《行政诉讼法》第 1 条的规定来描述行政诉讼的目的,认为行政诉讼具有如下三重目的,即保证人民法院正确、及时审理行政案件,维护和监督行政机关依法职权,保护公民、法人和其他组织的合法权

---

[121]　参见前引注[59],博登海默书,第 115 页。

益。新的三重目的说见于《行政诉讼法》第 1 条规定,[122]该说在去掉"保证人民法院公正、及时审理行政案件"的基础上形成。其二,两重目的说。两重目的说认为行政诉讼的目的是多层次、多样的。但是"解决公法上的争议"并不包含于其中。保护公民的权利和监督行政权的行使这两个目的才是行政诉讼的目的,而争议解决至少不是同一阶梯的目的。其三,一重目的说。该说认为行政诉讼的目的只有一个。但是,所指的是哪一个目的学者有着不同的观点:要么是争议解决,要么是保护权利。[123] 其四,多重目的。该说发现行政诉讼的目的不是一重的,也不是双重的,而是多重的。而这不同的目的中又有主次之分。我国是一个行政权十分强大的国家。与行政机关相比,公民的力量是难以与之抗衡的,这是客观事实。行政诉讼的首要目的就是给予势单力薄的公民在被行政权侵犯时,以可行的救济途径。[124] 从我国的司法实践看,以前占据主流地位的是客观诉讼说,其立论依据更多地着眼于行政诉讼与民事诉讼的区分,认为与民事诉讼同样具有解决纠纷、保护私权的功能相比,监督行政是行政诉讼区别于民事诉讼的根本属性,因而也应该是行政诉讼的根本目的。[125] 但是随着公益诉讼的推行,"主观诉讼"的色彩也越来越浓厚。笔者认为,行政诉讼最重要的目的就是保护当事人的基本权利。没有一个公正、可行的救济途径,公民的合法权利何谈的保障。一个国家如果不能保障公民的合法权利,也就不能称之为法治国家。现代行政权日趋膨胀,公民与行政机关打交道的次数愈加频繁,这就意味着权利更有可能被损害。行政诉讼的根本目的就应当是保护公民的权利。至于监督行政权的行使、促进当事人与行政机关之间争议的化解,这都是在保护了公民权利基础之上,附加而来的法律效益。[126]

---

[122] 旧《行政诉讼法》第 1 条规定了行政诉讼的目的是保证人民保证人民法院正确、及时审理行政案件,维护和监督行政机关依法职权,保护公民、法人和其他组织的合法权益。

新《行政诉讼法》第 1 条规定,行政诉讼目的是保证人民法院公正、及时审理行政案件,解决行政争议,保护公民、法人和其他组织的合法权益,监督行政机关依法行使职权。

[123] 参见赵清林:《类型化视野下行政诉讼目的新论》,《当代法学》2017 年第 6 期。

[124] 参见孔繁华:《从性质看我国行政诉讼立法目的》,《河北法学》2007 年第 6 期。

[125] 参见邓刚宏、马立群:《对行政诉讼之特质的梳理与反思》,《政治与法律》2011 年第 6 期。

[126] 参见马怀德:《保护公民、法人和其他组织的权益应成为行政诉讼的根本目的》,《行政法学研究》2012 年第 2 期。

行政诉讼目的决定了行政诉讼采取怎样的模式。权利救济和监督行政的目的分别决定了一个国家的诉讼模式是重点保护当事人的合法权益还是重点去监督行政。[127] 立足功能主义的立场,行政诉讼的模式可划分为"主观公权利保护模式"和"客观法秩序维护模式"。[128] 我国的行政诉讼模式明显是"客观法秩序维持模式",因为我国行政诉讼的审理对象仍然是行政行为的合法性。但是只有在"撤销之诉""确认违法之诉"中,行政行为的违法性是唯一的审查对象。但是在给付之诉如政府信息公开诉讼、行政赔偿诉讼中,只审查合法性并不能保护当事人的合法权利,回应当事人的诉讼请求。[129] 修改后的行政诉讼法增加了驳回原告诉讼请求判决和确认判决,删去了"维持判决",在一定程度上消弭了"客观秩序维持模式"的弊端,但如何有效回应"诉讼请求"仍是新时代行政审判工作必须直面的课题。

行政诉讼的目的与重复起诉识别的标准有何关系呢? 笔者认为,如果诉讼目的是保护当事人的合法权益,那么法律会将更多的案件纳入到诉讼中来,重复起诉的标准会宽容。而如果诉讼的目的是监督行政,重复起诉的标准会比较严格。

2. 当事人诉权的保护和规范

行政诉讼是"民"告"官"的诉讼,相较于民事诉讼,其起诉难的问题较为突出。行政救济制度存在的目的,就是要给公民提供及时且有效的救济途径。起诉权是诉权最基本的内容,诉权的行使是保障公民接近司法最基本的途径。只有能够获得司法救济的权利,才能算得上真正法律意义上的权利。[130] 自《行政诉讼法》实施以来,公民在公法上的权利得到一定的保护。但是我国行政机关的行政权力仍然过于庞大,且囿于司法传统、文化观念、意识形态,相较于民事诉讼和刑事诉讼而言,行政诉讼对公民诉权的保护较弱。

---

[127] 参见邓刚宏:《论我国行政诉讼功能模式及其理论价值》,《中国法学》2009 年第 5 期。

[128] 参见邓刚宏:《我国行政诉讼类型的构建—以主观公权利救济为分析视角》,《学海》2017 年第 2 期。

[129] 参见杨伟东:《行政诉讼架构分析—行政行为中心主义安排的反思》,《华东政法大学学报》2012 年第 2 期。

[130] 参见张坤世:《行政起诉制度的若干问题探析》,《行政法学研究》2009 年第 1 期。

最高人民法院 2017 年发布的《关于保护和规范当事人行使行政诉权的若干意见中》首先规定了对当事人行使诉权的保护。法院应当提高对民众诉权保护的认识,落实立案登记制,公民、法人和其他组织对合法权益的诉求应当得到有效的回应。法院应当通过各种途径,如法律释明、诉讼引导、及时告知等帮助公民行使诉权。同时,过度审查不应出现在立案环节,对不合法的立案条件和土政策应当坚决予以摒弃。通过上述分析可知,行政诉讼的目的影响行政诉讼的模式,进而影响行政诉讼的制度设计,包括重复起诉的识别。当行政诉讼偏向于"主观诉讼",那么重复起诉的识别标准会较为宽松,使得更多的行政案件纳入诉讼中。当行政诉讼偏向于"客观诉讼",那么重复起诉的识别标准则会较为严格,如一律地将诉讼标的认定为是"行政行为",在一定程度上当事人的诉讼请求很难得到保护。

另一方面,该文件同时规定了要规范对当事人行使诉权。近年来,恶意诉讼、无理缠诉等滥诉行为经常发生。"重复起诉"是消极的诉讼条件之一,它既能将反复提起的诉讼筛选出去,但识别要件如果不能准确适用,又会限制和剥夺当事人的诉权,因此精准把握重复起诉的识别要件与公民的诉权能否得到保障息息相关。

3. 司法资源的合理配置

行政诉讼中的诉是指特定行政相对人要求特定的法院用判决确认特定行政主体行为的合法性或者行政法律关系,从而保护其在行政法上的权益或者形成对其有利法律关系的意思表示。[131]诉讼程序的启动,意味着以诉讼作为救济途径的必要性。司法资源是由国家财政支撑的公共资源,它的总数是相对恒定的,每个公民都享有平等使用的权利。因此,如果有的当事人在没有权利保护必要性的情况下重复提起诉讼,既是侵占了其他公民使用司法资源的机会,是司法资源的莫大浪费。[132] 同时,也为其他当事人带来了不必要的诉累。

另外,值得一提的是,重复起诉同样破坏了行政的安定性。重复诉讼会

---

[131] 参见江必新、梁凤云:《行政诉讼法理论与实务》,北京大学出版社 2009 年版,第 666 页。

[132] 参见王贵松:《权利保护必要性》,《法制与社会发展》2018 年第 1 期。

导致行政行为的合法性始终处于争议的状态,行政的内容是公共事务的管理,具有及时性、公益性、直接性,如果同一行政行为不断诉诸法院,那么行政机关对公共事务的管理效率将极大地降低。重复起诉同样会破坏司法的安定性。法的安定性要求在经过诉讼程序之后,所有的行政纠纷可以得到实质性的化解。如果当事人不断重复起诉,那么法院十分有可能作出前后矛盾的司法判决,这既破坏了司法的权威性,更是对司法资源的一种浪费。

(二)"三要素"识别标准的重构

通过对前文的案例分析、学理释义,"三要素"识别标准俨然存在着若干值得商榷之处。原告和被告相同的判断不仅应当考虑不同当事人之间是否存在利害关系,更要结合诉讼标的要件来判断。另外,关于诉讼标的判断也应当本着"行政诉讼类型化"的思维,明确不同的诉讼类型有着不同的诉讼标的。"后诉的诉讼请求为前诉裁判所包含"判断可转换为"部分诉讼请求"可诉性问题的判断。从长远来看,行政诉讼类型化制度与重复起诉识别精准与否息息相关,因此有必要引入行政诉讼类型化制度。

1. "当事人相同"的判断

值得说明的是,行政诉讼中,原告和被告一方是公民、法人或其他组织,另一方是行政机关。所以在讨论当事人相同时,应当将原告和被告分别讨论。

首先,在判断原告是否相同时,应当考虑此案原告与彼案原告法律上的关系。第一种情况是,原告都是针对同一行政行为提起诉讼且诉讼请求相同,在此情况下,为了节约司法资源,应当通知当事人并合并审理。如若当事人不同意,那么应当适用已生效的裁判。如若裁判尚未生效,那么应当认定是重复起诉。还有一种情况是,原告都是针对同一行政行为提起诉讼但是诉讼请求不一致,那么不同的当事人可能有针对案情新的事实、理由并且有不同的权利主张,在此情况下不应当认定是重复起诉。另外,当案件中出现第三人,可以申请参加诉讼或者法院通知其参加诉讼。如果第三人执意要诉讼,处理方式应当同前诉方法一致。

其次,在判断被告是否相同时,同样应当考虑此案被告与彼案被告之间的关系。在前述案例中,"被告不相同"的认定其实出现了谬误。首先,应当判断被告是否适格。法律所规定的适格被告是明确、清晰的。包括作出行政行为的行政机关、委托的行政机关、继续行使职权的行政机关等,得出适格被告后会发现表面上"被告相同"的情形实际上是"被告适格与否"的判断。适格被告中又有共同被告,如在复议维持的情况下复议机关和原行政机关都是被告、共同作出行政行为的行政机关都是被告。如果当事人不更改被告、遗漏被告,法院应当追加或者驳回起诉,而非判定其是重复起诉。

质言之,"当事人"要件在识别重复起诉时明显冗余。虽然当事人要素是构成完整的诉必不可少的主观要素,但是笔者认为在区分前后诉是否重复时并无实益。若将当事人和诉讼标的同时作为行政诉讼中重复起诉的识别要素,那么在判断后诉当事人与前诉当事人是否相同时,仍要考虑"诉讼标的"因素。前述案件中法院从形式上认定被告不同,割裂诉讼主体与审判对象的实质联系,机械适用法律条文,并非符合制度目的。但以"诉讼请求"或"诉讼标的"来判断被告是否适格进而判断"当事人的同一性"是值得提取的有益经验。

2."诉讼标的或诉讼请求"相同的判断

对于"诉讼标的"的识别,采"行政行为说"能够清晰准确地考察案件的同一性,操作性强,能够识别并规制新法实施以来出现的"恶意滥诉"的现象。但是将"行政诉讼标的"统一地认定为是"行政行为",没有考虑到当事人具体的诉讼请求,又成为"滥诉"的原因。事实上,在不同的诉讼类型中,"诉讼标的"与"诉讼请求"的关系并不相同。我国目前的行政诉讼制度涵盖了三类基本的诉讼类型:包括撤销之诉、给付之诉以及确认之诉。撤销之诉是指公民、法人或其他组织认为行政行为违法侵害其合法权益而请求法院撤销该行为的诉讼。给付诉讼分为课予义务之诉和一般给付之诉。前者是公民请求法院命令行政主体做出特定行政行为的诉讼,后者是请求作出除行政行为之外其他各种形式给付的诉讼。[133] 确认之诉分为确认违法之诉和确认无效之诉,是指公民、法人或其他组织请求法院就处于争议状态的行政行为是否无效、违法作出确认判决的诉讼种类。撤销之诉、确认违法之诉中原告主张行政行为违法,而法院的审理和裁判对象同时是"行政行为的合

---

〔133〕 参见章志远:《行政诉讼类型化构造》,法律出版社 2007 年版,第 134 页。

法性"，此时，"诉讼标的"和"诉讼请求"具有一致性，"诉讼请求"要件的识别功能丧失。而在课予义务诉讼、给付诉讼中法院审理和裁判的内容包括两方面：一是行政机关拒绝作为或怠为作为是否违法，二是原告的主张—请求行政机关作出行政行为或特定内容的行政行为，此时"诉讼标的"—"行政行为"与"诉讼请求"—"要求给付"不具有一致性，且"诉讼请求"要素无法被忽视。一旦被忽视，诉其实是不成立的。在这两类诉讼中，应当识别并原告的"诉讼请求"，不能仅以"行政行为"概括地判断"重复起诉"，行政审判权只能在一个比较狭小的空间内发挥其微弱的作用从而将重复起诉的范围扩大。但同时，部分司法判决体现出对原告诉讼请求的尊重，有助于实现实质性化解纠纷的目的。

最后，笔者还发现，在所搜集的案例中，原告一般先提起前诉，被驳回后，选择上诉，申请再审。既有判决发生法律效力时后，又提起后诉，其被驳回后，选择上诉，继而申请再审。从起诉到受理到判决，至少要经过 6 次庭审，并没有节约司法资源，因此重复起诉的识别标准确实存在问题。笔者认为，若想让"诉讼请求"和"诉讼标的"要素充分发挥其识别作用，必须厘清不同诉讼类型的区别，引入行政诉讼类型制度。

3. 后诉的诉讼请求为前诉裁判结果所包含的判断

后诉的诉讼请求为前诉裁判所包含，笔者认为其规制的是当事人拆分"诉讼请求"，多次诉讼的行为。当事人把诉讼请求拆分单独起诉，是否属于重复起诉，实质上可以转换成公法上部分诉讼请求是否可诉的问题。笔者认为，为了避免使原告滥用诉权，应当从以下几个方面应对"部分诉讼请求"。一是原告必须阐明其诉讼请求是拆分的部分诉讼请求。若提起部分诉讼请求，原告应当主动向法庭说明，本诉中的诉讼请求是部分诉讼请求。这样有利于法院了解全部的案件事实，并且明了各部分诉讼请求之间的关系，提高审判的效率。二是原告提起部分诉讼请求应当具备说服性理由。在一些情况下，原告提起部分诉讼请求可能是因为拥有正当的理由。如，在起诉时并不明了应当获得的行政赔偿的数额，或者是因为诉讼费用负担过重而选择拆分诉讼请求而起诉。三是在限制原告提起部分诉讼请求的次数。原告在提起部分诉讼请求时，第二次拆分应当值得肯定，但是如果将诉讼请求进行若干次拆分，明显是重复起诉，滥用诉权，浪费了司法资源。对此法律应当予以规制,限制其提起部分诉讼请求的次数。

　　如果当事人并不能向法庭履行上述的几点义务或者超过相应的次数,从司法资源的有效利用角度出发,当事人的行为可以被认定是重复起诉。

　　4.行政诉讼类型化的必要引入

　　引入诉讼类型化制度意味着诉讼标的理论的更新、诉讼类型的明确以及审理规则的变革,有利于构建更加精确的重复起诉识别标准。行政诉讼类型化指的是基于诉讼请求的本质差别,把行政诉讼分成不同的类型,针对每种类型的特点,分门别类,适用不同的审查方式和处理规则。行政诉讼类型化指的是基于诉讼请求的本质差别,把行政诉讼分成不同的类型,针对每种类型的特点,分门别类,适用不同的诉讼门槛、审查规则、标准和处理方式。[134] 我国现行《行政诉讼法》并未对行政诉讼的类型作出明确规定,只是对行政诉讼的判决种类及适用条件做了规定。确定行政诉讼类型化的影响因素主要包括行政诉讼目的、行政审判权范围、法律传统等因素。[135]

　　大陆法系国家(如德国、日本)行政诉讼类型化的理论、实践相对成熟,其中包括以下几类诉讼:撤销之诉是指公民、法人或其他组织认为行政行为违法侵犯其合法权益而请求法院撤销该行为的诉讼。构成要件有二,一是行政行为的客观存在,二是原告主张该违法行为侵犯了其自身的合法权益。确认之诉包括三类:一是行政行为无效确认之诉,二是行政行为违法确认之诉,三是行政法律关系之诉。给付之诉是公民、法人或者其他组织请求法院命令行政主体作出财产或其他非财产给付行为的诉讼。在实践中,给付诉讼通常包括两种情形:一是财产给付诉讼,二是非财产性给付诉讼。课予义务之诉是指公民请求法院命令行政主体做出特定行政行为的诉讼,主要包括不作为诉讼和拒绝作为诉讼两种。从诉讼所追求的目标来看,这三类诉讼几乎覆盖了当事人起诉的所有情形,因而应当作为我国未来行政诉讼最为重要的基本类型。这几张诉诉讼类型在起诉期限、举证责任、与复议的关系、管辖法院、是否适用调解等方面都有不同的适用规则。除此之外,关于

---

　　[134]　参见李广宇、王振宇:《行政诉讼类型化:完善行政诉讼制度的新思路》,《法律适用》2012年第2期。

　　[135]　参见章志远:《行政诉讼类型化之影响因素与规范模式》,《学习论坛》2008年第9期。

行政诉讼类型的分类还有规范性文件审查之诉、预防性诉讼、行政公益诉讼和机关诉讼。[136] 行政诉讼类型化有积极功能也有消极影响。其有利于诉讼程序的规范化,有利于公法权利的有效和无漏洞保护,有利于纠纷的实质性解决。[137] 但是,其消极影响也不能忽视。一是救济途径窄化。因为设计失误或实施中的理解问题可能导致人们受到的侵害无法获得司法救济。二是司法救济复杂化。与单一的救济途径相比,行政诉讼类型化增加了路径的复杂性。[138] 要克服上述弊端,必须要加强诉讼指导。

诉讼类型化制度明确了法官的释明义务。通过对上述的案例分析可知,当事人之所以重复起诉,很多情况下是对被告资格、诉讼标的以及诉讼请求的理解并不充分。行政诉讼类型化的专业程度过高,可能会限制当事人的诉权。因此,法官释明义务的明确是行政诉讼类型化制度的必要支撑。在确立行政诉讼类型的国家和地区,一般同时确立行政诉讼类型的具体程序,特别是采取诉讼指导、教示等方式引导原告进入正确的诉讼渠道。[139]"如果原告选择了错误的诉讼种类,法院必须依照行政法院法第 86 条第 3款,首先通过解释,必要时也可以通过转换,但至少要通过一个具体的指示,使之成为一个适当的诉讼种类。"[140]为此,我国应当进一步完善行政诉讼立案登记制的规定,将法官对当事人诉讼请求的释明和补正定位为一种职责和义务,可提高司法资源的利用率,在保障当事人诉权的同时减少重复起诉情形的发生。

(三)其他情形重复起诉的识别路径

对"于撤诉后无正当理由另行起诉应当驳回",在区分"诉权"与"起诉权"的前提下,该条款存在着明显的矛盾之处,不利于当事人合法权益的保护。另外,此条款与重复起诉条款二者是互相独立的关系,司法实践中的混

---

〔136〕　参见章志远:《重构我国行政诉讼类型之设想》,《河南省政法管理干部学院学报》2004年第 6 期。

〔137〕　参见罗伟、徐以祥:《行政诉讼类型化:理论基础、立法架构和适用技术》,《河北法学》2014 年第 12 期。

〔138〕　参见前引注〔136〕,章志远书,第 230 页。

〔139〕　参见梁凤云:《不断迈向类型化的行政诉讼判决》,《中国法律评论》2014 年第 4 期。

〔140〕　参见前引注〔86〕,弗里德赫尔穆·胡芬书,第 204 页。

用现象应当予以指正。另外,对于反复缠诉而形成的重复起诉实质上是对滥诉现象的判断。对于多阶段行政行为的重复起诉问题可以"诉的利益"为判断原则,如果有"诉的利益",则不属于重复起诉。反之,则属于重复起诉。

1. 对撤诉后再次起诉的合理限制

首先,笔者认为,该条款混淆了"诉权"与"起诉权"之间的关系。诉的形成与起诉权息息相关,原告须先获得法定的起诉权。也即在逻辑上,一个完整的诉能否形成的前提原告是否拥有并行使起诉权。[141] 何谓起诉权在此有了探讨的必要。何谓行政诉讼中的起诉权,众说纷纭。若要理解行政起诉权是什么,首先要讨论诉权是什么。当将个人提起诉讼、接受裁判之关系视为个人权能时,这种权能被称为诉权。[142] 具体到行政诉讼中,"行政诉权是行政活动中的权利主体按照法律预设程序,请求法院对有关行政纠纷作出公正裁判的程序权利",[143]包含起诉权、获得实体裁判权、获得公正裁判权三部分。按照诉讼规律,当事人之诉依据诉讼机制分别存在着从成立、合法到有理的三阶段递进状态,相应的,法院审查的面向则分别称为起诉要件、诉讼要件与本案要件。[144] 而起诉权的构成要件即起诉要件,起诉要件相对简单、形式化,仅涉及诉状和诉讼费用的问题。如果法律对当事人的起诉规定了很高的条件,"门槛太高",那么,即使纠纷具有可诉性,也难以"进入"法院,从而使起诉权这一当事人的程序基本权利得不到保障。起诉权是诉权最基本的内容,诉权的行使是保障公民接近司法最基本的途径。只有能够获得司法救济的权利,才能算得上真正法律意义上的权利。[145] 我国行政诉讼以"正当理由"来限制当事人的"起诉权",是不合理的。前文中已经论述,撤诉分为正常撤诉和非正常撤诉。作为弱势的原告,在非正常撤诉的情况下,"正当理由"不可能包括"非正常撤诉的缘由"。不让原告再次提起诉讼,无疑是阻塞原告合法的救济途径。可以借鉴民事诉讼或者域外其他

---

〔141〕　参见王振清:《谈谈行政诉讼中的诉与诉权》,《行政法学研究》1996 年第 4 期。

〔142〕　参见[日]新堂幸司:《新民事诉讼法》,林剑锋译,法律出版社 2008 年版,第 175 页。

〔143〕　参见前引注〔70〕,薛刚凌书,第 16 页。

〔144〕　参见[日]中村英郎:《新民事诉讼法讲义》,陈刚等译,法律出版社 2001 年版, 第 152—153 页。

〔145〕　参见前引注〔133〕,张坤世文。

国家的做法,不加限制、或限制撤诉的次数来限制撤诉权。

笔者认为,在以下两种情况中,可以认定此种情形系重复起诉:一是撤诉后如果达成相关协议,或者通过协商解决达到诉讼目的,再以同一事实和理由起诉,应当认定是重复起诉。二是法律可以限制当事人撤诉后再次起诉的次数,如果超过次数,再次以同样的事实和理由起诉的,应当认定成重复起诉。三是按撤诉处理中,法律并不保护怠于行使权利的人,当事人再次以同一事实和理由起诉的,应当认定成是重复起诉。

值得一提的是,"撤诉后无正当理由再次起诉"与"重复起诉"是彼此不同的、独立的条款。首先,从二者的目的来看,撤诉后无正当理由此规定的目的是防止原告滥用"撤诉权"。重复起诉的目的是防止原告滥用"起诉权"。其次,作为不同的裁驳理由,法院在说理时重叠适用、择一适用都是可行的,但是认为撤诉后无正当理由以同一事实和理由再次起诉,是特殊的重复起诉,此种观点将二者杂糅,将问题复杂化,实无必要。

2. 以诉的利益进行全局判断

诉的利益概念作为启动诉讼审判过程的前提,是大陆法系国家诉讼法理论的一个重要问题。法国称为"利益",德国称为"权利保护必要"或"权利保护必要"或"权利保护利益",日本、葡萄牙和澳门等称为"诉的利益"。[146]诉的利益是指当事人提起"诉"时应当具有的,法院对当事人诉讼请求作出裁判的必要性和实效性。[147] 也有学者将诉的利益定义为由于原告主张的实体权益或者实体法律关系现实地受到侵害或发生争议时得以产生的,使得当事人具有以诉讼保护权益或者解决争议的必要性。这两种观点的着眼点都是纠纷发生之后法院受理过程中考虑的问题,是从诉讼法上对诉的利益问题进行的分解,并没有将实体法的内容纳入考量范围。但杨新荣教授认为,诉的利益即诉讼结果所涉及的利益,这种利益包括多个方面的内容,如权益的保护、纠纷的解决以及程序的安定等,这些利益中既有实体法上的利益又有程序法上的利益。[148] 笔者认为,诉的利益是指诉讼原告所拥有的

---

[146] 参见陈新民:《德国公法学基础理论》(下),山东人民出版社 2001 年版,第 391 页。

[147] 参见张卫平:《民事诉讼法》,法律出版社 2009 年版,第 38 页。

[148] 参见杨新荣著:《民事诉讼法修改的若干基本问题》,法制出版社 2002 年版,第 233 页。

一项正当利益,系在其合法权益遭受不法侵害时或与他人发生纠纷时,有通过诉讼程序实现其诉权的必要性。

前文所述的本案要件是在符合诉讼要件之后,法院为原告的权利提供保护救济的条件,所以又被称作权利保护要件。诉讼要件是诉讼本身是否符合法定诉讼条件、是否合法的问题,而权利保护要件则是诉讼请求本身是否有理、能否成立的问题。换句话说,前者是能不能进入法院大门的问题,后者是能不能在法院胜诉的问题。[149] 本案要件是在实体审理阶段,法院需要审查具备权利保护必要要件的诉是否具备胜诉条件,即该诉是否"已经有理"。诉的有理属于实体法问题的本案合法性,即根据实体法要求可否支持原告获得胜诉的问题,也即对"诉的利益"的判断。一个诉能否成立也要考虑诉方当事人对诉讼标的是否享有诉的利益。根据行政诉讼原告诉讼请求的性质与内容的不同,可将行政诉讼中诉的利益划分为行政确认之诉诉的利益、行政撤销之诉诉的利益、行政给付之诉诉的利益。"行政确认之诉是行政诉讼原告要求法院确认处于争议状态的行政行为无效、违法及行政法律关系是否存在的一种行政诉讼形式。行政确认之诉诉的利益是指行政诉讼原告由于被告行政机关的具体行为使原告的权利或法律关系发生不安全时,而具有的向法院提出行政诉讼予以救济或保护的必要性与实效性。行政撤销之诉是指行政诉讼原告对行政机关作出的具体行政行为不服,请求人民法院撤销该具体行政行为的请求。[150] 修改过的行政诉讼法将"具体"二字删去,那么行政撤销之诉诉的利益就是指行政相对人由于被告行政机关作出的行政行为违法而侵害其合法权益或利益,向法院提起行政诉讼以撤销该违法行政行为以获得救济的必要性与实效性。行政给付之诉是指请求法院判决被告为一定给付(包括行为或不行为)为目的之行政诉讼。行政给付之诉诉的利益,是指行政诉讼原告要求行政机关为一定给付的行政行为,以获得司法救济的必要性与实效性。

综上学说,对于诉的利益的判断,案件有无作出司法裁判的"必要性"和"实效性"是主要裁量标准。必要性指的是"通过对案件的司法判决来解决

---

〔149〕 参见王贵松:《权利保护的必要性》,《法制与社会发展》2018 年第 1 期。

〔150〕 参见前引注〔65〕,马怀德书,第 145 页、第 417 页。

争议是有必要的",而实效性指的是"对案件进行司法裁判后确实能够化解纠纷"。在多阶段行政行为中,如果将每一个行政行为的审查分开进行。首先需要判断每一个行为的可诉性,再判断每一个行为的合法性。如此一来,不仅审查的路径变得复杂,而且割裂了前后行政行为之间的因果联系,并不利于纠纷的实质性化解。而且,单独评价很有可能出现不同的认定结果。但是,如果以"全局观"的视角,辅以诉的利益判断原则去判断当事人前后是否属于重复起诉,是更为可行和简便的方法。例如,在前文的黄玉林案中,前面的《批复》行为可以被后续的行政强制拆除行为所吸收。若以"必要性"和"实效性"去判断,那么光起诉《批复》行为是不能够化解纠纷的,因为当事人诉讼请求的指向是整个拆迁行为,后续的行政强制拆除行为是否违法决定了当事人的诉讼请求能否得到实现。也即,当事人起诉前行政行为后,法院可以以无诉的利益为由驳回其诉讼请求,在当事人起诉后行政行为后,再对案件事实进行全面的审查,此时不应当认定当事人的起诉属于重复起诉。只有法院在对最终的行政行为合法性做出评价后,当事人再就其中单独一个行政行为起诉的,应当被认定是重复起诉。

3. 转换成对滥诉行为的判断

前述案例中的典型的样态是,当事人针对同一原行政行为,反复提起行政复议,进而起诉若干行政复议决定,与此同时,针对原行政行为,多次变化诉讼请求的表述,提起行政诉讼。或者同时使用若干种救济手段反复诉讼。虽然我国现行法律规定,当事人对行政行为不服的,可以通过行政复议或者行政诉讼来寻求救济。但是像前述案例中同时提起"行政复议"和"行政诉讼",行政复议决定比行政判决先确定,然后同时起诉"行政复议决定"和原"行政行为"的缠诉,无疑是对司法资源的一种浪费,系重复起诉。

此种情形中重复起诉的认定标准可参考"滥诉"的构成要件:一是当事人在主观上存在恶意。如,原行政行为和若干行政复议决定都是独立可诉的行政行为,但是在复议维持的情况下,当事人所有的诉求指向实质上是同一事项。对该事项法院已经做出了评价,但是仍然坚持诉讼,在主观上存在恶意。二是当事人在客观上造成了一定的损害后果。不仅违反了多元纠纷解决机制的衔接,侵占了公共的司法资源,而且复议机关和原行政机关徒增诉累,浪费了财力、物力和时间。值得一提的是,在简单的案件中,也可以适用三要素标准来判断,但是在复杂的案件中,应当站在"滥诉"的角度加以评判。

结　语

　　法律规范是以语言来表达的命令,因此受到语言逻辑的制约。也就是说,法律规范越具体,其所能够调整的对象范围就越小;反过来说,法律规范越抽象,其所能够规范的对象范围就越大。行政诉讼法"新司法解释"第106条对重复起诉几个识别要件的规定非常抽象,在司法实践中难以真正发挥作用。厘清三要素要件的内涵以及相互之间的关系,有助于司法实践中对此条款的准确适用。

　　另外,诉讼标的理论是识别重复起诉的轴心理论,各种理论学说都存在一定的优势和缺陷。笔者认为,当事人要素并不是主要的识别要素,发挥着形式上的识别作用。以诉讼标的作为重复诉讼判断标准之核心要素,与本案诉讼标的无任何关系之人,不能成为当事人,并不影响对当事人诉权的保障。另外,在我国行政诉讼尚未引入类型化的制度现状下,也应当区分不同的"诉讼类型"来判断不同案件中的"诉讼标的",在识别时需关注对于"诉讼标的"与"诉讼请求"是否有同一性,以防止"诉讼请求"要素作用的虚置。较法条所规定的重复起诉情形,其他一些重复起诉情形更为复杂,在判断时需要综合运用不同的理论形成可操作的标准,已达到禁止重复起诉的制度设置目的。

　　我国的行政诉讼制度创立和运作的时间并不长,立法略显粗糙,基础理论的缺位和重复起诉现象的复杂使得笔者在写作过程中力不从心。其实,司法实践中的"重复起诉"不止文中囊括的情形,可能存在不同的识别标准,笔者在后续的研究中将继续关注。

[推荐人及推荐理由]

　　行政诉讼重复起诉的识别问题是"新行政诉讼法"实施中的热点问题,对正确理解立案登记制和切实保障公民行政诉权具有重要的理论意义和现实意义。作者首先通过司法案例实证分析切入,综合运用规范文本分析、跨学科理论分析等多种研究方法,对行政诉讼中重复起诉的识别问题开展了深入的论证分析,并针对既有问题进行了应有回应。纵观全文,文章引用大量理论文献,反映出作者对行政诉讼法学基本原理的精准理解和全面掌握。同时,论文的结构安排科学、文字表述流畅,可以看出作者具备基本的学术素养和学术能力。因此,该文荣获华东政法大学法律学院宪法学与行政法学专业优秀硕士学位论文称号。

——章志远,华东政法大学法律学院教授、博士生导师

(特约编辑:肖子容)

Abstract: The Article 106 of the Interpretation of the Supreme People 's Court on the application of the Administrative Procedure Law of the People's Republic of China stipulates three elements for the identification of repeated prosecution in administrative proceedings, that is, the parties are the same, the object of action or the claim of action is the same, and the claim of the latter action is included in the judgment of the former action. But the connotation of the three elements is vague. Through sorting out judicial decisions, we can find that there is no unified standard for the determination of repeated prosecution. In addition, the situations of repeated prosecution in judicial practice include not only the three kinds stipulated by the law, but also the situations of re-prosecution after the withdrawal of prosecution, separate prosecution of multi-stage administrative act, and repeated prosecution. The following factors should be considered in identifying the repeated prosecution in administrative litigation: the purpose of administrative litigation, the protection of litigants' right of action and the rational allocation of judicial resources. Sameness of parties is divided into "sameness of plaintiff" and "sameness of defendant". In judging whether the "object of litigation" is the same, the premise is to distinguish different types of litigation with different object of litigation. In some types of litigation, the "claim" element also plays an irreplaceable role in identification. Introducing the system of administrative litigation type and giving full play to judge's obligation of interpretation is beneficial to the identification of repeated litigation. The latter claim is the judgment contained in the judgment result of the former claim which can be converted into the justiciability of part claim, and it should be judged whether it is a repeated prosecution on the premise of clarifying the obligation of the plaintiff to explain, the possession of just reasons and the limitation of The Times of filing part claim. After the withdrawal of the suit or the withdrawal of the suit, the party concerned shall be allowed to bring a suit again, but the number of times for the party to bring a suit again shall be limited; otherwise, bringing a suit again for the same reason and facts is a duplicate prosecution. The judgment of separate prosecution of multi-stage administrative act should be viewed dialectically, judging whether the interest of prosecution exists and then judging whether it belongs to repeated prosecution. In addition, binding prosecution is one of the cases of repeated prosecution, which is also the manifestation of abuse of right of action. The judgment of repeated prosecution in this case is transformed into the recognition of "abuse of right of action".

Key words: administrative litigation; The parties; Object of action; Claims; Repeated prosecution

行政允诺解释的司法审查

——崔龙书诉丰县人民政府行政允诺案评析

张怡静[*]

内容提要：崔龙书诉丰县人民政府行政允诺案的争议焦点是行政允诺的限缩解释。行政允诺法律关系一经成立，法院可以适用诚实信用原则审查行政允诺解释的问题。行政允诺解释的审查首先应当遵循依法行政原则以及法律解释方法，行政允诺解释的主体、解释方法等问题可得以优先且妥当的解决。为了填补法律规整的漏洞，行政允诺解释内容的审查可以诚信原则为依据，考虑解释的内容是否明确及其与公益裁量的权衡。当行政机关在没有事实根据和法律依据的情况下限缩解释行政允诺而拒绝履行允诺义务，可以认定为违反了诚实信用原则。

关键词：行政允诺；限缩解释；依法行政；法律解释；诚实信用

一、问题的提出

具体个案中的法律适用问题往往伴随着解释。行政允诺的履行过程中，对允诺内容的解释普遍存在，且往往对行政允诺的履行起着决定性作用。针对行政允诺的关键内容，行政机关不能任意进行解释。行政机关在没有事实根据和法律依据的情况下限缩解释行政允诺，从而不予给付相对人行政允诺的利益，由此产生在此种情形下行政机关是否应当继续履行行

---

[*] 浙江大学光华法学院司法文明专业博士研究生。

政允诺的争议。

　　行政机关作出行政允诺,相对人作出了相应的承诺并付诸行动,双方形成行政允诺的法律关系。此时,有关行政允诺解释的问题往往是行政纠纷的关键。行政允诺的解释包括主体、程序以及内容等方面,在司法审查中,其首先应当遵循法律解释方法以及依法行政的判断逻辑。行政允诺法律关系一经成立,若行政机关限缩解释行政允诺的内容继而不予履行允诺义务,行政机关的行为则违法了诚实信用的原则。值得探究的是,诚信原则在行政允诺解释审查中的规范作用具体为何?

　　诚信原则作为契约法上的"帝王条款",早已经被实体法所规定。《民法典》第 7 条规定:"民事主体从事民事活动,应当遵循诚信原则,秉持诚实,恪守承诺",第 142 条规定了当事人意思表示的解释应当按照诚信原则予以确定,"合同编"第 466 条规定了对合同争议条款的解释也应当遵循诚信原则。我国行政法领域的法律对未诚信原则作出具体的规定,关于行政法能否适用诚信原则的讨论由来已久。公法领域适用诚信原则在大陆法系国家较为突出,尤其以德国为代表。德国理论界和实务界的通说认为,诚信原则是"一般法律原则",可以直接适用于公法领域。[1] 日本的学说和实务受德国影响,也肯定诚信原则可以直接适用于公法。[2] 现今我国大多数学者也认为诚信原则可以适用至行政法。[3] 诚信原则内涵丰富且具有不确定性,学界对于诚信原则在行政法中的适用、行政合同中的诚信原则等内容已有部

　　〔1〕　对此,德国学者毛雷尔教授认为,诚信原则是为所有法律部门所适用的原则,可以在公法领域直接适用,参考民法只是为了明确诚信原则的内容,参见[德]哈特穆特·毛雷尔:《行政法学总论》,高家伟译,刘兆兴校,法律出版社 2000 年版,第 50-51 页。

　　〔2〕　参见[日]盐野宏:《行政法总论》,杨建顺译,北京大学出版社 2008 年版,第 53 页。

　　〔3〕　学界承认诚信原则可以适用于行政法领域,但诚信原则适用于公法的原因仍存有争议,主要有类推适用说、一般法律原则说以及人民与政府的信托关系等。参见[日]盐野宏:《行政法》,杨建顺译,法律出版社 1999 年,第 59 页;同上注[1],第 50-51 页;刘莘:《政府管制的行政法解读》,北京大学出版社 2009 年版,第 117-119 页;王贵松:《民法规范在行政法上的适用》,《法学家》2012年第 4 期;杨登峰:《行政法诚信原则的基本要求与适用》,《江海学刊》2017 年第 1 期;张淑芳:《私法渗入公法的必然与界限》,《中国法学》2019 年第 4 期。

分的讨论。[4] 在功能上,诚信原则具有解释、补充法律及契约乃至超越法律的衡平作用,是为了修正具体法律关系的法律效果。

最高人民法院在 2017 年将崔龙书诉丰县人民政府行政允诺案确定为公报案例(以下简称"崔龙书案"),展现了最高人民法院在审查招商引资等行政允诺纠纷时的裁判思路——以行政协议法律关系为进路,适用诚信原则规范行政允诺的解释。本文选取崔龙书一案,就其裁判理由有关行政允诺解释的部分内容展开分析,从司法审查的视角总结行政允诺解释的审查要件以及诚信原则对其所起的规范作用。通过对个案的解读,整理分析法院的裁判思路与逻辑,并在理论基础上进一步归纳行政允诺解释的审查要件,辅之以诚信原则的审查依据,有效解决行政允诺解释在司法过程中的审查问题,进而为司法实践提供准确而具体的裁判依据。

二、"崔龙书案"的法院审查

(一)案情概要与法院裁判

1. 案情概要

2001 年 6 月 28 日,中共丰县县委和丰县人民政府印发丰委发〔2001〕23 号《关于印发丰县招商引资优惠政策的通知》(以下简称《23 号通知》)。2001 年 9 月 24 日,重庆康达公司向李洪恩出具《关于城市污水处理厂项目运作的合作承诺》。2002 年 3 月 28 日,江苏省发展计划委员会作出苏计投资发〔2002〕332 号《关于丰县污水处理厂一期工程可行性研究报告的批复》,同意丰县建设污水处理厂一期工程。2003 年 1 月 4 日,李洪恩以重庆康达公司名义与丰县建设局签订《关于投资建设江苏省丰县四万吨污水处

---

〔4〕 参见谢孟瑶:《行政法学上之诚实信用原则》,载城仲模:《行政法之一般法律原则》(二),三民书局 1997 年版,第 207-209 页;杨解君:《当代中国行政法的品质塑造——诚信理念之确立》,《中国法学》2004 年第 4 期;刘丹:《论行政法上的诚实信用原则》,《中国法学》2004 年第 1 期;赵宏:《试论行政合同中的诚实信用原则》,《行政法学研究》2005 年第 2 期;徐国栋:《论诚信原则向公法部门的扩张》,《东方法学》2012 年第 1 期;陈鹏:《诚实信用原则对于规范行政权行使的意义——对当前学说及司法实践的检讨》,《行政法学研究》2012 年第 1 期。

理厂的框架协议书》。2003年3月10日,被告丰县人民政府与重庆康达公司签订《特许经营权协议书》;同日,丰县建设局与重庆康达公司签订《建设经营丰县污水处理厂厂区工程合同书》。2013年5月17日,丰县人民法院立案受理李某某诉重庆康达公司居间合同纠纷一案。2013年6月3日,李某某与重庆康达公司签订调解协议并经丰县人民法院出具民事调解书予以确认,重庆康达公司应于2013年6月24日前支付李某某赔偿款30万元,李某某自愿放弃其诉讼请求。2014年4月12日和4月15日,徐州康达公司和重庆康达公司分别出具证明,证明徐州康达公司投资建设的项目推介人为李某某。

　　2015年5月,原告崔龙书提起行政诉讼。崔龙书提供了丰县人大常委会2003年10月13日出具的《证明》和函件,以及丰县建设局2005年6月18日出具的《证明》等复印件,以证明该招商引资项目是由其引进。一审法院在审理期间,被告丰县人民政府提供了2015年6月19日丰县发展改革与经济委员会(以下简称"丰县发改委")出具的《关于对〈关于印发丰县招商引资优惠政策的通知〉部分条款的解释》(以下简称《招商引资条款解释》),《23号通知》第5项附则规定:"本县新增固定资产投入300万元人民币以上者,可参照此政策执行",该解释对此作出了说明:"是为了鼓励本县原有企业,增加固定资产投入,扩大产能,为我县税收作出新的贡献,可参照本优惠政策执行。"一审法院认为本案所涉项目不属于《23号通知》第25条及附则规定的奖励条件而不应予以奖励,驳回了崔龙书的诉讼请求。崔龙书不服,向江苏省高级人民法院提起上诉。二审法院撤销了一审判决,并责令丰县人民政府根据《23号通知》履行对崔某的奖励义务。

　　2. 法院裁判

　　二审法院认为,一审法院驳回崔龙书诉讼请求的主要根据是被告丰县人民政府提供的丰县发改委在一审期间出具的《招商引资条款解释》。该解释将"本县新增固定资产投入"定义为,仅指丰县原有企业,追加固定资产投入,扩大产能。《招商引资条款解释》系对被上诉人业已作出的招商引资文件所做的行政解释。我国统计指标所称"新增固定资产"是指通过投资活动所形成的新的固定资产价值,包括已经建成投入生产或交付使用的工程价值和达到规定资产标准的设备、工具、器具的价值及有关应摊入的费用。从文义解释看,《23号通知》中的"本县新增固定资产投入"应当理解为新增的方式不仅包括该县原有企业的扩大投入，也包括新企业的建成投产。如《23号通知》在颁布时需对"本县新增固定资产投入"作出特别规定，则应当在制定文件之初即予以公开明示，以避免他人陷入误解。丰县发改委在县政府涉诉之后，对《23 号通知》作出的承诺进行限缩性解释，而县政府以此为由拒绝履行允诺义务，一定程度上构成了对优益权的滥用，有悖于诚信原则，不能采信该解释。

"崔龙书案"双方当事人的争议焦点主要为：行政机关作出行政允诺后，相对人依行政允诺的单方意思作出相应的承诺并付诸了行动，行政机关对行政允诺的关键内容进行无事实根据和法律依据的限缩解释，行政允诺的义务是否应当继续履行。

（二）问题整理

1. 行政允诺的解释与效力

二审法院认为，《招商引资条款解释》系对被上诉人业已作出的招商引资文件所做的行政解释。从文义解释看，《23 号通知》中的"本县新增固定资产投入"应当理解为新增的方式不仅包括该县原有企业的扩大投入，也包括新企业的建成投产。如《23 号通知》在颁布时需对"本县新增固定资产投入"作出特别规定，则应当在制定文件之初即予以公开明示，以避免他人陷入误解。《招商引资条款解释》是丰县人民政府所属工作部门丰县发改委所作，发改委的解释是有权解释还是无权解释？ 行政允诺的解释权的归属以及解释的效力为何？ 法院在此并未作出精细和准确的阐释。

2. 行政允诺的限缩性解释与审查

二审法院认为，"诚实守信"是法治政府的基本要求之一，诚信政府是构建诚信社会的基石和灵魂。丰县发改委在县政府涉诉之后，对《23 号通知》作出的承诺进行限缩性解释，而县政府以此为由拒绝履行允诺义务，一定程度上构成了对优益权的滥用，有悖于诚信原则，不能采信该解释。行政允诺是行政机关单方面的意思表示，当行政允诺作出之后，私人对之进行承诺并付诸行动，行政允诺即对双方产生约束力。当行政允诺法律关系已经成立，行政机关通过限缩解释行政允诺的内容，继而未履行、不履行行政允诺的义务时,法院可以适用诚信原则解释行政允诺。在此,行政允诺解释是否属于行政优益权? 从行政优益权的滥用推导出违背诚信原则,是否正确揭示了诚信原则在行政允诺解释中的审查逻辑? 限缩性解释是否必然违背诚信原则? 对于上述所提出的两大问题,需要在下文进一步予以阐释。

二、行政允诺解释的权限与方法

行政允诺作为一种行政活动方式,应当受到依法行政原则的约束。在依法行政原则之下,行政权的行使具有一定的限制。具体而言,行政实体法上体现为行政机关具有什么权力,行政程序法上体现为行政机关应当如何行使权力。

(一)行政允诺解释的权限

"崔龙书案"中,法院将行政允诺解释认定为行政解释,此处的行政解释并非严格意义上的"行政解释",而是行政允诺的第三方丰县发改委对丰县人民政府作出的《23 号通知》的部分内容作的职权解释,属于最广义的行政机关具体应用的行政解释。[5]

实践中,行政机关对行政允诺的解释主要包括适用解释和依职权解释。行政机关作为行政允诺的当事人所作的允诺解释是适用解释,其他行政机关在其职权范围内也可以对行政允诺作出解释。行政允诺是行政机关的单方意思表示,行政允诺解释是行政机关的行政优益权,在尊重行政机关解释的同时可以从"超越职权"和"滥用职权"两方面审查行政机关的权限;因行政允诺也可以产生行政协议法律关系,"崔龙书案"中《23 号通知》最后规定了"本文由县体改委负责解释"(体改委职责后由发改委行使),因此丰县发改委作为行政允诺关系的第三方,可以对允诺进行解释,但是并不意味着丰县发改委的解释具有最终解释权。

---

〔5〕 参见孙日华:《行政解释的实然与应然》,《东方法学》2010 年第 1 期。

（二）行政允诺解释的方法

对于"本县新增固定资产投入"的理解，二审法院认为从文义解释上看，应当理解为新增的方式不仅包括该县原有企业的扩大投入，也包括新企业的建成投产。申言之，如《23 号通知》在颁布时需对"本县新增固定资产投入"作出特别规定，则应当在制定文件之初即予以公开明示，以避免他人陷入误解。针对行政允诺解释的焦点问题，二审法院认为根据文义解释即可以确定解释的内容。另外，若是允诺的内容在允诺制定之初已经予以限定，同时进行了公开明示，此时，允诺的内容即使突破了文义解释的内涵，也具有成立的可能性。

一般而言，法律解释方法包括文义解释、体系解释、历史解释以及目的解释等，前三者是主观解释，后者为客观解释，其中目的解释是最为重要的解释方法，但不能因目的解释的扩大而损害公民的权利。文义解释是由一般语言用法获得，或是由法律的特殊语言，或是由一般的法学语法中获得，它划定了进一步解释活动的界域；体系解释旨在规整脉络中许多条文间事理上的一致性、对法律的外部安排及其在内在概念体系的考虑，但对解释的价值是有限的；目的解释是法律客观目的解释，一方面包括规范范围的事务结构，另一方面包括法秩序中的法律原则。〔6〕在个案中遵循法律解释方法，是为了实现公正适当的个案裁判，更好地维护双方当事人的合法权益。"崔龙书案"通过文义解释的方法，即已明确了争议焦点的内容。

同时，基于行政的自我拘束以及平等对待原则，行政机关所作的对外公开的解释具有普遍的效力。行政允诺一经作出，作出行政允诺的行政机关即受约束；而当行政允诺相对人作出了承诺，即对双方产生约束力。依法行政原理下要求行政机关应当公平、公正、公开行使行政权。行政允诺解释应当遵循一定的程序要求，包括解释作出的形式以及时间等程序。在行政允诺的履行过程中，行政机关要履行公开告知的义务。基于对行政机关的信任，相对人对行政机关公开作出的允诺解释，会产生一定的信赖。行政机关

---

〔6〕 参见［德］卡尔·拉伦茨：《法学方法论》，陈爱娥译，商务印书馆 2004 年版，第 200-214 页。

若是想要打破之前公开的允诺，必须以适当的形式予以决定和通知。

四、诚信原则规范下行政允诺解释的审查

行政允诺的解释问题欠缺法律规整的规则，为了保护当事人的权利，法院应当以合乎法律规整意向及目的的方式，填补法律规整的漏洞。[7] 正如"崔龙书案"中，行政机关限缩解释不当从而导致行政允诺出现法律漏洞。在此，不仅应当考虑立法者的意向、行政允诺方的决定，对已经显现在法律之中的客观的法目的、一般的法律原则也要加以考量。

（一）诚信原则的适用逻辑

行政允诺双方当事人系在行政主体允诺内容的基础上达成的一致意思表示，法院可以参照合同法原理、双方均认可的允诺文件作为审查行政机关的解释行为是否合法的规范依据。"崔龙书案"中，二审法院依据的是《最高人民法院关于审理行政协议案件若干问题的规定》（简称《适用行政诉讼法若干问题解释》）第 14 条之规定，行政允诺的审理可以适用不违反行政法和行政诉讼法强制性规定的民事法律规范。《适用行政诉讼法若干问题解释》第 27 条之规定，法院在审理行政协议案件时，应当适用行政诉讼法的规定；行政诉讼法没有规定的，参照适用民事诉讼法的规定；也可以参照适用民事法律规范关于民事合同的相关规定。就此条规定而言，"民事合同的相关规定"是否包括对诚信原则的适用？前文已经提到，《民法典》合同编中规定了合同争议条款的解释应当遵循诚信原则，诚信原则已经是民事法律的成文规范，该"民事合同的相关规定"应当包含诚信原则。

关于诚信原则的适用，《民法典》第 142 条规定："有相对人的意思表示的解释，应当按照所使用的词句，结合相关条款、行为的性质和目的、习惯以及诚信原则，确定意思表示的含义。"民事案件的审理，一般不会轻易遁入对原则的适用。有学者主张，在运用当事人协议、法律规定、交易习惯、补充的

---

〔7〕　同前注〔6〕，第 251-252 页。

合同解释等某种方法填补合同漏洞后,以诚信原则审视其结果,发挥修正、补足合同条款的作用。[8]借鉴民法中有关诚信原则的解释方法,可以具体化诚信原则规范下行政允诺解释的审查。

诚信原则适用的范围非常广泛,但诚信原则必须以存在具体的法律关系为适用前提,其规范的对象是权利行使和义务履行的方法,且对国家和私人的行为都具有规范作用。[9]2004 年,国务院发布的《全面推进依法行政实施纲要》对诚实守信的内容作出了具体规定:"行政机关公布的信息应当全面、准确、真实。非因法定事由并经法定程序,行政机关不得撤销、变更已经生效的行政决定;因国家利益、公共利益或者其他法定事由需要撤回或者变更行政决定的,应当依照法定权限和程序进行,并对行政管理相对人因此而受到的财产损失依法予以补偿。"有学者指出,诚信原则在行政法中的具体要求应当包括以公共利益为权力行使起点,以基本人权为权力行使界限,禁止过分是侵益行政行为的限度,以公平合理为权益冲突化解的原则,以信赖保护为行政行为变更的准则等内容。[10]

行政机关在解释允诺时,应当满足诚信原则对其在行使和实现的基本要求。[11]首先,行政机关的解释应当是出于善意的目的,且是为了实现行政允诺的目的。善意也可以表现为客观行为,即善意地行使权利和履行义务。其次,行政机关应当谨守作出的行政允诺,积极、完整地履行行政允诺的义务。诚信原则要求下,非因法定事由并经法定程序,行政机关不得以解释方式撤销、变更已经生效的行政允诺。行政机关若要作出行政允诺的解释,特别是限缩相对人权利的解释,应当在相对人依允诺行动乃至其完成允诺义务前提出。相对人的允诺义务完成,行政机关相应的允诺给付已经产

---

〔8〕 参见王越宏、李媛:《论合同漏洞的补充》,《中国法学》2001 年第 5 期,第 165 页;[德]弗朗茨·维亚克尔:《法律行为解释之方法》,范雪飞译,载王洪亮等主编:《中德私法研究》(第 14 卷),北京大学出版社 2016 年版,第 305 页。

〔9〕 同前注〔4〕,第 222 页。

〔10〕 同前注〔3〕,第 120-121 页。

〔11〕 关于诚实信用的内涵,学界存有不同的观点。在行政法中,其基本内涵主要是指行政机关和相对人在行政活动中以善意为目的,谨守承诺,在不损害他人利益和社会公共利益的前提下追求自己的利益。参见梁慧星:《诚实信用原则与漏洞补充》,载梁慧星主编:《民商法论丛》第 2 卷,法律出版社 1994 年版,第 60 页;闫尔宝:《行政法诚信原则的内涵分析——以民法诚信原则为参照》,《行政法学研究》2007 年第 1 期;同前注〔3〕。

生,其后解释不能前溯。最后,行政机关解释的结果应当是公正的,不得损害相对人的合法权益;均衡公共利益和私人利益之间的关系。在此,可以采用"相关考虑"的审查进路判断行政机关的解释是否符合诚信原则包含的基本要求。

进一步而言,允诺一旦生效,允诺的作出机关应当谨守允诺,及时作出所允诺的行为。允诺的作出是基于一定的事实基础或者法律依据,当该事实基础或者法律依据发生重要变化使得允诺作出的基础丧失了,允诺的法律效力也将丧失。而为了维护相对人对行政允诺的信赖利益,行政机关不能随意解释行政允诺从而不履行应有的给付义务。尤其是行政允诺中有对待给付的义务,当相对人已经履行了为获得行政允诺而应尽的义务时,行政机关不能在没有法律依据和事实根据的情况下,不履行或不完全履行行政允诺的义务。在此情形下,如同判断民事法律行为一样,诚信原则在如何判断行政允诺是否不应被作出时同样有适用的空间。[12]

综上而言,诚信原则可以作为审查行政允诺解释的重要依据,以此平衡允诺双方的法律地位,保护允诺相对人的合法权益,保障行政允诺的正确履行。

(二)行政允诺解释内容的审查

行政允诺的解释包括解释主体的有权性,解释应当遵循的程序以及解释内容的容许性等内容。法律解释方法的适用限制以及依法行政原则的适用衡平作为诚信原则的适用边界,行政允诺解释的主体以及应当遵循的程序等问题在此可以得以优先且有效的解决。同时,诚信原则适用本身具有不确定性,在具有其他更为明确适用规则的情况下,可不将其纳入诚信原则的适用范围。有鉴于此,进一步值得研究的是行政允诺解释内容的审查问题。

1. 行政允诺解释内容的明确性

行政允诺解释的内容若是明确,则行政机关不能限缩解释的内容减损

---

〔12〕　参见赵宏:《法治国下的目的性创设——德国行政行为理论与制度实践研究》,法律出版社 2012 年版,第 447 页。

对方权利而减少自己的义务。行政允诺解释的内容若是模糊不清的,行政机关由此拥有一定的裁量权——在满足解释作出的程序要求后,根据法律解释方法,可以作出一定的限缩解释。法律解释方法要以文义解释为起点,对内容做通常字面上的理解是诚信原则之要义。但是,限缩性解释应从严进行。

行政允诺是行政机关作出的单方面意思表示,相对人只有接受或者不接受两种选择,其内容与标准的协议模式十分相似,相较于非标准的行政协议解释,对行政允诺内容解释的审查强度应该更高。在民法上,格式条款严格适用有疑义时作不利于草拟人的解释规则。该解释规则也可以适用于行政允诺的解释。有学者在研究行政协议格式条款解释规则时认为,行政协议格式条款解释规则的适用与民事合同的适用有所不同,应修正适用。具体包括寻找通常解释和启动疑义利益解释,前者加入合法性解释、后者应排除两个例外情形。[13] 进一步而言,行政机关作出行政允诺,相对人未对行政允诺的草拟施加影响,而且行政机关在发布行政允诺时本可以且必须进行清楚的表达,所以应适用有利于行政允诺相对人的解释结果。因此,在不损害公共利益的前提下,往往要作出不利于提供行政允诺的行政机关的解释。当然,若是行政允诺条款没有疑义,则不能适用上述规则。

2. 行政允诺解释内容的公益裁量

在合同解释中,诚信原则作为重要的解释方法之一,其主要作用是衡平当事人之间的利益关系,合理确定当事人之间的权利义务关系。[14] 行政机关解释的内容往往是行政活动的关键内容,审查解释内容对相对人权利义务的影响程度,体现了法院既尊重行政机关的裁量权,同时也要防止裁量权的滥用。作为"诚信人",双方在追求自己利益的同时也不能损害对方和公共利益。

诚信原则要求保护私人对行政行为合法性的依赖,并在其与依法律行政原则所保障的公共利益之间进行适用衡量。作为行政活动相对人的私人

---

〔13〕　具体内容参见陈无风:《格式条款解释规则在行政协议中的适用研究》,《浙江学刊》2018年第 3 期。

〔14〕　参见崔建远:《合同解释论 规范、学说与案例的交互思考》,中国人民大学出版社 2020年版,第 50 页。

而言,并非只是行政任意支配的对象,其有根据宪法而享有自由权、财产权等基本权利。诚信原则作为保障公民财产权,限制公权力行使的重要原则,尤其是针对给付行政范畴内的行政允诺,行政机关权力行使应受到诚信原则的严格限制。给付行政一般不需要作出的法律根据,但是给付行政的施行涉及金钱的利用,因此需要符合财政预算以及得到财政上的批准。"崔龙书案"是招商引资类的行政允诺,行政允诺案件的审查应当以保护相对人的权益为中心。若行政允诺解释的内容是关涉权利人重要权利的内容,则要严格遵循行政活动的目的。对行政机关所作的专业性、经验性或是政策性解释,若不严重违反法律原则等重大情形,法院应予尊重。但同时,法院可以要求行政机关说明其解释有合理的根据。[15]

依法行政原则和诚信原则均追求正义,但同时也有着显著的区别。依法行政原则体现的是"不变",诚信原则则是"变"的内涵。当两者发生冲突时,诚信原则应当优先于依法行政原则,即若在依法行政使个案无法达到正义或虽能达到正义但未能达到对相对人权益的真诚尊重与关怀时,行政机关应根据诚信原则进行衡平,使处理结果公平合理。[16] 但在株洲市超宇实业有限责任公司与株洲市人民政府再审一案中,最高人民法院认为行政机关作出的行政允诺、行政协议等行为必须建立在依法行政的前提下,即行政机关作出的允诺或达成的协议必须在其具有裁量权的处置范围内,且不违反法律的强制性规定,不会损害国家利益、社会公共利益。而且信赖利益保护原则不能置于依法行政之前,无原则的以牺牲社会公共利益来强调政府对所作承诺的遵守。确因国家利益、公共利益或者其他法定事由改变政府承诺的,行政机关可以依法补偿财产损失。[17] 公共利益在我国是个不确定的法律概念,内容解释中诚信原则的适用在与公共利益权衡时,公共利益的具体内涵一般需要结合个案使之具体化,不能泛化使用。

现行行政法律法规对行政允诺尚无明确规范,行政主体可以根据实际情况灵活确定行为的具体内容,有权解释主体也可以针对既存行为的具体

---

〔15〕　参见何海波:《具体行政行为的解释》,《行政法学研究》2007 年第 4 期。

〔16〕　同前注〔3〕,第 122-123 页。

〔17〕　参见最高人民法院〔2019〕最高法行再 4 号行政判决书。

内容自行作出解释说明。当行政机关的解释行为符合一般行政行为的成立要件及合法要素,在解释内容上并无明显不合理之处,且在解释方法上亦属正当,人民法院应当对行政主体的解释行为持尊重态度。

五、结　语

"崔龙书案"中,行政允诺解释的审查要件包括解释的主体、解释的方法以及解释的内容等,诚信原则作为补充解释的依据,为法院裁判行政允诺案件提供了新的裁判思路,此种裁判思路能够更好地保障行政允诺双方当事人的合法权益,发挥行政允诺应有的经济和社会作用。法治国家的形成与发展,公民基本权的保障是其核心价值,现代行政的实现应当兼顾合法性和合目的性。国家职能的转变,给付行政始渐生根发芽。给付行政理论之下,以私法方式亦可产生行政法上的效果。行政允诺的内核和创旨在于推动公众积极参与招商引资类等社会经济活动,行政机关对私人的约束力及行为的处理性都较弱于行政决定。同时,行政允诺具有"允诺性",行政允诺与行政协议有着共通之处。行政允诺解释审查要件的厘清,以及对行政允诺解释与行政协议解释之间存有联系的进一步考察,可以为行政协议解释的司法审查提供可行的解决思路。

（特约编辑:刘雪鹏）

司法审查高校授予学位纠纷的强度

——以指导案例 39 号和柴丽杰案为主的分析

凌一帆　徐肖东 *

内容提要：指导案例 39 号明确了学位授予纠纷纳入行政诉讼受案范围。学位授予纠纷与高校校规的合法性相关，对高校授予学位行为的合法性审查一定程度上是对高校校规合法性的追问。学位授予的双重属性导致法院对高校颁发学位行为的审查难以深入。现存的司法审查路径难以有效保障相对人的权益，也难以监督高校依法行使学位授予权，使相应的行政诉讼陷于空转，失去了实际意义。通过对柴丽杰案裁判思路的分析可知，应当重视正当程序对学位授予行为的控制，区分学术类校规和行政类校规的审查，时机成熟时直接判令颁发学位证书，从而构建更合理的、能够有效化解争议的司法审查路径。

关键词：学位授予；司法审查；正当程序原则；司法审查强度

一、问题的提出

有尖锐的批评指出："高校校规缺乏应有的被尊重，学生纵然在入校之初就对各项校规校纪了然于胸，一旦未如愿以偿获得学位却很乐意通过起

* 凌一帆，绍兴文理学院法律系本科生；徐肖东（通讯作者），法学博士，绍兴文理学院法律系讲师。本论文由徐肖东在凌一帆撰写的柴丽杰诉上海大学不履行法定职责案研读报告的基础上提出初步思路与框架，凌一帆执笔撰写形成初稿，徐肖东在结构和文字上增修。

诉学校来碰一碰运气。"[1]近年来,高校与学生之间的法律纠纷日益增多,尤其是开除学籍、不授予学位的争议。相关的诉讼纠纷早已发生,如田永诉北京科技大学拒绝颁发毕业证、学位证案(以下简称"田永案")敲开了教育行政诉讼的大门,初步明确了学校作为法律、法规授权组织具有可诉性。[2]此外,按学理通说,高校作为法律法规授权的行政主体也早无争议。[3]但高校授予学位纠纷的司法审查强度始终没有明确,困扰着行政审判实务。

首先,审视司法审查的横向强度,教育行政诉讼的受案范围仍不明确。法院只是从被诉行为的行政行为属性以及高校作为行政诉讼被告的适格性等方面予以论证。尽管在逐步打破一个个禁锢受案范围的藩篱,但仍未勾勒出清晰、周延的受案范围,从而导致许多新兴案件的处理始终面临"受理与否"与"如何审理"的问题。[4]其次,从纵向来看,虽然指导案例 39号——何小强诉华中科技大学拒绝授予学位案(以下简称指导案例 39 号)提出了"对学士学位授予的司法审查不能干涉和影响高等学校的学术自治原则,学位授予类行政诉讼案件司法审查的范围应当以合法性审查为基本原则"的审查标准,但是仍存在着合法性审查标准内涵不明导致的审查标准不一,校规的定位模糊,学术自治和司法审查之间的范围界限难以厘清等问题。显然,对学生权利的保护力度也依然不够。在高校与学生的讼争中,纵使学生胜诉,绝大部分情况下法院不过是判令学校重新审查学位申请并作出决定,学生仍面临着提起诉讼确无实在意义的尴尬。

由于《中华人民共和国学位条例》(以下简称《学位条例》)和《中华人民共和国学位条例暂行实施办法》(以下简称《学位条例暂行实施办法》)对学位授予仅作概括性规定,并将制定细则的权力授权给学位授予单位。所以,高校作出是否授予学位行为的主要依据是其校纪校规。那么,在审理此类案件时,法院不可避免地要对作出行政行为的依据,即校纪校规等规范性文

---

〔1〕 于志刚:《学位授予的学术标准与品行标准——以因违纪处分剥夺学位资格的诉讼纷争为切入点》,《政法论坛》2016 年第 5 期。

〔2〕 田永诉北京科技大学拒绝颁发毕业证、学位证案,最高人民法院指导案例 38 号。

〔3〕 姜明安主编:《行政法与行政诉讼法》(第 7 版),北京大学出版社、高等教育出版社 2019 年版,第 111 页。

〔4〕 湛中乐、靳澜涛:《我国教育行政争议及其解决的回顾与前瞻——以"推动教育法治进程十大行政争议案件"为例》,《华东师范大学学报(教育科学版)》2020 年第 2 期。

件进行审查,形成一定的司法态度。而此类案件的特殊性在于,法官在进行审查往往要考虑到高校的特殊地位以及学术自治原则的影响。在现代,法律的效果往往由或更多由政府其他政治性部门(立法与行政)来承担,法官对此更多基于"不在其位,不谋其政"的比较制度功能主义的立场,采取"六合之外,存而不论"(或少论)的自我克制态度。[5] 在寻求实质法治的当下,这种克制不能绝对化。那么,如何平衡司法审查必要原则和司法审查有限原则? 法院在对高校是否授予学位行为进行司法审查时,是否可以直接审查校规? 如果可以,法院审查的强度如何? 本文将以指导案例 39 号与柴丽杰诉上海大学不履行法定职责案(以下简称"柴丽杰案")一审判决书[6]为分析对象回应上述问题。

二、学位授予中校规的定位与分类

"田永案"中,最高人民法院已明确:"国家实行学位制度……被告作为国家授权的高等学校学士学位授予机构,应依法定程序对达到一定学术水平或专业技术水平的人员授予相应的学位,颁发学位证书。"肯定了高等学校具有代表国家颁发学位证书的法定职权。而指导案例 39 号涉及的是更进一步的问题——授予学位所依据的校规是否合法?

(一)指导案例 39 号的问题聚焦

1. 案情概括

何小强系华中科技大学武昌分校(以下简称武昌分校)2003 级本科毕业生。《华中科技大学武昌分校授予本科毕业生学士学位实施细则》《华中科技大学关于武昌分校、文华学院申请学士学位的规定》规定通过全国大学英语四级考试是非外国语专业学生申请学士学位的必备条件之一。2007

---

〔5〕 苏力:《送法下乡——中国基层司法制度研究》(修订版),北京大学出版社 2010 年版,第130 页。

〔6〕 柴丽杰诉上海大学不履行法定职责案,上海市浦东新区人民法院〔2019〕沪 0115 行初362 号行政判决书。

年 6 月 30 日,何小强获得武昌分校颁发的《普通高等学校毕业证书》,由于其本科学习期间未通过全国英语四级考试,武昌分校根据上述《实施细则》,未向华中科技大学推荐其申请学士学位。8 月 26 日,何小强向华中科技大学和武昌分校提出授予工学学士学位的申请。2008 年 5 月 21 日,武昌分校作出书面答复,因何小强没有通过全国大学英语四级考试,不符合授予条件,华中科技大学不能授予其学士学位。何小强不服,遂涉讼。

本案的争议焦点在于《华中科技大学武昌分校授予本科毕业生学士学位实施细则》第三条规定"……达到下述水平和要求,经学术评定委员会审核通过者,可授予学士学位……(三)通过全国大学英语四级统考"是否合法的问题。

2. 裁判思路

该案的裁判要旨指出:"高等学校依照《中华人民共和国学位条例暂行实施办法》的有关规定,在学术自治范围内制定的授予学位的学术水平标准,以及据此标准作出的是否授予学位的决定,人民法院应予支持。"早在 2004 年,最高人民法院《关于审理行政案件适用法律规范问题的座谈会纪要》指出:"行政机关往往将这些具体应用解释和其他规范性文件作为具体行政行为的直接依据。这些具体应用解释和规范性文件不是正式的法律渊源,对人民法院不具有法律规范意义上的约束力……人民法院可以在裁判理由中对具体应用解释和其他规范性文件是否合法、有效、合理或适当进行评述。"

所以,该案的实质是关于司法审查的强度问题。司法审查强度。系指法院对行政行为进行审查时"以自己观点替代行政机关看法的自由度",是"法院对进入司法领域的行政行为介入和干预的纵向范围"。[7] 法院采取了对高校制定的学术标准采用有限审查的进路。法院认定:(1)《学位条例》第 4 条和《学位条例暂行实施办法》第 25 条授权高校制定学位授予标准。(2)认定华中科技大学将学士学位与英语四级挂钩是在法律法规的授权范围之内。(3)在法定的基本原则范围内,学术自治范围内确定的学位授予的学术标准,人民法院应予尊重和支持。(4)各高校根据自身情况制定的学位

---

〔7〕 杨伟东:《行政行为司法审查强度研究》,中国人民大学出版社 2003 年版,第 6-7 页。

授予标准是学术自治原则在高等学校办学过程中的具体体现,并未违反上位法。对学校授予学位行为的司法审查以合法性审查为原则。

由此可见,法院在学位授予的"学术标准"上采取了较低的审查强度。法院认为,高校可以在法定的基本原则范围内确定各自学士学位授予的学术水平衡量标准,对学士学位授予的司法审查不能干涉和影响高等学校的学术自治原则。即法院认为高校校规与国家法之间并非严格的上下位法之间的关系,上位法没有规定并不能作为授予细则违法的理由。下位法增设的义务由于属于学术自治的范围,因此并不违法。《学位条例》仅对学位的授予规定了基本原则,为高校授予学位框定了大致国家法的边界,只要在国家法的边界内的学位授予细则就属于学术自治的内容,应予以支持,相应的校规在法律授权之下获得了合法性。设置的要件属于颁发学士学位证书的行政行为的构成要件,只是其内容可以以裁量的方式予以确定。据此,法院认为将学士学位与英语四级成绩挂钩并不违法,驳回原告的相应诉讼请求。有学者认为,这样的论证框架将高校自主领域的事项纳入到行政权的范围之内,成为只有"介入性校规"的"一元规范结构论"。[8]

从该案的裁判思路可知,校规可以同规范性文件一样作为被审查的对象,但是法院认为在学术自治范围内规定学术水平的校规应当受到司法的尊重,司法在审查此类校规时需要保持其谦抑性。此种裁判观点与"田永案"所呈现的观点相悖。对此,有学者总结道,两则典型案例分别建构了"品行标准"严格审查与"学术标准"有限审查的双重审查规则。[9]

由此可知,高校校规的审查标准和审查强度并非是一成不变的,针对不同的事由法院持不同的审查标准。那么,是什么导致了这样的"双重标准"?实际上,高校校规的性质与地位为何,直接关涉其能否在司法审查中被适用以及如何被适用。[10]那么,如何对待校规和学位授予权就成了亟需回答的问题。

---

〔8〕 朱芒:《高校校规的法律属性研究》,《中国法学》2018 年第 4 期。

〔9〕 周佑勇:《高校惩戒学生行为的司法审查——基于最高人民法院相关指导性案例的观察》,《南京师大学报(社会科学版)》2019 年第 3 期。

〔10〕 徐靖:《高校校规:司法适用的正当性与适用原则》,《中国法学》2017 年第 5 期。

（二）学位授予权性质的学说

在我国高校学位授予案件中，法院对高校学位授予权法律性质存在着"国家行政权"和"高校自主权"两种不同的定位。

"国家行政权说"认为，学位授予权属"权力"，基于《学位条例》第八条第一款规定："学士学位，由国务院授权高等学校授予；硕士学位、博士学位，由国务院授权的高等学校和科研机构授予。"该说认为："学位授予权作为国家管理学位事务的权力，它实质上是一种行政权。"[11]这样的观点在司法实践中得到广泛确认。也正是因为这样的法规范授权理论，高校成为法律法规授权的组织，类似"田永案"等案件才得以进入行政诉讼。

"高校自主权说"则认为，学位授予权并非基于法律"授权"而取得的"权力"，而是基于《学位条例》规定的"批准"而获得的"权利"。高校的学位授予权是基于国务院的行政许可而取得的。[12] 有学者论及，如果高校学位授予权法律性质属于国家行政权力，高校的同一级学位的学位授予标准应该是相同的，否则将违反公权力行使的平等对待原则。[13] 高校学位授予权法律性质应当属于"高校自主权"。高校有权自主决定在校学生学习成绩的评价标准。例如，在褚玥诉天津师范大学案二审判决书中，法院认为，《天津师范大学学位授予工作细则》是高等学校行使教育管理自主权的体现。[14]

亦有学者在两说之外提出了新的观点。周佑勇教授认为，根据我国现行立法，学位授予权的取得采取的是"双阶层"方式，即在"资格审核"前提下的"法律授权"。学位授予权兼具有"行政权力"与"学术权力"双重性质，且两者经常交织在一起共同发挥作用。[15] 一些法院在司法实践中也持这样的观点，比如在中山大学新华学院与被上诉人刘岱鹰不授予学士学位决定

---

〔11〕　周光礼：《论学位授予行为的法律性质》，《科技进步与对策》2004 年第 3 期。

〔12〕　周佑勇：《法治视野下学位授予权的性质界定及其制度完善——兼述〈学位条例〉修订》，《学位与研究生教育》2018 年第 11 期。

〔13〕　黄厚明：《高校学位授予案件司法审查进路研究基于两种法律性质定位的考察》，《高教探索》2017 年第 6 期。

〔14〕　褚玥诉天津师范大学不履行授予学位证法定职责案，天津市高级人民法院〔2004〕高行终字第 44 号行政判决书。

〔15〕　参见前引〔12〕，周佑勇文。

案中,法院指出:关于学位授予行为的定性问题,作为法律授权机构,高等学校代表国家向受教育者颁发学位证书,属于行政确认,同时,高等学校对学生是否符合学位授予条件的考核和评价,又属于学术水平的专业评价行为。[16]

正如同有学者指出的那样,我国学位制度中起关键作用的是学位授权审核,在学位授权审核下,高校享有的学位授予权系作为国家权力的学位管理权的组成部分。[17] 笔者认为,学位授予从本质上来说是一种行政确认,是学位授予机构代表国家对学位申请者学术水平的认可。学位授予权更多地体现为一种行政权力。但与一般性行政权力不同,学位授予具备一定的学术判断,这部分判断又受宪法和法律上"办学自主(学术自治)"[18]的保护。因此,高校作为学术性的组织,在授予学位过程中涉及两种权力(权利)的交互运行:"专业权力(学术权力)和组织权力(行政权力)。"[19]学术授予中所具有的双重属性和两种权力的存在决定了高校的校规(学位授予实施细则)因其制定的权力来源不同亦具有双重性质,这也必将导致法院在进行法的二次适用过程中所秉持的标准不同。对此,有必要对高校校规进行一定的分类。

---

〔16〕 中山大学新华学院与被上诉人刘岱鹰不授予学士学位决定案,广州铁路运输中级法院〔2016〕粤 71 行终 1826 号行政判决书。

〔17〕 湛中乐、李烁:《学位形态变革与〈学位法〉的制定》,《行政法学研究》2020 年第 3 期。

〔18〕 在中国,尽管在官方文献中不曾使用"大学自治"术语,但《教育法》与《高等教育法》为大学设定了相对宽泛的办学自主权,大学可自行制定校纪校规对内部事务实施自主管理。《高等教育法》第 10 条、11 条,《教育法》第 29 条,《高等学校章程制定暂行办法》第 3 条中均有关于"大学自治"的表述,提法往往表述为"依法自主办学""活动自由",官方文件通常称之为"办学自主权"。参见前引〔10〕,徐靖文;而亦有研究指出,相对于《高等教育法》采取高等学校"依法自主办学"的表述,学术界更愿意采用"大学自治",甚至多以自治来作为矫正我国高等教育问题的良方。姚金菊:《高等学校自主办学的法律分析》,《湖南师范大学教育科学学报》2018 年第 4 期;在本文所论的指导案例 39 号和柴丽杰案中,法院均在判词中使用了"学术自治"这一术语。有学者认为,来自域外的大学自治和原生于我国的自主办学(或办学自主权)似乎成了两条平行线,对两者的关系、用法以及是否可以统一等远没有形成共识。湛中乐、黄宇骁:《高校自主办学法解释论》,《华东政法大学学报》2020 年第 3 期。

〔19〕 吕莉莎:《从我国现实的学位纠纷看法律对高等学校权力的约束》,载劳凯声主编:《中国教育法制评论》(第 4 辑),教育科学出版社 2006 年版,第 90 页。

(三)校规的性质分类

高校校规是高等学校为保障学校教学、科研等工作正常运行而制定的一系列体现学校办学特色的规章制度。高校校规仅在高校内部产生拘束力。由于行政法体系的庞杂性,决定了在我国行政法治实践中,行政规范的层次越低其利用率反而越高,而处于高层次的规范运用率反而越低。[20] 高校内部管理行为的依据在绝大多数情况下都是校纪校规。

如前所述,学位授予权的双重性质决定了高校校规具有双重性质。湛中乐教授认为,校规本身有多重属性,兼具规范性和软法的特征。并不应当简单地将校规看作一个行政主体制定的规范性文件,而要看到附加在这种规范性文件上的独特效力和受尊重程度,以及其背后的权益保障与价值平衡的要求。[21] 因此,有学者将高校校规分为法源性规范和自治性规范。[22]

另有学者持校规两分法的观点,认为校规分为"自主性校规"和"介入性校规"。自主性校规是基于《高等教育法》的规定,依法定的"章程"制定的体现高校"内部管理体制"中自主权的各种规定。其效力限于法人的"内部管理体制"之内,其效力不得违背法规范的规定,即在法规范优位的前提下具有自主的有效性。根据法规范的明文规定"授权"或"代表"的前提下,高校的部分管理权属于国家的行政权,其不归属作为法人的高校。以实施该行政权为目的而设置的校规,属于"介入性校规"。[23]

在当前,高校的治理框架是硬法(国家法)和软法的混合。对于高校与法律法规的关系,有观点认为,学校校规作为强制性使用的公务法人使用规则,出现影响学生身份如转学、退学以及一些重要的基本人权等情形时应有法律保留原则的适用。[24] 有学者提出,对于涉及相对人规章制度的如入学、转学、退学等可以改变其身份地位的重要权利(包括基本权利)时必须适

---

[20] 关保英:《行政法中法涵义的重新认识》,《当代法学》2012 年第 3 期。

[21] 湛中乐:《教育行政诉讼中的大学校规解释——结合甘某诉暨南大学案分析》,《中国教育法制评论》第 10 辑。

[22] 参见前引[10],徐靖文。

[23] 参见前引[8],朱芒文。

[24] 马怀德:《学校、公务法人与行政诉讼》,载罗豪才主编:《行政法论丛》(第 3 卷),法律出版社 2000 年版,第 430-431 页。

用法律保留原则。而在学业方面,学校有权制定比法律、法规、规章规定更严格的规章制度,但对其超出或提高的程度应有所限制,不应用合法性强行限制,只要是合理的就应当适用。[25] 这种观点被称为"单一基本权利观",以重要性作为界定标准,划分国家法与校规各自的适用范围,对涉及学生身份的得丧等重要问题适用法律保留原则。

"单一基本权利观"也同样面临批评与质疑。有观点认为,高校不同于行政机关,毋须遵守通常所要求的"依法行政"理念。法律保留原则仅为学术自由提供基本的框架,并设定自治的底线,高校校规在特定情形下可以突破国家法的限制。校规的正当性来源在于宪法上的学术自由,其治理空间不能适用行政法上的"法无明文规定不可为"思维。[26]

(四)既往判决已形成的观点

高校授予学位纠纷主要可分为两种:(1)学生因严重违反校纪校规而不被授予学位。(2)学生因达不到学校规定的相应的学术标准或学术不端而不被授予学位或撤销学位,本文所论的"柴丽杰案"就属于这种情况。校规的合法性争议多集中在课程成绩要求、考试作弊、英语四级通过后才能授予学位的规定。

有学者在总结大量判例的基础上,认为在横向审查上,司法权只应当对学生因违纪而丧失学生身份或者无法取得学位证书的事项进行审查;在纵向审查上,司法权仅限于对事实和学校处罚决定的合法性进行审查,不应当对学校处罚的合理性作审查;章程和校规是学校自主管理和学术自治的体现,司法权无权作附带性审查。[27]

也有学者提出不同意见,认为应当构建多层次的审查体系。一种观点是按离学术核心事项的远近区分不同密度的审查。[28] 也有观点提出,法院

〔25〕 刘标:《高校规章制度的行政法学分析》,《苏州大学学报(哲学社会科学版)》2004 年第 4 期。

〔26〕 伏创宇:《论校规在行政诉讼中的适用》,《河北法学》2014 年第 9 期。

〔27〕 黄勇升:《高校惩戒学生权力的司法审查界限——基于百份二审判例的实证分析》,《复旦教育论坛》2019 年第 4 期。

〔28〕 王霁霞:《高校校规司法审查的类型分析与进路重构——基于近 3 年 40 起高校教育行政诉讼案件的实证研究》,《中国高教研究》2018 年第 9 期。

审查强度的选择，是学生受教育权与高校自主管理权之间的利益衡量，对违反校园秩序的处分审查强度应当高于对违反学术纪律处分的审查强度。[29]

进言之，因法律保留不具有绝对的优先性且缺乏有效保障，所以在特定情形下，校规亦可突破国家法的桎梏，司法对校规审查的动力不足但未否定可能的司法审查空间。[30] 即便涉及学术自治的范围，对校规的司法审查不应一味退让，应当依照"目的—规范—原则"的三步骤审查结构，对校规的合法性进行审查。[31]

指导案例 39 号在裁判理由中提出应以合法性审查为原则，并未进一步审查校规规定的内容。法院的立场是谨慎的。而在甘露不服暨南大学开除学籍决定案（以下简称"甘露案"）中，法院则认为，审判应当参考涉案高等院校正式公布的不违反上位法规定精神的校纪校规。[32] 有学者认为，"参考"一词表明，法院不能单独适用校规，校规只能以裁判理由出现在判决书而非裁判依据。[33]

两个典型案例体现了法院的两种立场：一是对非学术标准的严格审查；二是对学术标准的审查保持谦抑。在"甘露案"中，法院对校规规定的非学术标准（抄袭的后果）采取的是严格的审查标准，认为校规违背上位法而判决学校败诉。由此可得，法院对于涉及学术标准和非学术标准的校规持不同的审查强度。对于非学术标准的审查强度要高于学术标准。

三、学位授予纠纷中司法的有限审查立场

学校校纪校规的合法性往往成为争讼的焦点。那么，校规应如何受行政法的规制？指导案例 39 号首次提出了合法性审查的标准，笔者将在该案

---

〔29〕 黄硕、郝盼盼：《论我国对高校开除学籍处分的司法审查强度》，《教育发展研究》2018 年第 21 期。

〔30〕 参见前引〔26〕，伏创宇文。

〔31〕 伏创宇：《高校校规合法性审查的逻辑与路径——以最高人民法院的两则指导案例为切入点》，《法学家》2015 年第 6 期。

〔32〕 甘露不服暨南大学开除学籍决定案，见《最高人民法院公报》2012 年第 7 期。

〔33〕 参见前引〔10〕，徐靖文。

基础上,通过对柴丽杰案的分析,发现或提炼当前法院的司法审查路径。

(一)柴丽杰案的事实概要与审理思路

1.案情概括与争议焦点

柴丽杰于2017年完成博士学位论文答辩,并已完成学校规定的学位授予的小论文指标(2篇),但上海大学认为其未能完成学院规定的小论文发表要求(3篇),拒绝向其颁发博士学位。2019年3月,上海大学经济学院2014级博士生柴丽杰认为母校拒不履行法定职责将其起诉至浦东新区法院。后法院判决确认上海大学对原告柴丽杰于2018年11月28日提交的博士学位申请未组织学校学位评定委员会予以审核评定的行为违法。

本案同样涉及校规的合法性问题,争议焦点有二:一是原告所在经济学院制定的规定是否合法?二是在核心期刊发表一定数量的论文才能获得学位的规定是否合法?

2.裁判思路:正当程序原则的适用

事实上,法院并未直接回应校规是否违法。

对于争议焦点一,法院审理的大致思路是:首先,认定上海大学并未将经济学院应用经济学学科纳入另行制定科研成果量化指标的学科范围。其次,从正当程序原则出发,认为经济学院的科研量化指标规定与学校规定不相一致,并非对学校规定的简单细化,而是重新定义。学位的授予与否关涉学生重大切身利益,经济学院的相关规定并不能如被告所称通过事先告知的方式,当然上升为校级规定。最后,高校可以设置相关规范,但设定的规则应当被严格遵守,高校在学位授予方面的程序规制并未否定各学科制定具有本学科特点科研标准的自主性。

对于争议焦点二,法院采取了尊让的态度。法院认为:"通过规定发表论文数量和期刊载体的方式评价博士的学术水平,历来颇受争议,是否科学合理,各方意见不尽一致,但此属高校学术自治的范畴,本院予以充分尊重。"

一般而言,制定规范性文件的合法性要件可以总结为:(1)属于行政机关的法定职权范围,(2)有上位法依据,(3)符合法定程序,及(4)符合法定目的。[34] 在本案中,法院运用了正当程序原则对经济学院规定作了评价。法院将正当程序原则引入规范制定程序,认为规范的制定同样需要遵守正当程序原则,否则不能对相对人产生效力。法院认为经济学院制定的加重科研任务的相关规定不能简单地通过公布、告知的方式上升为对学生具有强制性的校级规定,而应当在制定规则的过程中充分听取相对人的意见,对规则的制定说明理由,充分保障相对人的程序性权利。学校虽然有权制定相应规范,但并不意味着学校在规范制定的过程中享有完全的自由裁量权。我国行政立法已经吸收了部分正当程序原则,保障决策过程中相对人的程序性权利,这亦是高校依法治校的要求。[35] 因此规则制定的程序仍需符合立法在实体和程序方面预设的价值准则。法院的判决初步阐明了学校在规则制定过程中的程序性义务,规则不能以发布通知的形式一"发"了之。[36]

---

〔34〕　章剑生:《现代行政法总论》(第二版),法律出版社 2019 年版,第 186-188 页。

〔35〕　教育部《全面推进依法治校实施纲要》(2012 年)规定:"章程及学校的其他规章制度要遵循法律保留原则,符合理性与常识,不得超越法定权限和教育需要设定义务。学校章程和规章制度,应当加以汇编并公布,便于师生了解、查阅。有网络条件的,应当在学校网页上予以公开。涉及师生利益的管理制度实施前要经过适当的公示程序和期限,未经公示的,不得施行。"《教育部关于进一步加强高等学校法治工作的意见》(2020 年)规定:"重大决策全面落实师生参与、专家论证、风险评估、合法性审查和集体讨论决定的程序要求,确保决策制度科学、程序正当、过程公开、责任明确。"

〔36〕　至少到目前为止,除部分国务院部门、省市地方政府有规范"行政规定制定程序"的规范性文件外,全国尚未有统一的制定行政规定的程序。在本案发生地的上海,有 2019 年发布的《上海市行政规范性文件管理规定》(沪府令 17 号),但其适用对象为"由行政机关依照法定权限、程序制定并公开发布,涉及公民、法人和其他组织权利义务,具有普遍约束力,在一定期限内可以反复适用的公文"将适用主体限定为行政机关。值得注意的是,在浙江省,《浙江省行政规范性文件管理办法》(2018 年)第三条规定:"本办法所称行政规范性文件,是指除政府规章外,由行政机关或者经法律、法规授权的具有管理公共事务职能的组织(以下统称行政机关)依照法定权限、程序制定并公开发布,涉及公民、法人或者其他组织权利义务,在本行政区域内具有普遍约束力,在一定时期内反复适用的公文。"第七条第二款规定:"法律、法规授权的具有管理公共事务职能的组织在其法定授权范围内可以制定行政规范性文件。"高等教育促进了每个公民智识和能力的提高,推动社会发展,本身也有一定的社会公益性。高等学校向社会公开招生,授予学位,授予学位的行为从本质上说是一种行政确认,带有一定的公行政性质。综上,笔者认为,在浙高等学校有关学位授予的公文可以适用该《办法》。

(二)柴丽杰案的有限发展与新问题

1. 指导案例 39 号基础上的有限扩展

"柴丽杰案"与指导案例 39 号都涉及司法审查的边界问题。本案原告在诉讼中提出,"上位法均未规定在核心期刊发表论文才能申请学位,立法本意是重点审查在校成绩和学位论文情况。科研量化指标的制定是学校的行政管理行为,而非学术自治范畴,经济学院的量化指标突破学校规定,不能对原告产生效力。"

与指导案例 39 号相同的是,在本案中法院并未对学院的规定之合理性展开论述。而是另辟蹊径通过正当程序原则,论述经济学院的规定不能通过事前告知的方式当然上升为规定,进而认为学院制定的标准不能被当然认定为校级规定。法院判决认为高校科研标准的制定属于学术自治的范围,法院也充分尊重这些标准,不对标准进行实体审查。但是,否定对科研标准的实体审查并不意味着法院无权对科研标准制定的程序进行审查。法院在判决书中指出:"在不违反上位法的前提下,高校对博士学位申请者的学术衡量标准有自主自治的权力,可以设置相关规范……高校在学位授予方面的程序规制并未否定各学科制定具有本学科特点科研标准的自主性。"即司法审查对于学术活动可以进行程序性审查,强调用正当程序对行政行为进行控制,但是进行程序规制并不否定学术自由。

法院在判决中指出:"高校在学位授予方面的程序规制并未否定各学科制定具有本学科特点科研标准的自主性。"高校可以在学术自治范围内自行制定相应的学术规范,法院对高校制定的学术规范应当尊重。但是,高校科研标准的制定需要遵守一定的程序性规定,法院也有权对此进行审查。本案的判决在指导案例 39 号合法性审查的基础上进一步明确,人民法院可以对学位授予的程序(包括先行的学位授予标准制定程序)进行合法性审查。

在"柴丽杰案"中,对于规定学术标准的校规,法院持有限司法审查的立场。法院虽然通过正当程序原则对校规的合法性作出了评述,但是在校规是否违法的问题上态度暧昧不明,对校规的合理性问题仍然采取避而不论的态度,认为在不违反上位法的前提下,高校有权自主设置相关标准。

2.柴丽杰案产生的新问题

如同前文所论及的,在高校学位授予纠纷中,纵使学生胜诉,法院不过是判令学校重新审查学位申请作出决定,学生的权利仍然难以获得保障。上海大学在 2019 年 12 月对柴丽杰的学位申请进行了审核评定,结果仍然是拒绝授予学位。虽然法院认为被告的校规存在瑕疵,但是在当前的司法实践下,绝大部分法院都不会直接判令高校授予学位。"告官之后还得去求官"的尴尬情形依然无法解决。为此,笔者认为有必要加大对行政相对人权益的保护力度,构建更加完善合理、能够实质性化解行政争议的司法审查路径。

四、区分校规类型基础上的有限审查

在高校学位授予纠纷中,多涉及校规的审查问题。但如前所述,若在实体权利救济上,将有关内容一概划为学术自治的范围,法院判决撤销重作,司法救济便无意义。但是,若司法不慎重地进行校规学术标准的实质审查,也极容易破坏高校自主权。由此所产生的问题是,如何平衡高校自主权与学生获得公正评价的权利? 对此,笔者认为应从以下三个方面着手,构建学位授予纠纷的司法审查进路。

(一)重视正当程序对学位授予行为的控制

正当程序原则作为行政法的基本原则,基本含义包括:作出对他人不利决定前告知事实并说明理由,并听取意见,告知相对人享有陈述、申辩的权利,并为其提供陈述、申辩的机会。[37]

当成文规定有漏洞而导致明显不公时,隐居幕后的法律原则就开始走到前台,其通过自身的弹性规定授予司法者广泛的价值判断空间,并赋予法官在必要时运用原则填补漏洞的能力。[38] 当前高教领域的立法已吸收部

---

〔37〕 彭淑华诉浙江省宁波市北仑区人民政府工伤行政复议案,载最高人民法院行政审判庭编:《中国行政审判指导案例》(第 1 卷),中国法制出版社 2010 年版,第 99-104 页。

〔38〕 周佑勇:《司法判决对正当程序原则的发展》,《中国法学》2019 年第 3 期。

分正当程序原则,如《普通高等学校学生管理规定》规定,在对学生作出处分或者其他不利决定之前,学校应当听取学生的陈述和申辩。但高校与学生的法律关系复杂繁多,涉及面较为广泛,成文法难以涵盖全部的法律关系。因此,需要引入正当程序等原则。

在司法实践中,为避免司法对大学自治的干预,法院往往愿意借助正当程序原则来对高校的处理决定进行合法性审查。[39] 我国高校校规的制定过程基本属于行政主导,缺乏民主因素。为补足民主性的缺失,高校在行政过程中应当严格遵守正当程序原则,不仅要在作出具体决定时遵守,更要在规则制定时遵守。要做到重大决策全面落实师生参与,涉及师生利益的管理制度实施前要经过适当的公示程序,未经公示的,不得作为行为依据。若校规制定不符合正当程序原则,法院应在判决中作出评述,并有权拒绝适用。通过具有利害关系师生的过程性参与形成行政合作,有利于从源头上规避行政纠纷,提升高校行为的接受度。

事实上,正当程序原则适用于高校学位授予纠纷已不在少数。学位授予不仅仅是一种学术评价,授予与否关系到当事人的切身利益。接受高等教育并获得学位已经成了某种"必需品"。不授予学位不仅是对当事人过去学业的否定,更影响到当事人的前途,涉及职业资格、生活条件、发展空间等多个方面。在司法实践中,已经有法院提出更高的程序要求。例如在李涛诉华南理工大学撤销学位决定案中,法院认为,被上诉人在审议《关于撤销计算机科学与工程学院李涛博士学位、暂停肖南峰教授博士生招生资格的建议》报告时没有如实、完整记录讨论和表决情况,会议记录不能反映会议实际情况,决策过程亦不符合程序要求。[40] 在向磊诉四川大学锦江学院开除学籍处分决定案中,法院认为,被告虽提交了校长办公会记录,但却流于形式太过简单。开除学籍是对学生违规违纪行为最严重的一种处分,作为校长办公会,应当郑重研究,并对参会者发言予以较为详细的记录。[41] 还

---

〔39〕 伏创宇:《高校行政案件中正当程序适用的困境与基础重述》,《求索》2020 年第 4 期。

〔40〕 李涛诉华南理工大学撤销学位决定案,广州铁路运输中级法院〔2017〕粤 71 行终 2130 号行政判决书。

〔41〕 向磊诉四川大学锦江学院开除学籍处分决定案,四川省眉山市东坡区人民法院〔2016〕川 1402 行初 90 号行政判决书。

有法院在裁判中提出，"参会成员未签名的学位委员会、学位分委员讨论学位证授予和表决投票的记录意见不能作为定案的依据。"〔42〕由此可知，加大对正当程序原则的适用力度与深度，应是高校学位授予纠纷司法审查的趋向。

（二）区分审查学术类校规和行政类校规

学位授予的标准可大致分为学术标准和品行标准。如前文所论及的，高校学位授予权具有双重属性。而司法判决确立的"一元规范结构论"，使校规具有了行政权设定学位授予要件的裁量权属性，使行政权理所当然地获得了扩张的依据。〔43〕根据校规的内容不同，可以将与学位授予有关的校规分为学术类校规和行政类校规，并为两类校规设定不同的司法审查强度。基于学术标准而制定的校规为学术类校规，例如将通过英语四级考试、重修学分设定为学位授予标准；非基于学术标准和目的，基于高校对学生的行政管理权力制定的校规为行政类校规，例如将考试作弊、曾经受过处分作为获得学位的消极条件。一般来说，学术标准通常由学术类校规规定，品行标准通常由行政类校规规定。

如前所述，高校授予学位纠纷的类型主要分为两种，严重违反校纪和达不到相应的学术标准。这类案件的特殊性在于，高校或教育行政部门往往会利用"学术自治""办学自主""判断余地"等概念，使司法审查难以深入。事实上，所谓的合法性审查，在实务中很多时候仅仅是运用法律优位进行审查，甚至是不予审查。例如在葛瑞婷与山东女子学院行政受理案〔44〕中，法院认为，学位授予单位如何规定及评价学生的学术水平，只要不与法律、法规相冲突，就应认定为合法有效。合法性审查的范围被缩小，变成"是否违反上位法的审查"，有违合法性审查的本意。笔者认为，进行司法审查时应区分审查有关学位授予的学术类校规和行政类校规。对学术类校规进行合

---

〔42〕 济南大学与赵博文学位证管理案，山东省济南市中级人民法院〔2017〕鲁 01 行终 498 号行政判决书。

〔43〕 参见前引〔8〕，朱芒文。

〔44〕 葛瑞婷与山东女子学院行政受理案，济南市中级人民法院〔2018〕鲁 01 行终 173 号行政判决书。

法性审查应当遵循严格的法律保留和法律优位原则。对于涉及非学术性事项的行政类校规,应该在法律优位和法律保留的基础上,着重考虑正当性和比例原则,进行较为全面的审查。一言以蔽之,对行政类校规的审查强度应当高于学术类校规。

对学术类校规进行审查应当遵循法律保留和法律优位原则。学术类校规主要规定的是学术性事项,主要包括对学位论文的评价、学习成绩的要求、科研水平评价标准、英语四六级与学位证的挂钩等。在学术标准上国家法仅作了概括性规定和最低的设定,高校可以在此基础上设定更高的标准,但标准不能无限拔高,否则有违学位授予的目的,也存在合理性问题。学位制度的目的在于"促进我国科学专门人才的成长,促进各门学科学术水平的提高和教育、科学事业的发展"。学术类校规包含的学术评价标准的制定实质上等同于是行政机关为了实现行政目标而作出的行政决策。学位授予包含了对申请人学术水平的评价,在这类评价中又涉及对不确定法律概念的填充和基于专业知识所作的判断。因此,学术类校规规定的学术评价属于行政机关依法享有的判断余地和裁量空间。在"柴丽杰案"中所反映出的论文指标问题,涉及专业的学术判断与政策取向,属于高校高度保留的范畴,无论从法理还是事实来讲,法院均无权且没有能力决定。在"柴丽杰案"中,法院回避学术评价的标准是否具有合理性这一争议焦点,从程序出发对院级规定的合法性作出评述。笔者认为,该审查进路是合理的。就学术类校规,法院应当保持一定的尊让,仅进行合法性审查,除非有明显不当的情形存在,使合理性问题转变为合法性问题。

在实践中,规定非学术性事项的校规也是争议的多发地带。对于涉及非学术性事项的行政类校规,应该在合法性审查基础上着重考虑正当性和比例原则,构建较为全面的审查的进路。如许多学校将作弊作为不授予学位的要件,规定"考试作弊者,不授予学士学位"。对此有法院从目的出发认为,考试管理属于学生管理范畴而非学术评价。学位授予不负有学生管理职能,亦不应成为对学生日常管理的手段。将学位授予与学生考试作弊的处理直接挂钩,混淆了学位授予与学生管理的边界,有悖学位授予的根本目的。从适当性角度评价认为,对于考试作弊学生,学校已有多种惩戒及处理措施,以作弊为由直接作出不授予学士学位的决定,明显不当。从法律优先的角度提出,学位授予行为涉及学生的基本权益,高校制定的实施细则应严格遵守上位法的规定,不得在上位法规定以外附加非学术评价条件或作扩大解释,该校规的法律依据不足。[45] 在王恩杰诉华南农业大学不授予学士学位案中,法院也持该立场。[46]

由此可知,法院在审查校规时采用全面的审查进路,既作合法性审查,也作合理性和合目的性审查,对不合法的校规不予适用。笔者认为,这种全面审查方式值得借鉴与推广适用。这种授予学位的判断仅仅根据校规得出,不涉及学术判断,也与学术自由无关。也就是说,对于高校的学位授予行为不应仅仅停留在合法性问题上,也应该涉及正当性问题。

(三)在时机成熟时直接判决履行

在学位授予纠纷所适用的判决类型上,大多数法院适用撤销重作判决,责令高校对学位申请者的学位申请重新作出审核决定。只有极少数法院适用履行职责判决,直接判令高校向学生颁发学位证书。然而,被广泛运用的撤销重作判决难以保证行政相对人的利益。正如前文所述,我国实行的是国家学位制度而非大学学位制度。笔者认为,应当扩大履行职责判决的适用范围,在时机成熟时法院可以直接判令高校向学生授予学位。

在司法实践中,已经有法院直接判令被告向原告颁发学位证书[47]。学位授予权作为一项行政权力,是法律赋予教育者代表国家的权力,倘若不承认这点,它便缺乏进入行政诉讼的依据。特殊之处不过在于其内含了一定的学术判断。究其本质,学位授予权的行使仍然无法脱离"要件—效果"的

---

〔45〕 中山大学新华学院与被上诉人刘岱鹰不授予学士学位决定案,广州铁路运输中级法院〔2016〕粤 71 行终 1826 号行政判决书。

〔46〕 该案中,法院认为:"针对高校'有下列情况之一者,不授予学士学位:(一)在校学习期间,受记过以上(含记过)处分者……'的校规,法院认为(1)校规规定受记过处分学生不授予学士学位,限缩了《学位条例》中可以获得学士学位学生的范围,没有上位法的依据。(2)该条校规混淆了学生管理与学位授予行为的边界,并有以纪律处分代替学位授予评价之嫌,不能成为不授予学位的合法依据。(3)对考试作弊行为的具体情节以及悔改表现等不加区别,一律认定为'品行不端',其合理性值得商榷。"广州铁路运输中级法院〔2018〕粤 71 行终 297 号行政判决书。类似的判决还有抚顺市中级人民法院〔2019〕辽 04 行终 237 号行政判决书。

〔47〕 济南大学与赵博文学位证管理案,山东省济南市中级人民法院〔2017〕鲁 01 行终 498 号行政判决书。

适用模式。〔48〕朱芒教授指出,司法判决已经形成了只有介入性校规的"一元规范结构论",判例将作为法人的高校的相应部分制度,整体地被"征收"为行政权的一个部分。〔49〕此外,根据判断余地理论,学术性要素和行政性要素应当在单独抽取的单个判断上获得区分,把交由专业人士进行实质判断的学术性判断划入学术自治范畴,其余作为行政行为或准行政行为对待。〔50〕

再者,从我国的现状出发,我国的学位和学术评价体系更多地体现行政主导因素而非学术自治(自主办学)。我国尚未完全确立"与国家对峙的大学自治"理念和制度传统,更为准确地说,我们现有的应该是"国家督导下的大学自主"模式。〔51〕例如在完善高校研究生科研成果评价标准的问题上,教育部要求"合理制定与学位授予相关的科研成果要求,破除'唯论文'倾向"〔52〕,"分类制订不同学科或交叉学科的学位论文规范、评阅规则和核查办法,真实体现研究生知识理论创新、综合解决实际问题的能力和水平,符合相应学科领域的学术规范和科学伦理要求。"〔53〕《深化新时代教育评价改革总体方案》提出:"改进学科评估,强化人才培养中心地位,淡化论文收录数、引用率、奖项数等数量指标,突出学科特色、质量和贡献,纠正片面以学术头衔评价学术水平的做法。"〔54〕从实践来看,"柴丽杰案"中体现的研究生

---

〔48〕 正如何渊、曹竹平律师在柴丽杰案二审代理意见所提到的:"在柴丽杰量化成果达标、且通过了学位论文预答辩和答辩之后,对他的学术评价,无论从法律规定还是上大制度规定上,均已经完成了……而校委员会的投票,已不再、也不能是学术评价,而只能是一个程序上的合法性判断……如果我们将投票视为学术判断的话,理论上就会出现一个极为怪诞的现象,那就是核心论文也发了(哪怕发三篇、十篇、一百篇)、学位论文也答辩通过了,然后就是投票不给过,而这些投票都是无记名的,所以出现这种极端情况时,申请人将连无法获得学位的理由都不知道。这不是赤裸裸的学术霸凌吗?"曹竹平、何渊:《首发!曹竹平、何渊:博士诉上海大学案第二季原告代理意见全纪录》,载微信公众号"数据法盟",2020 年 9 月 18 日。

〔49〕 参见前引〔8〕,朱芒文。

〔50〕 湛中乐:《大学法治与权益保护》,中国法制出版社 2011 年版,第 44 页。

〔51〕 沈岿:《析论高校惩戒学生行为的司法审查》,《华东政法学院学报》2005 年第 6 期。

〔52〕 《教育部对十三届全国人大三次会议第 9546 号建议的答复》,教研建议〔2020〕14 号,2020 年 8 月 26 日发布。

〔53〕 《国务院学位委员会教育部关于进一步严格规范学位与研究生教育质量管理的若干意见》,学位〔2020〕19 号,2020 年 9 月 25 日发布。

〔54〕 中共中央、国务院印发的《深化新时代教育评价改革总体方案》,2020 年 10 月 13 日印发。

学术评价标准的制定并非完全是大学自治的领域,科研评价标准并非完全是根据高校自身需求和特点而制定,而是更多体现出一种行政主导性,即高校在上级行政机关的指导和国家政策指引下,制定相应的科研评价体系与指标。显而易见的是,在这种模式下,科研评价标准与学术评价标准看重什么、淡化什么、应当考虑什么都是国家政策所规定的内容,高校仅在国家政策的规定下,在不超越国家政策的范围内享有自主权。

因此,笔者认为,在时机成熟时法院应当直接判令行政机关向相对人颁发学位证书。当然,学位授予权作为一项行政权力,也需要经过法适用的过程,授予学位与否是行政裁量的内容,从这一点来看,学位授予与其他具体行政行为并无二致。时机成熟,意味着作出这样一个具体的、全面满足原告诉讼请求的判决所依赖的所有事实和法律上的前提都已具备。处理纠纷应当是司法机关的任务,当产生纠纷时,除了存在行政裁量或判断余地的情况,法院应当直接对法律问题作出决断,或者要求行政机关按照法院的法律观作出行政行为。当获得学位的所有要件均已具备,裁量空间已经收缩为零,法效果唯一时,法院应当适用履行职责判决,作出实体性裁判,直接判令行政机关履行职责,而非以"学术自治"等为由再次将责任推给高校。[55]

从功能主义立场上谈,在必要时直接判令颁发学位证书,可以避免出现诉讼没有实际意义,陷于空转的局面,从而有效保护行政相对人的合法权

---

[55] 最高人民法院曾在判决书中表达过这样的观点:"对于诉讼类型不习惯、不熟悉甚至有意排斥的往往是法官,因为他已经在单一的撤销之诉的环境之中浸淫太久,以至于对于任何争议都习惯性地运用合法性审查的方法……义务之诉与撤销之诉的趣旨有所不同……义务之诉的原告,总是希望通过他的请求获得授益,总是希望通过判决达到一种较之于初始状态更佳的境况。义务之诉中也可能有一个撤销行政决定的请求,但撤销行政决定本身不是目的,也不是必须,原告的终极目的是要求法院判决行政机关履行他所期待的某项义务。正因为如此,法院在义务之诉中并非只是对行政机关已经作出的决定进行合法性审查并一撤了之,而要进一步对行政机关的义务进行裁判。只要原告对所申请的行政行为有请求权,法院就应当直接宣布行政机关的义务……诚然,在义务之诉中也并非所有的案件都能直接宣布行政机关的义务,作出这种具体到位的判决,需要原告具有请求权,也需要裁判时机成熟,也就是所有事实和法律上的前提皆已具备。在有些情况下,法院可以一方面通过责令行政机关补作所欠缺的事实调查,另一方面通过自己判定尚不清楚的法律问题等途径,促使裁判时机成熟。如此一来更能减少循环诉讼、实质解决纠纷。但在有些情况下,如果这种事实调查过于繁重,或者存在行政裁量或判断余地之情形,法院也可以作出一种答复判决,即法院不是直接宣布行政机关的义务,而是责令行政机关按照法院的法律观重新作出决定。"郭传欣诉山东省巨野县人民政府、山东省菏泽市人民政府房屋征收补偿决定及复议决定案,最高人民法院〔2016〕最高法行申 2621 号行政裁定书。

益。在柴丽杰案中,上海大学在二审庭审中明确,除去不符合科研指标的理由之外,亦无别的需要裁量的理由作为不授予学位的依据[56]。笔者认为,根据柴丽杰案的一审判决说理,院级科研指标不能仅仅通过事前告知的方式对行政相对人生效,法效果唯一成立,应当判令上海大学履行颁发学位证书的法定职责。

五、结 语

在当代,高等教育对一个人的发展起着越来越重要的作用。学位证书已经不再仅仅是对学术水平的评价,更是一个人参加社会竞争的入场券。自田永案起,教育行政诉讼得以进入法院的大门,接受司法中立的审查,司法的阳光照进被特别权力关系理论所笼罩的高校。在现实中,高校学位授予纠纷层出不穷,学校将学位证书与不适当要求挂钩所引起的纠纷也并不鲜见。

本文聚焦于这一问题,在对学位授予权和校规进行分类讨论的前提下对两个典型案例进行分析。此类案件的特别之处就在于司法审查进入"大学自治""办学自主"的高校,而高校也会以自主、自治之名抵抗司法审查。有学者指出,域外特别权力关系理论受到挑战的背后,实际是价值变迁,基本权利的价值超越了特定事业目的之价值。[57] 与西方不同的是,我国缺少大学自治的相关历史传统和文化土壤,现时的实践也往往更多体现出行政主导性而非大学自治。传统不但可以在过往的历史中追寻,而且可以在当下生活的折射中被发现,我们总是从自己的历史、自己的传统和自己的经验出发去看待世界、解释世界的。[58] 而正是传统的缺失,导致我们在学术自治、学术自由等问题上仍然缺乏共识。

针对现时存在的问题,笔者认为应当重视正当程序对学位授予行为的

---

〔56〕 参见前引〔48〕,曹竹平、何渊文。

〔57〕 参见前引〔50〕,湛中乐书,第 11 页。

〔58〕 梁治平:《法辨——法律文化论集》,广西师范大学出版社 2015 年版,第 62-63 页。

控制,区分审查学术类校规和行政类校规,在时机成熟时直接判令颁发学位,从而构建更加合理的司法审查路径。本文的分析多限于学位授予案件中规定学术事项的校规。相信随着相关案例的积累,高校授予学位纠纷的司法审查标准与强度会更趋完善,进一步发挥行政审判在推进高校治理中的作用。

（特约编辑：张怡静）

行政协议中行政主体资格的审查

——以房屋征收补偿协议为例

陈 洁[*]

内容提要：在融入私法色彩的行政协议中，行政一方时常借由代理的方式订立协议，而考察我国目前实践，代理组织以自己名义签约的现象大量存在。此时，对行政主体资格的审查，应包含四项内容：代理权的可授予性、被代理组织的权利能力、代理组织的行为能力、是否存在正式的代理权授予行为。另外，在裁判中还需论证，未显示法定有权机关的名义对协议私主体的利益状况不构成影响，以解释允许代理显名原则发生例外的理由。事实上的行为主体与法律上的责任主体相分离，二者都是行政协议的"实施主体"。导致行政协议无效的"实施主体不具有行政主体资格"的情形，应解释为：事实上的行为主体不具有相应的行为能力，即相应的资质或条件；或法律上的责任主体不具备权利能力，即行政主体资格。

关键词：行政协议主体；征收补偿协议；《行政诉讼法》第 75 条

一、问题的提出

行政主体资格，在我国的立法上被作为决定行政行为效力状态的重要

---

* 陈洁，中国人民大学法学院宪法学与行政法学专业博士研究生。

本文曾在华东政法大学陈越峰副教授主持的"行政法研习营"上报告，感谢陈老师的悉心指导，华东政法大学硕士陈红、张怡静、吴嘉懿等也对论文提出宝贵意见。然，文责自负。

因素[1]，在学理上则是与行政职权相勾连而加以塑造[2]。在司法审查中，没有法律、法规、规章授权的内设机构以自己名义独立对外作出行政行为，通常会被认为是欠缺行政主体资格，依据《行政诉讼法》第 75 条，应当作出确认无效的判决。[3]而在行政协议中，行政一方作为协议主体之一，其主体资格与协议效力状态的紧密关联，被行政法律规范和民事法律规范双重确认。

考察我国实践，行政协议中行政主体资格存疑的情形不在少数，并在争讼率最高的房屋征收补偿协议[4]（以下简称"征补协议"）中得到集中呈现。市、县级政府或其确定的房屋征收部门，是《国有土地上房屋与征收补偿条例》（以下简称"《征补条例》"）第 25 条所确定的征补协议行政一方。但是，实践却打破了这种立法设定，没有法律、法规、规章授权的内设机构或者受委托的组织，以自己的名义订立协议的现象大量存在。被设立或者被委托的组织是否具有行政主体资格，在司法实务中认定不一，甚至最高人民法院的裁判也不能明晰说理。在认定被设立或被委托的组织不具有行政主体资格的案件中，又试图通过《最高人民法院关于适用〈行政诉讼法〉的解释》第 20 条的规定[5]来转换行政诉讼被告，从而避开协议无效的后果，然而该思路在既有的行政法理和合同法理上都无法得到妥善的解释。

诸多矛盾指向了一个原初性的问题——行政行为的法律规则在行政协议中可否直接适用？具体而言，行政法中的行政行为实施主体须具有行政主体资格的规则，可否直接适用于征补协议？若不能直接适用，该作出怎样

---

〔1〕《行政诉讼法》第 75 条："行政行为有实施主体不具有行政主体资格……等重大且明显违法情形，原告申请确认行政行为无效的，人民法院判决确认无效。"

〔2〕 参见何海波：《行政诉讼法》，法律出版社 2016 年版，第 261-262 页。

〔3〕 可参见浙江省新昌县人民法院〔2018〕浙 0624 行初 114 号行政判决书；浙江省绍兴市中级人民法院〔2019〕浙 06 行终 14 号行政判决书。

〔4〕 在"无讼案例"数据库中，以"行政协议"为关键词进行案例的图表分析检索，发现行政协议的相关争议案件数量，自其进入行政诉讼受案范围以来逐年上升；截至目前，直接以"征收""土地""拆迁""补偿""拆迁安置""拆迁补偿"等为关键词的案件数量占了 95% 以上。最后检索时间：2019 年 10 月 5 日。

〔5〕 该条第 3 款："没有法律、法规或者规章规定，行政机关授权其内设机构、派出机构或者其他组织行使行政职权的，属于行政诉讼法第二十六条规定的委托。当事人不服提起诉讼的，应当以该行政机关为被告。"（原《最高人民法院关于执行〈行政诉讼法〉若干问题的解释》第 21 条。）

的调适？这些问题尚无明确的规范指引，却又是审判实践的迫切追问。行政协议理论的细化研究，是其在实践中得到有效适用的前提。[6] 对这些细化问题的研究，不仅会为审判实务提供更加清晰的思路，也将增益于学理体系的建构及最终完善。

二、行政主体资格瑕疵的案型及裁判

　　注意到各地区的行政与司法实践的分歧集中呈现在最高人民法院的裁判中，即使是同一案型，最高人民法院内部在裁判思路及结论上都少有共识，因而颇有研究的趣味和意义，故在选取行政一方主体瑕疵的案件时将审理法院的层级固定在最高人民法院。于是，在"北大法宝"数据库中，筛选出10份[7]裁判文书。并按照订约主体进行类型化，得出两类订约主体：被设立的组织（以下简称"被设组织"）、受委托的组织（以下简称"受托组织"）。

---

　　〔6〕　参见[德]哈特穆特·毛雷尔：《行政法学总论》，高家伟译，法律出版社2000年版，第361页。

　　〔7〕　以"案例标题：行政协议；法院级别：最高人民法院"进行高级检索，得到54个结果，逐一阅读筛选，得到与本文研究问题相关的8个结果。为尽量穷尽检索，又以"案例标题：征收补偿协议；全文：主体；法院级别：最高人民法院"进行高级检索，得到28个结果，同样逐一阅读之后，筛选出3个结果。最后检索时间：2019年6月4日。有三点需要说明：（1）由于最高人民法院的案件总体数量不多，考虑到主体瑕疵问题在国有土地上房屋的征补协议与集体土地及其附着物的征补协议上并无二致，所以所选案例包含了这两种情形；但是，由于国有土地上房屋征收与补偿的法律法规相对完善，所以，文章论证时又以国有土地上房屋征收与补偿为背景。（2）在2011年《国有土地上房屋征收与补偿条例》取代《城市房屋拆迁管理条例》之前，该种协议被称为拆迁补偿安置协议，现在也少有继续沿用此称法的情况。但是为与《行政诉讼法》修改内容相对应，名称及检索用词均使用"征收补偿协议"。名称的改变，并不影响核心问题的讨论。（3）为避免行文冗繁，正文援引相关判决时仅显示编号，对应的案号见于文末附表。

(一)案型Ⅰ:被设组织以自己名义进行签约

市县级政府、房屋征收部门甚至开发区管理委员会[8]设立隶属于自身的行政组织,由其具体负责某一区域内的征收与补偿工作,这些被设组织在各地叫法多样,常为冠以征收、征补、征拆、旧城改造等之名的办公室、中心、所等。在征补协议订立时,它们常常以自己的名义订约。案例Ⅰ-Y:1-2、Ⅰ-N:1-5[9]属于此种案型,关于被设组织是否具有行政主体资格的问题,存在两种审判态度,说理过程也有较大差异。

1. 被设组织不具有行政主体资格的裁判思路

案例Ⅰ-N:1 中县政府设立办公室,案例Ⅰ-N:2、4 中当地的房屋征收部门设立隶属于自身的行政组织,案例Ⅰ-N:3、5 都是管委会下设某一行政组织的情形。

首先,关于协议的签订主体,案例Ⅰ-N:1-5 均明确认为系被设组织与被征收人。其次,关于协议的责任主体,又都认为并非实际订约的主体,而是设立该组织的主体,二者是委托关系。但是,关于委托关系的认定,各个案件的依据不一。从裁判文书的文本来看,案例Ⅰ-N:2 依据的是当地机构编制委员会的文件规定;案例Ⅰ-N:3、5 依据的是《最高人民法院关于执行〈中华人民共和国行政诉讼法〉若干问题的解释》第 21 条的拟制性规定;案例Ⅰ-N:4 则依据《征补条例》第 4 条、第 5 条,将被设组织定性为受房屋征收部门委托的"房屋征收实施单位";案例Ⅰ-N:1 在文本中并未明确,表现出一种直接认定的态度。最后,在被设组织是否具有行政主体资格问题的认定上,案

---

〔8〕 开发区管理委员会目前在组织法上的地位模糊,学理上认为是本级政府的派出机构。参见章剑生:《现代行政法总论》,法律出版社 2019 年版,第 113 页。司法实务中也有赞同该学理观点的判决,如案例Ⅰ-N:5。也有判决将其作为行政机关,如案例Ⅰ-N:3;还有的判决则避开不谈,如案例Ⅰ-N:4。根据《最高人民法院关于适用〈中华人民共和国行政诉讼法〉的解释》第 21 条,只有国务院、省级人民政府批准设立的开发区管理机构才具有行政主体资格。鉴于管委会设立的行政组织才是本文的研究对象,故不在文中对此进行讨论。

〔9〕 在编号上,因被设组织往往隶属于有法定订约权机关的内部(Internal),故用"I"代表;相对而言,受托组织与有法定订约权机关则是外部关系(External),故用"E"代表。"Y"表示被法院认定为具有行政主体资格,"N"则表示不具有。例如,"I-Y"即为被设组织以自己名义进行签约时被法院认为具有行政主体资格的案例,其后数字表明该种情形之下的所有案例编号。后文不再赘注。

例 I-N:3、5 明确指出被设组织不具有行政主体资格。案例 I-N:1、2、4 虽未明确,但鉴于其认为设立该组织的行政机关才是具有相关职权的行政主体,亦可推断出否定被设组织的行政主体资格的态度。

2. 被设组织具有行政主体资格的裁判思路

案例 I-Y:1-2 都属于县级政府设立办公室的情形,判决都明确认为被设组织具有行政主体资格,而且审理思路也相似,即都是将该办公室定性为"房屋征收部门"。

案例 I-Y:2 有更加详细的说理,其认为《征补条例》第 4 条第 2 款中的"房屋征收部门虽然是由'市、县级人民政府确定',但其职责并非由市、县级人民政府授权,也非由市、县级人民政府委托,其和市、县级人民政府一样,都是在该条例的授权之下以自己的名义履行职责。"此外,案例 I-Y:2 还指出,依照《征补条例》第 12 条第 2 款的规定,在县政府因涉案建设项目而作出房屋征收决定前,征收补偿费用应当足额到位、专户存储、专款专用,因此征补办有能力履行协议所约定的给付义务,具有承担法律责任的能力。

(二)案型 II:受托组织以自己名义进行签约

除了设立行政组织之外,还存在委托其他组织具体实施征收补偿工作的情况。从目前的样本来看,委托的对象主要有专门公司和下级政府两种形式。当委托对象是公司时,不会肯定其行政主体资格;当委托对象是下级政府时,则倾向于肯定其行政主体资格。同样是委托关系,似乎隐含着依据受托主体的身份来决定其是否具有行政主体资格的观念。

1. 受托组织不具有行政主体资格的裁判思路

案例 E-N:1 中,县国土资源局委托城建公司,由其负责被征收区域内的补偿安置工作。最高人民法院依据《中华人民共和国土地管理法实施条例》第 25 条第 3 款、《征用土地公告办法》第 11 条和第 12 条第 1 款,认为"市、县人民政府土地行政主管部门是集体土地征收补偿具体实施主体,依法具有订立征收补偿安置协议法定职责"。"本案系集体土地征收,依法应当由县国土资源局组织实施相关具体补偿安置工作",亦即否定被委托组织的行政主体资格。在城建公司与国土资源局的关系上,认为城建公司是受县国土资源局之委托,与被征收人订立补偿安置协议。

2. 受托组织具有行政主体资格的裁判思路

案例 E-Y:1-2 都属于上级政府委托下级政府具体负责征收补偿工作的情形。在案例 E-Y:1 中,最高人民法院认为:"依据《国有土地上房屋征收与补偿条例》第 4 条第 1 款,市、县级人民政府负责本行政区域的房屋征收与补偿工作,本案中,乡政府受区政府的委托,有权具体实施涉案土地的收回及补偿事宜,故本案不存在行政行为的实施主体不具有行政主体资格的问题"。亦言之,肯定了乡政府因为县级政府的委托而具有了行政主体资格。

案例 E-Y:2 是县政府委托镇政府订约的案件,最高人民法院论证"镇政府具有签订补偿安置协议的行政主体资格"时,采取了一种层层"让步"的说理。首先,根据《土地管理法》第 46 条第 1 款以及《土地管理法实施条例》第 25 条,认为"乡镇一级政府也确实不是国家征收土地以及进行征地补偿、安置的实施主体"。然后,退一步提出:"但是,行政权力可以委托",本案中,县政府依法属于征收土地方案的组织实施部门、补偿安置方案的批准部门,其通过制定《太和县城市规划区内集体土地征收房屋拆迁补偿安置暂行办法(修订)》,委托被征收土地范围内的镇政府具体签订补偿安置协议,更有利于相关工作的开展。最后,为了解释受托组织以自己名义签约的现象,又退一步提出:"虽然一般认为,受托主体接受委托后仍应以委托主体的名义实施行为,但只要委托主体不是转嫁责任,对委托予以认可,并能承担法律责任,人民法院可以认定委托关系成立。"

表 1　相关裁判的整理

案例编号	行政组织间关系	法院认定摘要
I-Y:1	区政府设立征收办	根据《国有土地上房屋征收与补偿条例》第四条第二款及第二十五条的规定,本案永定区征收办作为法定授权的组织,具有行政主体资格。
I-Y:2	县政府设立征补办	房屋征收部门虽然是由"市、县级人民政府确定",但其职责和市、县级人民政府一样,都是在该条例的授权之下以自己的名义履行职责。此外,金寨县征补办也有能力履行协议所约定的给付义务。

案例编号	行政组织间关系	法院认定摘要
I-N:1	县级政府设立旧城办	瑞安市政府作为县级人民政府,依法具有市政建设和旧城改造的法定职权,亦有权委托其他部门或者组织签署涉案协议,而相关法律后果由瑞安市政府承担。瑞安旧城办受市政府委托负责市区旧城建设、旧村改造和文化名城保护的职能,与被征地村委会签订土地征收协议。
I-N:2	国土局设立征拆中心	中共郴州市委机构编制委员会郴编〔2009〕9号关于设立郴州市征拆中心的批复文件规定,郴州市征拆中心为归口市国土局管理的副处级事业单位,其主要职责是受郴州市国土局委托,负责办理郴州市城市规划区内各项目建设的征地拆迁事务。据此可知,郴州市征拆中心是受郴州市国土局的委托才从事的相关征地拆迁事务。
I-N:3	管委会设立征地服务中心	征地服务中心受重庆高新区管委会领导,代表重庆高新区管委会承担征地工作的事业单位,本身不具备行政主体资格。
I-N:4	房产管理局设立征收办	根据《国有土地上房屋征收与补偿条例》第四条、第五条、第二十五条的相关规定,湘潭市政府有权确定房屋征收部门组织实施其行政区域的房屋征收与补偿工作,其确定的房屋征收部门亦可委托房屋征收实施单位,承担房屋征收与补偿的具体工作。湘潭市房产管理局是湘潭市政府确定的房屋征收部门,而昭山征收办又系该局授权委托承担房屋征收与补偿具体工作的实施单位,故湘潭市房产管理局依法具有房屋征收与补偿的主体资格和法定职权,昭山征收办作为受委托单位也有权实施房屋征收与补偿具体工作。
I-N:5	管委会设立征地所	昭山示范区管委会只是派出机构,不具有独立的行政主体资格,不能以自己的名义对外行使行政权。作为昭山示范区管委会下属的示范区征地所,更不具备独立的行政主体资格。
E-Y:1	区政府委托乡政府	地窝堡乡政府受新市区政府的委托,有权具体实施涉案土地的收回及补偿事宜,故本案不存在行政行为的实施主体不具有行政主体资格的问题。

续表

案例编号	行政组织间关系	法院认定摘要
E-Y:2	县政府委托镇政府	根据《土地管理法》第 46 条第一款以及《中华人民共和国土地管理法实施条例》第 25 条的规定,乡镇一级政府也确实不是国家征收土地以及进行征地补偿、安置的实施主体,但是,行政权力可以委托。本院注意到,城关镇政府是以自己的名义,而非委托主体太和县政府的名义签订协议。虽然一般认为,受托主体接受委托后仍应以委托主体的名义实施行为,但只要委托主体不是转嫁责任,对委托予以认可,并能承担法律责任,人民法院可以认定委托关系成立。
E-N:1	国土局委托城建公司	市、县人民政府土地行政主管部门是集体土地征收补偿具体实施主体,依法具有订立征收补偿安置协议法定职责。本案安吉县灵芝路南侧区块旧城改造项目系集体土地征收,依法应当由安吉县国土资源局组织实施相关具体补偿安置工作。安吉城建公司受安吉县国土资源局之委托,与孙金水订立补偿安置协议。

三、裁判思路在释义学框架内的检视

进一步整理前述判决,可以发现的是,就被设组织的法律地位而言,存在"行政法规的授权"与"受有法定订约权机关的委托"两种类型,"授权说"肯定被设组织的行政主体资格,而"委托说"则否定;就受托组织的法律地位而言,虽然都采"委托说",但是对既有法理出现诸多突破。

(一)"授权说":限于被设组织确是房屋征收部门

《征补条例》第 25 条第 1 款明确规定:"房屋征收部门与被征收人……订立补偿协议。"依据第 4 条第 2 款的规定,"房屋征收部门"是由市、县级人民政府确定的、负责组织实施其行政区域内房屋征收与补偿工作的行政组织。依据体系之内的文义解释,房屋征收部门在签订征收补偿协议的事项上,能以自己的名义对外行使签订协议的行政权,并能独立地承担因此而发生的法律责任。房屋征收部门属于行政机关，在征补协议签订事项上构成适格的行政主体。

案例 I-Y:1-2 中的征收办与征补办都是隶属于当地县级政府的行政组织。从最高人民法院在两份裁判文书中的审判思路来看，存在将征收办与征补办定性为"房屋征收部门"这一隐含前提，然后再说明"房屋征收部门的职权来源和市、县级人民政府一样，都是在该《征补条例》的授权之下以自己的名义履行职责"。就此前提而言，名为"某某办"的组织，看似更像行政机关临时组建的内设机构或派出机构，而非是独立的行政主体。那么，最高人民法院的这一定性是否有误呢？

考察实践中的"房屋征收部门"，在各地区并无一个统一的组织名称，表现形式多种多样，如房产管理局、建设局、城乡规划局、房产与土地管理局、国土资源与城乡建设局等，名称也确实有局、委、办等不同称谓。[10] 最高人民法院的实务专家曾提出，依据统一归口原则和避免职责重复交叉原则，来确定具体的组织实施主体和责任主体的思路。[11] 根据《征补条例》的文义，"房屋征收部门"应当统一归口市级或县级政府管理。根据精简高效的行政组织原则，各部门之间不应有职权的重叠，但是，职权是否重叠是行政组织设置是否合理或合法的问题，并不影响其属于何种行政组织的事实定性问题。此外，更为重要的是，还应当根据当地的"三定方案"（地方政府机构设置、职能和编制的规定），确认其是否有独立的编制。

经过政务服务咨询与政府信息公开申请发现，案例 I-Y:1 与案例 I-Y:2 发生地的房屋征收部门，确实称为某某"中心"与"办"，统一归口县级政府

---

〔10〕　参见江必新主编:《〈国有土地上房屋征收与补偿条例〉理解与适用》，中国法制出版社 2012 年版，第 46 页。该书还提及"政府明确授权的专门机构和组织"也属于房屋征收部门的一种，笔者认为，该种授权须有法律法规或者规章的依据，否则，应依据司法解释视为委托。这也是本文着重讨论的问题之一。

〔11〕　参见前引〔10〕，江必新书，第 46 页。

管理并有独立编制。[12] 而最高人民法院在论证说理中并未提及独立编制问题，取而代之的是，征补办"因有充分的资金准备而具有承担法律责任的能力"。是否有承担法律责任的财产能力，是解决民事责任承担问题的思路，它并不等同于行政组织法上的职权问题。以此理由来作为肯定行政主体资格的论据，有待商榷。如果依据归口与编制，可以认定名为"办"或"中心"的组织确是"房屋征收部门"，那么，它自然是由《征补条例》授权，可以自己名义对外签订征补协议，这是立法上的安排。

问题在于，非归口于市县级政府管理又无独立编制的，或者虽归口市县级政府管理但无独立编制的行政组织，该如何定性？ 实践中更多的，是房屋征收部门或者管委会设立行政组织的情形，或者虽由市、县级政府设立但无独立编制的情形，表现为内设机构或者派出机构。"授权说"虽然可以绕过多样的行政组织名称，但是，因其内含着某一组织确是房屋征收部门的前提要件，所以，在其他情形中的解释力是极为有限的。如若将该种解释路径扩展到所有的名为"某某办"的行政组织，不仅让司法审判背离监督行政机关依法行政的职责，还会让司法审判沦为一种能够为行政组织机构滥设、职权交叉作出合法化解释的注脚，因而必须明确其适用前提。

（二）"委托说"：各步思路都与既有法理不能相容

有法定订约权的机关（以下简称"有权机关"）可以实际委托专门公司或者下级行政机关，司法解释又将设立内设机构、派出机构等内部行政组织的行为拟制为委托。据此，签订征补协议事项中的委托关系在法律上即有两类，一类是实际的委托关系，一类则是拟制的委托关系（后文所称"受托组

---

〔12〕 笔者在"安徽政务服务网"（https://www.ahzwfw.gov.cn/）上，就案例 I-Y：2 中的金寨县房屋征收部门的具体所指进行咨询，得到金寨县委编制管理办公室的答复如下："我县负责房屋征收补偿的部门为金寨县安居服务中心（原金寨县安居工作办公室），为县政府直属正科级公益一类事业单位，编制 15 名，具有独立法人地位。"（答复收悉日期：2019 年 6 月 28 日）对于案例 I-Y：1 中的房屋征收部门，笔者在"永定区人民政府网"（http://www.zjjyd.gov.cn/）上，就同样问题申请政府信息公开，得到永定区政府房屋征收与补偿事务中心的答复如下："本单位是负责全区国有土地上房屋征收与补偿工作的正科级事业单位，具有独立编制……负责拟订并与被征收人签订房屋征收补偿协议……"（答复收悉日期：2019 年 9 月 17 日）需要说明的是，虽然这两地的部门名称现在已经与案发时不尽一致，但至少表明"办"或"中心"为"房屋征收部门"的一种可能。

织",如无特别说明均包含此两类)。在所有认定为委托关系的案件中,有的否定受托组织的行政主体资格,有的肯定受托组织的行政主体资格。无论是认可委托关系,还是对行政主体资格的确认与否,都与既有法理存在重重抵牾。

1. 认可以受托组织名义行为的行政委托:突破行政委托的显名原则

我国学界认为的行政委托,通常是指"行政机关作为委托方将其部分执法权限交予特定组织或个人,受托方以委托方的名义行使委托事项的法律机制"。[13] 尽管在委托主体、受托主体、委托事项等要素上还有所争议,但是,在行政委托中,须以委托方的名义作出行为并由委托方承担责任,已成为学界主流观点的共识,[14]而且也已在立法中予以明确[15]。行为须显示特定主体的名义,在学理上被称为"显名原则"[16]。

就征补协议的文本来说,受托组织若以自己的名义签订征补协议,则突破了行政委托的法理所要求的显名原则。在检索所得的认定为委托关系的案例中,绝大多数均未注意到这一点,仅有案例 E-Y:2 注意到该问题,并有所阐释。该案为了解决名义问题与行政委托法理之间的矛盾,试图针对委托主体提出了三项认可委托关系的并列标准:(1)非为转嫁责任;(2)认可委托关系;(3)承担法律责任。该观点的提出,表明最高人民法院对行政委托中显名原则随行政实务发展而出现突破的肯定态度。至于为何能够允许这种突破的发生,则缺乏进一步的说明。

2. 否定受托组织的行政主体资格:在合同的相对性原则上存疑

依循行政委托的法理,在受托范围内,受托人所为行为的法律责任,应

---

〔13〕　黄娟:《行政委托制度研究》,北京大学出版社 2017 年版,第 2 页。

〔14〕　参见应松年、薛刚凌:《行政组织法研究》,法律出版社 2002 年版,第 101 页;姜明安主编:《行政法与行政诉讼法》,北京大学出版社、高等教育出版社 2011 年版,第 121 页;胡建淼:《行政法学》,法律出版社 2015 年版,第 553 页;参见前引〔8〕,章剑生书,第 115 页。有学者在研究行政协议中的受托主体以自己名义订约的现象时,提出肯定委托关系的观点,在与主流观点相悖的情况下,并未加以论证,此处保留疑惑;该观点参见王敬波:《司法认定无效行政协议的标准》,《中国法学》2019 年第 3 期。

〔15〕　参见《行政许可法》第 24 条;《行政处罚法》第 18 条。

〔16〕　此处"显名原则"的概念来源于民法上的代理理论,虽未见我国行政法学理对该概念的直接引用,但是学界关于行政委托的名义问题,在内涵上的表述与显名原则一致,故而在此借鉴该概念。

由委托人来承担。直接认定委托主体才是具备资格的行政主体的裁判思路,意在让具备行政主体资格的委托主体来承担受托组织所为行为的责任。但是,这种直接将非协议文本中的当事人的所谓委托主体拉入协议关系,并承担协议当事人的责任的做法,值得进一步思考。

合同的相对性原则,被认为是合同法的基本原则,在合同法领域具有统辖地位。它的基本含义是:非合同当事人不得请求合同权利,也不必承担合同义务。[17] 最高人民法院也有裁判主张行政协议应坚持合同的相对性原则。[18] 从征补协议文本以及签约当时的交涉情况看,行政组织内部的委托关系对于协议相对的私主体一方来说,有时并不是显现的,受托组织以自己名义独立为意思表示甚至最终履行合同,外界有理由相信受托组织就是协议的另一方主体。而认定为委托关系的案例中,多数均认为征补协议之外的委托主体才是协议的当事人,这在形式上岂不违背了合同的相对性吗?

3. 肯定受托组织的行政主体资格:违背行政职权法定原则

以谁的名义作出行为,在行政法上,更意味着谁拥有该项法定职权。依法行政原理蕴含着行政职权法定原则,即任何行政职权的来源与作用都必须有明确的法定依据,否则越权无效。[19] 行政职权应当来源于正式立法,这是职权法定原则的基本理念之一。[20] 我国《立法法》所承认和规范的正式立法主要是法律、法规和规章,"三定方案"在不违反上位法的前提下也是可以作为确定行政机关管辖权划分的依据。[21]

在行政协议订约主体的问题上,实务界与理论界都有观点认为,根据职权法定和越权无效的原则,如果行政一方从根本上就没有订立相应行政协

---

〔17〕 参见李永军:《合同法》,法律出版社 2010 年版,第 386、408 页。

〔18〕 "在行政协议诉讼中可以适用不违反行政法和行政诉讼法强制性规定的民事法律规范。在民事合同法律规范中,合同相对性原则具有基础地位。"最高人民法院〔2016〕最高法行申 2719 号。

〔19〕 参见周佑勇:《行政法基本原则研究》,武汉大学出版社 2005 年版,第 167-169 页。

〔20〕 参见沈岿:《行政行为实施主体不明情形下的行政诉讼适格被告——评"程宝田诉历城区人民法院行政强制案再审裁定"》,《交大法学》2019 年第 3 期。

〔21〕 参见前引〔2〕,何海波书,第 263-264 页。

议的权力,则该协议就丧失了合法性基础,法院可以径行确认该协议无效。[22] 前已述及,在检索到的以委托关系定性案例中,当委托的对象是下级政府时,最高人民法院倾向于承认下级政府在订约事项上的行政主体资格,此种现象不可不察。

在没有法律、法规、规章甚至"三定方案"依据的情况下,仅仅因上级政府的委托,使得原本没有征补协议订约权的下级政府具有了该项行政职权,没有该项职权的下级政府也因上级政府偶然的一次委托行为而获得行政主体资格,能够以自己的名义独立对外订约并承担法律责任,这存在着违背职权法定这一行政法基本原则之嫌。

四、房屋征收补偿协议中行政主体资格的审查

行政协议中行政一方主体瑕疵的问题,在我国目前实践中尤为常见[23],并在房屋征收补偿协议中集中展现。而现有的司法裁判及说理,对这一问题的处理存在诸多不妥之处。这亟需我们在学理上对其加以研究,并在法释义学框架内提出一套明确的审查方案。在进行理论研究时,精确研究对象的理论定位,将有助于为其找准合适的分析框架,从而得出稳妥的研究结论。因此,在提出解决方案之前,需要对征补协议本身加以思考。

(一)征收补偿协议的本质:意定的法定之债

征收补偿的制度史,在人类文明进程中,可以上溯至古罗马时代。[24] 现代法治理念更是要求,有征收必有补偿。补偿,作为被征收人得以请求征

---

〔22〕 参见程琥:《审理行政协议案件若干疑难问题研究》,《法律适用》2016年第12期;沈福俊:《司法解释中行政协议定义论析——以改造"法定职权范围内"的表述为中心》,《法学》2017年第10期。

〔23〕 行政协议的行政主体瑕疵问题,不仅存在于房屋征收补偿协议中。在立法更为缺漏的特许经营协议中,问题也十分突出。参见陈无风:《司法审查图景中行政协议主体的适格》,《中国法学》2018年第2期。

〔24〕 Dukeminier & Krier,Property(2002),1102. 转引自刘向民:《中美征收制度重要问题之比较》,《中国法学》2007年第6期。

收人为一定给付的债的关系而存在。这种债之关系,与民法理论上的契约之债(或合同之债)显有不同。

根据我国《宪法》第 13 条,国家为了公共利益的需要对公民的私有财产实行征收时应当给予补偿,《物权法》第 42 条又作了进一步的细化重申,现由《征补条例》予以专门规定。这说明,即使没有契约,征收人也有给予补偿的法定义务,被征收人也有要求补偿的法定请求权。换言之,征收补偿之债的来源具有法定性,不以当事人的意思表示为必要。因而,征收补偿是一种由征收行为引发的法定之债,而非基于契约(即征补协议)发生的意定之债。[25] 日本学者美浓部达吉也早有先见地提出,例如征收补偿请求权等公法上的债权通常以法律规定为根据,而私法上的债权通常以契约为基础。[26]

征收补偿之债作为法定之债,在是否成立债之关系、债之关系的相对人、债之关系的内容等方面,均由立法在不同程度上给予预先安排,而无需当事人为意思表示再行设定。只要法定的事实即征收行为一发生,在征收人与被征收人之间自动成立征收补偿之债。

然而,"法定之债"之"法定"具有多义性,契约请求权与法定请求权的二分法也不是绝对的。[27] 就征收补偿请求权而言,虽然该权利的发生原因不是基于征收人与被征收人的双方合意,但是法律仍要求当事人为相应的契约行为,即订立补偿协议。"契约制度乃在肯定个人自主及自由选择的权利"[28],法律为征收补偿设置协议制度,一方面是考虑到协议的合作性因素所带来的行政经济意义[29],另一方面也表明被征收人的意思自主及自由选择的权利得到重视。协议制度的引入,为原本单纯的法定之债增加了意定空间与合意成分。也有学者提出,意定之债在此发挥着一种让已经产生的

---

〔25〕 债的发生原因,参见王泽鉴:《债法原理》,北京大学出版社 2013 年版,第 57-58 页。

〔26〕 参见[日]美浓部达吉:《公法与私法》,黄冯明译,周旋校,中国政法大学出版社 2003 年版,第 86-87 页。

〔27〕 有关契约请求权与法定请求权的二分法的相对性,参见苏永钦:《私法自治中的国家强制》,中国法制出版社 2005 年版,第 23-24 页。

〔28〕 参见前引〔25〕,王泽鉴书,第 108 页。

〔29〕 可参见[德]汉斯·J.沃尔夫、奥托·巴霍夫、罗尔夫·施托贝尔:《行政法》(第二卷),高家伟译,商务印书馆 2014 年版,第 148-149 页。

法定之债发生变更的"媒介作用"。[30]

征收补偿请求权的发生是法定的,请求权的内容含有意定成分。所以,在此意义上,征收补偿请求权的本质或可被诠释为"意定的法定请求权",征收补偿协议则是一种"意定的法定之债"。

征收补偿是基于公平负担的理念,而依法对被征收人给予的损失补偿。[31] 这种基于公平的考量,由立法所预先设定的债之关系(包括公法上的),也被我国民法学界注意到,并将之命名为"法定补偿义务"。学者发现,法定补偿义务与侵权损害赔偿之债之间存在一定的相似性,二者都是由于致损行为而发生,同时二者都是法律直接规定的财产给付关系。[32] 但是其在发生领域、补偿范围等方面都具有特殊性,无法被其他债的关系所涵盖。学者又进一步主张,应当将法定补偿义务作为独立的债的发生原因,与合同之债、侵权之债、不当得利之债、无因管理之债等并立。[33]

民法学界的这种讨论,给我们一个深刻的启发:征收补偿之债借助协议的外形达成,需考虑合同法理;但是对征收补偿之债包括征收补偿协议的理解,还应该置于整个债法的层面上,而非仅限于合同法的层面。

(二)合同相对性原则的放弃:协议主体应遵循法定

通过前文的考察发现,征补协议行政一方存在"被设组织以自己名义进行签约"和"受托组织以自己名义进行签约"的主体瑕疵情形。司法裁判目前所采用的"授权说"与"委托说",都不能完满地解决问题。那么,是否还有其他的解释方案呢?这就需要对协议所涉各方的法律关系进行再度厘清。

----

〔30〕 参见王利明:《债法总则研究》,中国人民大学出版社 2018 年版,第 232 页。

〔31〕 参见[日]盐野宏:《行政法Ⅱ·行政救济法(第四版)》,杨建顺译,北京大学出版社 2008 年版,第 243 页。

〔32〕 法定补偿义务与侵权损害赔偿之债的异同点,参见前引〔30〕,王利明书,第 511-513 页。需注意的是,作者认为二者都是基于"侵权行为"而发生的,但是侵权行为的概念本身蕴含着"不法"之意,且作者在此也明确将法定补偿义务与侵权损害赔偿之债区分开来,所以笔者引用时改为较为中性的"致损行为",这样的修改也符合引文原意。

〔33〕 参见王轶:《作为债之独立类型的法定补偿义务》,《法学研究》2014 年第 2 期;前引〔30〕,王利明书,第 508-517 页。是否应该将法定补偿义务作为一种独立的债的发生原因,目前在民法学界还未达成共识,但这种将特殊的法定之债与其他债的类型区别开来的观点,对我们思考法定性很强的行政协议颇有启发意义。

　　行政协议作为公法与私法的混合产物,对其进行法学上的研究,既要参酌行政行为理论,又要借鉴民事合同理论,已成学界共识。然而,对私法理论的借鉴,不能仅仅限于合同法,因为合同本质上是契约之债,它仅代表了债的一种类型。按照债的发生原因,除契约之债外还有各种多样的法定之债。行政协议关系本质上是债之关系,但行政协议既非单纯的契约之债,又非单纯的法定之债,而是二者的融合;同时,其内含的行政性因素又使之与行政行为形成对照,并因行政性因素的影响,而使其异于私法中的债之关系。因而,跳脱出合同法的局限,放眼于整个债法领域,并在行政行为的对比参照之下对行政协议加以定位[34],或为一种更为允当的思考模式与研究思路。

　　在征补协议问题上,补偿义务因征收行为引发,征收补偿之债是一种法定补偿义务,本质上是意定的法定之债。按照债的相对性原则或更精确而言的法定补偿义务的相对性原则,补偿义务人理应是征收行为作出的主体,即作出征收决定的市、县级政府。考虑到行政工作的实际,《征补条例》第25 条又特别规定由市、县级政府确定的房屋征收部门具体负责协议的订立与履行,房屋征收部门在征补协议签订事项上,获得了行政法规授权的行政主体资格。这里可以理解为,债的相对性原则在行政法规范中受到了职权法定原则的调整。

　　反观受托组织以自己名义参与缔结的征补协议,如果仅考虑合同之债的关系,极易出现对合同主体的"认知错觉"。首先,在缔约磋商的过程中,受托组织以自己名义参与协商,并独立作出意思表示;其次,在协议文本上,受托组织也是以自己名义签署;最后,在协议履行时,很可能还是由受托组织提出补偿给付。从表示意思来看,即使对于一个理性第三人而言,也完全有理由相信,受托组织就是协议的相对方;甚至受托组织内心的效果意思,也就是将协议法律关系归属于自己。但是,如果只流于合同的形式外观并坚持合同的相对性原则,可能会导致所得结论违背债法上的法定补偿义务的相对性原则。

_____

　　[34]　在"行政协议"被写入《行政诉讼法》之后,我国通说认为,行政协议从属于行政行为。该观点的梳理及对其的批判,参见刘飞:《行政协议诉讼的制度建构》,《法学研究》2019 年第 3 期。

此外,固守合同形式上的相对性原则,还会导致对行政法上的职权法定原则的违背。典型表现如案例 I-Y:2,该案甚至以合同的相对性原则,来作为协议文本上的订约主体是行政诉讼被告的论据。[35] 在行政诉讼被告等同于行政主体的现行行政诉讼背景中,[36]这种思路亦等同于以合同相对性原则来论证协议文本上的订约主体具有行政主体资格。如此认定,引发的直接后果是,使得法定的行政主体可以借由设立机构或者委托其他组织的方式逃脱担当被告的责任。而且在行政组织上,肯定这种逸脱法律规制的行政机构设置与职权设定,也容易引发部门争权、行政专断和权力滥用等现象的发生。[37] 这也违背了依法组织原则,这一行政组织法形成和发展的核心。[38] 最高人民法院在另一案中所主张的,行政主体资格层面上的职权法定原则不宜突破的观点[39],更宜采纳。

在行政协议中,协议文本所呈现的合同的相对性原则,不仅在债法理论上不能周延地解释征收补偿之债,而且在实际运用中还易产生误导甚至恶果,实有放弃的必要。取而代之,应该倡导的是内容更广的债的相对性原则,在征补协议中,主要借助的是其中的法定补偿义务的相对性原则。还应当注意的是,行政法上可能会基于行政实际的考虑作出特别的安排,比如行政职权可能会出现一些调整,此时对债的相对性原则也要作相应的变通理解。

(三)"受托组织"以自己名义签约:代理显名原则的例外

上段分析其实也意在勾勒一种应然层面的模式,即,根据债的相对性原则和行政职权法定原则,征补协议的行政主体一方应该是市、县级政府或房屋征收部门。在实践中,由有订约权的行政机关设立内设机构、派出机构,

---

〔35〕 尽管该案中名为征补办的行政组织确实是当地的"房屋征收部门",依法具有行政主体资格,但论证思路实不足取。

〔36〕 虽然学理上对此已批判较多,但也有学者指出,行政诉讼的被告选择还是权责分配问题,目前的行政诉讼制度大体符合现阶段的国家治理方式。(参见前引〔2〕,何海波书,第 205 页。)且现在依然是司法审判的普遍做法,直接表述可参见最高人民法院〔2017〕最高法行再 49 号。

〔37〕 参见沈岿:《公法变迁与合法性》,法律出版社 2010 年版,第 33-35 页。

〔38〕 参见应松年、薛刚凌:《行政组织法基本原则之探讨》,《行政法学研究》2001年第 2 期。

〔39〕 参见最高人民法院〔2017〕最高法行申 1337 号。

再由被设机构实施签约的现象普遍存在,甚至还存在委托下级政府实施签约的现象,这些实然现象中的法律关系到底该怎样梳理? 实然现象与应然模式是否具有某种关联呢? 以下是为探讨。

对于设立机构的情形,司法解释将其拟制为委托关系,但是"拟制"也暗含着其在事实上并非"委托"的意思。委托本属于私法领域的概念,指委托人因信任受托人,委以事务,托其处理的行为,在委托人与受托人之间形成合同关系。[40] 我们很难想象,行政机关因工作之需设立机构,使之代为从事某种行政行为,其间还存在被设机构的意思表示自由,更何谈构成合同关系。其实,在民事代理理论上,早有对这种不必经代理人承诺即可成立的单方行为的观察,谓之"代理权之授予行为"。[41] "委托"下级政府的情形,也是基于这种行政内部组织关系,而非因双方之间达成的合意,所以称为上级政府授予下级政府代理权更为妥当。唯有委托专门公司时,存在一定的意思自主,但是该公司对外行为时依然构成委托代理关系。

代理理论的引入,有助于描述权力变动的真实样态。德国与日本即采用"权限代理"的概念,[42]我国行政法学界虽然未采代理的概念,但学理上也承认"行政委托与民事代理存在内涵上的一致性"[43]。此外,代理理论还有助于对多主体参与的法律关系进行更准确的分析。

代理表明了至少包含三方当事人:被代理人、代理人以及第三人。被代理人与代理人之间是内部关系,代理人与第三人是外部关系,代理人对外与第三人作成法律行为时,被代理人与第三人是该法律行为的双方当事人。[44] 这种立体的观察视角,使得多方参与主体都能被关注到,在行政法上则表现为,对"行政组织内部决定作成之机制以及组织内部程序之法律本

---

〔40〕 参见崔建远:《合同法学》,法律出版社 2015 年版,第 485-486 页。

〔41〕 参见梁慧星:《民法总论》,法律出版社 2017 年版,第 238 页。

〔42〕 参见詹镇荣:《行政法总论之变迁与续造》,元照出版有限公司 2016 年版,第 129 页;[日]盐野宏:《行政法Ⅱ·行政组织法(第三版)》,杨建顺译,北京大学出版社 2008 年版,第 23-24 页。

〔43〕 参见前引〔13〕,黄娟书,第 45 页。此话需要在受托组织对外行为,产生外部关系时加以理解。

〔44〕 参见朱庆育:《民法总论》,北京大学出版社 2016 年版,第 330 页。

质的探讨"[45]。近年来在行政法学理上兴起的法律关系理论,也主张将行政内部关系纳入考察范围,与特定法律事实相关的所有法主体的权利义务关系的状态成为主要的考察对象,行政机关的内部组织甚至人员都可能成为被考察的法主体。[46] 将代理理论引入行政委托法理之中,有其必要。

被代理人代理权授予方式,在民法上有三种:(1)向代理人为意思表示;(2)向交易第三人为意思表示;(3)向代理人为意思表示后,将这一事实公之于外。[47] 在行政法上,第三种方式似乎显得更为重要,因为"职权的分配是行政内部法律关系的规范基础,却不具有形成外部法律关系之权限的性格"[48],所以理论而言,行政机关须公开授予代理权的相关事实,如《行政许可法》第 24 条[49]的规定。但是,订立补偿协议中的代理事项十分特殊,它既不像行政许可那样须私主体主动申请,又不像高权行政那般给相对人带来严重的权利减损或者义务课予。征补协议签订后,私主体负担的仅是依约搬迁的义务,这一义务的可变利益也仅可能在期限上,更何况与有权主体亲自签订时的结果差别可能性极小。因此,在特殊的征补协议订立事项上,无需要求代理事项必须公开,而要求代理组织在行为当时表明身份即可。

至于表明何种身份,是有权签约的行政组织身份还是其作为代理人的身份,则关系到代理理论上的显名原则。公法上的代理显名原则,是对民事代理理论的借鉴。[50] 民法理论上认为,代理人为被代理人实施法律行为时,为保护交易第三人的利益,原则上须显示被代理人的名义。但是,显名原则旨在保护第三人,当本人名义是否显示对于第三人的利益状况不构成

〔45〕 德国学者施密特·阿斯曼指出:现代行政组织法"不仅须探讨组织法律形式的外部特征,同时亦须探讨组织内部决定作成之机制以及组织内部程序之法律本质"(〔德〕施密特·阿斯曼:《秩序理念下的行政法体系建构》,林明锵等译,北京大学出版社 2012 年版,第 239 页)。

〔46〕 参见张琨盛:《行政法学另一种典范之期待:法律关系理论》,《月旦法学》2005 年第 6 期。

〔47〕 参见〔德〕迪特尔·梅迪库斯:《德国民法总论》,邵建东译,法律出版社 2000 年版,第707-708页。该书同时也说明,第三种方式严格来说仍然属于第一种方式,因为事实公开并不构成意思表示。

〔48〕 参见前引〔46〕,张琨盛文。

〔49〕 《行政许可法》第 24 条:"……委托机关应当将受委托行政机关和受委托实施行政许可的内容予以公告。"

〔50〕 参见前引〔42〕,盐野宏书,第 25 页。

影响时，也允许显名原则的例外。[51]　在行政法律关系中，行政行为实施主体须显名意在保护行政相对人及利益相关人自不待言，在征补协议中，如若显名不影响私主体的利益时，不妨允许类推适用例外规则。

首先，征收补偿协议的目的在于补偿被征收人因房屋征收带来的财产损失和生活不便，被征收人以按约定期限搬迁从而移转房屋占有作为对待给付义务，受托组织未表明代理身份并不影响协议的订立与履行。其次，补偿内容具有法定性，也是被征收人利益的核心构成，而它并不受是否显名的影响。最后，如若后续引发协议之诉，按照《行政诉讼法》第 26 条和《最高人民法院关于适用〈行政诉讼法〉的解释》第 20 条的规定，代理组织虽然以自己名义订约，依然由被代理的行政机关作被告，因而是否显名也不会影响协议相对人的审级利益。因此，代理组织实施签约时，是否显名不影响被征收人的利益状况。在构成显名原则的例外情形下，代理关系的成立亦不受到影响。

借助代理理论及其显名原则的例外进行分析[52]，可以得出，有权机关委托或者设立的组织以自己名义订立的征补协议，此时行政一方的真正主体还是法定的有权主体。

（四）审查思路的建构：一个公私法相融贯的方案

将征补协议在债法体系内加以定位，在本质上厘清其与民事合同的区

---

〔51〕　关于显名原则及其例外，参见朱庆育：《民法总论》，北京大学出版社 2016 年版，第 335-336 页。另需说明的是，以自己名义为他人利益的行为在民法理论上还有"间接代理"（隐名代理）与之对应，但是间接代理并非纯正的代理，与代理的法律结构相去甚远，委托人与第三人之间不存在直接的法律关系。这点难以解释此处的代理情形，因而不再考虑类推适用。（关于间接代理，参见朱庆育书 335 页以下）

〔52〕　针对本文所研究的协议行政一方的情形，也有学者注意到司法实践中直接运用"视为委托"的司法解释转换被告的处理方式不妥，提出类推民事合同中法定代理人追认行为能力不足的人所订合同，或者被代理人追认无权代理人订立合同，由有权机关追认来决定合同效力状态的解释路径（参见陈无风：《司法审查图景中行政协议主体的适格》，《中国法学》2018 年第 2 期）。该解释路径不无多处疏漏：首先，这两种借以类推的情形有本质区别，前者追认补足的是行为能力，补足之后合同主体就是原本行为能力不足的人；后者追认补足的是代理权，补足之后合同主体是被代理人，该学者并未指明到底类推何者。从其在合同主体系有权机关的观点上，似乎可以推知此处类推的是无权代理的追认。其次，该文表明追认可在事后亦可在事前，若是事前追认即是代理权之授予，则并非无权代理的情形了。最后，代理行为以代理人名义，这一处于解释出发点上的问题，却根本上被忽视了。

别及联系,实为必要。对于行政一方,根据债的相对性原则及行政职权法定原则,市县级政府或房屋征收部门是法定的补偿义务主体和订约主体。但是,若由这两种主体之外的其他组织以自己名义实施签约,也并不必然表明行政协议主体就"不具有行政主体资格",此时应该考虑是否存在代理关系。然则,在司法审判中,经过何种审查可以认定行政协议主体具有行政主体资格呢? 以下试图在法释义学框架内建构一套审查思路。

首先,就行政系统内的授权代理是否需要法律根据的问题,比较法上采否定的观点,因为被代理组织仍对代理行为承担责任,并有指挥监督权,与组织规范的宗旨并不会违背。[53] 我国学界在行政委托的概念下讨论这一问题时,也有观点认为对此无需法律的明确规定。[54] 但我国立法上对此却不甚宽容,行政处罚与行政许可的委托,均要求须有法律、法规、规章的依据。[55] 对于处罚与许可之外的其他行政事项,虽未予立法限制,但也还有论证之需。

现代行政法理论在观察行政任务移转至行政外部组织执行时,认为"何种情形需有法律之基础,应视所移转任务之种类以及整体行政组织结构受侵袭之强度与范围而定",与秩序行政权的移转须有"法律上之基础"不同,给付任务则比较自由,尤其是执行性质的任务,行政得自行决定。[56]对于行政任务在行政系统内部移转执行的现象,亦可以采此标准加以考察。

由协议的内容分析可知,代理组织在征补协议的签订过程中,行使的主要是补偿给付期限和搬迁期限的协商权,这一权利行使的效果与有权机关亲自行使并无多大区别。除了该协商权之外,代理组织承担的是依据法律和有权组织的安排履行补偿给付的义务,倾向于执行性质的任务。代理组织在法律上的地位,仅仅是代有权机关作出意思表示及相应行为,与《征补

---

〔53〕　参见前引〔42〕,盐野宏书,第 24 页。按该书的概念体系,此处"授权代理"应为与法定代理相对的"意定代理"。

〔54〕　参见黄娟:《我国行政委托规范体系之重塑》,《法商研究》2017 年第 5 期。

〔55〕　可参见《行政处罚法》第 18 条、《行政许可法》第 24 条。

〔56〕　参见前引〔45〕,施密特·阿斯曼书,第 240 页。

条例》第 5 条规定的"委托房屋征收实施单位"[57]具有同样的法律效果,代理组织行为的法律后果依然由有权机关来承担,从而对整个行政组织的结构并无多大冲击。此时,在没有法律依据的情况下,亦可允许代理权的授予。

民法理论上认为,代理行为的生效要件包括一般法律行为的生效要件和代理行为的特别生效要件。在一般生效要件中,值得注意的是两项:被代理人须有相应的权利能力和代理人须有相应的行为能力。在特别生效要件中,要求代理人须有代理权,而在意定代理中,被代理人有授予代理权的行为才使得代理权成就。[58]是故,经过代理权可授予性的检讨之后,代理行为是否生效,可归结为三项要件:(1)被代理人须有相应的权利能力;(2)代理人须有相应的行为能力;(3)授予代理权的行为。这三项要件亦可类推适用于公法上的代理行为,但在适用的具体内容要求上,与民事主体的权利能力与行为能力的来源有所区别的是,行政组织的权利能力与行为能力完全系于法定,诉之于并受制于行政法上的组织规范、根据规范与规制规范。[59]

在征补协议中,市、县级政府或其确定的房屋征收部门在协议订立事项上具有行政主体资格,依法具备订约的权利能力[60],所以也仅有它们才能作为被代理人。在代理人的行为能力上,因被设机构或下级政府在法律地位上与《征补条例》第 5 条中的"房屋征收实施单位"具有等同性,所以,《征补条例》对"房屋征收实施单位"的要求——"不得以营利为目的",同样应适用于它们。随着征收补偿相关立法的完善,后续若对房屋征收实施单位资质等相关问题有统一规范,[61]这些规范要求也应一并适用于被设机构或下级政府。至于代理权授予行为,在行政实践中有丰富的形式,有的通过规范

---

〔57〕 《征补条例》所主张的"房屋征收实施单位",应是指具有独立法人地位及相应专门资质的单位,可以是企事业单位、其他组织,但是内设机构、派出机构不宜称为"单位"。(参见前引〔10〕,江必新书,第 58-59 页。)所以,当委托专门公司时,符合该条的本旨,故而未在文中进行讨论。

〔58〕 参见前引〔41〕,梁慧星书,第 231-232、235-236 页。

〔59〕 参见[日]盐野宏:《行政法总论》,杨建顺译,北京大学出版社 2008 年版,第 46-47 页。

〔60〕 一般认为,行政主体的权利能力指独立行使行政权的资格。参见余凌云:《行政主体理论之变革》,《法学杂志》2010 年第 8 期。

〔61〕 实务界已有观点呼吁对此进一步立法,参见前引〔10〕,江必新书,第 58-59 页。在《行政处罚法》中,对受托组织已经有了相对完善的条件限制,参见该法第 19 条。

性文件的发布,[62]有的是行政系统内部的批文。[63] 如前所述,因订立征补协议事项本身的特殊性,授权行为是否对外公布并不重要。但是,有鉴于行政活动的审慎性要求,授予代理权的行为必须通过书面或其他正式的方式。

总结而言,审查行政一方借由代理所签订的行政协议的行政主体资格时,须逐一检视四项内容:代理权的可授予性、被代理组织的权利能力、代理组织的行为能力、是否存在正式的代理权授予行为。另外,在裁判中还需论证,代理组织未显名对协议私主体的利益状况不构成影响,以解释对代理组织以自己名义行为最终认可的理由。

而遗憾的是,目前的行政审判实践,对行政协议中行政主体资格的审查存在偏狭,主要表现在对行政内部关系的深层观察的缺失。如在本文检索到的 10 则行政主体瑕疵的案例中,没有一则对订约权行使时行政内部主体及其关系有系统的审视。一个欠缺深层观察的更直接表现是,仅依据协议文本上的主体来划分协议的性质,不考察协议文本上的主体与行政机关的内部关系,甚至不顾协议内容的公法属性。[64] 此时,一个较为妥恰的审查方案,是司法实践的迫切之需。

---

〔62〕 如案例 E-Y:2 中,即有太和县政府制定并公布的《太和县城市规划区内集体土地征收房屋拆迁补偿安置暂行办法(修订)》,其中第 2 条规定:"被征收项目所在的乡镇政府、经济开发区管委会为拆迁补偿安置实施主体,按照属地管理原则,负责做好……协议签订等工作。"(参见"太和县人民政府网"http://www.taihe.gov.cn/openness/detail/5620ad837f8b9a4a74cf26e8.html,2019 年 9 月 14 日访问。)

〔63〕 如案例 I-N:2 中,是中共郴州市委机构编制委员会郴编〔2009〕9 号关于设立郴州市征拆中心的批复文件中的规定。

〔64〕 最高人民法院曾在裁判中认为:"合同签订主体均不是行政机关,故该合同显然不属于行政协议,因此亦不属于行政诉讼受案范围。"参见最高人民法院〔2017〕最高法行申 502 号行政裁定书。该案协议双方主体是某村委会与某公司,而协议所涉内容是征用土地。该案判决的合理性颇有疑处:且不说以协议主体作为行政协议定性标准并不妥当(参见余凌云:《行政协议的判断标准》,《比较法研究》2019 年第 3 期),即使在主体资格审查时,也因欠缺法律关系的深入分析,而未考察到村委会与行政机关是否具有委托代理关系,使得本具有公法属性的土地征用事项直接被排除在行政救济之外。

五、"实施主体不具有行政主体资格"的再解释

　　以上对行政协议种类之一的房屋征收补偿协议进行了微观考察，并对其中行政主体瑕疵的司法案例展开了聚焦式的分析。案例分析不仅可以达到实际适用法律的效果，同时也是发现实定法中的问题并进行研究的过程，是释义学得到运用、检验和发展的过程。[65] 通过本文研究发现，行政协议的法律适用问题十分特殊，单纯的公法规范并不能够完全适用。相应地，既有的公法规范运用于行政协议时，也需要新的释义学方案。

　　在行政行为的合法性审查中，主体资格是审查的核心要素之一。"实施主体不具有行政主体资格"，是《行政诉讼法》第 75 条明文列举的行政行为无效的情形。但其具体所指，该法并未明确。最高人民法院有实务观点认为，"这里的'不具有行政主体资格'指的是完全不具有行政主体资格的情形，区别于有行政主体资格但无相应职权的情形（应以"超越职权"而作出撤销判决）"[66]，这种解读符合将行政行为无效与一般违法界分开来的立法目的[67]。

　　在司法实务中，没有法律、法规、规章授权的内设机构以自己名义独立对外作出行政行为，通常会被认为是欠缺主体资格。在《行政诉讼法》规定确认无效判决之前，实践中会通过撤销判决来使行为不生效力。如中国行政审判案例第 21 号"陈炯杰诉浙江省教育考试院教育行政处理案"中，针对考试机构的内设机构对相对人作出的确认考试成绩无效的行为，最高人民法院认为，法律、法规、规章并未授权该内设机构可以自己的名义独立作出涉及公民、法人或者其他组织权利义务的具体行政行为，"行政内设机构以

---

　　[65]　参见［德］Detlef Leenen：《请求权结构与制定法：案例分析法与制定法的互动》，贺栩栩译，《法律方法》第 19 卷，山东人民出版社 2016 年版，第 69 页。

　　[66]　江必新、邵长茂：《新〈行政诉讼法〉修改条文理解与适用》，中国法制出版社 2015 年版，第 280 页。

　　[67]　参见信春鹰主编：《中华人民共和国行政诉讼法释义》，法律出版社 2014 年版，第 199 页。

自己名义对外执法，主体资格欠缺"。[68] 又如，在中国行政审判案例第 150 号"彭锋诉新疆维吾尔自治区哈密市国土资源监察大队土地行政处罚案"中，最高人民法院在裁判要旨中直接指出："行政机关内设机构在没有法律、法规授权的情况下，以自己的名义对外实施行政处罚，属超越职权，依法应予撤销。"[69] 而在确认无效判决被立法规定之后，实践中对此则出现确认无效判决。[70] 学理上，对此也予以肯定。[71]

可以明显看出的是，这两则案例都属于侵益行政的领域。侵益行政，对私主体而言具有严重的权利减损或义务课予性质，须由正式立法授权的行政机关或者基于正式立法而委托的其他组织作出[72]，方具备民主正当性。而行政协议却更多地是双方基于协议而互负对待给付义务，甚至是使私主体纯获法律上利益的（如给付行政领域），在此意义上，可能要求不同于侵益行政的处理规则。[73] 更何况，在一些能够运用代理显名原则的例外进行解释的情形中，协议法律关系的主体依然是授予代理权的行政主体；此时的名义主体与侵益行政时的名义主体，虽然本身都不具备行政主体资格，但行为的法律效果却大相径庭。

所以，将行政行为无效的规则直接适用于行政协议，不甚妥当。学界有观点主张，行政契约中的行政主体应从宽解释，接受委托代理行使行政权的组织或法人也可以包括在内。[74] 但是这种解释方案，既没有理清代理行为

---

〔68〕 中华人民共和国最高人民法院行政审判庭编：《中国行政审判指导案例》（第 1 卷），中国法制出版社 2010 年版，第 105-107 页。

〔69〕 中华人民共和国最高人民法院行政审判庭编：《中国行政审判指导案例》（第 4 卷），中国法制出版社 2012 年版，第 155-158 页。

〔70〕 参见浙江省新昌县人民法院〔2018〕浙 0624 行初 114 号行政判决书；浙江省绍兴市中级人民法院〔2019〕浙 06 行终 14 号行政判决书。

〔71〕 参见王贵松：《行政行为无效的认定》，《法学研究》2018 年第 6 期；梁君瑜：《论行政诉讼中的确认无效判决》，《清华法学》2016 年第 4 期。在 2014 年修改《行政诉讼法》之前，有学者关注到这种实践情形，并建议日后修法时将"不具有行政主体资格"作为一个独立的审查根据。参见前引〔2〕，何海波书，第 250-251 页。

〔72〕 例如，《行政处罚法》第 15-19 条中的一系列限制性规定。

〔73〕 在最高人民法院的裁判中，有行政职权要求上区别对待的观点："损益性行政行为'法无明文授权'即属'超越职权'，授益性行政行为不能一概适用这一标准。"参见最高人民法院〔2016〕最高法行申 3007 号行政裁定书。至于在主体资格层面，是否也存在这样的区别对待问题以及如何区别对待，都还有待进一步的思考与研究。

〔74〕 参见施建辉：《行政契约缔结论》，法律出版社 2011 年版，第 76 页。

的法律关系,又难以通过行政职权法定原则的检验。

回归《行政诉讼法》第 75 条,着眼于该条的"实施主体",发现它其实并不是一个明确的法律概念。

最高人民法院的实务观点曾特别提醒:"实施主体"是指"作出主体",并举例将行政内部行为和事实行为的实施主体排除在外。[75]照此理解,"行政行为实施主体"文义上亦即,作出具体行政行为(区别于内部行为与事实行为)的主体。将行政内部行为与事实行为排除在外,有其道理:行政内部行为通常不属于行政诉讼受案范围;[76]事实行为因欠缺旨在发生某种法律效果的意思表示,而无法进行效力判断,所以,仅适用确认违法判决而非无效判决。[77]可见,从"实施主体"到"作出主体"的限缩,实际上是基于行政诉讼受案范围和判决方式的固有思考,并不能用以解决多重法律关系时主体之间的复杂问题。

学界则从法规范的分析入手,研究得出:"'实施'是一个应用极其广泛的法律概念。在法律上被要求负责'实施'的主体,有可能是应当为'实施'的后果独立承担法律责任的,也有可能是不能以自己名义'实施'特定行为,也不能以自己名义独立为'实施'后果承担法律责任的。"[78]所以,事实上的行为主体与法律上的责任主体都可能被视为"实施主体"。这一研究结论,也使得多重法律关系时的多个主体都可以被观察到。

在融入私法因素的行政协议场合,民事主体为扩张私法自治[79]而发展的代理制度常常被运用,行政一方寻找代理人与私主体订立协议的现象大

---

〔75〕 参见梁凤云编:《新〈行政诉讼法〉逐条注释》,中国法制出版社 2017 年版,第 606 页。该书提到,"实施主体"与"作出主体"在一些特定情形下会不一致,举例《城乡规划法》第 68 条中,县级以上人民政府、有关部门分别是"责成"与"查封、强制拆除等措施"的实施主体,但作出责令停止建设或限期拆除决定的"城乡规划主管部门"才是行政行为的作出主体。

〔76〕《最高人民法院关于适用〈行政诉讼法〉的解释》第 1 条:"下列行为不属于人民法院行政诉讼的受案范围:……(五)行政机关作出的不产生外部法律效力的行为"。

〔77〕 参见江必新:《行政行为效力判断之基准与规则》,《法学研究》2009 年第 5 期。依该文观点,行政事实行为并无创设行政法律关系的意图,不发生行政法上的效果,因此不能进行效力判断,属于"不具有可撤销内容的行政行为",依法只能判决确认违法。

〔78〕 参见前引〔20〕,沈岿文。

〔79〕 在民事代理中,代理制度还有一作用:在本人行为能力不足时,借助代理补足私法自治。(参见前引〔41〕,梁慧星书,第 216-217 页。)在行政活动中,几乎不存在一个行政主体本身不具有行为能力的情形,所以行政主体借助代理制度,更多的是为了扩张行为能力。

量存在,不复行政行为须行政机关"亲力亲为"的传统模式了。此时,事实上的行为主体与法律上的责任主体是相分离的,"实施主体"所为行为的效力该怎样认定呢?

如本文所研究的,因代理(行政委托)关系的介入,使得事实上的行为主体与法律上的责任主体相分离,此时对借由代理所实施的行政活动进行效力判断,应该借鉴民法经验,将代理结构展开,对代理组织与被代理组织的主体资格都要有所审视。在主体资格层面,代理组织的行为能力与被代理组织的权利能力是影响代理行为效力最为关键的因素。

所以,面对这种行政协议中经常出现的代理情形,该条未区分事实上的行为主体与法律上的责任主体,而笼统要求具备"行政主体资格"的规定,是不能够适应的。学界建议将"行政主体资格"解释为"主体资格"的观点[80],可资采纳。还应当更进一步,对于不同的"实施主体"的主体资格区别对待:事实上的行为主体,要求具备相应的行为能力,即实施相应行为所需的资质和条件;法律上的责任主体,要求具备相应的权利能力,即行政主体资格及行政职权。

在事实上的行为主体与法律上的责任主体相分离的情形下,导致行为无效的"实施主体不具有主体资格"应指两种情形:事实上的行为主体不具有相应的资质和条件,或者法律上的责任主体不具备行政主体资格。反之,当事实上的行为主体以自己名义实施特定的行为时,如果其具有相应的行为能力,法律上的责任主体也具备相应的权利能力,而且名义瑕疵问题能够运用代理显名原则的例外进行解释,那么,该行为并不具备因这种名义瑕疵而置于无效之地的必要性。

六、结　语

随着行政任务执行方式的转变,行政行为的实施主体会趋于多样化。

---

〔80〕　参见杨建顺:《"行政主体资格"有待正确解释》,《检察日报》2015 年 4 月 8 日第 007 版。该文举例认为:在行政委托时,实施主体可能并不具有行政主体资格,一概被认定为"重大且明显的违法"而判决无效,实不合理。

面对一些不再由具有行政主体资格的行政机关或者法律、法规、规章授权的组织直接参与的行政活动,在行为的性质及效力认定问题上,如果固守传统的行政法原理,可能已经难以满足行政实践的需求了。此时,借鉴以法律关系分析见长的民法理论,显得十分必要。通过法律关系的精细分析,有助于明确行为责任的归属主体,从而对行为的性质进行准确把握,使民事的归民事、行政的归行政;同时,通过法律上的责任主体的确定,又会有助于诉讼案件获得应有的救济。

行政协议,因其内含着协议(合同)的固有程序,使得我们对其进行研究应该采取动态的视角、过程的思维,以及多方考察的理念。将目光积聚于行政一方的传统观察视角及由此衍生的传统行政程序理论,可能都已经不再适应于行政协议。而对行政一方行为的观察,仅采用"瞬间捕捉"发生外部关系的那一个点[81]的方式也显得捉襟见肘。将行政内部与外部严格划分,忽视行政决定作出时行政内部法律关系对外部行为的影响,则"无法关照到现代行政的动态性和程序性"[82]。在方法论层面上,现代行政法学理上兴起的法律关系理论,或可为我们研究行政协议提供更为有益的启发。

表 2　相关裁判文书编号及其对应的案号

I-N:1-5	1.最高人民法院行政裁定书〔2017〕最高法行申 6280 号;2.最高人民法院行政裁定书〔2017〕最高法行申 4129 号;3.最高人民法院行政裁定书〔2017〕最高法行再 49 号;4.最高人民法院行政裁定书〔2017〕最高法行申 6350 号;5.最高人民法院行政裁定书〔2017〕最高法行申 5396 号
I-Y:1-2	1.最高人民法院行政裁定书〔2016〕最高法行申 463 号;2.最高人民法院行政裁定书〔2016〕最高法行申 2719 号
E-N:1	1.最高人民法院行政裁定书〔2017〕最高法行申 5861 号
E-Y:1-2	1.最高人民法院行政裁定书〔2017〕最高法行申 6395 号;2.最高人民法院行政裁定书〔2017〕最高法行申 2289 号

(特约编辑:张怡静)

---

〔81〕　H. Bauer, Verwaltungsrechtslehre im Umbruch? Die Verwaltung 25 (1992), S. 301ff. 转引自前引〔46〕,张琨盛文。

〔82〕　赵宏:《法律关系取代行政行为的可能与困局》,《法学家》2015 年第 3 期。

公法上的法系

［德］赖纳·格罗特 著* 马立群 译**

一、引言:法系理论的功能与发展

在私法领域早已被熟知的法系(Rechtskreise)或者法律家族(Rechtsfamilie 以下译文简称"法族")[1]理论旨在实现这一目标:通过确定本质上和结构上的共同点,从而将大量现有的法律秩序归入少数的基本类型。[2] 法系的建构首先实现了这一整序课题,即通过法系建构可以对不

* 赖纳·格罗特(Rainer Grote),德国马克斯·普朗克比较公法与国际法研究所教授,法学博士。在本文翻译过程中,作者和该研究所图书馆原馆长约阿希姆·施维茨克(Joachim Schwietzke)对文中的法语注释和其他问题进行了耐心的解释,特此感谢。本文原载于德国法学期刊《公法档案》(Archiv des öffentlichen Rechts),第 126 卷,2001 年第 1 期,第 10-59 页。

** 西南政法大学行政法学院,法学博士,副教授,德国海德堡大学、德国马克斯·普朗克比较公法与国际法研究所访问学者。基金项目:国家社会科学基金青年项目"行政诉讼判决效力理论与实证研究"(16CFX020)。

[1] 这两个概念几乎普遍在同义上被使用。参见 K. Zweigert/H. Kötz, Einführung in die Rechtsvergleichung auf dem Gebiet des Privatrechts, 3. Aufl. , 1996, S. 62; M. Rheinstein, Einführung in die Rechtsvergleichung, 2. Aufl. 1987, S. 15; R. David, Les grands systèmes de droit contemporain, 1964, S. 13,在该书中"systèmes de droit"和"families de droits"两个概念在内容上是相互吻合的。不同观点参见 L. -J. Constantinesco, Rechtsvergleichung, Bd. Ⅲ, Die rechtsvergleichende Wissenschaft, Saarbrücken, 1983, S. 74 ff. ,在该著作中作者将法族(Rechtsfamilie)界定为法律秩序(Rechtsordnung)和法系(Rechtskreis)之间的中间类型(Zwischenkategorie)。例如,罗马、拉丁美洲、北欧和日耳曼的法律都有自己的法族,但它们属于同一法系,即欧洲大陆法系,因为它们具有相同的决定性要素,并且仅在次要要素方面相互之间存在差异。这种判断同样适用于英美法系,该法系由英国法族和美国法族构成。

[2] R. David (同上注[1]), S. 13; L.-J. Constantinesco (同上注[1]),S. 74.

可枚举的法律体系进行划分并使其清晰简明。[3] 同时,确定某些法律体系共有的、可以将其与其他法律体系相区分的典型构造特征,应有助于更全面地了解法律现实。[4] 除此之外,法系的建构被赋予了以下任务:为具体的规则、规范或者制度进行比较研究创造条件——即所称的微观比较。[5] 如果不了解制约规范和制度的结构背景,进行微观比较可能将毫无意义。[6] 最后特别是在法语区,在各种法系的塑造(Herausarbeitung)中可以发现比较法学真正的认知对象,该认知对象能够使比较法学被定义为独立的法学基础学科。[7]

在 19 世纪末学理界已经开始寻找对不同的法律秩序进行分类的标准,并试图通过这种方式描绘一幅"法律世界地图"。但是,截止目前,对与之相关的决定性标准依然没有形成共识。然而,从起源-历史或者起源-种族的解释路径可以获得法律内容和法律结构上的各种分类标准,当法律制度的相似性基于各民族共同的历史或种族时,不同的法律秩序则存在相关性。[8] 在第二次世界大战之后,阿尔曼戎、诺尔德和沃尔夫(Arminjon/Nolde/Wolff)提出的方法尤其具有影响力。他们试图借助语言学中的谱系分类方法[9]确定不同的"法律辐射中心"。这些法律辐射中心是指这样一些法律秩序:这些秩序处于立法和法教义学发展的较前阶段,并且通过征服、殖民或效仿,对其他法律秩序产生了决定性的影响,这些其他的法律秩

---

[3] K. Zweigert/H. Kötz (同上注[1]), S. 62.

[4] L.-J. Constantinesco (同上注[1]), S. 464.

[5] L.-J. Constantinesco, Les éléments déterminants en tant que critères fondant la science du droit comparé, Mélanges Vallindas, 1976, S. 240 f. 根据该著作中的定义,微观比较是指对不同法律秩序中的法律规范或者法律制度进行并列比较;宏观比较研究不同法律秩序的基本结构及其特定的形式。与之不同,根据达维德(David)的观点,微观比较涉及同一法族内各种法律秩序的比较,而宏观比较涉及对属于不同法族的法律秩序进行比较。参见 David(同上注[1]), S. 17.

[6] L.-J. Constantinesco (同上注[1]), S. 464.

[7] P. Arminjon/B. Nolde/M. Wolff, Traité de droit comparé, Bd. 1, Paris 1950, S. 42: "比较法作为一门独立的科学,其任务必须以对世界上存在的各种法律制度进行分组和类型化为基础。"另参见 L.-J. Constantinesco (同上注[1]), S. 74.

[8] 对新旧分类标准的详细论述,参见 L.-J. Constantinesco (同上注[1]), S. 74 ff.

[9] P. Arminjon/B. Nolde/M. Wolff (同上注[7]), S. 48: "目前语言学家已获得一致认识:唯一具有价值和效用的语言分类是将语言细分为家族的族谱分类方式。通过这种方式,人们能够对或多或少存在差异的一些语言进行整体性描述,这些语言可以推动一个共同的语言向前发展。这也是我们建议的分类原则。"

序继受了法律辐射中心的法律观念，并且和它们一起构成了法族(Rechtsfamilien)或法系(Rechtskreise)。以此为基础，阿尔曼戎、诺尔德和沃尔夫在世界范围内划分了七个主要的法系，除了法国法系、日耳曼法系、斯堪的纳维亚法系、英国法系外，还包括伊斯兰法系、印度法系以及受苏联法律影响的法系。[10] 与其他比较法学者不同，勒内·达维德(René David)在学术上致力于对"当代主要法律体系"(这也是他代表作的标题[11])的确定和描述。他区分了作为法律秩序基础的哲学、政治、经济原则和在各自的法律秩序中铸造法律人职业的法律技术。[12] 结合这两个标准达维德确认了三个主要法系，即罗马—日耳曼法系、社会主义法系和普通法法系。此外，在"宗教和传统法"这一上位概念下概括了其他四个法系，包括伊斯兰法系、印度法系、远东法系和非洲与马达加斯加法系。[13]

在关于法系的讨论中由康拉德·茨威格特(Konrad Zweigert)提出的"风格理论"(Stiltheorie)最终产生了至关重要的意义。[14] "风格理论"不是根据一个或者两个划分标准对法系进行分类，而是通过既包括遗传—起源史也包括法律的结构特征在内的一系列要素进行分类，这些要素作为整体构成了一个法律秩序的"风格"。茨威格特和克茨(Zweigert /Kötz)有一套具有影响力的比较法的整体理论，而"风格理论"是其基础。"风格理论"包括了以下构成要素：法律秩序的历史发展、特定的法律思维方式、法律秩序的特质尤其是具有代表性的法律制度、法律渊源的性质及其解释方法，以及在法律规则中体现出来的有关经济和社会生活良好秩序的基本理念。正如其主张者所承认的那样，"风格理论"仅仅是对阿尔曼戎、诺尔德和沃尔夫所作分类进行了略微改动：苏联法系已不复存在，作为替代，中国法与日本法

〔10〕 P. Arminjon/B. Nolde/M. Wolff（同上注〔7〕），S. 48 ff.

〔11〕 Les grands systèmes de droit contemporain, 9. Aufl. 1988（第九版与 C. Jauffret-Spinosi 合著）；德文译本由 G. Grassmann 等翻译：Einführung in die großen Rechtssysteme der Gegenwart, 1966 年初版，并在 1988 年再版。译者注：中文译本参见［法］勒内·达维德：《当代主要法律体系》，漆竹生译，上海译文出版社 1984 年版。

〔12〕 R. David（同上注〔1〕），S. 16.

〔13〕 R. David（同上注〔1〕），S. 18 ff.

〔14〕 K. Zweigert, Zur Lehre von den Rechtskreisen, in: K. Nadelmann/A. v. Mehren/J. Hazard, XXth Century Comparative and Conflicts Law-Legal Essays in Honor of Hessel E. Yntema, 1961, S. 42 ff.

被新划分为各自独立的法族(Rechtsfamilien)。[15]

二、传统法系学说的缺陷

对于这种尝试,即根据起源史上的关联性以及/或者法律内容或者法律技术上的共同性来建构跨越国家和地区的各种法系,并非没有质疑。这些质疑既涉及作为分类基础的区分标准的选择问题,也包括整体上进行法系划分的目的和意义。针对风格理论首先存在这一质疑——这种方法的支持者也承认——应当将哪些要素确定为风格构成要素,即哪些要素对于描述被研究法律秩序的特征具有重要性,这取决于研究者的一种主观判断,因此不能解释,为什么一个法律秩序的某些要素客观上是重要的。但是,为某些结构要素的客观重要性提供一种合理的依据,是不受每个比较者的爱好和偏见影响、科学地建构法系的前提。[16] 此外,传统的法系学说对欧洲和北美以外法律体系分类的恰当性也受到了普遍质疑。非洲、亚洲和拉丁美洲法律秩序的典型特征是:除了被官方移植的欧洲法外,本土法律文化仍然全部或者部分的存在。这些本土法律文化要么是正式法律的一部分,要么作为广大民众实际生活中遵守和应用的法决定了该国的法律文化。传统的法系学说可能无法对这种复杂的混合状态(Gemengelage)以及由此对继受法的实效性产生的后果进行应有的考虑。[17]

从传统法系学说的以上缺陷可以得出不同的结论。部分学者坚持法系建构这一目标,但是建议采用不同的、系统性的方法。为了能够合理地确定各个法律秩序的特殊性,必须区分法律秩序的决定性要素和可替代性要素。决定性要素通过以下方式与可替代性要素相区分,即决定性要素并不局限

---

〔15〕 K. Zweigert/H. Kötz (同上注〔1〕),S.73. 译者注:中文译本参见〔德〕K・茨威格特、H・克茨:《比较法总论》,潘汉典、米健、高鸿钧、贺卫方译,贵州人民出版社 1992 年版、法律出版社 2003 年版、中国法制出版社 2017 年版。

〔16〕 L.-J. Constantinesco, Über den Stil der „Stiltheorie" in der Rechtsvergleichung, ZVglRWiss 78 (1979), 154/159ff.

〔17〕 B.—O. Bryde, Rechtssysteme, in: D. Nohlen (Hrsg.), Lexikon der Politik, Bd. 4, Die östlichen und südlichen Länder, hrsg. von D. Nohlen/P. Waldmann/K. Ziemer, 1997, S. 451.

于某一法律秩序内的技术性功能(尽管它们也总是有这一功能),而是同时还标定了该法律秩序的目的以及由其所预设的伦理—目的秩序(ethisch-teleologische Ordnung)。[18] 这种意义上的决定性要素包括:法律的结构、功能和目的之基本理念,意识形态的作用,社会现实和法律解释之间的关系,经济宪法,社会组织的角色,国家、权力以及它们之间的关系,人性图像(Menschenbild),法律渊源,法官的地位以及法律思维方式。[19]

与上述学者的观点不同,其他一些学者对这种尝试原则上持保留意见,即将欧洲和北美以外法律体系的多样性通过法族(Rechtsfamilie)的分类使其成为一个有意义的秩序。这种目标或许可以通过类型学来实现,其必须至少考虑以下三个比较层面:(1)法律概念、教义学和法律形式,亦即制定法律、作出判决、辩护陈词的方式。从这一视角出发,在全球范围内越来越清晰地表现出只有两种法律体系,即普通法系和大陆法系(在此存在进一步"精细化区分"的可能性)。(2)存在本土法律,如伊斯兰法、印度法、远东法、非洲法、印度尼西亚法、海洋或印第安法等,以及继受法对本土法的承认或者排挤。由于后殖民国家的种族多样性,存在大量的混合形式,例如,在非洲有伊斯兰法和非洲法,印度尼西亚有伊斯兰法和习惯法(Adat)等。(3)相关国家的政治经济(politische Ökonomie)和政治体制。一方面,政治体制的类型意味着法律精英或多或少的自主地位,另一方面,这些精英和特定的经济利益存在联系,因此,这两方面都对精细化区分具有重要意义。[20]

有些学者坚持将法系划分作为梳理庞杂法律秩序的手段,但因受到由此带来的各种质疑以及不断产生的新的分类建议的影响,其倾向于将他们使用的分类标准的重要性相对化。因此,茨威格特和克茨将法系分类视为一种"粗略的辅助工具",其必须有保留地使用。如果人们试图把诸如现存

---

〔18〕 L.-J. Constantinesco(同上注〔1〕), S. 241 ff.

〔19〕 具体的论述参见,L.-J. Constantinesco(同上注〔1〕), S. 269 ff. 目的论在不同法律秩序中的作用,参见 L.-J. Constantinesco, Ideologie als determinierendes Element zur Bildung der Rechtskreise, ZfRV 19 (1978), 161 ff.

〔20〕 B.-O. Bryde(同上注〔19〕), S. 453. 根据布赖德(Bryde)的观点,基于这种类型学,在第三世界中可以划分许多可被明确界定的体系类型——除古巴外的拉美体系,法语区的亚撒哈拉地区(frankophones Schwarzafrika)等。然而也必须承认,在第三世界中存在大量的特殊情形。

的法律秩序等这样一些如此复杂的现象归入某个不得已而格式化的外部秩
序时，这种有保留的使用总是有意义的。分类标准的选择在很大程度上取
决于各个比较法学者在其描述中所追求的目的。[21] 对于这一观点，茨威格
特和克茨可能借鉴了勒内·达维德的观点。达维德在其晚期著作中明确承
认，所有在更高层级观察视角下对法律秩序进行的分类都存在相对性。[22]

三、公法上的法系：
私法和公法体系比较问题上的共同点与区别

迄今为止进行的法系建构始终都是以私法为基础的。关注这一问题的
学者普遍认为，将私法上采用的分类方法套用至公法的法律素材上是有问
题的。阿尔曼戎、诺尔德和沃尔夫曾强调，他们所提出的分类方法只有适用
于私法领域时才有价值，而在宪法与行政法、刑法和财政法领域，根据奠定
这些子体系基础的各种发展原则，在法系建构上肯定存在其他的答案。[23]
与以上观点指向相同，茨威格特和克茨强调划分法系时在实体法领域存在
相对性，与之相关的论据是，在同一法律秩序内可能私法属于一个法系，而
宪法则属于另一个法系。[24]

在对各种私法问题的这种定位中，在个别情形中已经看到了法系学说
的一个根本性缺陷。[25] 但是，如果要尝试弥补这一缺陷，则必须在一个囊
括私法和公法结构要素的观察框架内进行，换句话说，采用一种描述整个法

---

　　[21] K. Zweigert/H. Kötz（同上注[1]），S. 72.
　　[22] R. David/C. Jauffret-Spinosi（Fn. 11），S. 22：“法律家族”这一概念与生物学上的现实
并不相符。这一概念仅用于教学目的，以强调在不同法律体系之间存在的相同点与不同点。在这
种情况下，不同的分类具有其各自的优点。这一切取决于人们进行分类时所处的语境，以及对于不
同的观察者而言占主导地位的观察视角。康斯坦丁内斯库（Constantinesco）批评这种相对化的立
场是“完全不可理解的”。参见 L.-J. Constantinesco（同上注[1]），S. 120.
　　[23] P. Arminjon/B. Nolde/M. Wolff（同上注[1]），S. 47.
　　[24] K. Zweigert/H. Kötz（同上注[1]），S. 64.
　　[25] L.-J. Constantinesco（同上注[16]），160，171 f.

律秩序特征的观察方式。[26] 然而,专门针对比较公法中特殊需求的、涉及法系建构的要件和界限的讨论,至今尚未开展。展开这一领域的讨论时,首先应当分析,是否以及何种程度上比较私法上设定的分类标准具有普遍化能力(verallgemeinerungsfähig),以及它们在必要情况下适用于公法领域会导致哪些后果。对此,应当对不同的问题层面进行恰当区分。

(一)基本问题

第一类复杂问题涉及法律体系在特定社会秩序中的地位。在这方面作为研究核心的是:社会中占据支配地位的法律概念;法律获取和法律传统的形式;相对于其他社会规则体系,法律体系的独立程度和差异程度;法律调控的有效性;被委任来裁决法律问题和法律争议的机构在面对其他社会权力(特别是涉及政治和经济利益)时所具有的自主权。[27] 这也包括欧洲以外的国家继受的"西方"法与本土法、宗教法的关系问题、"官方"法律对民众的可接近性以及法官在解释法律时的地位和功能。[28] 这些问题不仅具有法学的性质,而且也有跨学科的性质,其应当通过法学与民族学、社会学以及政治学的密切合作予以解决。由此获得的结果构成了既包括私法也包括

〔26〕 L.-J. Constantinesco(同上注〔1〕),S. 241 ff. 其方法基于这一前提,即具有决定性的各要素分散在整个法律秩序中。关于"风格理论"的讨论,参见(同上注〔16〕),171 f. 相似的观点参见 M. Fromont,Grand systèmes de droit étrangers,2. Aufl. 1994,S. 3f.

〔27〕 这些方面不涉及规范秩序(Normenordnungen)意义上的法律体系,而是涉及作为实证法律秩序来源(基础)的法律传统以及法律文化。J. Merryman 对法律传统(legal tradition)作了如下定义:"法律传统……不是关于合同、公司和犯罪的一套法律规则,尽管这些规则几乎总是在某种意义上反映了这种传统。相反,与其相关的是法律性质、法律在社会和政体中的作用、法律制度(legal system)的组织和运作、以及关于法律应该如何制定、应用、研究、完善和教授的方式。法律传统将作为文化一部分的法律制度与法律文化相连接,它将法律体系置于文化的视角。"法律文化的概念(legal culture)也具有同样的指向,例如 L. Friedman 认为,法律文化是……在某些给定的人群范围内,有关对法律、法律体系和法律制度的观点、态度、价值观以及评价。参见 L. Friedman,Some Thoughts on Comparative Legal Culture, in: D. Clark(Hrsg.),Comparative and Private International Law,Essays in Honor of John Henry Merryman on his Seventieth Birthday,1990,S. 49/53J. Merryman,The Civil Law Tradition,2. Aufl. ,1985,S. 1/2.

〔28〕 有关拉丁美洲国家的相关问题,参见 P. Waldmann,Rechtsunsicherheit,Normenpluralismus und soziale Anomie in Lateinamerika,VRÜ 31(1998),427 ff. V. Gessner,Recht und Konflikt,1976;非洲的相关问题参见 Brun-Otto Bryde,The Politics and Sociology of African Legal Development,1976;东欧的相关问题参见 Gessner,Rezeption westlichen Rechts oder autochthone Rechtsgestaltung in der DDR und Osteuropa?,1990.

公法的比较法的基础。

(二)狭义上比较法的研究范围

狭义上的比较法并不研究法律体系(Rechtssystem)在更大的社会或政治背景——即法律体系的"社会场域"(gesellschaftlicher Ort)——内的地位和功能,而是致力于更好地理解法律体系的内在结构。换而言之,狭义上的比较法以特定法律秩序的差异化为前提,亦即以特定法律秩序的构造作为一个相对独立的社会子体系(Teilsystem)为前提。[29] 迄今为止,对各种法律体系进行比较研究和分类的标准可以划分为三大类。这三大类标准在当代大多数比较法的各种整体理论(Gesamtdarstellungen)中存在不同的组合。这三大类标准分别是:法律体系的起源和发展史;法律体系的技术性装备,即法律渊源的类型,解释和续造法律的方法;构成法律体系实质内容的基本法律原则和制度。以下通过简要的论述指出在这三个关键领域中私法和公法在比较法问题上的相同点和差异。

1. 起源史上的问题

欧洲的法律传统曾经通过殖民主义或者自发继受在世界各地予以传播,这对鉴别和确定私法上的法系产生了重要的意义。[30] 一方面,在欧洲国家,各种重要的民法典形成了不同国家法律传统的结晶点,另一方面这些法典同时也是社会和经济现代性的表达。这种现代性即使在欧洲以外不存在殖民依赖性的国家,曾经看起来也是值得效仿的。大英帝国以前在北美、澳大利亚、新西兰、非洲和亚洲的殖民政策,使这些地区产生了一个熟悉普通法的法律人阶层,这是继受普通法传统不可或缺的前提条件。因此,即使在殖民统治结束之后,英国和法国的私法在许多前殖民地产生了一种明显的惯性力。这种惯性力只能通过这样一种方式予以解释,即这种法律不是简单地仅通过殖民暴力被强制接受的,而是已被本土的法律人阶层接受而

---

〔29〕 L. Friedman (同上注〔27〕),S. 50.

〔30〕 参见 P. Arminjon/B. Nolde/M. Wolff (同上注〔7〕);此外参见 Merryman (同上注〔27〕),S. 2:"在多样性的现有法律传统中,上述三种(大陆法系、普通法系和社会主义法系)尤其引人注目,因为它们产生于强大的、技术先进的国家,同时,它们或多或少地也被传输到了世界其他地方。"

作为自己法律传统的组成部分。[31]

在公法领域,当时不存在可以与各种重要的私法典相提并论的法典化现象,这种私法上的法典化现象可能是当时全面继受运动的关联点。与私法可以追溯到罗马法悠久传统的学术研究相比,行政法的体系性研究在欧洲大陆国家起步非常晚。[32] 尽管自 19 世纪以来法国和德国等国家一再尝试对一般行政法进行全面的法典化,但是当时的研究无法为其创造基础。[33] 因此,行政法上的继受从一开始仅针对个别制度或者某些子领域,这些制度或者子领域能够相对容易地适应继受国家的某些特定需求。[34] 宪法上的情况有所不同,自 18 世纪末随着 1787 年美国宪法和法国早期宪法的颁布,这些提出系统性权利要求的宪法文本可以作为其他新成立的共和国宪法发展(Verfassungsentwicklung)的范本。在这方面尤其值得一提的是 19 世纪拉丁美洲独立国家的制宪活动。这些国家很大程度上效仿了美国的宪法思想[35]、法国大革命时期的宪法[36]和西班牙 1812 年短暂适用

---

[31] B. -O. Bryde, Überseeische Verfassungsvergleichung nach 30 Jahren, VRÜ 30 (1997), 452/455.

[32] M. Stolleis, Geschichte des öffentlichen Rechts in Deutschland, Bd. 1, Reichspublizistik und Policeywissenschaft, 1988, S. 334.

[33] 法国行政法法典化的历史,参见 G. Guglielmi, L'idée de codification dans la construction du droit administratif français au 19e siècle, Jahrbuch für Europäische Verwaltungsgeschichte 8 (1996), 109ff. 德国行政法法典化的讨论: H. J. Wolff/O. Bachof/R. Stober, Verwaltungsrecht I, 10. Aufl., 1994, S. 3ff.; F. Ossenbühl, Die Weiterentwicklung der Verwaltungswissenschaft, in: K. Jeserich/H. Pohl/G. — C. von Unruh, Deutsche Verwaltungsgeschichte, Bd. V, 1987, S. 1144.

[34] 欧洲大陆其他国家以及撒哈拉南部国家对法国最高行政法院的效仿以及改变,参见 M. Letourneur, Die Staatsräte (Conseils d'Etat) als Organe der Verwaltungsrechtsprechung, in: H. Külz/R. Naumann (Hrsg.), Staatsbürger und Staatsgewalt, Bd. 1, 1963, S. 337/357ff.

[35] R. Pizo Rocafort, Influencia de la Constitución de los Estados Unidos en las constituciones de Europa y de América Latina, in: T. Buergenthal/J. Garcia Laguardia/R. Piza Rocafort, La Constitución norteamericana y su influencia en Latinoamerica (200 anos 1787—1987), 1987, S. 53/62.

[36] 对拉丁美洲宪法发展产生的深刻影响,参见 R. Fitzgibbon, Constitutional Development in Latin America: A Synthesis, American Political Science Review 39 (1945), 511 ff.

的宪法。[37] 即使在 20 世纪也存在这种继受活动，特别是二战后解除殖民的过程中继受法国、英国或者社会主义宪法思想。[38] 随着东欧政变、南非种族隔离的消除以及拉丁美洲、非洲和亚洲的民主和法治的恢复或者创建，最终在 20 世纪 80 年代后期产生了第三次重大的"继受浪潮"。[39] 公法与私法领域继受的重要区别在于继受过程的方式和可持续性存在不同。[40]

　　2. 法律秩序的形式结构

　　法律秩序形式结构的区分标准既包括法律渊源的体系，也包括解释、适用和续造法律的思维方式和论证方式。这些区分标准主要涉及法律秩序的形式结构，而非其内容上的取向。[41] 一个法律秩序的形式和技术特征通常是历史长期发展的结果，因此与其实体内容相比，较少受到时代潮流的影响。[42]

　　(1)法律渊源

　　长期以来，法律渊源被视为区分普通法系和大陆法系最重要的标准之一。[43] 一方面，随着大陆法系的法院在解释和适用法律时造法角色的不断增强[44]，另一方面，在普通法系中制定法亦与日俱增，使这一区分在私法领

---

　　[37]　1812 年西班牙宪法对墨西哥立宪主义的影响，参见 J. Carpizo/J. Cossio Diaz/H. Fix-Zamudio，La jurisdicción constitucional en México，in：D. Garcia Belaunde/F. Fernández Segado，La jurisdicción constitucional en Iberoamerica，1997，S. 749.

　　[38]　英国和法国宪法思想对独立后的非洲国家宪法发展的影响，参见 E. Kliesch，Der Einfluß des französischen Verfassungsdenkens auf afrikanische Verfassungen，1976，S. 12 ff. ；B.-O. Bryde（同上注 28），S. 19f.

　　[39]　B. -O. Bryde（同上注[31]），458 f.

　　[40]　B. -O. Bryde（同上注[31]），455.

　　[41]　K. Zweigert/H. Kötz（同上注[1]），S. 68，71. 在该部分，作者对特殊的法律思维方式和法律渊源的形式及其解释方法进行了区分；相似的区分参见 Fromont（同上注[26]），S. 4，作者提出将法律渊源体系（l'amébainagement des sources de droit）和法律规范结构（la structure des règies de droit）作为独立的分类标准。

　　[42]　M. Fromont（同上注[26]），S. 4.

　　[43]　这些分类理论的起源，参见 L. -J. Constantinesco（同上注[1]），S. 100ff。区分大陆法系传统和英美法系传统的意义，参见 J. Merryman（同上注[27]），S. 22-25.

　　[44]　具体讨论参见 J. Esser，Grundsatz und Norm in der richterlichen Fortbildung des Privatrechts，1956.

域已经在很大程度上失去了以往的重要性。[45] 对于公法而言,这一区分本来就不具有说服力,尤其是一般行政法的大部分内容,要么根本没有法典化,要么也是晚近才法典化。在法国,私法领域的法典化扮演了先驱角色,尽管在 19 世纪对行政法的法典化理念曾进行过激烈的讨论,然而其并未获得实质性结果。[46] 更确切地说,法国行政法和行政程序法的一般原则是学理上从法国最高行政法院(Conseil d'Etat)的判决中过滤出来的,而且至今在很大程度上仍然保持着非法典化的形式。[47] 就存在的法律规范而言,它们通常具有框架性立法的特征,必须由法院予以具体化。在宪法上这一特征表现得尤其明显。宪法通常只有通过宪法法院的判例才能获得其精确的轮廓。例如,美国最高法院或德国联邦宪法法院判例对规范性宪法原则的内容塑造和持续发展具有至关重要的意义。对于这一重要性,已无须赘言。[48]

相反,被适用法律规范的刚性问题对于公法领域的比较法具有特别的意义,这一点对比较宪法而言尤其重要。虽然今天世界上大多数国家都遵循刚性宪法原则,但是英国宪法的基本原则只有一些零散的法律规定,不成文的宪法惯例在英国宪法中尤其具有核心地位。[49] 这些不成文的宪法惯例从英国进入到了其前殖民地的宪法之中。这些殖民地虽然有成文宪法,

---

　　〔45〕 参见 K. Zweigert/H. Kötz (同上注[1]),S. 71:"总的来说,法源学说通常对于比较法研究,特别是对法理论仅有相对较小的意义。"

　　〔46〕 G. Guglielmi (同上注[33]),109 ff.

　　〔47〕 G. Vedel, Le droit administratif peut-il être indéfiniment jurisprudentiel?, in: Etudes et Documents — Conseil d'Etat 31 (1979—80),S. 31 ff.

　　〔48〕 查尔斯·埃文斯·休斯大法官(Charles E. Hugh)对美国最高法院在宪法发展方面的主导作用作了如下经典表述:"我们生活在宪法之下,但该宪法是什么,最终却由法官所决定。"参见 W. Brugger, Einführung in das öffentliche Recht der USA, 1993, S. 7. 从德国《基本法》的宪法状况也可以获得相似的判断,参见 K. Stern, General Assessment of the Basic Law-A German View, in: P. Kirchhof/D. Kommers,Germany and its Basic Law, 1993, S. 21 f.

　　〔49〕 详细讨论参见 P. Rädler, Verfassungsgestaltung durch StaatspraxiS. Ein Vergleich des deutschen und britischen Rechts, ZaöRV 58 (1998),611 ff.

但从实质上看,它们的政治和法律制度效仿了英国模式。[50] 宪法惯例是从国家实践中产生的不成文规则,涉及通过法律或者习惯法赋予最高国家机构酌处决定权的方式。[51] 宪法惯例确切的法律性质存在争议,但明确的是,它们不能通过法院予以贯彻。[52] 宪法惯例的存在以一种特殊的方式体现了英国传统中宪法机制灵活的运作方式,但是在近期,人们也在成文宪法的语境下根据欧洲大陆的模式,对宪法惯例的存在形式进行探讨。[53]

(2)司法论证方式

比较私法中对不同法律体系中法律思维和法律论证方法的研究观点对于比较公法也至关重要。这一方面涉及在法律问题的概念表达(konzeptionelle Erfassung)上存在的差异,另一方面涉及对法律的解释和续造而言,司法实践与学术上对法律素材的体系性研究各自所具有的价值。通过比较普通法系和大陆法系的司法论证方式,对理解公法上的各种不同的方法论也有帮助。一方面,在普通法系,实践从业者——法官和律师——在具体个案的论证方式上具有支配地位;另一方面,在大陆法系,大学在继受罗马法时扮演着突出的角色,这奠定了大陆法系在原则和制度上的抽象思维传统。[54] 对法律素材进行学术体系化的处理中,在公法上——特别是在行政法上——存在着各种有待被确认的差异,上述比较在这些差异中也能找到对应之处。例如,在大陆法系国家,通过行政法上更加深入的法教义

---

〔50〕 宪法惯例在加拿大宪法中的地位,参见加拿大最高法院在其鉴定报告中的基本评述。具体参见 Reference Re Amendment of the Constitution of Canada (1982),Dominion Law Reports, Third Series, 1;印度的情况参见 P. C. Rao, Use and Abuse of the Indian Constitution, ZaöRV 4 (1998),799/814。

〔51〕 参见 A. V. Dicey, Introduction to the Study of the Law of the Constitution,8. Aufl., London 1915 (由戴雪本人校勘的最终版),第 418 页:"它们[这些惯例]全部或至少大部分是确定王权(或者作为王权仆人的部长)行使酌处决定权时应当遵守的规则。"加拿大最高法院鉴定意见中给出的定义是:"宪法惯例的主要目的在于确保根据宪法设立的法律制度按照现行具有支配地位的宪法价值和原则运行。"参见以下注〔52〕。

〔52〕 Reference Re Amendment of the Constitution of Canada〔1982〕D. L. R. (3d),1;A. V. Dicey (同上注〔51〕),S. 465。

〔53〕 惯例在法国宪法中的地位,参见 F. Lemaire, Les conventions de la Constitution dans le système juridique français, Revue française de droit constitutionnel 1998, 45Iff.;德国的情况参见 P. Rädler (同上注〔49〕),626 ff.

〔54〕 K. Zweigert/H. Kötz (同上注〔1〕),S. 68f.

学研究,表现出了一种体系建构的趋势;而在美国和英国,传统上重视行政学说和行政政策问题,一个体系性的、独立的行政法的发展仍处于起步阶段。[55]

　　这同时也反映出在公法和私法之间不存在绝对的区分。公法与私法的区分对欧洲大陆国家立法和法学的发展至关重要。[56] 在欧洲大陆国家,公法在构思上的独立性本身就是国家性传统(Tradition der Staatlichkeit)的产物。相较于在盎格鲁撒克逊民族的发展,这种国家性传统在欧洲大陆国家表现得更为明显。[57] 统治者手中的政治权力集中与欧洲大陆大部分地区集权统治形式的贯彻关联在一起。通过采用罗马法上公法和私法这一常用的区分,[58]这种政治权力集中的过程一开始就在法律上被解释为一个不受一切传统拘束的最高统治权的形成过程。[59] 流传下来的、在仍旧普遍阶层化的社会中有效的规则,既不适用于行使这一最高权力所采取的措施,也不适用于实践中君主借以行使其统治权的行政机构的活动。[60] 这为公权力的"特别法"(Sonderrecht)奠定了基础。公权力的"特别法"在 19 世纪获得了全面的发展,这得益于以下两个因素:一方面,旨在从法律上建构国家统一性的各种国家人格学说(Staatspersönlichkeitslehren)支持这种特别

---

　　[55] 英国和美国行政法缺乏体系性,参见 J. Mc Eldowney, Administration and Law in England in the 18th and 19th Centuries, Jahrbuch für Europäische Verwaltungsgeschichte 8 (1996), 19 ff. ; C. Byse/R. A. Riegert, Das amerikanische Bundesverwaltungsgesetz von 1946, in: H. Külz/R. Naumann (同上注[34]), S. 405 ff.

　　[56] J. W. F. Allison, A Continental Distinction in the Common Law - A Historical and Comparative Perspective on English Public Law, 1996, S. 114ff.

　　[57] 基本论述参见 K. Dyson, The State Tradition in Western Europe, 1980, S. 25ff.

　　[58] 这一区分在罗马法上的意义,详见 D. Wydukkel, Ius Publicum, Berlin 1984, S. 47ff. ; 另参见 D. Grimm, Der Staat in der kontinentaleuropäischen Tradition, in: D. Grimm, Recht und Staat der bürgerlichen Gesellschaft, 1987, S. 53/60 (其认为这一区分"仅具有教学和理论意义")。

　　[59] 这是博丹(Bodin)主权学说的核心,这一学说对欧洲大陆的国家观具有开创意义,参见 H. Quaritsch, Staat und Souveränität, Bd. 1,Die Grundlagen, Frankfurt a. M. , Frankfurt a. M. 1970, S. 243ff. ; D. Wyduckel (同上注[58]), S. 111ff.

　　[60] 与此相关的表现特征是,17 世纪以来明显在努力抽离普通法院审查郡主统治行为和其行政机构行为的权限。参见 J. Poppitz, Die Anfänge der Verwaltungsgerichtsbarkeit, AöR N. F. 33 (1943), 158 ff. ; M. Sellmann, Der Weg zur neuzeilichen Verwaltungsgerichtsbarkeit - Ihre Vorstufen und dogmatischen Grundlagen, in: H. Külz/R. Naumann (同上注[34]),S. 25/35 ff.

法[61]，另一方面，基于法典化思想产生的对法律整体(Rechtsmasse)进行根本性区分的动力，也有助于推动这种"特别法"。[62]

相比之下，在作为普通法母法秩序(Mutterrechtsordnung)的英格兰，设计一种特殊的、与普通法的拘束相分离的王权地位的方案，无论在政治上还是在法律上都无法被普遍接受。作为 17 世纪多次重大宪法冲突的结果，最终确定君主的特权只能根据普通法并在普通法的范围内行使，并且在任何时候都要受到议会立法的限制。[63] 尽管国王的法律人格(独体法人 corporation sole)得到正式的承认，[64]但这只不过是对中世纪末期已在事实上被普遍接受的国王的法律人格的一种确认，象征政治统治的超人格性(Transpersonalität)和政体(Gemeinwesen，body politic)的统一性。[65] 然而，并没有由此而产生对国家特性或者对一般国家理论的根本性思考，而国家特性或一般国家理论原本可以作为创设统一公法的出发点[66]。法典化理念可能会推动普通法和对其进行修正、补充的制定法的不同层面在特定领域的分层化和体系化，但是，在一个以法院对习惯法不断续造为特征的法律文化中，法典化理念同样很难得到值得一提的响应。

3. 法律内容上的视角

比较私法是对法律原则和法律制度进行比较研究，而私法原则和制度的目的在于，根据各自社会中占主导地位的各种正义观(Gerechtigkeitsauffassungen)，保障在相互冲突的个人利益之间达到一种适度平衡；而比较公法是以各自法律秩序所依赖的政治和行政统治目的与结构之理念为出发点，研究不同法律秩序的规范和法律制度。这种理念体现在不同的建构原则中(Strukturprinzipien)，这些原则既涉及以实现公共利益为目标的各类特定机构的任务、组织和权限，也涉及个人与国家公共机

[61]　U. Häfelin，Die Rechtspersönlichkeit des Staates，1959.

[62]　J. W. F. Allison (同上注[56])，S. 118 ff.

[63]　K. Dyson (同上注[57])，S. 36 ff.

[64]　J. W. F. Allison (同上注[56])，S. 76 f.

[65]　E. Karttorowicz，Die zwei Körper des Königs-Eine Studie zur politischen Theologie des Mittelalters，2. Aufl. 1994，S. 317 ff.

[66]　K. Dyson (同上注[57])，S. 43.

构之间的关系。[67] 这些原则在数量上是有限的。在欧洲和北美地区,这些原则在起源上可以追溯至理性法(Vernunftrecht)和启蒙运动的传统。这种传统在18世纪后期美国和法国宪法文本中最先得到了普遍性的表达,并且从那时起,就已为宪法和行政法的发展——尽管存在中断——确立了方向和标尺。在1789年8月23日通过的法国《人权和公民权利宣言》中,久负盛名的第16条表达了这一普遍性的要求:"凡权利无保障或分权未确立的社会,均无宪法可言。"1776年美国《独立宣言》早已表达了同样的基本理念:"我们认为下述真理是不言而喻的:人人生而平等,造物主赋予他们若干不可让与的权利,其中包括生存权、自由权和追求幸福的权利。为了保障这些权利,人们才在他们中间建立政府,而政府的正当权力,则是经被统治者同意授予的。任何形式的政府一旦对这些目标的实现起破坏作用时,人民便有权予以更换或废除,以建立一个新的政府。"

根据实质内容,公法上具有体系特征的建构原则包括:基本权利、权力分立、法治国和民主原则。这些建构原则通过大量组织和实体上的规定在实证法上被转化和具体化。在过去两个世纪,这些建构原则超越了其北美—西欧的起源界限而扩散到了世界各地。因此,这些建构原则的贯彻方式和效力范围可以作为从内容视角上进行公法基础比较的基准点。

——基本权利:作为法律体系主导原则的基本权利的规范性(Normativität)是比较观察的出发点。在法国的传统中——《人权和公民权利宣言》就有对这一传统的经典表达,基本权利被表述为各种哲学原则(philosophische Prinzipien)。立法者在设定法律秩序时必须受这些原则的引导,但是,这些原则不能作为评价具体国家措施合法性的间接审查标准。[68] 与此相应地,为基本权利提供司法保护在法国经历了一个缓慢的过程才得以实现。基本权利首先作为确认不成文的一般法律原则(Principes

〔67〕 公法上的这种特殊观察视角,参见 R. Bernhardt, Eigenheiten und Ziele der Rechtsvergleichung im öffentlichen Recht, ZaöRV 24 (1964) 431/432 f。

〔68〕 法国人权宣言的哲学特征,参见 H. Hofmann, Zur Herkunft der Menschenrechtserklärungen, JuS 1988,841/846f. 文中指出,从法律的视角来看,该宣言在性质上仅属于1791年宪法的序言。

généraux de droit)的主导原则而获得了重要性,这些不成文的一般法律原则是 20 世纪由法国最高行政法院发展形成的,其旨在为个人免受恣意行政措施提供适当的保护。[69] 相比之下,将人权和公民权利作为评价立法行为的判断标准则相对较晚,这在 1971 年宪法委员会(Conseil constitutionnel)对结社自由的经典判决中才开始起步。[70] 将基本权利解释为无法推导出直接法律效果的各种政治—哲学原则,这在当时不仅限于法国,也是欧洲和世界大部分地区在第二次世界大战之前普遍的法律实践现象。[71] 在那些不同于法国,没有根深蒂固的民主和法治国传统的国家,这种解释必定会被用来对某种宪法实际(Verfassungswirklichkeit)进行修辞上的抬高,这种修辞上的抬高就算不是体现为对基本权利的体系性忽视,也常常体现为(基本权利的)相对化。[72]

美国的基本权利传统具有其特定的法律特征,其与法国的发展相似,也受到启蒙运动普遍性人权理念的影响,尤其是像独立宣言所展现的那样[73]。1791 年"联邦权利法案"实现了基本权利的规范化(Normierung),并同时配备了一系列的诉讼保障,这些保障反映了盎格鲁撒克逊民族"对所有侵害和错误提供有效救济"的传统[74]。因此,联邦权利法案中的各项基本权利从一开始就被设计为具有直接法律拘束力的、可在法院诉请获得的保障。[75] 美国法院组织法使宪法解释和宪法适用成为了所有法院的任务。该组织法的构造与普通法系法官发现法律的习惯法职权相结合,确保了基

---

〔69〕　N. Brown/J. Bell, French Administrative Law, 5. Aufl., Oxford 1998, S. 218.

〔70〕　Décision no. 71-44 du 16 juillet 1971, Rec. 29.

〔71〕　德意志帝国和魏玛共和国基本权利的纲要特征(Programmcharakter),参见 G. Lübbe-Wolff, Safeguards of Civil and Constitutional Rights-The Debate on the Role of the Reichsgericht, in: H. Wellenreuther (Hrsg.), German and American Constitutional Thought, 1990, S. 353/54.

〔72〕　拉丁美洲宪法和基本权利的象征性功能以及法规范具体化的缺失,参见 M. Neves, Lateinamerikanische Verfassungen: Zwischen Autokratismus und Demokratisierung, VRÜ 30 (1997), 503 ff.; W. Paul, Los derechos del indio-ayer y hoy, Anuario de filosofia del derecho VIII (1991),141/155.

〔73〕　H. Hofmann (同上注〔68〕), 843.

〔74〕　J.-D. Kühne, Die französische Menschen-und Bürgerrechtserklärung im Rechtsvergleich mit den Vereinigten Staaten und Deutschland, JöR (1989), S. 1/5.

〔75〕　G. Stourzh, Die Konstitutionalisierung der Individualrechte, JZ 1976, 397/401.

本权利最大限度的影响范围。[76] 后来一些国家效仿了美国模式,如 1949
年以来德国的宪法秩序,这些国家明确承认基本权利的直接拘束力并使其
成为判断国家行为合法性的司法审查标准。

　　对比较法研究具有重要意义的另一层面是,基本权利理念传递了哪些
在现代社会中与个人的地位相关的内容观念。在这方面,基本权利的拘束
力范围和基本权利的保障范围具有同样的意义。[77] 美国的基本权利实践
特别强调基本权利保护的消极要素,即强调保护个人自由领域免受国家侵
害。美国的基本权利实践显示其制度设计更加强调社会中的个人地位,这一
点与德国的宪法裁判明显不同。德国的宪法裁判通过承认大量客观法上的
基本权利要素(尤其是基本权利保障和基本权利保护义务的辐射效力),更加
强调在各种社会关联中个人的参与以及在实现受宪法保护的自由权时对国
家防护措施的依赖。[78] 各种法律秩序以不同的方式接受了这一观念,即基
本权利不再局限于"古典"的自由权,而是必须扩展至一系列的社会、环境和
文化权利。这些权利无法再通过传统的基本权利解释工具予以恰当解释了,

---

　　[76] J. -D. Kühne (同上注[74]),5.

　　[77] 有关拘束效力的不同形式——"垂直"和"水平"的基本权利拘束,参见 M. Hunt, The „
Horizontal Effect"of the Human Rights Act, Public Law 1998, 426ff.

　　[78] 对此参见 D. Kommers, Can German Constitutionalism Serve as a Model for the United
States?, ZaöRV 58 (1998), 787ff. ; D. Currie, Positive and Negative Constitutional Rights,
University of Chicago Law Review 53 (1986), 864ff. 基本权利保护义务的比较分析,参见 C. -D.
Classen, Die Ableitung von Schutzpflichten des Gesetzgebers aus Freiheitsrechten—ein Vergleich von
deutschem und französischem Verfassungsrecht sowie der Europäischen Menschenrechtskonvention,
JöR 36 (1987), 29ff. ; W. Brugger, A Constitutional Duty to Outlaw Abortion, A Comparative
Analysis of the German and American Abortion Decisions, JöR 36 (1987),41 ff.

因为传统的基本权利解释工具是将基本权利视为个人权利为出发点的。[79]

——**权力分立**：自《法国人权和公民权利宣言》(1789 年 8 月 23 日)对分权原则提出主张以后,这一原则成了民主宪法国家重要的构成要素。从历史上看,1787 年美国联邦宪法在"权力制衡"方案中第一次以实证法形式规定了这一原则。分权原则的目的在于通过行使国家职权的机构相互之间的监督,以使个人免受国家恣意行为的侵害(政治行政权力分立化原则 Prinzip der Fragmentierung)。[80] 随着国家任务的增加以及随之产生的国家活动领域的差异化,权力分立原则的另一功能已清晰可见:通过与职能相匹配的权限分配,可以尽可能恰当有效地履行国家任务(专业化原则)[81]。

法院的独立性主要属于权力分立保障自由的功能范围,其在当今几乎所有国家都得到了宪法和法律上的承认。尽管如此,在实践中事实上授予法院的自主权范围则存在明显的差异。法官的自主权范围取决于一个国家

---

[79]　西班牙的解决方案是:将基本权利分为不同的等级(Klassen),并对其提供分级的保护,参见 M. Ibler, Der Grundrechtsschutz in der spanischen Verfassung am Beispiel des Eigentums, JZ 1999, 287 ff. 社会基本权的讨论,参见 K. D. Ewing, Social Rights and Constitutional Law, Public Law 1999, 104ff. 经济和社会权利在新民主中欧和东欧国家的意义,参见 T. Marauh, Wirtschaftliche und soziale Rechte im Spiegel der Verfassungsrechtsprechung mittel - und osteuropäischer Staaten unter vergleichender Berücksichtigung der deutschen Verfassungsgerichtsbarkeit, in: J. A. Frowein/T. Marauhn (Hrsg.), Grundfragen der Verfassungsgerichtsbarkeit in Mittel-und Osteuropa, 1998, S. 135 ff.; 另参见 P. Sonnevend, Der verfassungsmäßige Schutz sozialrechtlicher Ansprüche in der jüngeren Rechtsprechung des ungarischen Verfassungsgerichts, ZaöRV 56 (1996),977ff. 此外也参见 H. Nishihara, Funktionen der sozialen Grundrechte im japanischen Verfassungssystem, ZaöRV 57 (1997), 837 ff.

[80]　S. Schüttemeyer, Stichwort Gewaltenteilung, in: Lexikon der Politik (同上注[17]), Band 7, Politische Begriffe, hrsg. von D. Nohlen/R. — O. Schultze/S. Schüttemeyer, 1998, S. 226. 权力分立原则的历史起源,参见 B. Knight (Hrsg.), Separation of Powers in the American Political System, 1989, S. 1 ff. 美国宪法中的权力分立原则,参见 Louis Fisher, The Allocation of Powers: The Framers' Intent, S. 19ff.; H. Mansfield, Separation of Powers in the American Constitution, in: B. Wilson/P. Schramm (Hrsg.), Separation of Powers and Good Government, 1994, S. 3 ff.; H. Steinberger, Konzeption und Grenzen freiheitlicher Demokratie,1974, S. 105 ff.

[81]　参见 BVerfGE 68, 1 [86]。在 1984 年"核导弹部署"一案件中（NATO - Doppelbeschluß），德国宪法法院对权力分立原则进行了如下解释:"……权力在组织和功能上的区分和分立,尤其有助于政治权力和责任的分配以及对权力持有者的监督;但其目的也在于,使国家能够尽可能正确地作出决策,亦即,按照它们的组织、构成、功能和程序,由具有最佳先决条件的机关作出决策……"有关后一目的之讨论,参见 T. v. Danwitz, Der Grundsatz funktionsgerechter Organstruktur, Der Staat 1996, 329 ff.

整体的政治文化及其对"法治"（rule of law）的尊重程度，也取决于法官的社会地位以及对法官权威的制度保障和法律保障（例如在受普通法影响的不同法律秩序中对"藐视法庭"存在各种制裁形式）。在英国和美国，法官的自主权表现得尤其明显[82]，而在民主法律传统薄弱和行政处于主导地位的国家，法官的自主权通常很难得到有效保障。[83] 法院的独立性构成了英国践行权力分立的核心。[84] 此外，与大多数有成文宪法的国家不同，以"有机"（organisch）形式发展起来的英国宪法并不注重一种得到全面完善和系统化的权力分立设想。[85]

在行政和立法之间的关系中，习惯上根据政府对议会直接依赖的程度，将贯彻权力分立原则的方式区分为内阁制和总统制[86]。内阁制的原型是威斯敏斯特议会体系。内阁制除了在大多数欧洲国家以及英联邦国家设立以外，也被日本和印度所接受。[87] 总统制度最初是在美国建立的，并从那里传播到拉丁美洲国家。[88] 最近，部分政治学家总结出了第三种类型，即

---

〔82〕 L. -J. Constantinesco（同上注〔1〕），S. 417ff.

〔83〕 拉丁美洲法院的弱势地位的具体介绍，参见 K. Rosenn，The Protection of Judicial Independence in Latin America，University of Miami Inter-American Law Review 19 (1987)，1 ff. ；有关墨西哥的情况，参见 M. Taylor，Why no Rule of Law in Mexico?，Explaining the Weakness of Mexico's Judicial Branch，New Mexico Law Review 27 (1997)，141 ff. 法官在非洲法语区仅处于相当边缘的地位，参见 Gérard Conac，Le juge et la construction de l'état de droit en Afrique francophone，in：L'État de Droit，Mélanges en l'honneur de G. Braibant，Paris 1996，115ff.

〔84〕 参见迪普洛克勋爵（Lord Diplock）在 Duport Steels Ltd. v. Sirs〔1980〕一案中的名言："……不能过分强调，英国的宪法尽管在很大程度上是不成文的，但牢固地建立在权力分立的基础之上：议会制定法律，司法机关对其进行解释。"另外参见 C. Munro，Studies in Constitutional Law，1987，S. 210f.

〔85〕 C. Turpin，British Government and the Constitution，3. Aufl. 1995，S. 36f. ；C. Munro（同上注〔84〕），S. 211.

〔86〕 S. Schütemeyer，Stichwort Gewaltenteilung（同上注〔80〕），S. 226 f.

〔87〕 K. v. Beyme，Die parlamentarischen Regierungssysteme in Europa，München 1970，S. 885 ff. 自 1992 年宪法改革采用直接选举总理的制度以来，以色列不再属于议会制政体，而应属于总统制与议会制元素相结合的混合体制的一种形式，参见 C. Klein，Direct Election of the Prime Minister in Israel：the Basic Law in its First Year，European Public Law 3 (1997)，301 ff.

〔88〕 M. Revenga Sánchez，Homogeneidad y diversidad en la cultura politco-institucional iberoamericana，Revista de derecho politico 41 (1996)，426/435 ff. ；C. José de Gutiérrez，La Constitución Norteamericana como Ley Importada en Costa Rica，in：D. Clark（Hrsg.），Comparative and Private International Law，Essays in Honor of John Merryman on his Seventieth Birthday，1990，S. 139/144 ff.

半总统制,它将议会负责设立政府与将实质性宪法权力分配给直接选举产生的国家元首相结合[89]。这种体制的原型是 1958 年法国宪法确立的总统制[90],东欧的个别民主国家在一定程度上效仿了这种体制(俄罗斯,罗马尼亚,波兰,立陶宛)。[91] 各自的宪法是否竭力平衡分配行政权和立法权,并以平等参与执政为目标,还是追求(单方面的)加强行政权力,在这一问题上的差异比上述相当公式化的划分更为重要。对此,政府和议会之间的规范制定权的分配是重要的判断标志。有些宪法并没有将行政机关的立法权局限于制定执法性的行政法规,而是通过法令(per Dekret)赋予行政机关自主的立法权。《法国第五共和国宪法》(1958 年)最大限度地推动了行政机关立法权的宪法化。该宪法将议会的立法权限制在某些列举的事项上,此外,也规定行政法规颁布主体(＝总统和政府)也享有立法权[92]。与之相似,俄罗斯[93]和一些拉丁美洲国家的宪法体现出了这一趋势,即以牺牲议

---

〔89〕 "半总统制"的概念可以追溯至法国政治学家莫里斯·杜瓦杰(M. Duverger),参见 Duverger, Le concept du régime semi-présidentiel, in: Duverger (Hrsg.), Les régimes semi-présidentiels, 1986, S. 7. 半总统制在当今地位的讨论,参见 L. Pegoraro/A. Rinella, Semipresidenzialismi, 1997; D. Nolte, Parlamentarisierung oder Stärkung der Parlamente? Überlegungen zur Konsolidierung der lateinamerikanischen Präsidialdemokratien, KAS/Auslandsinformationen 01/99, 55 ff.

〔90〕 参见 R. Grote, Das Regierungssystem der V. französischen Republik in Verfassungstheorie und-praxis, 1995, S. 331 ff.

〔91〕 W. Merkel, Institutionalisierung und Konsolidierung der Demokratien in Osteuropa, in: W. Merkel/E. Sandschneider/D. Segert, Systemwechsel 2. Die Institutionalisierung der Demokratie, 1996, S. 78, 其进一步区分总统—议会制(俄罗斯、乌克兰)和议会—总统制(波兰、罗马尼亚、立陶宛、克罗地亚、南斯拉夫),这一区分取决于总统是否有权甚至是与议会多数意见相左的情况下解散政府。欧洲以外的南非、韩国属于半总统制政体。参见 W. Merkel, Die Institutionalisierung der Demokratie, S. 14 f.

〔92〕 参见 Aix-en-Provence 专题讨论会成果:Le domaine de la loi et du règlement, 2. Aufl. 1981; C. Hagueneau, Le domaine de la loi en droit français, Revue française de droit constitutionnel 1995, 247 ff; L. Favoreu, Le pouvoir normatif primaire du Gouvernement en droit français, Revue française de droit constitutionnel 1997, 713 ff.

〔93〕 第 90 条第 1 款、第 3 款无具体限制地授予总统颁布与法律不冲突的法令(Dekret)和处分的权限。

会为代价来扩大总统独立的规范制定权。[94] 此外，政府制定法规在意大利[95]和西班牙[96]等内阁制中也具有重要的作用。

越来越多的国家用一个"纵向"的制度构件补充了"横向"的权力分立。"纵向"分权的经典组织原则是联邦国家原则。建立联邦国家秩序可以服务于不同的目标。[97] 通过给"横向"的权力分立化（Fragmentierung der Macht）补充一种"纵向"的分隔（Aufspaltung），（它）可以用来防止政治权力集中。这种类型的联邦制关注联邦州在中央政府决策过程中的有效政治参与，但在其他方面，其与高度的立法－行政的统一性（legislativ-administrative Uniformität）是可以协调一致的。在这种变体中，在小面积和/或政治、种族、文化和经济上相对单一的国家采用联邦国家原则也是有意义的（联邦德国[98]、奥地利[99]）。联邦制还有助于确保在一个经济、文化、政治性质存在显著地区差异的社会中政治框架结构的统一性（如美

---

〔94〕 阿根廷总统享有极为宽泛的紧急命令权，参见 D. Ferreira/M. Goretti，Gobierno por decreto en Argentina（1989－1993），El Derecho，t. 158，853ff.；R. Grote，Das Notverordnungsrecht des Staatspräsidenten und die funktionellen Grenzen der Verfassungsgerichtsbarkeit in Argentinien，ZaöRV 58（1998），853 ff. 另参见 A. Pizzorusso，Actes législatifs du Gouvernment et rapports entre les pouvoirs：aspects de droit comparé，Revue française de droit constitutionnel 1997，677/685.

〔95〕 L. Paladino，Actes législatifs du Gouvernments et rapports entre pouvoirs：l'experience italienne，Revue française de droit constitutionnel 1997，693 ff.

〔96〕 L. Diez - Picazo，Actes législatifs du Gouvernments et rapports entre pouvoirs：l'expérience espagnole，Revue française de droit constitutionnel 1997，727 ff.

〔97〕 关于联邦主义的不同功能，参见 Rainer-Olaf Schultze，Stichwort Föderalismus，in：D. Nohlert/R. -O. Schultze/S. Schüttemeyer（同上注〔80〕），S. 187；D. Elazar，Federal Systems of the World，2. Aufl.，1994，xv-xviii.

〔98〕 参见 S. Oeter，Integration und Subsidiarität im deutschen Bundesstaatsrecht，1998，S. 141 ff.

〔99〕 联邦国家制度在奥地利的发展，参见 G. Lienbacher，Entwicklung und Zustand der Bundesstaatlichkeit in Österreich，in：J. Aulehner u. a.（Hrsg.），Föderalismus - Auflösung oder Zukunft der Staatlichkeit?，1997，S. 169ff.

国[100]、加拿大[101]、瑞士[102]、南非[103]）。尤其是在近期,联邦国家原则也被用作"最后手段"(ultima ratio),在可持续的、共同的国家状态这一基本前提下,来疏导通过其他方式已经不可调和的种族或宗教冲突（波斯尼亚[104]、苏丹[105]）。联邦制的这些表现形式的特点是,赋予各联邦州广泛的权力,并将中央权力限制在对国家整体的功能运作不可或缺的职能范围内。在这方面,相关的方案包括中央和州之间立法权和行政权的平等分配[106],以及中央（联邦）权力限制在外交、国防、交通和货币政策问题领域[107]。

　　近几十年来发展起来的各种自治模式在功能上与联邦国家体制的第二种变体是同源的,这些自治模式试图在国家层面以下通过组织性规定和措施将区域的多样性纳入考虑范围。对于像西班牙[108]或英国[109]这样的国家来说,立法权和行政权的层级式配给(abgestufte Gewährung)模式,特别有利于用来解决传统上强大的政治集权主义与国家各辖区不同程度的自主性之间的紧张关系（不对称的区域主义 asymmetrischer Regionalismus）。

---

〔100〕 美国的联邦主义体制可归功于以下两方面的努力,一方面是为了保卫在前殖民地已形成的自治权;另一方面,美国宪法体系以"权力制衡"理念为特征,联邦国家的理念被有意识地纳入"权力制衡"这一构想当中。参见 M. Bothe, Die Kompetenzstruktur des Bundesstaates in rechtsvergleichender Sicht, 1977, S. 12, 49.

〔101〕 J. Woehrling, La Constitution canadienne et l' évolution des rapports entre le Quebec et le Canada anglais de 1867 à nos jours, Revue française de droit constitutionnel 1992, 195 ff.

〔102〕 D. Schindler, Schweizerischer und europäischer Föderalismus, ZBl 93 (1992), 193 ff.

〔103〕 F. Venter, Aspects of the South African Constitution of 1996: An African Democratic and Social Federal Rechtsstaat? ZaöRV 57 (1997), 53 ff.

〔104〕 参见 O. Dörr, Die föderale Staatsstruktur als Element der völkerrechtlichen Friedensicherung? Lehren aus dem Friedensabkommen von Dayton, in: J. Aulehner u. a. (同上注99), S. 207ff.; O. Dörr, Die Vereinbarungen von Dayton/Ohio, Archiv des Völkerrechts 35 (1997), 129/174 ff.

〔105〕 参见 1997 年颁布的《苏丹宪法》第 2 条、第 108 条以下的规定。

〔106〕 尽管美国最高法院对商业条款进行了广泛的解释,具体讨论参见 M. Bothe (同上注〔100〕), S. 143 ff.

〔107〕 例如在波斯尼亚,参见 O. Dörr, Föderale Staatsstruktur als Element der völkerrechtlichen Friedenssicherung?(同上注〔104〕), S. 228.

〔108〕 T. Wiedmann, Die politische Erfindung des Autonomiestaates in Spanien, ZaöRV 57 (1997), 363 ff.

〔109〕 R. Grote, Regionalautonomie für Schottland und Wales-das Vereinigte Königreich auf dem Weg zu einem föderalen Staat?, ZaöRV 58 (1998), 109ff.

——**法治国原则**：对法治国原则进行比较法上的研究必须首先阐明，除了基本权利拘束（Grundrechtsbindung）和宪法国家原则（Verfassungsstaatlichkeit）实现的对国家权力的约束以外，法治国原则还存在哪些独立的适用范围。[110] 对此，（比较法研究的）起点是法治国原则（Rechtsstaatsprinzip 德国）或者说法治原则（rule of law 英国）、合法性原则（principe de légalité 法国）的历史功能，这些原则是在这一时间背景下发展起来的，当时对所有国家权力应受到宪法和基本权利的有效拘束尚未获得普遍的认识，对法治国（Rechtsstaatlichkeit）的呼吁主要针对的是行政权领域。在这方面，（英国的）法治原则学说认为，普遍的、对所有人有效的法的平等适用，是对抗恣意行政最重要的堡垒，与此同时，法治国原则和合法性原则强调，议会制定的法律（法国）或者议会和参议院共同制定的法律（德国）对行政进行法律拘束的重要性[111]。在体系比较的视角下，以下问题亦值得关注：在何种范围内，到底是对个人权利进行有效保护的主观权利标准，还是旨在执行民主立法者意志的客观标准，更大程度地决定了行政监督（Verwaltungskontrolle）的发展。[112] 与此相关联的还有以下问题：行政机

---

[110] 参见 A. Pérez Lutioy, Estado constitucional y derechos de la tercera generación, Anuario de filosofia del derecho XIV (1998)，S. 554/558 ff.

[111] 法治国的概念，参见 E.-W. Böckenförde, Entstehung und Wandel des Rechtsstaatsbegriffs, in: Böckenförde, Recht, Staat, Freiheit,Frankfurt a. M. 1991, S. 143, 148 ff. 合法性原则的讨论，参见 J. Chevallier,L'état de droit, Paris 1992, S. 29 ff.

[112] 从德国行政法院审判权的发展中也可看出相同的问题。在德国，直到第二次世界大战前一直存在"南德模式"与"普鲁士模式"的区分。其特征在于："南德模式"将行政法院的权限限制于对公民主观公权利的保护；"普鲁士模式"在于保障行政机关在执行行政法过程中的客观法律秩序，而将主观权利保护置于次要地位。参见 C-F. Menger, Zur Geschichte der Verwaltungsgerichtsbarkeit in Deutschland, DÖV 1963,727. K.-P. Sommermann, Die deutsche Verwaltungsgerichtsbarkeit, 3. Aufl. 1994, S. 5. 在欧洲不同的行政法律保护制度中也可以发现不同的出发点。例如，德国的行政法保护制度旨在保护主观的个人权利（参见德国《行政法院法》第42条第2款），而英国的司法审查制度以及法国的撤销之诉（recours pour excès de pouvoir）在很大程度上进行客观的合法性审查。这可能对诉权的确认产生影响，尤其是在涉及没有直接侵害自己权利的相关的利益集团和公民倡议组织的诉的合法性时。英国的相关判例，参见 R. v. Secretary of State for Foreign Affairs, ex parte World Development Movement Ltd. [1995] All ER 111.

关的行为在多大程度上受到外部法律形式的审查[113]，以及对此适用哪些内容上的审查标准。[114]

但是，将法律视角限缩于干预行政领域的观察方式，没有充分考虑到行政活动目的和行政法上行为方式的多样性[115]。除了与干预国家标记(Zeichen)下给付行政大量增长相关的问题外，还需要关注由国家参与实施技术和基础设施重大项目所产生的共同利益、群体利益和个人权利保护等复杂问题，而这些问题已无法再通过传统个人权利的范畴予以把握了。如果从比较的角度来看，有必要研究这些新问题在多大程度上通过一些新的制度设计修正了自由法治国的传统机制，例如通过强化考量行政程序法中的参与性要素，而不是要求直接影响了自己的权利(关联词：行政信息获取，阅卷权的扩展)[116]或者通过建立适当的规制和监督机制，来保障民营化后续法(Privatisierungsfolgenrecht)领域的公共利益。[117]

---

〔113〕 传统上在大多数欧洲国家，有部分国家主导的高权行为不允许公民诉请撤销和通过法院进行行司法审查。Dies galt in der Vergangenheit in unterschiedlichem Ausmaß etwa für sog. 在过去，这在不同的国家存在不同程度的适用，例如德国的"不受司法管辖的高权行为"(justizfreihe Hoheitsakte)，法国的政府行为(actes de gouvernment)，西班牙的政府的政治行为(actos politicos del gobierno)，大不列颠及北爱尔兰联合王国的"郡主特权"(die prerogative powers)以及属于美国联邦最高法院"政治问题原则"范围的美国政府的决定。上述所有国家从一开始就倾向于缩小不受法院审查的政府决定的范围，只要这类政府决定对个人的权利会产生影响。在英国，英国上议院在CCSU v. Minister for the Civil Service [1985] AC 374 一案中的判决具有重要的意义。该判决确立了如下基本原则：对于行政机关的所有行政行为，无论作为其依据的授权基础如何，只要其对个人的权利产生影响，就可能受法院的审查。美国最高法院对政治问题裁判的发展，参见 W. Brugger (同上注〔48〕)，S. 18 ff. 法国和西班牙政府行为(actes de gouvernment)含义的限缩，参见 N. Brown/J. Bell (同上注〔69〕)，S. 162. 另见，J. Martinez Soria, Die Garantie des Rechtsschutzes gegen die öffentliche Gewalt in Spanien, 1997, S. 209 ff. 德国的情形，参见 BK-Schenke，Art. 19 Abs. 4 Rdnr. 227.

〔114〕 各州具体的情况，参见 J. A. Frowein (Hrsg.)，Die Kontrolldichte bei der gerichtlichen Überprüfung von Handlungen der Verwaltung, 1993.

〔115〕 P. Badura, Das Verwaltungsrecht des liberalen Rechtsstaates, 1967, S. 51 ff.

〔116〕 G. Bermann, Comparative Law in Administrative Law, in: L, État de Droit (同上注〔83〕)，S. 29/32. B. Cottier La publicité des documents administratifs：étude de droit suédois et suisse,Genève 1982；ders. ，La réprésentation des intérêts en procédure administrative américaine，in：C. —A. Morand, La pesée globale des intérêts, 1996, S. 151 ff.

〔117〕 M. Taggart, Reinvented Government, Traffic Lights and the Convergence of Public and Private Law. Review of Harlow and Rawlings：Law and Administration, Public Law 1999,124 ff.

　　——民主原则：比较法上研究民主原则必须以不同的民主传统为出发点。从发展史来看存在两种截然不同的形式：一种是代议制民主，如在英国和美国"生成的"、没有经过明显断裂而持续发展起来的代议制宪法中所体现的那样；另一种是直接民主，这种民主曾是法国大革命的理论设想，目标是在国家组织上彻底贯彻人民主权原则[118]。在这一语境下，人们必须要设问，在代议制民主的框架秩序内直接民主的决策机制当今所具有的意义。[119] 关于代议制民主制度的构造，主要需要比较决定政治过程开放性和公民在这一过程中政治参与度的各种原则和制度。其中一方面包括公民平等的不同理念，这些理念是建立选举作为民主的合法行为和创造行为的基础，并且影响选举制度的设置以及竞选筹资的管制。[120] 另一方面也包括以下规则，这些规则调整参与民主竞争权力的机构和团体的法律地位，从而促进或抵制危及民主进程开放性的寡头权力统治的出现，即党派法和党派筹资法的规范性要求。[121]

---

　　[118] P. Kielmannsegg, 1977, Volkssouveranitat, S. 99 ff.

　　[119] 在过去几年，有大量讨论该主题的政治学和比较法文献，参见 D. Butler/A. W. Ranney, Referendums around the World-The Growing Use of Direct Democracy, 1994; S. Möckli, Direkte Demokratie. Ein internationaler Vergleich, 1994; S. Möckli, Direktdemokratische Einrichtungen und Verfahren in den Mitgliedstaaten des Europarates, ZParl 1/98, 90 ff. ; W. Luthardt, Direkte Demokatie. Ein Vergleich in Westeuropa, 1994; C. Stel-zenmüller Direkte Demokratie in den Vereinigten Staaten von Amerika, 1994; R. Grote, Direkte Demokratie in den Staaten der Europäischen Union, Staatswissenschaften und Staatspraxis 1996, 317 ff. ; B. Thibaut, Institutionen direkter Demokratie in Lateinamerika, ZParl 1/98, 107 ff.

　　[120] 在德国联邦宪法法院和美国联邦最高法院的判例之间存在很大差异。前者在公民平等参与政治意志形成的权利的判例中，对平等原则进行了严格的解释，例如 BVerfGE 85, 264/315-Parteienfinanzierung VI；后者将选举和表决程序理解为受第一修正案保护的政治沟通（politische kommunikation）的一部分，并且为了维持或修复平等的竞争机会，对国家干预措施进行严格的限制。参见 C. Stelzenmüller（同上注[119]），S. 262 ff.

　　[121] D. Tsatsos/D. Schefold/H. － P. Schneider (Hrsg.), Parteienrecht im europäischen Vergleich, 1990; D. Tasatsos/Z. Kedzia (Hrsg.), Parteienrecht in mittel - und osteuropäischen Staaten: Entstehungsmomente des Parteienrechts in Bulgarien, Litauen, Polen, Rußland, der Slowakei, Tschechien und Ungarn, 1994; D. Tsatsos, Politikfinanzierung in Deutschland und Europa, 1997; F. Seidle, Comparative Issues in Party and Election Finance, 1991.

四、政治和行政决策过程的法制化作为公法上基础比较的起点

上述内容上的区分标准能够将被研究的法律秩序根据各自的结构问题归入某一种国家类型,然而并不能由此建构适用于整个公法的法系。建构这种意义上法系不能以各种内容问题的解决方案为基础,而是必须尝试以各种公法课题的构思观点的典型特征作为分类的出发点。在这方面,它涉及某一社会中理论和实践上政治和行政决策过程法制化(Verrechtlichung)的范围,以及实现这种法制化的政治和法律的主导原则和制度。在用以一般宏观比较惯用术语的变迁中——尤其是在盎格鲁撒克逊的文献中[122],人们可以由此判断某些法律体系特殊的法治国传统或宪法文化。

(一)法治国家属性(Rechtsstaatlichkeit)与法治原则(rule of law)

作为连接点首先需要分析盎格鲁撒克逊和欧洲大陆在法治国理解上存在的差异,这种差异完全形成于 19 世纪下半叶。政治统治团体(Herrschaftsverband)的目的性和组织问题一直是欧洲历史上早期特别法关注的主题,也是法院争讼的对象。神圣罗马帝国的帝国最高法院(Reichskammergericht)和帝国皇室法院(Reichshofrat) [123]对政治派系争议问题的解释和裁决,以及 17 世纪上半叶[124]法院在英格兰国王与议会之间权力斗争中所发挥的重要作用,都充分证明了这一点。然而,只有随着行

---

[122] 参见:同上注[27].

[123] U. Scheuner, Die Überlieferung der deutschen Staatsgerichtsbarkeit im 19. und 20. Jahrhundert, in: C. Starck (Hrsg.), Bundesverfassungsgericht und Grundgesetz. Festgabe aus Anlaß des 25jährigen Bestehens des Bundesverfassungsgerichts, 1976, S. 1/13 ff.; Stolleis (同上注[32]), S. 133 ff.

[124] J. W. Gough, Fundamental Law in English Constitutional History, Oxford 1955, S. 30 ff.; E. Corwin, The „Higher Law"Backgound of American Constitutional Law, in: R. Loss (Hrsg.), Corwin on the Constitution, Bd. 1, 1981, S. 79/106 ff.

政和司法职能的广泛分离,行政活动本身才能成为法制化追求的对象。在这方面,欧洲大陆国家发展的特点是,集权郡主(absolute Fürsten)希望通过等级结构化的、相对统一的行政机构来对抗沿袭下来的等级机构的抵抗,以实现他们的政治主张;而在英格兰缺乏绝对君主制度(absolute Monarchie),这原本可能会作为建立一个与其社会"环境"分离的统一行政机构的起点。法国大革命清除了身份等级统治机构最后的残余后,在法国和德国等欧洲大陆国家,国家行政机构适用特别法(besonderes Recht)的观念相对较快地被普遍接受,这类法律必须由从普通法院管辖权中分离出来的特别监督机构来保障统一和谨慎的实施。在此基础上,法国最高行政法院(Conseil d'Etat)[125]的司法职能以及德国各种形式的行政司法(Administrativjustiz)和行政救济(Verwaltungsrechtspflege)得到了发展,在德国保罗教堂宪法建立司法国家的努力失败以后,现代的行政审判权应该就是从这些行政司法和行政救济制度中产生的[126],其最重要的任务在于贯彻行政受法律的拘束。

另一方面,在英国,通过对法国出现的行政法进行研究以后,英国法治原则的结构存在特殊性这种认识得到了强化。戴雪大约在19世纪末就界定了法治原则的这一核心要素,即普通法的各项法律原则对于所有的法共同体成员具有统一效力,无论是普通公民还是高权主体,在普通法法院同等适用这些法律原则。[127] 尽管现在人们普遍承认,戴雪的断言——英格兰没有(法国式的)行政法,记载了19世纪末的法律现实,而在当时以法院向公民针对行政措施提供特别救济为形式的行政法实际上是存在的。但是,这些救济方式并未被列入任何体系性的整体构想之中,它们主要以程序性考量为立足点(自然正义原则),并且没有被转化成公民针对公权力的实质性的法律地位。[128] 19世纪后半叶对法国行政法优点和缺点的讨论,正如戴

---

[125]　M. Letourneur(同上注[34]),S. 337 ff.

[126]　M. Sellmann(同上注[60]),S. 50 ff.;J. Poppitz(同上注[60]),192 ff.

[127]　A. V. Dicey(同上注[51]),S. 198 f.

[128]　J. McEldowney(同上注[55]),32 ff.

雪对其进行的研究，使法国和英国行政法律救济体系设计上的二分法牢牢地根植于英国和欧洲大陆法律人的脑海中。[129]

（二）宪法国家属性（Verfassungsstaatlichkeit）

在第二次世界大战之后的几十年里，法治国问题越来越多地被宪法国家属性的现象所覆盖。对所有国家权力进行全面拘束是指包括立法权在内的所有国家权力受到宪法中规范化的共同体建构原则（Strukturprinzipien des Gemeinwesens）的拘束，并且通过独立的监督机构保障其实施。宪法国属性的历史可以追溯到 18 世纪，在发展中形成了各种重要的西方宪法传统，这些宪法传统后来超越了它们最初所在的法律秩序的界限，产生了极具特色的影响力。

1. "柔性"宪法的英国传统

在西方的宪法传统中，英国的宪法传统是最古老的，其特点是相对排斥对政治决策过程进行广泛的法制化。英国宪法仅点状式地规定了最高国家机构行使职权的一些强制性规则，同时，英国宪法依赖非正式的、法院不能强制执行的各种约定、习俗和惯例。这使英国宪法具有非正式的、灵活性的特点，长期以来，不仅是英国的政治家，而且也包括法学家和民众都将这一特点视为其重要优势。[130] 因此，今天在世界上大多数国家采用的"刚性"宪法模式未能在英格兰获得立足之地。英国宪法至今仍然以议会主权原则为基础。根据议会主权原则，议会立法机关可以在普通立法程序中随时改变或者撤销具有实质宪法性质的立法行为或不成文的法律原则，而不受任何法律限制。[131] 在实践中，议会主权原则无疑会受上述提到的惯例的削弱。

---

〔129〕 S. Cassese, Le problème de la convergence des droits administratifs: vers un modèle administratif européen?, in: L'État de Droit（同上注〔83〕），S. 47/49 ff.

〔130〕 I. Jennings, The Law and the Constitution, 5. Aufl. 1959, S. 60 f.; K. Dyson（同上注〔57〕），S. 40 f.

〔131〕 如同英国宪法上的其他原则一样，议会主权原则的经典表述也源自戴雪（Dicey）："议会主权原则无非是，议会……根据英国宪法有制定或废止任何法律的权力；更进一步地说，英国法律不承认任何人或机构有推翻或废止议会立法的权利。"Dicey,（同上注〔51〕），S. 37 f.

长期以来,英国宪法秩序同样缺少一个成文的、可以通过法院予以贯彻的基本权利清单(Grundrechtskatalog)。相反,这一推定是有效适用的,即公民享有普通法上所保护的权利和自由,其在面对国家机关时也享有这些权利和自由,只要它们没有被法律所限制。[132] 英国宪法传统对英联邦国家以及印度和以色列的宪法发展产生了持久的影响。

2. 宪法委员会审查的法国传统

与英国和美国的宪法传统不同,法国的宪法机构未能在一个政治稳定的环境下发展。相反,法国在直到第三共和国开始前一直存在各种君主制和独裁政权[133],甚至 1958 年的宪法也可以被视为法国议会民主弱点的反映——不管是被别人宣称的弱点还是事实上的弱点。[134] 然而,这并没有改变这一事实,即 1789 年的法国大革命使一系列的基本宪法原则首次获得突破,这些原则对法国和其他国家公法的发展产生了持久的影响。除了承认基本的人权和公民权利外,这还包括对权力分立原则的特殊理解,其核心是行政(和司法)受法律的严格拘束。虽然在理论上宪法处于规范位阶的最高层,但其在实践中的重要性被作为表达民众意志的法律的崇高声望所削弱了。[135] 革命者当时希望通过制定法律的方式来建立其所追求的、自由的国家秩序和社会秩序。在 1789 年《法国人权和公民权利宣言》中明确表达了法律在划分公民自由领域以及共同体规范秩序方面的核心作用。根据普遍的观点,在人权和公民权利保障与法律优先之间不存在紧张关系,相反是一种互补关系:基本权利是通过法律而不是对抗法律来实现的。[136]

法国法律所具有的优越地位排除了一种如美国式的发展方式:美国法

---

〔132〕 D. Feldman, Civil Liberties and Human Rights in England and Wales, 1993, S. 60 ff; C. Turpin(同上注〔85〕), S. 105.

〔133〕 具体讨论参见 M. Duverger, Le système politique français, 21. Aufl., 1996, S. 64 ff.

〔134〕 A. Hauriou, Droit constitutionnel et institutions politiques, 2. Aufl. 1967, S. 566; R. Grote(同上注〔90〕), S. 41 ff.

〔135〕 J. Chevallier, L'État de droit, 1992, Rdnr. 23 ff.

〔136〕 L. Favoreu, American and European Models of Constitutional Justice, in: Essays in Honour of John Merryman. (Fn. 27), S. 105/107; J. Chevallier (同上注〔135〕), Rdnr. 26; L. Henkin, The Age of Rights, 1992, S. 161 f.

院基于宪法享有审查法律以及在必要情况下不适用法律的权限。尽管一定的宪法审查是必需的，因为法国革命者也承认宪法是一种特殊文件，其内容不能通过普通的立法程序予以修改[137]，但是，这种审查权必须保留给议会或者议会为此设置的特别机构。因此，早在 1795 年埃马纽埃尔·西耶斯（Emmanuel Sieyès）就建议成立一个由立法机构成员组成的特别委员会，即"宪法法院"（Jury de Constitution）或"宪法委员会"（Jurie Constitutionnaire），其任务是裁决因立法行为违宪而引起的公民诉愿。[138]该建议最初没有获得多数人的支持，然而它在拿破仑统治下再次被提起讨论，并作为监督立法机构的一种方式被纳入其极权宪法的设想之中。

《1799 年共和八年宪法》（埃马纽埃尔·西耶斯负责为拿破仑起草）第 21 条赋予"护宪参议院"（Sénat conservateur）以下权力：对法院或政府提交的、可能存在违宪的所有法律行为进行确认或者废除。[139] 半个世纪以后，在 1852 年拿破仑三世的宪法中也采用了类似的模式。[140] 在民主背景下，1946 年 10 月 27 日第四共和国宪法中首次体现出了由政治机构对立法行为进行宪法审查的理念。该宪法赋予由总统主持的特别宪法委员会（Comité Constitutionnel）对这一问题的审查权限，即一项由国民议会通过的法律是否需要事先修改宪法。然而，它也像以前的波拿巴宪法一样，没有任何重大的实际意义。[141] 1958 年 10 月 4 日颁布的《法国第五共和国宪法》承认政府"自主的"行政法规，并将议会立法机关的权限限制在特定的、列举的事务领域，由此摆脱了法律主权（Gesetzessouveränität）的教条，敞开了对议会制定的法律根据宪法标准进行法院形式的审查路径。

随着时间的推移，宪法委员会的审查模式已经进入许多国家的宪法实

---

〔137〕《1791 年法国宪法》第 8 条规定：除了通过宪法修正案对宪法进行修订外，本法所设立的国家权力机构无权全部或者部分地修改宪法。

〔138〕 G. Robbers, Emmanuel Joseph Sieyès, Die Idee einer Verfassungsgerichtsbarkeit in der Französischen Revolution, in: W. Fürst/R. Herzog/D. Umbach, Festschrift für Wolfgang Zeidler, Bd. 1, 1987, 247 ff.; G. Burdeau, Traité de science politique, Tome III, Le statut du pouvoir dans l'Etat, 1950, S. 368 ff.

〔139〕 "护宪参议院确认或撤销由法案评议院（Tribunat）和政府提交审查的所有违法行为。"

〔140〕 F. Fernández Segado（同上注〔139〕）, S. 64 ff.; G. Robbers（同上注〔138〕）, S. 257.

〔141〕 G. Burdeau（同上注〔138〕）, S. 375 ff.

践。如同法国一样,宪法审查的目的性在很大程度上取决于它所服务的政治体制的性质。[142] 在自由民主国家,对法律的合宪性审查权被委任于议会或者议会的委员会,这表达了对作为人民选举的、代表人民的议会的主权地位的尊重。例如,芬兰就采用这种方式,在芬兰如果一项法律草案的合宪性存在疑问时,议会的宪法委员会就会启动审查程序,其作出的决定对其他国家机构具有拘束力。[143] 荷兰也采用这种方式,其宪法明确禁止法官判断法律和条约的合宪性。[144]

3. 违宪审查制度在美国的起源

(1)美国独立的违宪审查权模式

美国的宪法传统是基于这样一种理念:不仅必须在一个特殊的、不得通过普通立法程序修改的文件中确定公权力受法的拘束,而且必须由法院审查包括议会立法行为在内的国家机构的行为,使法对公权力的拘束在政治实践中发挥作用。公权力受法的拘束产生于联邦国家的权限分配、制衡原则以及受宪法保障的基本权利清单。在 1787 年美国宪法文本中没有明确提及审查法律合宪性的司法审查制度。在联邦党人文集中亚历山大·汉密尔顿从联邦宪法的视角首次明确肯定了违宪审查权。[145] 汉密尔顿的论述

〔142〕 前社会主义国家的政治性宪法审查,参见 M. Cappelletti/W. Cohen, Comparative Constitutional Law, Cases and Materials, 1979, S. 21 ff.

〔143〕 在芬兰,议会也是宪法的最高守卫者。如果对一项法案(Gesetzesvorlage)存在合宪性质疑,那么议会的宪法委员将会介入,其决定对其他国家机关具有拘束力。参见 L. Pekka, The Constitutional Committee of Parliament: the Finnish Model of Norm Control, in: M. Sakslin (Hrsg.), The Finnish Constitution in Transition, Finnish Contributions to the Third World Congress of the International Association of Constitutional Law, Warsaw 2-5 September 1991, S. 68 ff.

〔144〕 《荷兰宪法》第 120 条禁止法官对法律和条约的合宪性进行评判,参见 A. J. M. Kortmann/P. T. Bovend'Eert, The Kingdom of the Netherlands, Deventer 1993, S. 118; E. A. Alkema, Constitutional Law, in: J. Chorus/P. — H. Gerver/E. Hondius/A. Koekkoek, Introduction to Dutch Law for Foreign Lawyers, 1993, S. 270 f. 这一禁止性规定在司法实践中被扩张性解释,参见 Alkema,出处同上。其导致产生相互矛盾的结果:尽管荷兰法院有权审查国内法律与国际人权条约的一致性问题,但根据第 94 条的规定,不是必须审查与荷兰宪法规定的基本权利的一致性。

〔145〕 A. Hamilton/J. Madison/J. Jay, The Federalist, 2. Aufl. 1987, S. 397 ff.

是宪法发展史进程中的一部分，在此进程中，受普通法[146]和自然法理论的影响，所有国家权力受到一个更高的法的全面拘束这一观念，在各种殖民地越来越多地得到接受。早在 1787 年以前，这一理念已零星地成为个别州司法判决的基础。[147] 随着美国联邦最高法院马布里诉麦迪逊一案[148]的这一标志性判决，法院的违宪审查权最终成了实定联邦宪法（positives Bundesverfassungsrecht）的一部分。首席大法官马歇尔结合宪法的功能解释了违宪审查的必要性，即通过公权力的分立结构以及不同职能主体的权限分配来限制国家权力的行使。马歇尔在该案解释中主要以联邦党人文集中汉密尔顿的观点为依据。如果依据宪法设立的机构可以在实践中任意僭越宪法规定和限定的权限的话，那么宪法的目的就可能会落空。解释法律和解决法律冲突是法院的任务。如果法律和宪法产生冲突，基于宪法作为"国家根本的和最高的法律"这一性质，将会导致法律无效。[149]

　　美国的违宪审查权是从普通法的传统演变而来的，其痕迹在违宪审查的组织和程序构造中仍然清晰可见。违宪审查权不是被委托给一个特别机构，而是委托给负责行使司法职能的具有一般管辖权的普通法院。因此，最高法院不是一个特别的宪法法院，而是没有事务管辖权限制的最高上诉法院。[150] 从诉讼的视角来看，美国联邦宪法第二节第六条将法院的管辖权限制于对"案件和争议"的裁决，即以当事人之间具体权利和义务的争议为前提。美国联邦宪法没有规定抽象规范审查（prinzipale Normenkontrolle），

---

〔146〕 这一传统在 1610 年博海姆案（Dr. Bonham's Case）中首席大法官爱德华·柯克（Edward Coke）经常被引用的格言中达到顶峰，据此，违反"普遍的正义和理性"（common right and reason）的立法行为在普通法上不能获得效力："普通法将对其进行审查，并判定此类行为无效。"详细的讨论参见 E. Corwin（同上注〔124〕），S. 106 ff.

〔147〕 E. Corwin, The Progress of Constitutional Theory between the Declaration of Independence and the Meeting of the Philadelphia Convention, in: Corwin on the Constitution (Fn. 124), S. 56; G. Stourzh, Vom Widerstandsrecht zur Verfassungsgerichtsbarkeit: Zum Problem der Verfassungswidrigkeit im 18. Jahrhundert, in: Stourzh, Wege zur Grundrechtsdemokratie, 1989, S. 37/58 ff. ; R. Alleweldt, Die Idee der gerichtlichen Überprüfung von Gesetzen in den Federalist Papers, ZaöRV 56 (1996), 205/214 ff

〔148〕 5. U. S. (1 Cranch) 137 (1803).

〔149〕 5 U. S. 137,176 f. (1803).

〔150〕 美国最高法院的初审管辖权，参见 Art. III § 2 Cl. 2 und Kap. 81, Titel 28 des United States Code.

对法律的违宪性确认原则上仅对具体案件(当事人之间)产生效力,尽管在事实上,尤其因下级法院受先例拘束,法律的违宪性确认常常表现为是具有普遍效力的决定。[151] 原告受到具体的权利侵害这一必要性以及宪法上对个人具体的基本权利保障,使以法院形式进行的违宪审查这一美国模式具有明显的主观权利色彩。

(2)美国模式的继受

美国的违宪审查模式曾经在美洲大陆产生了示范效应。通过托克维尔的著作,美国违宪审查制度的存在形式和运作方式为拉丁美洲国家所熟悉,拉丁美洲的一些独立国家在 19 世纪就效仿美国模式建立了违宪审查制度。[152] 如今,法律的违宪性可以由所有的法院进行附带性审查(Inzidentkontrolle),这属于拉丁美洲国家宪法上的共同财富。[153] 然而,拉丁美洲国家并没有仅局限于采用美国模式,而是通过自己的监督机制和权利救济方式加以补充,这在美国的宪法体制中找不到与之相对应的制度。例如,墨西哥设立的诉愿程序(Amparo)作为一种特殊的法律救济途径,旨在保障宪法上所保护的权利免受各种形式的国家侵害,其中包括来自法律的侵害(amparo contra leyes)。[154] 原告除了根据一般法律规定享有的民事、刑事及行政救济途径外,还可以利用这种诉愿程序,但是在针对法律的诉愿案件中,这类救济的作用范围仅限于具体的法律争议(Konkreter Rechtsstreit)。[155] 拉丁美洲几乎所有的国家都以不同的形式确立了这种诉愿救济制度。[156]

拉丁美洲国家在设置宪法审判权时尤其关注这一问题,即在不承认先例拘束原则的法律体系中设立非垄断性的违宪审查制度所带来的相关问

---

[151] 通常,这种效力也是原告所意图的,例如在集体诉讼(Class actions)中有关废除学校和选区划分中的种族隔离,参见 M. Cappelletti/W. Cohen (同上注[142]), S. 97 f.

[152] M. Fromont, La justice constitutionelle dans le monde, 1996, S. 12.

[153] A. Brewer-Carias, La jurisdicción constitucional en America Latina, in D. Garcia Belaunde/F. Fernández Segado (同上注[37]), S. 117/126 ff.

[154] A. Brewer-Carias (同上注[153]). S. 127.

[155] R. Hofmann, Grundziige des Amparo-Verfahrens in Mexiko, ZaöRV 53 (1993), 271/277 f.

[156] M. Fromont (同上注[152]) S. 30.

题。例如,在墨西哥,法律(以例外的方式)规定了联邦法院在诉愿程序
(Amparo)作出的判决产生普遍拘束力的条件。[157] 此外,在委内瑞拉和哥
伦比亚,在主张法律违宪的民众诉讼中(Popularklage),最高法院有权对存
在争议的法律规定作出具有普遍拘束力的无效确认。[158]

第二次世界大战后,拉丁美洲国家越来越多地试图通过效仿欧洲模式,
采用集中的违宪审查制度来解决司法裁判的统一性问题。在过去的 30 年
中,越来越多的拉丁美洲国家建立了专门的宪法法院,这些宪法法院具有实
施抽象规范审查的权限(多数是基于各类最高的国家机构的申请)。[159] 在
墨西哥虽然没有设立专门的宪法法院,但是也存在朝这一方向发展的趋势。
通过 1994 年宪法改革,墨西哥的最高法院被赋予以下权限,即不再仅借助
宪法诉愿的审判程序,附带性地对法律的合宪性作出判断,而且在针对抽象
规范审查的违宪行为(accion de inconstitucionalidad)的范围内,法律的合
宪性判断可以直接成为判决对象(但是,宣告无效需要获得绝对多数法官的
同意,即 11 名法官中 8 名及以上)。[160] 然而,尽管导入了集中的宪法法院
审查机制,但在大多数国家的普通法院仍然保留了附带性的、非垄断的规范
审查制度。[161] 这些国家在发展过程中对美国模式进行了大量的变动和补
充,以至于在比较法的文献中已经被作为拉丁美洲自己的宪法审判权模式
而加以讨论了。[162] 但是,必须要认识到,这种模式本身并没有表现出统一

---

〔157〕 A. Brewer-Carias(同上注〔153〕),S. 132.

〔158〕 J. Carpizo/H. Fix-Zamudio, Amérique Latine, in: L. Favoreu/J.-A. Jolowicz, Le contrôle juridictionnel des Iois,1986,S. 119/125 f.;A. Brewer-Carias(同上注〔153〕),S. 122.

〔159〕 例如瓜地马拉1965年、秘鲁1979年以及1993年、智利1980年、玻利维亚1994年。在哥伦比亚,1991年宪法将裁决确认法律违宪的民众诉讼(Popularklage)的管辖权交由新成立的宪法法院(Tribunal Constitucional),参见 A. Brewer-Carias(同上注〔153〕),S. 128,134 ff.

〔160〕 参见 Garcia Ramirez, Reformas constitucionales sobre el poder judicial, Revista de la Facultad de Derecho de Mexico XLIV(1994),237/245;V. Adato Green, Las acciones de inconstitucionalidad en la reforma constitucional de 1994 y 1996, Liber ad honorem Sergio Garcia Ramirez,Bd. 1,1998,S. 63/71 ff.;J. Ramon Cossio, La justicia constcional en Mexico, Anuario iberoamericano de justicia constitucional 1997,245. 在秘鲁,宪法法院对法律规范的无效确认需要七位法官中至少六位赞成。参见 Art. 40 des Gesetzes Nr. 26435.

〔161〕 然而,不同的是,在巴拿马、哥斯达黎加、洪都拉斯、乌拉圭和巴拉圭,对于宪法争议进行裁决的权力由最高法院或者针对宪法争议设立的特别法庭行使,参见 A. Brewer-Carias(同上注〔153〕),S. 134.

〔162〕 M. Fromont(同上注〔152〕),S. 27 ff.

的形式,而是基于各自国家的传统和政治需求而产生的大量变体。

此外,美国的违宪审查模式也对一些英联邦国家产生了一定的辐射效力。英国的一些前殖民地国家设立了对法律的合宪性进行附带性审查的制度,这在第一印象似乎会令人感到惊讶,然而,在殖民主义背景下这是可以理解的。当时,枢密院作为大英帝国的最高上诉法院有权审查殖民地的法律和法规命令是否与英王室颁布的作为殖民地"基本法"的"宪章"(charters)、"宪法"(constitutions)以及其他帝国法律一致。[163] 印度宪法明确规定违宪的法律无效,并授权高等法院通过发布人身保护令(habeas corpus)、强制令(mandamus)、移审令(certiorari),确保为受宪法保护的基本权利提供有效的救济[164]。在 20 世纪 70 年代,显然是受到了美国发展的影响,印度最高法院在确保立法者贯彻宪法要求方面发挥了非常积极的作用。[165] 在加拿大,自其宪法恢复适用和 1982 年颁布《加拿大权利和自由宪章》以来,最高法院不仅在联邦权限争议领域,而且也越来越多地在基本权利保护领域发挥作用。[166] 澳大利亚的情况有所不同,其 1986 年颁布的宪法从内容来看主要是从英国殖民地时期所继受的组织法(Organisationsstatut),该宪法中仅包括了少量的明确保护个人权利的条款。尽管如此,澳大利亚最高法院曾努力,从民主国家秩序的客观法保障中推导出基本权利的要素(例如源自民主原则的言论自由权),并使这些保障成为审查单行法律合宪性的标准。[167] 与英国一样,在以色列也没有统一的成文宪法典,最高法院在近几年的一个判例中确立了基本法优先于单行法

[163] E. McWhinrney,Supreme Courts and judicial law-making, Dordrecht 1986, S. 5; E. McWhinrney, Constitutional Review in the Commonwealth, in: Max - Planck - Institut für ausländisches öffentliches Recht, Verfassungsgerichtsbarkeit in der Gegenwart, Köln/Berlin 1962, S. 75/78; M. Cappelletti/W. Cohen (同上注[142]),S. 11.

[164] 印度 1950 年《宪法》第 13 条、第 32 条。

[165] K. L. Bhatia, Judicial review and judicial activism, New Delhi 1997; P. C. Rao (同上注[30]), 821 ff.

[166] J. Black-Branch, Entrenching human rights legislation under constitutional law: the Canadian Charter of Rights and Freedoms, EHRLR (=European Human Rights Law Review) 3 (1998),312 ff.; R. Penner, The Canadian experience with the charter of rights: Are there lessons for the United Kingdom?, Public Law 1996, S. 104 ff.

[167] M. Detmold/G. Scoffoni,Justice constitutionnelle et protection des droits fondamentaux en Australie, Revue française de droit constitutionnel 1997, S. 3 ff.

的原则。[168]

最后，二战以后由于美国在一些亚洲地区的主导性政治影响，这些国家也采用了美国模式。上文已经提到美国最高法院的判例对印度最高法院裁判实务所产生的影响。以美国为模板，日本宪法第 81 条授予最高法院裁判管辖权，由其对法律、法规命令和其他法律行为的合宪性进行裁判。日本最高法院对该条款作了如下解释，即宪法授予最高法院在一定的条件下对法律进行合宪性审查的权力，这些条件与美国最高法院根据其宪法行使违宪审查权的核心条件相同。然而在实践中，日本最高法院在行使附带性规范审查方面采取了极为克制的态度。[169]

（3）欧洲国家宪法传统的异质性与趋同性

欧洲个别国家在 19 世纪继受了美国的违宪审查模式，如挪威、希腊、葡萄牙等一些较小的国家。[170] 与之不同的是，1874 年生效的《瑞士联邦宪法》所创设的宪法上的附带性审查产生了更加深远的影响。该宪法赋予公民通过特别的救济权利，即国家法上的诉愿（staatsrechtliche Beschwerde），来对抗公共机构对其受宪法保障的权利的不法侵害，并在穷尽州的救济途径后可以向位于洛桑的联邦法院（Bundesgericht）提起上诉。[171] 但是，在这种程序中只允许对州法（和联邦政府的行为）进行附带性的合宪性审查。因为 19 世纪国家内立法的重心在于各个州，因此，当时在违宪审查程序中对宪法权利救济的这种限制是可以接受的。[172]

1920 年《奥地利联邦宪法》首次确立了一个独立的、"欧洲的"违宪审查模式。该宪法创设了一个特别的、具有司法独立属性的机构来裁决宪法上的争议。奥地利宪法法院的设立在很大程度上要追溯到汉斯·凯尔森的观

---

〔168〕 C. Klein, Basic Laws, Constituent Power and Judicial Review in Israel: Bank Hamizrahi United v. Kfar Chitufi Migdal and Others, European Public Law 2 (1996), 225 ff.

〔169〕 Y. Taniguchi, Le cas du Japon, in: L. Favoreu/A.-J. Jolowicz (同上注〔158〕), S. 175 ff.

〔170〕 M. Fromont (同上注〔152〕), S. 15.

〔171〕 W. Kälin, Das Verfahren der staatsrechtlichen Beschwerde, Bern 1984; A. Auer, Die schweizerische Verfassungsgerichtsbarkeit, 1984, S. 164 ff.

〔172〕 W. Kälin (同上注〔171〕), S. 132. 但是，在瑞士宪法的改革中拟规定，联邦法律也受联邦最高法院的具体规范审查（经修订的联邦宪法第 113（3）条）。

点,他在深入研究了美国违宪审查制度的利弊后,设想在一个不以盎格鲁撒克逊遵循先例原则为基础的法律体系中,创设一种可以确保宪法裁判统一性的机构。[173] 为实现这一目的,对宪法进行具有拘束力的解释权被集中于一个专门为此设置的、与专业法院(Fachgerichtsbarkeit)相分离的裁判机构。在宪法法院实施的抽象规范审查程序中,法律的合宪性问题是直接的判决对象,同时违宪性确认产生普遍性的拘束力[174]。在这类诉讼中,诉讼申请权最初仅限于联邦政府和各州政府,通过 1929 年的宪法改革扩展到了各个高等专业法院(obere Fachgerichte)。[175] 主张自己的权利因法律违宪而直接受到侵害的个人,直到 1975 年改革后才获得向宪法法院提出规范审查的权利。[176]

捷克斯洛伐克[177]和西班牙[178]在第二次世界大战期间也建立了专门的宪法法院,但是其未能在这两个国家获得持久的立足。爱尔兰作为第二个普通法秩序的国家,在这一秩序中设立宪法审查并获得普遍认同更加具有意义。除了已被熟知的、借助一个具体争议案件实施的附带性审查外(仅限于高等法院),1937 年爱尔兰宪法实现了一项重要的创新:基于国家总统申请可以对法律进行预防性审查(Präventivkontrolle von Gesetzen)。[179]

然而,直到第二次世界大战之后,西欧的宪法审判权才出现了真正蓬勃发展的态势,这是因为,在战争和独裁统治之后需要重建法治国家的统治秩序,并且将其建立在稳定的制度基础之上。在这方面,国家权力受宪法规定

---

[173] 凯尔森在 1942 年发表的文章中对相关的思考进行了详细的阐述,参见 H. Kelsen, Judicial Review of Legislation,Journal of Politics 4 (1942), 183/188 ff.

[174] 关于抽象规范审查程序的对象和法律效力,详见 H. Kelsen, La garantie juridictionelle de la Constitution (La Justice constitutionnelle), Revue de droit public 45 (1928), 197/221 ff.

[175] M. Cappelletti/W. Cohen (同上注[142]), S. 13 Fn. 1.

[176] L. Adamovich/B. — C. Funk/G. Holzinger, Österreichisches Staatsrecht; Bd. 2, Staatliche Organisation, Wien u. a. 1998, S. 314.

[177] 捷克斯洛伐克的宪法法院,当时是作为"临时的"法院(ad hoc)被设置的。参见 P. Cruz Villalón, La formación del sistema europeo de control de constitu-cionalidad (1918—1939), Madrid 1987, S. 277 f.

[178] P. Cruz Villalon (同上注[177]), S. 301 ff.; F. Rubio Lloriente, Del Tribunal de Garantias al Tribunal Constitucional, Revista de Derecho Politico 16 (1982/83), 27 ff.

[179] B. Loren, The development of judicial review in Ireland; 1937—1966, 1966.

的自由国家—社会秩序的各项原则的有效拘束,发挥了核心作用[180]。从组织的视角来看,为了保障有效的宪法审查所进行的各种尝试,几乎都遵循了1920 年奥地利联邦宪法首先创设的专门的宪法审判权模式。然而,就内容而言,设立宪法审判权所追求的目标各有不同,从而宪法审判权的欧洲模式这一提法似乎存在问题[181]。在欧洲,发展的两极一面以德国联邦宪法法院为标志,另一面以法国第五共和国的宪法审判权模式为标志。

　　德国宪法审判权的设立表达了法律和政治阶层以及公众对政治—行政决策过程全面法制化的普遍愿望。这一愿望可以通过实证法上的规定得到印证,即所有的国家权力受基本权利的拘束(德国《基本法》第 1 条第 3 款),以及史无前例地区分了宪法法院的诉讼程序类型。这些诉讼程序类型的目标包括:维护联邦国家的权限体系(通过解决联邦和州之间争议的程序)、维护最高联邦机构和州机构相互之间基本法上的权限划分(通过联邦和州宪法上的机构诉讼程序)、为基本权利提供有效救济(通过宪法诉愿程序)。[182]在德国,宪法审判权经历了如此迅速的发展,这并非巧合。早在神圣罗马帝国时期,帝国最高法院(Reichskammergericht)和帝国皇室院(Reichshofrat)的司法判决最终就是以这一信念为依据,即政治冲突原则上可以转化为法律案件并由法院决断。[183] 1849 年德国保罗教堂宪法(Paulskirchenverfassung)曾规定帝国法院拥有广泛的宪法审判权,管辖范围既包括基本权利保护领域,也包括国家内部的权限争议。因此,保罗教堂宪法的相关规定,不是仅简单地照搬了美国的司法审查模式,而是——至少

---

　　[180] L. Favoreu, Europe Occidentale, in: L. Favoreu/J. —A. Jolowicz (同上注[158]), S. 17/43.

　　[181] 然而,这一术语在比较宪法的文献中已被广泛采用,参见 P. Cruz Villalón (同上注[177]);D. Rousseau, La justice constitutionnelle en Europe, 1993, Rdnr. 22; L. Favoreu, Les Cours constitu-tionnelles, 3. Aufl. 1996, S. 5 ff.; H. Roussillon, Le Conseil Constitutionnel, 2. Aufl. 1994, S. 87. 恰当的观点参见 M. Fromont (同上注[152]), S. 17 ff., 在欧洲宪法审判权方面,作者认为是一种"多元化增长"(croissance dans la diversité)。

　　[182] 参见:德国《基本法》第 93 条、100 条。

　　[183] M. Stolleis (同上注[32]), S. 138.

有同样充足的理由——可以被理解为是旧的帝国宪法传统的延续。[184] 这种特殊的德国宪法国家传统只有借助必要的政治和法律框架才可以完全发挥其潜力,然而直到第二次世界大战以后,随着联邦德国建立了稳定的民主体制,这些必要的政治和法律框架条件才得以实现。

另一类宪法法院的组织形式是法国的宪法审判权模式,这一模式是在法兰西第五共和国发展形成的。上面已经提到过,法国的宪法传统排斥由法院对立法机关的活动实施审查。因此,在法国,法律合宪性的司法审查只能以间接迂回的方式实现。1958 年《法国第五共和国宪法》实现了立法机关与行政机关权力分立的构想,这是法国设置宪法审判权形式的逻辑起点。为了确保这种权力分立在宪法实践中得以贯彻以及防止退回到议会绝对至上的时代,法国的宪法先父们创设了一个特别的监督机构,即宪法委员会。宪法委员会的职责是确保议会不逾越宪法授予的权力。该委员会的目的也可以从其有限的裁决权限上得到体现:议会的各种议事规则(Geschäftsordnungen)受宪法委员会的强制性监督。对法律的合宪性审查是非强制性的并且只能在公布之前提交审查。[185] 此外,根据最初的目的,法律的合宪性审查仅限于权限和程序方面,因为在第五共和国宪法中没有一个基本权利清单,其原本可以在审查议会通过的法律时作为内容上的审查标准。《1958 年法国宪法》仅在序言中提到了 1789 年的《人权和公民权利宣言》和《1946 年法国宪法》序言中列举的相关基本权利和人权。直到1971 年,宪法委员会才通过法律续造这一大胆的方式迈出了保护基本权利和人权的第一步。[186] 然而宪法委员会所实施的违宪审查始终受到广泛的限制,这些限制一方面表现为将管辖权限制于纯粹的预防性审查领域,另一方面表现为对申请权的限制性规定,即申请权仅保留给政治机构,既不向受

---

[184] H. Steinberger, Historic Influences of American Constitutionalism upon German Constitutional Development: Federalism and Judicial Review, Columbia Journal of Transnational Law 36 (1997), S. 189/199 ff.

[185] 《1958 年法国宪法》第 61 条第 1 款、第 2 款。

[186] 同上注[70]。

侵害的公民也不向各专业法院开放。[187]

　　大多数其他西欧国家的宪法法院都介于这两种模式之间。例如,比利时的仲裁法庭(Cour d'arbitrage)尽管具有实施抽象规范审查和具体规范审查的权限,但是仅限于涉及一些基本权利(禁止歧视和教学自由)时才有权审理针对法律和法规命令的宪法诉愿。[188] 判决宪法诉愿(Urteilsverfassungsbeschwerde)仅存在于德国、西班牙和葡萄牙。[189] 除了德国以外,意大利也有联邦机关之间的机关诉讼(Organstreitverfahren),但限制了具体的适用范围[190],除此以外的其他西欧国家没有设置这类诉讼。

　　自从 1989 年东欧政变以来,除了爱沙尼亚继受了瑞典宪法中采用的美国违宪审查模式之外[191],中欧和东欧的大多数国家采用了专门的宪法审判权模式。德国联邦宪法法院的架构在其中一些国家发挥了主导性作用。[192]这些国家的新宪法赋予宪法法院以下管辖权:在抽象规范审查和具体规范审查程序中对已公布的法律进行合宪性审查[193],同时也有权裁决(横向和纵向的)权限争议。[194] 相反,在将宪法诉愿作为保护个人权利的手段方面,欧洲的立法机构历来表现得极为克制。[195]

　　专门的宪法审判权模式的示范效应并不仅仅局限于欧洲。一方面,在

---

　　[187]　20 世纪 90 年代初,在法国曾尝试,对已公布的法律,经由最高法院(Cour de cassation)以及最高行政法院(Conseil d'Etat)提出,由宪法委员会实施具体规范审查,但该尝试最终并没有成功。参见 L. Favoreu, L'elargissement de la saisine du Conseil constitutionnel aux jurisdictions administratives et judiciaires, Revue française de droit constitutionnel 1990, 581 ff.

　　[188]　L. Favoreu (同上注[181]), S. 110 ff.

　　[189]　M. Fromont (同上注[152]), S. 22.

　　[190]　在意大利,这种机关诉讼仅限于权限分配冲突,参见《意大利宪法》第 134 条。

　　[191]　参见 T. Marauhn, Constitutional Jurisdiction: Supreme Court or Separate Constitutional Court: The Case of Estonia, European Public Law 1999, 303.

　　[192]　G. Brunner, Die neue Verfassungsgerichtsbarkeit in Osteuropa, ZaöRV 53 (1993), 819/865.

　　[193]　只有罗马尼亚部分地参考了法国模式,其将抽象规范审查程序限制在法律公布前的阶段,但是专业法院对诉讼进行中适用的法律规范的合宪性存在疑问时,可以由其提交审查。参见:1991 年《罗马尼亚宪法》第 144 条。

　　[194]　相关讨论参见 G. Brunner (同上注[192]), 843 ff.,但是,作者指出,在东欧各种形式的管辖权争议(Kompetenzstreitigkeiten)最初并不具有重要意义。

　　[195]　G. Brunner (同上注[192]), 858.

许多讲法语的非洲国家[196]，法国的宪法委员会为其建立专门的宪法审判权提供了参考样式，另一方面也为 1980 年成立的智利宪法法院提供了模型。[197] 在过去几十年，拉丁美洲国家成了继受在欧洲产生的违宪审查模式的主要区域。随着受德国模式影响的南非特别宪法法院的建立，专门的宪法审判权首次在具有（部分地）普通法传统的宪法秩序中获得了立足点。[198] 此外，德国模式的影响也可以在 1987 年韩国宪法所创设的宪法审判权机构中觅得踪迹。[199]

五、结　论

与比较私法一样，比较公法也以法律技术上的标准和法律内容上的视角这二者的结合为基础。对本文的讨论来说重要的是，在各个不同的法律秩序中，公法从私法中"解放"出来的程度也是不一样的。其中一个原因是国家理念（Staatsidee）在不同的法律秩序中具有不同的历史意义和不同的法律上的"转化"。在欧洲大陆国家，国家理念是被理解为构思上统一的公法的支柱，但在以盎格鲁撒克逊政治和法律传统为特征的国家，国家理念仅具有次要地位。这就要求，对公法基本问题的比较观察不能仅局限于法教义学上的思考，而是必须要同时将政治学和行政实践上的研究结果纳入研究范围。在其他一些国家，没有独立出来的国家法学和行政法学，取而代之

---

[196] M. Fromont（同上注[152]），S. 27.

[197] 在智利，宪法审查的权限在宪法法院（Tribunal Constitucional）和最高法院之间划分。宪法法院具有对法律和法规进行预防性的合宪性审查权限，但是对于已经公布的法律只能通过最高法院附带性程序进行；在这一方面，宪法法院仅限于对颁布法律的形式合秩序性进行上位审查（Oberprüfung）。参见 G. Gomez Bernales, La justicia constitucional en Chile, Annuario iberoamericano de justicia constitucional 1997, 121 ff.

[198] C. Pippan, Südafrikas Verfassungswandel im Zeichen von Demokratie und Rechtsstaatlichkeit, ZaöRV 55 (1995), S. 993/1014 ff.

[199] Young Huh, Die Grundzüge der neuen koreanischen Verfassung von 1987, JÖR 38 (1989), 580 ff.; Jong Hyun Seok, Die Entwicklung des Staats-und Verwaltungsrechts in Südkorea, in: R. Pitschas (Hrsg.), Entwicklungen des Staats-und Verwaltungsrechts in Südkorea und Deutschland, 1998, S. 57/66.

的是政治学和行政实践上的研究。

从法律内容的视角，法律比较应当以各自法律秩序中具有体系性特征的建构原则为基础。在这些建构原则里，有关社会公益机构组织及其履行任务方式的各种基本决定已具有法律形式。一个从内容视角进一步的"体系比较"必然会因不可克服的理论与实践困难而失败。一个普遍性问题是，作为法系划分起点的假设，即整个法律领域具有超越法律技术界限的内容上的同质性，是否是欧洲大陆特有的体系性思考的产物。在普通法系和其他海外法律秩序中找不到相对应的这种思考方式。与国内私法法典化理念的式微一致，比较私法中也存在这样一种观点，即在财产法和家庭—继承法之间不存在必然的体系关联，相应地这两个领域的法系划分可能会产生不同的结论。[200] 基本上，这种见解仅反映了各种法律体系存在不断分化这一认知，这些法律体系在复杂的社会条件下倾向于形成子秩序，而这些子秩序又被分散到了一些更具体的法律领域。

相反，以下这种尝试看起来更富有成效：在以法律和政治思想具有基本相似性为特征的西方社会中追踪基本的构想发展线，[201]以及分析非西方法律文化中已经继受或者正在继受这些法律制度和法律观念的各种条件。本文选择以各种宪法传统的形成与变迁作为这种比较研究的出发点，这些宪法传统可以被理解为在一个社会的司法、学术以及政治阶层中，当时在政治和行政统治法制化的方式和范围方面具有支配地位的各种特定理念。与比较私法上的法系建构相比[202]，宪法传统的确认只能是一个更加不完美的工具，其只是为了从各种法律秩序的多样性中指出对现代宪法和行政法发展具有或者曾经具有示范效应的一些法律秩序。人们不应沉迷于在不同（国家）的宪法与行政法体系之间找到明确划界标准的幻想之中。因为宪法传统随时间推移而变迁，并且在第二次世界大战以来的几十年中，这一发展过程的特点是趋同化趋势日益增加。举一个例子：在第二次世界大战之前，宪

---

〔200〕　K. Zweigert/H. Kötz（同上注〔1〕），S. 64.

〔201〕　西方法律传统的特征，参见 H. Berman, Law and Revolution-The Formation of the Western Legal Tradition, 1983, S. 7 ff.

〔202〕　同上注〔21〕。

法法院针对立法机构的活动提供基本权利救济仅是一个边缘现象。在大多数国家,立法受基本权利拘束尚未成为主题,在这种拘束力被普遍(如美国)或在个案(德国帝国法院的判例)获得法院承认的国家,其效力只限制在保障财产权和合同自由的范围内。[203] 与之相反,在第二次世界大战之后,基本权利出现了爆炸性的发展,这使得基本权利被提升到了自由的宪法秩序和社会秩序的中心地位。在这种秩序中,一方面个人自由得到了保护,另一方面也有效地保护了社会少数群体免受歧视。[204] 在这方面,自50年代以来美国最高法院[205]和德国联邦宪法法院[206]的判例对人格权和自由权的扩张性解释,以及将平等原则作为立法行为的具体评价标准,就是令人印象深刻的证据。这反映了在有效和全面保护个人自由免受国家侵害方面,大部分民众的期望发生了变化,这种变化了的期望是所有西方社会战后发展的一个标志性现象。这种有效保护基本权利的更高要求在这样一些国家也获得了普遍认同,即便其不具备或者不完全具备实现这种要求所需的制度上和宪法上的前提要件。例如,法国宪法中没有自己的基本权利清单,法国宪法委员会根据宪法的效力证立了立法机关的行为受基本权利拘束。

在更加宽泛的意义上,欧洲一体化是西欧地区用于聚合各种法律传统(其中也包括宪法和行政法领域)的重要催化剂。一方面,根据《欧洲人权公约》设立的各机构的司法实践为(不仅仅是)其成员国发展基本权利提供了重要的推动力,特别是这样一些成员国:此前要么不存在真正意义上的宪法裁判,要么其宪法裁判在基本权利保护方面存在着漏洞。另一方面,位于卢森堡的欧洲法院的判例也推动了欧洲行政法的产生,并且导致了尤其是英国行政法和欧洲大陆的法国行政法的不断靠近,例如在行政裁量决定的审

〔203〕 J. B. Attanasio, Personal Freedoms and Economic Liberties: American Judicial Policy, in: P. Kirchhof/D. Kommers (同上注〔48〕),S. 225 ff. ; G. Lübbe-Wolff(同上注〔71〕),S. 359 ff.
〔204〕 参见 L. Henkin(同上注〔136〕),S. 118 ff.
〔205〕 J. B. Attanasio (同上注 203),S. 232 ff.
〔206〕 始于 BVerfGE 7,198-Lüth;此外 E 65,1-Volkszählung;E 69,315-Brokdorf。

查领域。[207] 最后，英国近年来显现出的宪法的法典化和法律化趋势，也体现了欧洲一体化进程的影响。[208]

以上所描述的这种趋同过程已达到了如此高的程度，以至于人们在文献中提出形成了一个欧洲——大西洋宪法国家，或者至少形成了一种具有宪法国家属性的共同的欧洲——北大西洋模式，这一模式以西方宪法传统为基础。[209] 但是，这种模式不再限于欧洲—北大西洋地区。它的主要元素有：权力制约；针对所有不同形式的公权力，为基本权利提供宪法保护；通过独立的宪法审判权，对国家权力主体进行具有宪法拘束力的监督。随着东欧政变以及民主法治国家的统治形式在拉丁美洲、非洲和亚洲的许多国家得以恢复或者初次创设，这些元素在世界许多地方至少在理论上获得了认可。如今，关于宪法国家和法治国家的实质要素已经在全球范围内存在共识，因此，法系的划分必须更加取决于组织和制度的视角。然而，产生了一个明显的愿望：在混合模式的框架内组合不同的解决方案，主张较少地基于与某个"法族"（Rechtsfamilie）传统的归属关系，而是更多地基于各自国家问题背景下的具体需求。[210] 美国和奥地利的宪法审判权作为两种基本模式，二战以来在欧洲和世界其他地方经历了形式多样的变迁，这便是一个明显的例证。这种发展导致我们很难证明这两种模式具有单线性的发展路径，同时也削弱了公法上进行法系划分的说服力。因此，比较公法未来的任务主要不在于法系理论的建构上，而在于研究和差别性地描述被选择的继受过程、继受过程的法律文化前提以及继受过程的现实有效性条件。

---

〔207〕 参见英国上议院最近的判决：R. v. Chief Constable of Sussex, ex parte International Trader's Ferry Ltd. 〔1999〕1 All ER（HL）129；此外参见 G. Slynn, "But in England there is no... ", in: Festschrift für Wolfgang Zeidler（同上注 138），S. 397/400 f.

〔208〕 参见 R. Grote, Regionalautonomie für Schottland und Wales（同上注〔109〕），109ff. ; R. Grote, Die Inkorporierung der Europäischen Menschenrechtskonvention in das britische Recht durch den Human Rights Act 1998, ZaöRV 58（1998），309 ff.

〔209〕 P. Häberle, Aspekte einer kulturwissenschaftlich - rechtsvergleichenden Verfassungslehre in „ weltbürgerlicher" Absicht - die Mitverantwortung für Gesellschaften im Übergang, in: R. Pitschas（Hrsg. ），Entwicklungen des Staats-und Verwaltungsrechts in Südkorea und Deutschland, 1998, S. 27/31 ff.

〔210〕 P. Häberle（同上注〔209〕），S. 27，作者指出 1989 年欧洲/大西洋类型的宪法国家出现了"普遍增长"。在 1973 年只有 25%的国家正式宣称是民主国家，但这一比例在 90 年代中期增加到了 70%，参见 B. —O. Bryde（同上注〔31〕），S. 458.

Abstract: The attempt to divide the legal systems of the world into different legal families for comparative purposes has so far largely been confined to lawyers working in the field of comparative private law. One of the main obstacles to similar efforts in public law is the absence of a shared understanding of the public law-private law divide in the different legal systems. Whereas the distiction between public law and private law has long been established in the legal thinking of continental Europe, and has led there to the development of specific system of public law rules in the most advanced national systems like the German and French ones, it has largely been ignored by legal systems modeled on the common law tradition. As a result, few meaningful categorizations based on the existence of specific public law techniques can be made. With regard to distinctions based on legal content, these must refer to the main organizing principles of the political and administrative structure of states-like the principle of separation of powers, the different forms of vertical division of political authority within federal and decentralized systems, the degree of protection of fundamental rights and the essential elements of the rule of law-to yield any substantial results. They can help to identify basic similarities and differences in the structure of public authority, but do not constitute valid criteria for the classification of whole legal systems. A more general approach should try to identify the basic constitutional traditions which have served as a model for the constitutional development in the different parts of the world over the last two centuries. Constitutional tradition in this sense means the basic understanding in a given society on the role of the law and of legal institutions in legitimizing and limiting the use of public authority. An analysis along these lines would reveal some fundamental differences between the great constitutional traditions of the West, in particular with regard to the formal or informal nature of the basic principles of "good government", the binding character of fundamental rights and the role of the courts as institutional safeguards of civil liberties. However, since the Second World War there has been a notable trend towards convergence on these matters, which has been obvious in the growing importance of constitutional courts and the increasing recognition of fundamental rights as binding on the legislature. The future work of comparative lawyers will therefore have to concentrate upon the development meaningful criteria for the assessment of specific reception processes and their relative success rather than on broad categorizations designed to fit legal systems as a whole.

Keyword: Comparative Public Law, Legal Families, Legal Tradition, Legal Reception, Constitutional Law, Administrative Law

（特约编辑：刘雪鹏）

德国《一般平等待遇法》(2013 年修订)

叶 强[*] 译

第一章 总 则[1]

第 1 条 (立法目的)

为了防止或者消除因为种族或者民族、性别、宗教或者世界观、残疾、年龄或者性取向的原因产生的歧视(Benachteiligungen),制定本法。

第 2 条 (适用范围)

1. 依据本法规定,因为本法第 1 条列举的原因产生的歧视在涉及下列事项时是不允许的:

(1)不依赖于职业范围和职务等级的条件,包括受雇他人或者自谋职业时的选拔标准和录用条件,这同样适用于职业晋升;

(2)雇佣条件和工作条件,包括劳动报酬和解雇条件,尤其是个人劳动合同和集体劳动合同中的雇佣条件和工作条件以及雇佣关系存续和终止的标准,这同样适用于职业晋升;

(3)进入各种形式和各种层次的职业咨询(Berufsberatung)、职业教育(Berufsbildung)包括职业培训(Berufsausbildung)、职业再教育(berufliche Weiterbildung)、转岗培训(Umschulung)和提高实践技能在内的途径;

(4)作为雇员协会或者雇主协会或者隶属于某个特定职业群体的协会

---

* 叶强,法学博士,中南财经政法大学法治发展与司法改革研究中心讲师。研究方向:社会治理和教育法治。

〔1〕 关于本法的一般性介绍,参见[德]罗曼弗里克:《德国劳动法中的反歧视制度——浅析德国新〈通用平等待遇法〉》,李光译,载林嘉主编:《社会法评论》(第二卷),中国人民大学出版社2007 年版,第 335-344 页。

的成员资格与参与权,包括从这些协会中获益的权利;

(5)劳动保护,包括社会安全和健康服务;

(6)社会优待;

(7)教育;

(8)得到和使用属于公众的物品和服务(包括住房)的权利。

2.对于《社会法典》中的给付(Leistungen),则适用《社会法典》(第一部)第33c 条和《社会法典》(第四部)第 19a 条。对于企业养老金(die betriebliche Altersvorsorge),则适用《企业养老金法》(Betriebsrentengesetz)。

3.其他有关禁止歧视(Benachteiligungsverbot)和要求平等待遇的规定不受本法影响。这同样适用于那些保护特定人群的公法规定。

4.仅当规定了一般的和特殊的解雇保护(Kündigungsschutz)时,解雇才生效。

第 3 条 (定义)

1.直接歧视(unmittelbare Benachteiligung)是指当某人因为本法第 1条列举的原因在一个可比较的条件下(in einer vergleichbaren Situation)相比较其他人已经得到或者即将得到的不利待遇。在出现本法第 2 条第 1 款第 1 至 4 项的情形时,针对孕妇或者母亲的不利对待也属于直接歧视。

2.间接歧视(mittelbare Benachteiligung)是指从表面上看是中立的规定、标准或者程序因为本法第 1 条列举的原因以一种特别的方式(in besonderer Weise)对某人相比较其他人造成了不利对待。除非这些规定、标准或者程序通过正当的目的被证明是客观的,并且实现这一目的手段是适当的和必要的。

3.骚扰(Belästigung)是歧视,当与本法第 1 条列举的原因有关的不受欢迎行为企图伤害某人的人格或者导致某人人格的伤害,造成了遭受恐吓(Einschüchterungen)、敌意(Anfeindungen)、屈辱(Erniedrigungen)、贬低(Entwürdigungen)或者侮辱(Beleidigungen)的环境出现。

4.性骚扰(sexuelle Belästigung)是歧视,在出现本法第 2 条第 1 款第 1至 4 项的情形时,当一种不受欢迎的、带有性特征的行为,即不受欢迎的性动作和性要求,包含有性特征的身体接触或者含有性内容的评价或者不受欢迎的展示或者公开陈列色情照片,企图伤害某人的人格或者导致某人人格的伤害,造成了遭受恐吓、敌意、屈辱、贬低或者侮辱的环境出现。

5. 针对某人因为本法第 1 条列举的原因之一作出的歧视指示(die Anweisung zur Benachteiligung)被认为是歧视。尤其在遵照指示作出的行为导致了出现本法第 2 条第 1 款第 1 至 4 项的情形时,该行为因为本法第 1 条列举的原因已经歧视了雇员或者可能对雇员造成歧视。

第 4 条　(因为多种原因导致的不平等待遇)

针对因为本法第 1 条列举的多种原因产生的不平等待遇,如果提出依据本法第 8 条至第 10 条和第 20 条的抗辩,仅当这种抗辩能扩展到不平等待遇产生的所有原因时才是成立的。

第 5 条　(积极措施)

不考虑第 8 条至第 10 条和第 20 条的规定,在通过合适的和恰当的措施防止或者补偿因为第 1 条列举的原因产生的不利时,不平等待遇才是允许的。

第二章　保护雇员免受歧视

第一节　禁止歧视

第 6 条　(适用对象)

1. 本法意义上的雇员(Beschäftigte)指:

(1)雇员,

(2)正处在职业培训阶段的人,

(3)由于经济上的依赖性而被视作雇员的人,包括从事手工家庭劳动的雇员和同等地位的人。

寻求订立雇佣关系(Beschäftigungsverhältnis)的求职者或者雇佣关系已经终止的人,也被视为雇员。

2. 本章中的雇主(Arbeitgeber)指聘任本条第 1 款所列雇员的自然人、法人和具有法律资格的合伙企业。当雇员被委托给第三人从事劳动时,该第三人也被视作雇主。对于从事手工家庭劳动的雇员和同等地位的人而言,订货人(Auftraggeber)或者中间商(Zwischenmeister)被视作雇主。

3. 只要涉及职业准入和职业晋升的条件的,本章的规定也适用于自谋职业的人和组织的成员,尤其是适用于企业负责人(Geschäftsführer)和董事会成员。

第 7 条 （禁止歧视）

1. 禁止以本法第 1 条列举的原因歧视雇员；实施歧视行为的人假设本法第 1 条列举的原因已经存在，仍然不得违反前句规定的禁令。

2. 违反前款规定的劳动合同中的任意条款均无效。

3. 根据本条第 1 款，雇主或者雇员的歧视行为违反了合同义务。

第 8 条 （因为职业要求的差别对待允许）

1. 依据职业活动的特性或者考虑履职条件，因为本法第 1 条列举的原因作出的差别待遇是允许的，除非这一理由构成重要的、有决定性的职业需要（eine wesentliche und entscheidende berufliche Anforderung）[2]，且在目的上是正当的、在需要上是适当的。

2. 在劳动合同中约定相同的工作或者等值的工作提供较低的劳动报酬是不正当的，因为本法第 1 条列举的原因构成了特别保护条款。

第 9 条 （因为宗教或者世界观的差别对待允许）

1. 尽管有第 8 条的规定，受雇于宗教团体（Religionsgemeinschaften）或者隶属于宗教团体的所有法律形式的机构，或者将宗教或者世界观作为成员共同义务的协会的雇员，因为宗教或者世界观的差别对待也是允许的，只要在对照宗教团体或者协会的理念（Selbstverständnis）的前提下，按照它们的自治权（Selbstbestimmungsrecht）或者工作的性质，宗教或者世界观构成了理由成分的职业条件。

2. 因为宗教或者世界观的差别对待禁止，不影响第 1 款列举的宗教团体或者隶属于宗教团体的所有法律形式的机构，或者将宗教或者世界观作为成员共同义务的协会要求其雇员忠诚和真诚地对待其信念的权利。

第 10 条 （因为年龄的差别对待允许）

1. 尽管有第 8 条的规定，因为年龄的差别对待同样是允许的，只要其是客观的、适当的且通过合法目的正当化的。为达到这一目的的手段是适当的和必要的。这些差别对待尤其包括下列各项：

---

〔2〕 参见娄宇：《德国法上就业歧视的抗辩事由——兼论对我国的启示》，《清华法学》2014 年第 4 期，第 48-53 页。

(1)确定求职、职业培训以及特殊雇佣\工作条件,包括为了促进青少年雇员、老年雇员以及有抚养义务的人的职业融入和职业保护的薪资条件、雇佣关系终止条件;

(2)确定求职的年龄、职业经验或者工龄,或者确定与雇佣相关的优势的最低要求;

(3)确定因特定的劳动场所要求的特殊职业要求,或者有必要在退休前确定适当的劳动年限;

(4)在社会安全的运行体制下,确定年龄界限作为成员资格或者获取养老金、伤残给付金的前提条件,包括在这一体制下为特定的雇员或者雇员群体确定不同的年龄界限,以及在这一体制下为了保险精算的计算需要(für versicherungsmathematische Berechnungen)而采用年龄标准;

(5)达成一致,即预先规定在某个时间点不经过通知径行终止雇佣关系,此时雇员可以依据年龄提出养老金请求。《社会法典》(第六篇)第 41 条的规定不受影响;

(6)在《企业组织法》(Betriebsverfassungsgesetz)对福利计划的给付已进行差异化规定的框架下,如果当事人确定了依据年龄或者企业从属关系划分的补偿规则(Abfindungsregelung),那么这一补偿规则应该通过充分考虑年龄的意义而突出劳动力市场上依赖于年龄的机会,或者该补偿规则应将经济上参保的雇员排除在福利计划的给付之外,因为这些雇员有权申请养老金,并在必要时可以领取失业救济金。

第二节　雇主的组织义务

第 11 条　(招聘)

不得违法本法第 7 条第 1 款的规定发布招聘广告。

第 12 条　(雇主的措施和义务)

1.雇主有义务采取必要的措施保护雇员免于因为本法第 1 条列举的原因产生的歧视。这些保护也包括预防性措施(vorbeugende Maßnahme)。

2.雇主应该采取合适的方式,尤其是在职业培训和职业再教育中,指明歧视是不允许的,并做到不让歧视发生。如果雇主以合适的方式对雇员进行了以防止歧视为目的的培训,则视为完成了前一句的义务。

3.如果雇员违反了本法第 7 条第 1 款规定的禁止歧视规定,雇主应根据具体情况采取合适的、必要的、得体的方式,如警告(Abmahnung)、转岗(Umsetzung)、调动(Versetzung)或者解除雇佣关系(Kündigung)来消除歧视。

4. 如果雇员在工作中依据第 7 条第 1 款的规定遭遇了第三人的歧视,雇主应根据具体情况采取合适的、必要的、得体的方式保护雇员。

5. 应该在企业内或者工作场所公告有关本法、《劳动法院法》(Arbeitsgerichtsgesetz)第 61b 条和依据本法第 13 条设置的处理申诉的主管机关的信息。可以通过在合适的地点粘贴布告或者张贴宣传册或者在企业内或者工作场所采用常用的信息和通信技术(Informations - und Kommunikationstechnik)来实现。

第三节 雇员的权利

第 13 条 （申诉权）

1. 雇员在其雇佣关系存续期间如果感受到了雇主、上级、其他雇员或第三人因为本法第 1 条列举的原因施加的歧视,有权向企业、公司或者工作场所的主管机关提起申诉。主管机关审查该申诉,并告知申诉人审查结果。

2. 雇员代理人(Arbeitnehmervertretung)的权利不受影响。

第 14 条 （劳动义务给付拒绝权）[3]

如果雇主在工作场所没有采取或者采取了不适当的方式消除骚扰或者性骚扰,受害雇员有权在保护其权利必要时停止工作,且不得损失劳动报酬。《民法典》第 273 条的规定不受影响。

第 15 条 （补偿和赔偿）

1. 当出现了违反歧视禁止的情形时,雇主有义务赔偿由此产生的损失。如果雇主没有违反歧视禁止的义务,则前句不适用。

2. 如果损失不是财产损失(Vermögensschaden),雇员可以要求适当的金钱补偿(Entschädigung)。如果雇员在公平的情况下没有被调职,那么补偿数额在不调动职位的条件下不得超过 3 个月的工资总额。

3. 在履行集体劳动合同时,雇主只有在存在故意或者重大过失

---

〔3〕 关于劳动义务拒绝给付权的讨论,参见赵艺璇:《劳动法上的劳动义务拒绝给付权》,《国家检察官学院学报》2016 年第 1 期。

(vorsätzlich oder grob fahrlässig)时才给与雇员补偿。

4.根据本条第 1 款或者第 2 款规定的请求权必须以书面的形式在 2 个月之内提出,除非集体劳动合同另有约定。在求职者应聘或者雇员升职被拒绝时从拒绝之日起计算,在其他情形则从雇员知道被歧视之日起计算。

5.其他法律规定的针对雇主的请求权不受影响。

6.不得以雇主违反本法第 7 条第 1 款规定的歧视禁止的行为建立一个缔结雇佣关系、职业培训关系或者职业晋升的请求权,除非有其他的诉因(Rechtsgrund)。

第 16 条　(惩罚禁止)

1.雇主不得因为雇员行使本章的权利或者拒绝执行违反本章的指令而对其进行歧视。这同样适用于支持受歧视雇员或者作为证人作证的雇员。

2.受害雇员实施的拒绝或者容忍歧视的行为不得作为决定其是否被歧视的基础。本条第 1 款第 2 句同样适用。

3.本法第 22 条不受影响。

第四节　补充规定

第 17 条　(各方的社会责任)

1.集体劳动合同当事人、雇主、雇员和他们的代理人(Vertretungen)应该在各自职责的范围内和行动能力的条件下共同促进本法第 1 条规定的反歧视目的的实现。

2.在依据《企业组织法》第 1 条第 1 款第 1 句的规定涉及的企业中,当雇主严重违反了本章的规定时,企业职工委员会(Betriebsrat)或者代表企业职工委员会的工会(Gewerkschaft)有权按照《企业组织法》第 23 条第 3 款第 1 句的规定提起诉讼;《企业组织法》第 23 条第 3 款第 2 句至第 5 句的规定同样适用。在提起诉讼时,不考虑受害雇员的赔偿请求。

第 18 条　(协会中的成员资格)

1.本章的条款相应适用于下列协会中的成员资格或者参与权利:

(1)集体劳动合同的当事人;

(2)协会,其成员隶属于一个特定的职业群体,或者该协会在经济或社会领域拥有支配地位,如果获得它的成员资格则享有根本利益(ein grundlegendes Interesse),还包括这些当时的联盟情况。

2. 如果一项拒绝(Ablehnung)违反了本法第 7 条第 1 款禁止歧视之规定的,这就产生了本条第 1 款列举的协会的成员资格或者参与权利。

第三章 与民法有关的歧视保护

第 19 条 (民法中的歧视禁止)

1. 在订立、履行和终止民事债权债务关系中(bei der Begründung,Durchführung und Beendigung zivilrechtlicher Schuldverhältnisse)因为种族、民族、性别、宗教、残疾、年龄或者性取向产生的歧视,在出现下列行为时是不允许的:

(1)在多数个案中依照典型状况不考虑行为人的可比较条件(大众交易)[4],或者在多数个案中按照债权债务关系的性质仅给与行为人相对次要的意义因而考虑行为人的可比较条件,或者

(2)将私法保险(privatrechtliche Versicherung)作为债的标的。

2. 在订立、履行和终止其他民事债权债务关系中因为种族、民族产生的歧视涉及本法第 2 条第 1 款第 5 项至第 8 项的规定是不允许的。

3. 在住房租赁时(Bei der Vermietung von Wohnraum)考虑到创造和维护社会稳定的人口结构和适当的居民结构以及均衡的经济、社会和文化关系的需要,差别对待是允许的。

4. 本章的规定不适用于家事和继承债权债务关系(familien - und erbrechtliche Schuldverhältnisse)。

5. 在民事债权债务关系中,如果在当事人或者当事人的亲属之间成立了一种特殊的亲密—信任关系(ein besonderes Nähe - oder Vertrauensverhältnis),本章的规定也不适用。在租赁关系(Mietverhältnis)中特别会出现这样一种情形,即当事人或者他们的亲属使用相同土地上的房屋。如果租赁方出租的公寓数不超过 50 套时,那么在本条第 1 款第 1 项的意义上仅仅是临时租住房屋的行为通常不构成一项交易(Geschäft)。

---

〔4〕 大众交易(Massengeschäfte),是指这种交易在多数个案上,依照典型状况不需要考虑到当事人个人情况,而可以用相类似的案件订立契约。参见周伯峰:《"歧视禁止"作为私法自治的限制?——简评德国〈一般平等对待法〉中的民事上歧视禁止规定及其争议》,《月旦法学杂志》2014 年第 1 期,第 131 页。

第 20 条　（允许的差别对待）

1. 因为宗教、残疾、年龄、性取向或者性别作出的差别待遇如果存在客观理由（ein sachlicher Grund），则不认为是违反歧视禁止的规定。这些允许的差别待遇尤其出现在下列情形：

（1）避免危险、消除损失或者采取类似的方式达到其他目的；

（2）保护隐私（Intimsphäre）或者私人安全的需要；

（3）保护特殊利益，如若平等对待则会丧失这一利益；

（4）与人的宗教信仰紧密相关且着眼于宗教自由的行使，或者在顾及各自地位的前提下考虑宗教团体、属于宗教团体的所有法律形式的机构或者将宗教作为成员共同义务的协会的自治权（Selbstbestimmungsrecht）。

2. 雇主在雇员怀孕和哺育（Schwangerschaft und Mutterschaft）期间的损失不得导致有差别的奖金或者绩效待遇。当这一差别待遇因为受认可的风险适当计算的原则，尤其是因为在数据调查的基础上运用保险计算得出的风险评估时，因宗教、残疾、年龄、性取向作出的差别待遇在本法第 19 条第 1 款第 2 的情形下才是允许的。

第 21 条　（请求权）

1. 尽管还有其他请求权，受歧视者在受到歧视时可以要求消除损害（Beeinträchtigung）。如果担心其他损害，受歧视者可以针对疏忽（Unterlassung）提起诉讼。

2. 在违反歧视禁止的规定时，歧视者有义务赔偿由此产生的损失。当歧视者不承担义务违反的责任时，前一句不适用。当损失不是财产损失时，受歧视者可以要求合适的金钱赔偿。

3. 因侵权行为（unerlaubte Handlung）产生的请求权不受影响。

4. 歧视者不得援引违反歧视禁止规定的合同。

5. 本条第 1 款和第 2 款规定的请求权应该在 2 个月之内提出。除非因为受歧视者自身的原因导致无法遵守规定的期限，其才可以在 2 个月之后提出。

第四章　权利保护

第 22 条　（举证责任）

在诉讼中，如果一方当事人提出间接证据（Indizien）推测歧视是因为本法第 1 条列举的原因造成的,那么另一方当事人应承担证明其没有违反歧视禁止规定的举证责任(Beweislast)。

第 23 条 (反性别联合会的支持)

1. 反性别联合会(Antidiskriminierungsverbände)是非营利性的、依据其章程非暂时地按照本法第 1 条的规定以保护受歧视者或者受歧视人群为宗旨的人的联合(Personenzusammenschlüsse)。当反性别联合会拥有不少于 75 名成员或者至少由 7 个协会组成时,其享有本条第 2 款至第 4 款规定的权限(Befugnisse)。

2. 反性别联合会有权按照章程目的的规定在司法诉讼中作为法律顾问(Beistand)代表受歧视者出庭应诉。诉讼法有其他规定的,尤其是禁止法律顾问出庭应诉的规定,则不受影响。

3. 反性别联合会按照章程目的的规定获得授权处理受歧视者的法律事务(Rechtsangelegenheiten)。

4. 残疾人联合会的特殊诉权和代理权(besondere Klagerechte und Vertretungsbefugnisse)不受影响。

第五章 公法勤务关系中的特殊规定

第 24 条 (公法勤务关系中的特别规定)

本法也适用于以下具有特殊法律地位的主体:

(1)联邦、州、市镇与市镇联合会的公务员,以及受到联邦或者州监管的公法法人、机构和基金会;

(2)联邦和州的法官;

(3)民事服役者以及要求承担民事役的拒服兵役者(Kriegsdienstverweigerer)。

第六章 反歧视机构

第 25 条 (联邦反歧视局)

1. 尽管有联邦议会专员或者联邦政府专员的职权,在联邦家庭、老人、妇女和青年部(Bundesministerium für Familie, Senioren, Frauen und Jugend)下仍设立防止出现因为本法第 1 条列举的原因产生的歧视的机构,即联邦反歧视局(Antidiskriminierungsstelle des Bundes)。

2.得为联邦反歧视局配置完成其任务的必要的人员和装备。应在联邦家庭、老人、妇女和青年部的预算计划中将联邦反歧视局单独作为一章来写。

第 26 条　（联邦反歧视局局长的法律地位）

1.按照联邦政府的建议,联邦家庭、老人、妇女和青年部任命一名人员作为联邦反歧视局局长。根据本法的规定,联邦反歧视局局长与联邦形成公法上的公务员关系(Amtsverhältnis)。联邦反歧视局局长独立行使职权,仅服从于法律。

2.联邦反歧视局局长与联邦在公法上的公务员关系自联邦家庭、老人、妇女和青年部部长签署的任命证书送交之日起成立。

3.联邦反歧视局局长与联邦在公法上的公务员关系终止,除了局长死亡之外,还包括:

（1）新一届联邦议会的组成;

（2）依据《联邦公务员法》(Bundesbeamtengesetz)第 51 条第 1 款和第 2 款的规定达到退休年龄而任职到期;

（3）免职。

联邦家庭、老人、妇女和青年部可以按照联邦反歧视局的要求或者出现了联邦反歧视局局长被任命为终生法官的情形时,免去联邦反歧视局局长的职位。联邦反歧视局局长收到联邦家庭、老人、妇女和青年部部长签发的免职证书时,联邦反歧视局局长与联邦在公法上的公务员关系终止。免职自联邦家庭、老人、妇女和青年部部长签发的免职证书送交之日起生效。

4.联邦反歧视局局长与联邦的法律关系可以由联邦家庭、老人、妇女和青年部起草的合同来调整。合同需经联邦政府的同意。

5.如果联邦公务员被任命为联邦反歧视局局长,则自联邦反歧视局局长与联邦在公法上的公务员关系成立起,其不再保留之前的职位。在联邦反歧视局局长与联邦在公法上的公务员关系存续期间,其依据公务员关系产生的权利义务除了保密义务(Pflicht zur Amtsverschwiegenheit)和禁止收受贿赂(Verbot der Annahme von Belohnungen oder Geschenke)之外皆暂时冻结。因事故受伤的公务员在法律上的治疗和事故补偿的请求权不受影响。

第 27 条 （职责）

1. 如果认为自己遭受了因为本法第 1 条列举的原因产生的歧视,可以向联邦反歧视局寻求帮助。

2. 联邦反歧视局在行使反歧视的权力时,以独立的方式帮助那些向其寻求帮助的人。这些方式尤其包括:

(1)告知符合反歧视法律规定的请求权和法律保护途径;

(2)帮助获得其他机构的指导;

(3)在当事人之间促成调解。

如果是联邦议会专员或者联邦政府专员负责的事项,则联邦反歧视局应该在第 1 款列举的人的同意之下立即将有关事项转交给他们。

3. 在不触动联邦议会专员或者联邦政府专员的职权的前提下,联邦反歧视局独立承担下列任务:

(1)公关工作;

(2)采取措施阻止因为本法第 1 条列举的原因产生的歧视;

(3)对这些歧视组织学术研究。

4. 联邦反歧视局与职权范围同样涉及歧视的联邦议会专员和联邦政府专员一道,每四年向联邦议会提交一份因为本法第 1 条列举的原因产生的歧视的报告,并提出消除和避免歧视的建议。他们还可以共同组织关于歧视的学术研究。

5. 在针对因为本法第 1 条列举的多种原因产生的歧视时,联邦反歧视局应该与职权范围同样涉及歧视的联邦议会专员和联邦政府专员合作。

第 28 条 （权限）

1. 在本法第 27 条第 2 款第 3 项的情形下,如果向联邦反歧视局寻求帮助的人表示了同意,联邦反歧视局可以寻求各方当事人的意见。

2. 任何联邦机构或者其他联邦范围内的公法机构有义务在联邦反歧视局履职时提供帮助,尤其是提供必要的信息。保护个人数据的规定则不受影响。

第 29 条 （与非政府组织和其他机构的合作）

联邦反歧视局在履职时针对因为本法第 1 条列举的原因产生的歧视,应该在欧盟、联邦、州或者地区层面,通过恰当的方式参与非政府组织或者其他机构的活动。

第 30 条　（咨询委员会）

1. 为了促进与目的在于保护因为本法第 1 条产生的歧视的社会群体和组织的对话，联邦反歧视局应该委派一个咨询委员会（Beirat）。咨询委员会在联邦反歧视局按照本法第 27 条第 1 款的规定向联邦议会提交报告和建议时向其提供咨询，并在联邦反歧视局按照本法第 27 条第 3 款第 3 项的规定组织学术研究时向其提交研究报告。

2. 联邦家庭、老人、妇女和青年部在征得联邦反歧视局与职权范围同样涉及歧视的联邦议会专员和联邦政府专员的同意时，任命咨询委员会的成员并为每人指派一名副手（Stellvertretung）。社会群体和组织的代理人或者反歧视问题研究专家可以被任命为咨询委员会的成员。咨询委员会的成员总数不得超过 16 人。咨询委员会由同等比例的男女成员组成。

3. 咨询委员在征得联邦家庭、老人、妇女和青年部的同意时自行制定议事规程（Geschäftsordnung）。

4. 咨询委员的成员在从事本法规定的工作时不领取工资。他们享有领取支出津贴（Aufwandsentschädigung）、差旅费补助（Reisekostenvergütung）、出差补助（Tagegeld）和住宿补助（Übernachtungsgeld）的权利。具体细节由咨询委员的议事规程规定。

第七章　最后条款

第 31 条　（强制性）

不得违反本法规定，对被保护者造成不利。

第 32 条　（最后规定）

如果本法没有作出例外规定，则总则部分的条文应该适用。

第 33 条　（过渡规定）

1.《民法典》第 611a 条、第 611b 条和 612 条第 3 款涉及歧视的规定或者《雇员保护法》（Beschäftigtenschutzgesetz）有关性骚扰的规定自 2006 年 8 月 18 日起不再适用。

2. 在因种族、民族产生的歧视时，如果是 2006 年 8 月 18 日之前成立的债权债务关系，则本法第 19 条至第 21 条的规定不予适用。前一句不适用于继续性债权债务关系（Dauerschuldverhältnis）后来的变更。

3. 在因性别、宗教、残疾、年龄或者性取向产生的歧视时,如果是 2006 年 12 月 1 日之前成立的债权债务关系,则本法第 19 条至第 21 条的规定不予适用。前一句不适用于继续性债权债务关系后来的变更。

4. 如果是 2007 年 12 月 22 日之前成立的债权债务关系,而这一债权债务关系又是作为私法保险标的的,则本法第 19 条第 1 款的规定不予适用。前一句不适用于继续性债权债务关系后来的变更。

5. 在 2012 年 12 月 21 日之前成立的保险关系中,如果因为受认可的风险适当计算的原则,考虑到了相关的、精确的保险精算和统计数据,则本法第 19 条第 1 款第 2 项规定的因为性别导致的奖金或者绩效差别待遇是允许的。在任何情况下,怀孕和哺育期间的损失都不得导致有差别的奖金或者绩效待遇。

（特约编辑：张怡静）

韩国《行政基本法》评述

李龙贤 *

内容摘要：世界各国都有行政法制制度，但是单独制定统一的《行政基本法》却寥寥无几，特别是在亚洲的大陆法系国家中韩国《行政基本法》尚属独一无二。韩国《行政基本法》统一立法模式，消除国民混乱、提高行政公信力和效率，从而确保国民权益保护、促进行政法治的发展，对于我国探讨行政总则法具有重要的借鉴意义。

关键词：行政基本法；统一立法；法令；处分

一、韩国《行政基本法》的立法背景

2019 年 2 月 12 日，韩国总统文在寅在青瓦台主持召开国务会议，强调制定《行政基本法》的必要性。《行政基本法》在韩国国务院法制处的积极推动之下，于 2020 年 7 月 8 日向韩国国会提交修订案，2021 年 2 月 26 日韩国国会正式通过，并于 2021 年 3 月 23 日开始施行。《行政基本法》在立法层面首次确定了行政的基本原则等，对现有的行政法令进行了大刀阔斧的统合和推进。

其实韩国在制定行政法的基本原则及其配套内容的《行政基本法》时，学术界和实务界曾经认真探讨过[1]，并形成了两套方案：其一，在《行政程

* 李龙贤，西北政法大学行政法学院（纪检监察学院）讲师、行政法教研室副主任。本文系教育部人文社会科学研究规划基金项目（19YJA820025）"行政诉讼视域下的司法批复研究"的阶段性成果。

[1] 相关探讨部分，参见［韩］김병기. 행정절차법 개정을 통한 행정계약법 총론의 법제화 방안. 행정법학, 2013(제5호)；［韩］김중권. 행정절차법의개혁을 위한 행정처분(행정행위) 규정의 정비. 행정법학, 2013(제5호)；［韩］김병기、김중권、김종보、김남철. 행정절차제도 개선방안연구. 안전행정부. 2013(제10호).

序法》〔2〕中嵌入行政法总则；其二，单独制定《行政基本法》。基于行政实体法和程序法的密切关联性和不可分性，应像德国一样，在《行政程序法》中嵌入行政法总则的主张曾经一度成为学界有力说，但最终"行政法制革新咨询委员会"以《行政程序法》在立法技术上无法包容所有的多样化行政为由，采用了单独制定《行政基本法》的方案。〔3〕

在韩国，行政法令占国家法律的大部分（5000 余部法律、法令中 4600 部法律、法令涉及行政法），对国民生活和企业活动产生重大影响。但是一直以来，公法领域没有基本法作为执行原则和标准，使一线公务员和国民难以理解复杂的行政法律制度，更有甚者因为个别法律对类似的行政管理制度的不同规定，导致立法部门不得不整顿数百部法律，才能走出繁杂的行政法治工作的瓶颈。因此，韩国政府和国会一致认为有必要制定《行政基本法》，明确学说和司法判例作为依法行政的原则（例如禁止不当联结原则），确立了认许可议题制度、行政的具体执法标准，明确新旧法令修改时的适用标准以及受理所需申告效力等的标准、导入行政处分再审查制度等。

二、韩国《行政基本法》主要特色

（一）明确法治行政的原则（第 8 条至第 13 条）

将宪法原则和由学说和判例而形成的原则纳入到法治行政的原则。《行政基本法》中所成文化的法治行政的原则主要包括以下几个方面：平等原则、比例原则、禁止滥用权力原则、信赖保护原则和禁止不当联结原则（Koppelungsverbot〔4〕）等。在这里特别应注意的是，禁止不当联结原则

〔2〕 专指《大韩民国行政节次法》（1998 年 1 月 1 日施行），是韩国行政程序的基本法。为方便我国读者理解，本文表述为韩国《行政程序法》。

〔3〕 参见［韩］정하중. 행정기본법 제정안에 대한 소고（小考），韩国法制处论文检索平台：https://www.moleg.go.kr>mpblegInfo（2021 年 5 月 24 日访问）。

〔4〕 中文详情理论参见刘建军：《论禁止不当联结原则的涵义法律地位与理论渊源》，《山东公安专科学校学报》2004 年第 4 期；安颜增：《论行政法上的不当联结禁止原则》中国政法大学2008 年硕士论文。

（第 13 条）作为法治行政的原则之一，是指行政厅[5]在进行行政活动时，不能与没有实质性关系的反对给付（对价 consideration）相联结，即行政厅的权限行使与所附随的对价之间应有实质关联的原则。禁止不当联结原则适用于公法上的契约、行政处分的附款以及给付行政等领域。禁止不当联结原则是韩国通过长年的学说和判例所形成的原则。学说层面，法律效力说主张，禁止不当联结原则应依据职权法定主义和禁止滥用权力原则。然而更具有通说地位的宪法效力说则认为，禁止不当联结原则应依据法治国家原则、禁止恣意原则以及韩国宪法第 37 条第 2 款。[6]判例层面也是积极适用了宪法效力说，例如韩国大法院在一则判决[7]中指出，"原告所驾驶的摩托车作为二轮机动车，只有拥有第二种驾照的人才能驾驶，二轮机动车的驾驶与第一种大型驾照毫无关系。因此被告以酒后驾驶摩托车为由，吊销二轮机动车以外的其他车型的第一种大型驾照的处罚是不当的。"

（二）修改法令[8]等时新旧法适用标准（第 14 条）

有关相对人申请的行政处分，应适用相对人申请处分时（授益行政行为）的法令；有关相对人制裁处分（负担行政行为）的行政行为，应适用相对人违反义务时的法令，但变更后的法令相比变更前制裁处分标准较轻时，应

---

　　[5]　韩国《行政基本法》第 2 条第 2 款规定，"行政厅"，是指符合以下各项条件的机关：(1)拥有行政意思决定权限的国家或地方公共团体的机关；(2)此外根据法令等，拥有行政意思决定权限或通过委任或委托拥有相关权限的公共团体、机关或私人。作为行为法概念的"行政厅"与作为组织法概念的"行政机关"略有不同。作用法上的行政机关概念中，居于核心的行政机关是行政厅，因为行政厅决定行政主体的意思或判断，并具有对国民或居民作出意思表示的权限。以往，(行政厅)只是指具有行政行为行使权限的行政机关，但又没有必要把行政机关的权限限定于作出行政行为。在金字塔型科层组织构成的行政组织中，法律上采取了对行政组织的首长赋予行政厅的地位，将其他的行政机关作为辅佐行政厅的辅助机关等的构造。因此，一般而言，其他行政机关与行政厅处于关联性地位。虽然统一表述"行政机关"便于我国学者理解，但是本文为尊重韩国《行政基本法》法律条文原文以及基于"行政厅"与"行政机关"的差异，表述为"行政厅"。

　　[6]　《大韩民国宪法》第 37 条第 2 款：国民的所有自由和权利，在为保障国家安全、维持秩序或为公共福利所需时才可以受到法律的限制，但限制时也不得侵犯自由和权利的本质内容。

　　[7]　详情参见韩国大法院判例，대판 1992.9.22，91 누 8289 号。

　　[8]　"法令"，是指符合以下内容之一的事项：1.法律以及总统令、总理令、府令；2.国会规章、大法院规章、宪法法院规章、中央选举管理委员会规章及监查院规章；3.受 1 或 2 委任的中央行政机关（根据《政府组织法》以及其他法律而设置的中央行政机关）首长所制定的训令、惯例及告示等行政规章。参见韩国《行政行政基本法》第 2 条第 1 款。

适用变更后的法令等。

（三）撤销违法或不当处分以及撤回合法处分（第 18 条以及第 19 条）

1. 行政厅可以追溯撤销全部或部分违法或不当处分，如存在相对人信赖保护的价值时，可向将来撤销违法行为。

2. 即便是依据合法行为所作的行政处分，然因法律等修改，该行政处分已无存续的必要时，行政厅可向将来撤回全部或部分行政处分。

3. 行政厅在撤销赋予相对人权利和利益的处分或撤回依据合法行为的处分时，行政厅应当比较和衡量，撤销、撤回所引发的相对人不利益与撤销、撤回所要达到的公共利益。

（四）自动化处分〔9〕（第 20 条）

伴随人工智能时代，为适应未来行政之需要，行政厅除涉及裁量的行政处分以外，根据法律规定可作出全自动行政处分。

（五）制裁处分的时效（第 23 条）

违法行为在终了之日起五年内未被发现的，原则上不再给予滞纳金和行政处分（包括认许可等的撤销、撤回以及注销，经营场所查封和扣押）。

（六）认许可议题的共同标准（第 24 条至第 26 条）

1. 行使认许可议题时，应规定相关认许可行政厅的协商期限及协商等所需的共同标准。

2. 联合审批中，主要认许可的效力仅限于主要认许可相关法律规定。议题主要认许可行为的相关认许可行为，因是行政厅直接行使权限的行为，其效力应包括相关法令为依据的管理和监督行为。

------

〔9〕 "处分"，是指行政机关针对具体事实的执法行为，包括行使公权力、拒绝行使公权力以及其他相关的行政作用。韩国《行政基本法》第 2 条第 4 款对"处分"进行了概念定义，保持《行政程序法》《行政诉讼法》的相关概念的一致性。然而，围绕自动化处分是否也应适用韩国《行政程序法》所规定的事前公示以及听取意见程序等问题，韩国学术界和实务界也有不少争议。参见［韩］김대인. 행정기본법과 행정절차법의 관계에 대한 고찰. 법제연구, 2020(제59호)。

(七)签订公法上的契约(第 27 条)

为适应行政的多样性和专门性,通过公法上的法律关系形成契约行政,签订公法契约方法以及考虑事项等,以便为公法上契约提供法律依据。

(八)受理所需的申告效力(第 34 条)

即依据法律规定,需要向行政厅告知一定事项的申告行为。法律规定申告行为需要行政厅受理时,只有在行政厅受理时才能发生法律效力。

(九)扩大处分的异议申述[10]制度范围(第 36 条)

1.为了扩大个别法所规定的异议申述制度的受案范围,明确作为申请人对行政厅行政处分申请异议申述时的原则性规定。

2.行政厅应确定异议申述制度的共同事项,如自受理申请之日起十四日内通知异议申述结果,申请人应当自收到异议申述结果通知后九十日内提出行政复议或者提起行政诉讼。

(十)导入行政处分再审查制度(第 37 条)

行政处分成立或发生效力经过一定期间后,即使行政处分有瑕疵但不属于无效时,基于行政处分的不可争力就不得再进行撤销、撤回或变更。然而事后因处分所依据的事实关系或法律关系发生变化,与社会观念或宪法秩序发生冲突时,为保护当事人权利,有必要针对行政处分进行再审查。因此,韩国的行政处分再审查制度类似于民事和刑事类案件的法院再审制度,是行政厅通过赋予当事人"再审查的机会",保障当事人权益为目的。[11] 也

---

〔10〕 根据韩国宪法规定,韩国制定了《行政审判法》(类似我国行政复议法),并通过数次的修订,逐步强化了行政审判程序对司法程序的准用。作为司法程序的强化之一环的异议申述制度的扩大举措,此种举措也体现在《行政基本法》第 36 条。

〔11〕 韩国所导入的行政处分再审查制度,其再审查主体应是行政厅。行政处分再审查制度有别于传统的行政审判或行政诉讼制度,是对行政处分的不可争力所引起的国民权利救济保障。此制度更多参照了《德国联邦行政程序法》第 51 条(Wiederaufgreifen des Verfahrens)。详情参见韩国国会法制司法委员会有关《行政基本法》检讨报告书以及审查报告书。

就是说,即使通过现有行政争讼(行政审判[12]和行政诉讼)制度对制裁处分和行政强制处分无法解决相应问题时,只要所依据处分的事实关系或法律关系之后变更为有利于当事人等符合一定的法定要件时,当事人自知道事由之日起六十日内可以申请撤销、撤回或变更行政处分,但是自处分之日起五年后就不得申请行政处分再审查。

(十一)改善行政法制(第 39 条)

如果法令被权限机关判定为违宪明显违反宪法或法律时,政府应改善法令,必要时通过相关机构协商以及征求专家意见等方式,改善行政法制。

三、韩国《行政基本法》全文

韩国《行政基本法》
制定:2021 年 3 月 23 日   法律第 179979 号

目　录

---

〔12〕 行政审判是指,因行政厅的违法行为、不当处分以及公权力作为或不作为,受到权利或利益侵害的国民向行政机关提出的权利救济程序。类似于我国的行政复议制度。

第六节　其他行政作用

第七节　处分的异议申述以及再审查

第四章　行政立法活动等

附则

第一章　总　　则

第一节　目的及定义等

第一条 （目的）

本法目的在于通过规定行政的原则与基本事项，确保行政的民主性与合法性，提高适用性和效率性，保障国民之相关权益。

第二条 （定义）

本法用语之定义如下。

（一）"法令等"，是指符合以下各项之一的事项。

（1）"法令"：符合以下内容之一的事项。

1.法律以及总统令、总理令、府令

2.国会规章、大法院规章、宪法法院规章、中央选举管理委员会规章及监查院规章

3.受1或2委任的中央行政机关（根据《政府组织法》以及其他法律而设置的中央行政机关）首长所制定的训令、惯例及告示等行政规章。

（2）自治法规：地方自治团体的条例及规章。

（二）"行政厅"，是指符合以下各项条件的机关。

（1）拥有行政意思决定权限的国家或地方公共团体的机关。

（2）此外根据法令等，拥有行政意思决定权限或通过委任或委托拥有相关权限的公共团体、机关或私人。

（三）"当事人"，是指处分的相对人。

（四）"处分"，是指行政厅针对具体事实的执法行为，包括行使公权力、拒绝行使公权力以及其他相关的行政作用。

（五）"制裁处分"，是指以违反或未履行法令等的义务为由，对当事人赋予义务或限制其权益的处分。但是，根据本法第三十条第一款各项所规定的行政强制除外。

第三条　（国家和地方自治团体的责任）

（一）国家和地方自治团体为提高国民的生活质量，肩负通过合法程序，履行公正·合理的行政义务。

（二）国家和地方自治团体为提高行政效率和实效性，肩负整备和改善法令等和相关制度。

第四条　（行政的积极推进）

（一）行政应积极推进公共利益的实现。

（二）国家和地方自治团体应提供各项条件，以便所属公务员为公共利益积极履行职责，并推进相关的政策和措施。

（三）根据第一项及第二项所规定的行政的积极推进以及行政活性化政策等具体事项均由总统令确定。

第五条　（与其他法律的关系）

（一）关于行政，除其他法律另有特别规定外，适用本法。

（二）制定或修改相关行政的其他法律时，应要符合本法的目的、原则、标准及宗旨。

第二节　期间的计算

第六条　（行政期间的计算）

（一）关于行政期间的计算，除了本法或其他法令等另有特别规定外，适用《民法》。

（二）法令等或处分限制国民权益或赋予义务时，限制权益或义务持续期间，应按照以下各项标准计算。但各项标准不利于国民时除外。

（1）期间定为日、周、月或年时，期间开始日则算入到期间内。

（2）期间届满的最后一日为节假日时，以节假日为期间届满的日期。

第七条　（法令等施行日期间计算）

确定或计算法令等（包括训令、惯例、告示、方针等，以下相同）施行日时，适用以下各项标准。

（1）法令等公布日即为施行日时，将公布日定为施行日。

（2）法令等自公布后经过一定期间施行时，公布日不应算入到施行期间内。

（3）法令等自公布后经过一定期间施行且其期间最后一日为节假日时，

最后一日定为期间届满日。

第二章　行政的法原则

第八条　（法治行政的原则）

行政作用不能违反法律,限制国民权利或赋予义务以及对国民生活产生重要影响时,应根据法律。

第九条　（平等原则）

无合理理由行政厅不得歧视国民。

第十条　（比例原则）

行政作用应遵循以下各项原则。

（1）为达到行政目的切实有效。

（2）为达到行政目的所需的最小损害。

（3）因行政作用所导致国民利益侵害,不得重于行政作用所要达到的公益。

第十一条　（诚实义务及禁止滥用权限原则）

（一）行政厅应诚实履行法令等规定的义务。

（二）行政厅不得滥用行政权限或超过其权限范围。

第十二条　（信赖保护原则）

（一）除可能明显损害公益或第三人权益的情形以外,行政厅应保护国民对行政正当且合理的信赖。

（二）行政厅负有履行权限的机会,但因长期未履行其权限促使国民对未行使权限产生值得信赖的正当理由时,不得行使其权限。但可能明显损害公益或第三人权益的情形除外。

第十三条　（禁止不当联结原则）

行政厅行使行政行为时,不得对相对人赋课,与相关行政作用不具有实质性关联的义务。

第三章　行政作用

第一节　处分

第十四条　（法适用的标准）

（一）除法令等有特别规定的情形以外,新法令等不适用于相关法令等生效前完成或已结束的事实关系或法律关系。

（二）基于当事人申请的处分,除法令等有特别规定或难以适用处分时的法令等特殊情形以外,应适用处分时的法令等。

（三）违反法令等行为的成立和对此的制裁处分,除法令等有特别规定以外,应适用违反法令等行为当时的法令。但是违反法令等行为发生后,伴随法令等的变更,其行为不再属于违反法令等的行为或者制裁处分标准减轻时,除相关法令等没有特别规定以外,应适用变更后的法令等。

第十五条 （处分的效力）

经有权机关撤销、撤回或废止之前行政处分应视为有效。但无效的行政处分自始无效。

第十六条 （缺格事由）

（一）未具备申请资格、不符合法定条件或者不得从事认可、许可、指定、批准、营业登记、申告受理等(以下简称"认许可")营业或事业等活动的理由(以下简称"缺格事由"),由法律具体规定。

（二）规定缺格事由时,按照以下各项标准。

（1）应明显存在规定之必要性;

（2）应规定最小限度的必要事项;

（3）应与处分对象的资格、身份、营业或事业等具有实质性关联;

（4）应与其他类似制度形成均衡。

第十七条 （附款〔13〕）

（一）处分具有裁量余地时,行政厅可加设附款(条件、期限、负担、撤回权的保留等。以下附款相同)。

（二）处分未具备裁量时,行政厅根据法律规定可加设附款。

（三）行政厅加设附款的处分属于以下各项之一时,可在处分之后重新加设附款或变更之前的附款。

（1）具有法律依据的;

---

〔13〕 译者注:韩国《行政基本法》中的汉字用语表示应为"付款",然而在韩国和日本的法律用语表述中,"附款"或"付款"两种用语与德语的 Nebenbestimmung 相同,是指法律行为中当事人以意思表示对已成立的法律行为的效果加以限制的条款。为了方便我国读者,本文中条文翻译适用"附款"。

（2）当事人已经同意的；

（3）因情况发生变化不加设新的附款或变更之前的附款，无法达到相关行政处分之目的的；

（四）附款应符合以下各项条件。

（1）不应违背相关处分之目的；

（2）应与相关处分具有实质性关系；

（3）为达到行政目的所需的最小损害。

第十八条　（撤销违法或不当处分）

（一）行政厅可溯及既往撤销全部或部分违法或不当处分。但具有保护当事人信赖价值等正当理由时，可向将来撤销。

（二）行政厅根据第一款之规定撤销赋予当事人权利或利益的处分时，应比较、衡量因撤销而导致当事人遭受的不利益与所要达到的公益。但属于以下各项情形之一的除外。

（1）因欺骗或其他不正当的手段受到处分的；

（2）当事人已知道处分的违法性或因存在重大过失尚未知道的。

第十九条　（撤回合法处分）

（一）行政厅的合法处分符合以下各项情形之一时，可撤回全部或部分面向将来的处分。

（1）符合法定撤回事由的；

（2）因法令等变更或客观情况发生变化，已无必要继续维持处分的；

（3）因重大公益所需的。

（二）行政厅根据第一款之规定撤回处分时，应比较、衡量因撤回处分而导致当事人遭受的不利益与所要达到的公益。

第二十条　（自动化处分）

行政厅根据法律规定，可作出全自动行政处分（包括适用人工智能技术系统）。但涉及裁量处分的情形除外。

第二十一条　（行使裁量的标准）

行政厅行使涉及裁量的处分时，应正当衡量相关利益，不得超越裁量权的范围。

第二十二条　（制裁处分的标准）

(一)涉及制裁处分所依据的法律,应明确制裁处分的主体、事由、类型及上限等事项。确定制裁处分的类型及上限时,应综合考虑相关违反行为的特殊性以及类似违反行为之间的衡平性等问题。

(二)行政厅履行涉及裁量的制裁处分时,应考虑以下各项情形。

(1)违反行为的动机、目的及方法;

(2)违反行为的结果;

(3)违反行为的次数;

(4)此外符合第一项至第三项所规定的由总统令所确定的事项。

[施行日:2021 年 9 月 24 日]

第二十三条 (制裁处分的时效)

(一)违法行为在终了之日起五年内未被发现的,原则上不再给予制裁处分(包括认许可等的撤销、撤回以及注销,对经营场所查封和扣押等滞纳金赋课行为。以下条款相同)。

(二)符合以下各项之情形之一时,不应适用第一款之规定。

(1)通过欺骗或其他不正当的手段取得认许可或申告受理的;

(2)当事人已知道认许可、申告受理的违法性或者因存在重大过失尚未知道的;

(3)在无正当理由时,针对行政厅的调查、出入、检查进行隐瞒、妨碍,使之经过制裁时效的;

(4)如不行使制裁处分,有可能损害国民的安全、生命或者造成严重后果的;

(三)即便第一款有相关规定,但通过行政复议裁决或法院判决制裁处分已被撤销、撤回时,自裁决或判决确定之日起一年内(合意制行政机关为二年),行政厅可以根据其宗旨进行新的制裁处分。

(四)如其他法律所规定的期间与第一款及第三款内容不同时,应适用其他法律之规定。

[施行日:2023 年 3 月 24 日]

第二节 认许可议题

第二十四条 (认许可议题的标准)

(一)"认许可议题",是指如果取得一种认许可(以下简称,主要认许可),根据相关法律规定,可视为已取得与之相关的各种认许可(以下简称,相关认许可)的制度。

(二)如想取得认许可议题,在申请主要认许可时,必须同时提交相关认许可所需的材料。但因不可避免的理由不能一并提交时,可依据主要认许可行政厅另行规定的期限提交。

(三)主要认许可行政厅在审批主要认许可之前,就对相关认许可事项,应与相关许可行政厅进行协商。

(四)相关认许可行政厅收到本条第三款之协商邀请后,应当自收到协商邀请之日起二十日以内(本条第五款之程序所需的期间除外)提出意见。相关认许可行政厅在规定的期间内(根据民愿处理相关法令延长提出意见的期间时,专指其延长期间)未提出协议与否的意见时,视为达成协商。

(五)根据本条第三款之规定收到协商邀请的相关认许可行政厅,不得违反相关法令接受协商。但法律明确规定认许可议题时也应履行相关认许可所需的审议、听取意见等程序的除外。

[施行日:2023 年 3 月 24 日]

第二十五条　(认许可议题的效果)

(一)根据第二十四条第三款、第四款已达成协商的事项,如取得主要认许可时,可视为也取得了相关认许可。

(二)认许可议题的效果仅限于主要认许可的相关法律规定。

[施行日:2023 年 3 月 24 日]

第二十六条　(认许可议题的事后管理等)

(一)认许可议题时,因相关认许可行政厅直接行使相关认许可事宜,所以有必要根据有关法令对其进行管理、监督等措施。

(二)如对主要认许可进行变更时,适用第二十四条、第二十五条及本条第一款之规定。

(三)除本节所规定的事项外,认许可议题的方法以及其他必要的具体事项均由总统令确定。

[施行日:2023 年 3 月 24 日]

第三节　公法上的契约

第二十七条　(签订公法上的契约)

(一)在不违反法令等情形下,行政厅为达成行政目的,必要时可以签订具有公法上法律关系的契约(以下简称"公法上的契约")。此时,应制作明确载有契约目的及内容的契约书。

(二)选定公法上的契约相对人及确定契约内容时,行政厅应考虑公法上契约的公共性和行政第三人的权益。

第四节 罚款

第二十八条 (罚款的基准)

(一)对违反法令等义务的相对人,行政厅可以根据法律规定,制裁其违反行为征收罚款。

(二)作为罚款依据的法律应明确规定有关罚款的以下事项内容。

(1)征收主体

(2)征收事由

(3)上限额度

(4)征收滞纳金时的事项

(5)拖欠罚款或滞纳金时强制征收的事项

第二十九条 (罚款缴纳期限延期及分期缴纳)

罚款以一次性缴纳为原则。但是行政厅认为,被征收罚款的相对人因以下各项的某一理由无法一次性缴纳全部罚款时,可以延期或分期缴纳,如有必要可以提供担保。

(1)因灾害等原因财产遭受明显损失的;

(2)因经营条件恶化导致经营面临重大危机的;

(3)如果一次性缴纳全部罚款,明显造成资金周转不灵的;

(4)除此之外,符合第一项至第三项规定且需由总统令确定的事项。

[施行日:2021 年 9 月 24 日]

第五节 行政强制

第三十条 (行政强制)

(一)行政厅为了达到行政目的,必要时可以根据法律规定,在必要的最小限度内,采取以下各项之一的措施。

(1)行政代执行:是指属于当事人应履行的行政上的义务(直接根据法令等所赋课的义务或者行政厅根据法令等规定所赋课的义务。以下条款相同），并且是可以委托第三人代替的履行义务，如不履行义务，导致法律规定的其他手段难以确保其履行或者放任不履行义务将对公共利益造成重大损害时，行政厅可以代履行或者委托第三人代履行，代履行的费用由当事人承担。

（2）赋课履行强制金：是指当事人不履行行政上的义务时，行政厅应给予适当的履行义务期间，如果当事人在期间内不履行义务时，应赋课金钱给付义务。

（3）直接强制：是指当事人不履行行政上的义务时，行政厅可以对当事人的身体或财产行使行政强制措施，达到履行行政义务相同的状态。

（4）强制征收：是指当事人不履行行政上的金钱给付义务时，行政厅可以对当事人财产行使行政强制措施，达到行政义务实现相同的状态。

（5）即时强制：是指行政厅为排除正在发生的危害，属于以下各号情形之一时，对人或物品即时采取的强制措施以确保行政之目的的行为。

1. 行政厅没有余暇作出行政上的义务履行命令时；

2. 性质上，仅凭行政上的义务履行命令难以达到行政目的的。

（二）有关行政上的强制措施除本法所规定情形以外的必要事项，由法律另行规定。

（三）刑事类、行政附带刑事类以及保安处分[14]类或者外国人出入境、难民认定、归化、恢复国籍相关等事项，不适用本条之规定。

［施行日：2023 年 3 月 24 日］第三十条

第三十一条　（赋课履行强制金）

（一）赋课履行强制金所依据的法律，应当明确强制金的以下各项事项。但是如果涉及第四项或第五项时，可能会严重破坏立法目的或者立法宗旨需由总统令确定的情形除外。

（1）赋课·征收的主体；

（2）赋课要件；

（3）赋课金额；

---

〔14〕　译者注：保安处分是指，为防止犯罪再发生对罪犯所进行的教育或保护的刑事处分行为。其种类包括，治疗监护处分、矫正处分、保护监护处分、劳教设施收容处分、社会治疗处分等。

(4)赋课金额计算标准;

(5)每年赋课次数或者次数的上限。

(二)行政厅考虑以下各项事项,可以加重或减少赋课履行强制金的金额。

(1)不履行义务的动机、目的及结果;

(2)不履行义务的程度及惯习;

(3)为达到行政目的所需的其他事由。

(三)行政厅在赋课履行强制金时,应事前向当事人规定适当的履行期间,如在期间内不履行行政上的义务时,应书面戒告(告知)当事人。

(四)当事人在第三项所规定的期限内不履行行政上的义务时,行政厅应采用书面形式通知当事人赋课履行强制金的金额·事由·时期。

(五)直至当事人履行行政上的义务为止,行政厅可以反复征收赋课履行强制金。当事人已经履行义务时,行政厅立即停止征收新的赋课履行强制金,但是应征收履行义务之前的赋课履行强制金。

(六)当事人在期限内未缴纳赋课履行强制金时,行政厅应根据国税强制征收之例或者依据《地方行政制裁征收赋课金等相关法律》进行征收。

[施行日:2023 年 3 月 24 日]

第三十二条　(直接强制)

(一)通过行政代执行或赋课履行强制金,无法确保履行行政上的义务或者实现其义务时,应适用直接强制。

(二)行使直接强制行为时,派往现场的执法人员应出示执法身份证件。

(三)有关直接强制的告诫及通知,适用第三十一条第三款和第四款之规定。

[施行日:2023 年 3 月 24 日]

第三十三条　(即时强制)

(一)只有通过其他手段不能达到行政目的时,才能适用即时强制,此时即时强制应限于最小范围之内实施。

(二)行使即时强制行为时,派往现场的执法人员应出示执法身份证件,并告知即时强制的理由和内容。

[施行日:2023 年 3 月 24 日]

第六节　其他行政作用

第三十四条　（伴随受理与否的申告效力）

法令等规定向行政厅通知一定事项的申告行为，在法律明确规定申告需要受理时（作为行政机关的内部业务处理程序的受理除外），行政厅受理之后才能生效。

［施行日：2023 年 3 月 24 日］

第三十五条　（手续费及使用费）

（一）行政厅为特定人提供行政服务时，依据法令之规定可以收取手续费。

（二）依据事先公开的金额或者标准，行政厅可以收取公共设施及财产等的利用或者使用的使用费。

（三）即便涉及第一款和第二款规定但是属于地方公共团体之情形时，应当依据《地方自治法》。

第七节　处分的异议申述以及再审查

第三十六条　（处分的异议申述）

（一）针对行政厅的处分（是指依据《行政审判法》第三条，同法律规定的行政审判对象的处分。以下条款相同）有异议的当事人，可以在受到处分之日起 30 日内向相关行政厅申请异议申述。

（二）行政厅自收到第一款所规定的异议申述申请后，应当在收到申请之日起 14 日内将异议申述结果通知申请人。但是因特殊情况 14 日内无法进行通知时，可以申请延长期限。但延长期限从期限届满日的次日开始计算，最长不得超过 10 日，并通知申请人延长事由。

（三）依据本条第一款之规定申请异议申述的同时，也可以依据《行政审判法》之规定申请行政复议或依据《行政诉讼法》之规定提起行政诉讼。

（四）申请人收到异议申述结果后，申请行政复议或提起行政诉讼时，应当自收到结果之日（本条第二款所规定的期限内未收到异议申述结果时，视为期限届满日的次日）起 90 日内申请行政复议或提起行政诉讼。

（五）虽然其他法律也规定申请异议申述和相关程序，但是其他法律尚未明确之事项，以本法的规定为准。

（六）除第一款至第五款所规定的事项外，申请异议申述及程序等事项均由总统令确定。

（七）本条不适用于下列选项：

（1）依据公务员人事关系法令，有关惩戒等处分事项；

（2）依据《国家人权委员会法》第三十条之规定，针对陈情[15]由国家人权委员会决定；

（3）依据《劳动委员会法》第二条之二规定，经劳动委员会议决后所执行的事项；

（4）依据刑事类、行政附带刑事类以及保安处分类相关法律执行的事项；

（5）外国人出入境、难民认定、归化、恢复国籍相关事项；

（6）赋课及征收过怠料[16]事项。

［施行日：2023 年 3 月 24 日］

第三十七条　（处分的再审查）

（一）通过处分（制裁处分、行政强制除外。以下条款相同）无法提起行政复议、行政诉讼及其他争议时（法院有确定判决的情况除外），如属于下列各项之一的可申请相关处分之行政厅，撤销、撤回或变更处分。

（1）处分所依据的事实关系或法律关系之后有利于当事人的；

（2）发现有利于当事人的新证据的；

（3）依据《民事诉讼法》第四百五十一条，由总统令确定发生再审事由等的；

（二）本条第一款之申请，仅适用于相关处分的程序、行政复议、行政诉讼及其他争讼中当事人不存在重大过失，且无法主张第一款各项所规定是由。

（三）本条第一款之申请，仅适用于当事人应该知道第一款各项事由之日起 60 日内进行。但是处分之日起已经过五年的不得再进行申请。

（四）行政厅接受本条第一款之申请如无特别是由时，从接受申请之日

---

〔15〕　译者注：陈情是指，国民对国家或地方自治团体及其他公共机关，陈述情况并要求采取某种措施的行为。韩国的陈情制度类似我国的信访制度。

〔16〕　译者注：过怠料是指，行政厅针对不至于直接侵害行政目的或社会公共利益，然而间接触犯妨碍行政秩序之单纯义务急慢行为的轻微罚款。

起 90 日以内(合议制行政机关为 180 日以内)通知处分的再审结果(包括再审查与否、处分之维持、撤消、撤回、变更等决定)。但是因特殊情况无法通知时,可以申请延长期限,但延长期限从届满日的次日开始计算最长不得超过 90 日(合议制行政机关为 180 日),并通知申请人延长事由。

(五)依据本条第四款所规定的处分再审结果中,针对行政厅维持处分时,不得通过行政复议、行政诉讼及其他争讼手段解决争议。

(六)行政厅依据本法第十八条的撤销和第十九条的撤回时,不受处分的再审查之影响。

(七)除本条第一款至第六款所规定的事项以外,处分的再审查方法及程序等相关事项将由总统令确定。

(八)本条不适用于下列情形:

(1)依据公务员人事关系法令所规定的惩戒等事项;

(2)依据《劳动委员会法》第二条之二规定,经劳动委员会审议后所执行的事项;

(3)刑事类、行政附带刑事类以及保安处分类相关的事项;

(4)外国人出入境、难民认定、归化、恢复国籍的相关事项;

(5)赋课及征收过怠料事项;

(6)个别法律中排除其适用的事项。

〔施行日:2023 年 3 月 24 日〕

第四章 行政立法活动等

第三十八条 (行政立法活动)

(一)国家或地方自治团体制定、修改、废除法令等或者相关活动(包括向国会提交法案和地方议会提交条例案,以下简称"行政立法活动")时,不得违反宪法和上位法令,必须遵守宪法和法令等所规定的程序。

(二)行政立法活动应按照以下各项标准进行。

(1)应听取一般国民及利害相关人的意见,并与相关机关充分进行协商,负责任地推进行政立法活动;

(2)法令等内容和规定应与其他法令等相协调,法令等相互之间不应重复或者冲突;

(3)制定法令等时应考虑一般国民容易理解并明确其内容;

（三）政府应制定本年度所推进的法令案立法规划（以下简称"政府立法规划"）。

（四）制定行政立法活动程序及政府立法规划所需事项，将由规律政府法制业务相关事项的总统令确定。

［施行日：2021 年 9 月 24 日］

第三十九条 （改善行政法制）

（一）法令被权力机关确定为明显违反宪法或法律等时，由总统令确定，政府应改善相关法令。

（二）有必要改善行政领域法制制度及相关法律适用标准等时，政府依据总统令规定，可通过相关机关协议及听取专家意见，采取改善措施，并且可对现行法令进行分析。

［施行日：2021 年 9 月 24 日］

第四十条 （法令解释）

（一）如对法令等内容产生质疑时，任何人可向所管法令的中央行政机关首长（以下简称"法令所管机关"）和所管自治法规的地方自治团体首长申请解释法令。

（二）法令所管机关和所管自治法规的地方自治团体首长，有责任解释、执行所管法令等符合宪法和相关法令等的宗旨。

（三）对法令所管机关或法令所管机关的解释有异议的相对人，可依据总统令规定要求专门取缔法令解释业务的机关进行解释法令。

（四）有关法令解释程序的必要事项，将由总统令确定。

［施行日：2021 年 9 月 24 日］

附则〈法律第 17979 号，2021 年 3 月 23 日〉

第一条 （施行日）

本法自公布之日起施行。但是第二十二条、第二十九条、第三十八条至第四十条将由本法公布六个月后施行，第二十三条至第二十六条，第三十条至第三十四条，第三十六条及第三十七条将由本法公布二年后施行。

第二条 （制裁处分的法令变更等之适用例）

第十四条第三款之但书规定适用于，根据制裁处分所规定的，本法施行日之后的法令变更等行为。

第三条　（制裁处分时效之适用例）

本法第二十三条规定适用于,根据附则第一条但书所规定的,施行日之后的违法行为。

第四条　（公法上的契约之适用例）

本法第二十七条规定适用于,根据公法上的契约所规定的,施行日之后的契约签订行为。

第五条　（行政强制措施之适用例）

（一）本法第三十一条规定适用于,根据附则第一条但书所规定的,施行日之后的赋课履行强制金行为。

（二）本法第三十二条及三十三条规定适用于,根据附则第一条但书所规定的,施行日之后的直接强制或即时强制行为。

第六条　（针对处分的异议申述之适用例）

本法第三十六条规定适用于,根据附则第一条但书所规定的,施行日之后的处分行为。

第七条　（处分再审查之适用例）

本法第三十七条规定适用于,根据附则第一条但书所规定的,施行日之后的处分行为。

（特约编辑:刘雪鹂）

日本行政法的预防诉讼制度及判例动向

杨官鹏[*]

内容提要：预防诉讼作为日本 2004 年行诉法修改后设立的行政诉讼类型，是指法院为及时实现对行政相对人权益的实质性救济，在行政主体作出行政行为前就责令其禁止作出该行为的诉讼。日本预防诉讼法定化的实现得益于学界的理论探索和积极推动。权利理论基础和诉讼要件体系是预防诉讼投入日本司法运用的重要前提，尤其是诉讼要件理论的价值已在实践中充分体现。日本学界对现行诉讼要件规定的批判与判例中的现实问题并不能掩盖预防诉讼的法定化对及时有效保障当事人实质性权利救济的重要意义。我国行诉法中并无相关规定，特别是在以事后救济为主的司法实践背景下当事人权益救济的实质有效途径有待拓宽。我国应积极推动预防诉讼的司法运用实践并逐步促进其法定化，以进一步完善行政诉讼体系和加强公民权益保护。

关键词：差止诉讼；预防诉讼；行政诉讼类型；临时救济制度

一、行政诉讼体系中的定位

日本行政法上的预防诉讼原日文表述为"差止诉讼"，我国亦有学者译

---

* 杨官鹏，华东政法大学科学研究院助理研究员、日本早稻田大学比较法研究所招聘研究员。

为"禁止诉讼"或"预防诉讼"。[1] 在日本《行政事件诉讼法》2004年修订以前,预防诉讼并未成为法定的行政诉讼类型,一般被列为无名抗告诉讼或者法定外抗告诉讼的一种。同年该法修改后预防诉讼正式法定化,成为新增的行政诉讼类型。同法第3条第7款规定:"本法所称之'预防诉讼',是指在行政厅不应作出一定的处分或裁决的情况下,旨在请求法院禁止行政厅作出该处分或裁决的诉讼。"可以将预防诉讼理解为在行政厅作出一定行政行为之前,基于行政行为相对人的申请,责令行政机关不得(或称禁止)作出该行政行为的诉讼类型。

　　日本采用行政诉讼类型法定化原则,在《行政事件诉讼法》中明确规定了行政诉讼类型,主要包括抗告诉讼、当事人诉讼、民众诉讼和机关诉讼四种。而相对来说,我国法律则主要限定在抗告诉讼这一单一的诉讼类型,尽管我国《行政诉讼法》尚未对行政诉讼类型作体系化规定,但现有规定中的行政诉讼类型范围较窄,主要限定在行政主体已作出行政行为之后的事后救济。另外,我国行政诉讼仍是将解决行政争议列为主要目的之一,并以行政主体业已作出的行政行为为主要审查对象,以对行政行为的合法性审查为主要审查方式。[2] 尽管日本学界也普遍将行政诉讼本身作为一种事后救济手段,但其明显呈现出诉讼类型法定化和多样化的特点。这种特点反映了其行政诉讼不单是以解决行政争议为目的,更强调对当事人权利和权益的实质性救济。特别是除了一般的撤销诉讼之外,设立多种法定诉讼类型,更体现了司法审查对各类行政公权力行使的监督、限制的广度及深度。

　　按照我国《行政诉讼法》的规定,行政诉讼的判决类型以判决撤销行政行为为主,同时辅以判决履行法定职责或给付义务、确认违法或无效、判决变更等。虽然我国尚未将诉讼类型作体系化规定,如果将现有的判决类型

---

　　〔1〕 日本行政法上的预防诉讼原语表述为"差止诉讼"。我国行政法学界相关研究中虽亦有中文文献保留了这一表述,但多数仍采用"预防诉讼"或"预防性诉讼"。为更符合我国行政诉讼的语言习惯,本文接受本刊建议,在翻译上将日本法的"差止诉讼"统一表述为"预防诉讼"。
　　〔2〕 我国《行政诉讼法》第1条:"为保证人民法院公正、及时审理行政案件,解决行政争议,保护公民、法人和其他组织的合法权益,监督行政机关依法行使职权,根据宪法,制定本法。"第2条:"公民、法人或者其他组织认为行政机关和行政机关工作人员的行政行为侵犯其合法权益,有权依照本法向人民法院提起诉讼。"第6条:"人民法院审理行政案件,对行政行为是否合法进行审查。"

与日本的行政诉讼类型相对应，应多属于日本法中的"抗告诉讼"类型。抗告诉讼以具有处分性的行政行为作为争诉对象，是对行政机关公权力的行使不服的诉讼，包括撤销行政行为或裁决之诉、确认无效之诉、不作为违法确认之诉，而在 2004 年《行政事件诉讼法》大幅修改以后，又另外新增加了预防诉讼和科以义务诉讼两种新的行政诉讼类型，并相应创设了临时预防制度和临时科以义务制度。其中，科以义务诉讼作为和预防诉讼相对的一种诉讼类型，是指请求法院确认行政主体具有一定行为的义务、并责令行政主体为一定行为的诉讼。[3] 临时预防制度和临时科以义务制度、执行停止制度共同构成了日本的临时性行政救济制度。

　　另外从诉讼类型的角度看，日本的行政救济制度体系除了就行政作为和不作为本身有异议的行政诉讼（抗告诉讼、当事人诉讼）以外，还包含以支付金钱为目的的行政赔偿（国家赔偿、损失补偿），适用于民事诉讼法规定的请求履行合同和请求损害赔偿。预防诉讼属于抗告诉讼的一个类型，是以具有处分性的行政行为为诉讼对象。从诉讼要件的角度看，预防诉讼同样需要满足原告主体适格、上诉期间、被告主体适格、诉讼管辖、行政复议前置等一般性的行政诉讼要件。

二、预防诉讼制度的理论构成

（一）预防诉讼的要件

　　预防诉讼的诉讼要件主要有以下三方面内容：（1）根据日本《行政事件诉讼法》第 3 条第 7 款，提起预防诉讼须由法院判断其是否是以行政机关"一定的处分或裁决"为请求审查的对象，并且行政厅机关确实存在将作出这种"行为或裁决"的可能性或必然性。参照日本《行政事件诉讼法》第 3 条的内容，行政处分或处分可以理解为行政行为，裁决可以理解为行政复议决定。（2）基于该法第 37 条之 4 第 1 款，该"处分或裁决"必须存在"产生重大

---

〔3〕　日本《行政事件诉讼法》第 3 条第 6 款。

损害的可能"(积极要件),同时,为避免产生该种重大损害,不存在"其他适当的方法"(消极要件)。(3)基于该法第 37 条之 4 第 5 款,法院作出预防诉讼判决即禁止行政厅作出"一定的处分或裁决"的判决,还必须符合以下两项条件之一:一是该处分或裁决明显违背了依照其原所依据的相关法令,二是行政厅作出该处分或裁决存在裁量权的逾越或滥用。另外,法院作出的预防诉讼判决的效力适用于作出该处分或裁决的行政主体,同普通的撤销诉讼基本一致,但区别在于普通撤销诉讼的判决效力同样适用于第三人,而预防诉讼判决的效力对第三人并不适用。

(二)临时预防救济的要件

伴随预防诉讼这一行政诉讼类型的设立,日本设立了临时预防制度(37条之 5)。临时预防亦可译为临时禁止或临时预防措施,属于行政诉讼中对当事人的一种临时性的救济方式。临时预防以预防诉讼的提起为前提,具体是指:在当预防诉讼请求被提起以后,如有紧急必要须避免因作出该处分或裁决而导致产生难以补偿的损害,法院可基于申请作出临时责令禁止作出该处分或裁决的决定。

临时预防的适用需要满足以下要件:(1)临时救济的必要性,即须存在为避免产生无法挽回的损害的紧急必要。(2)案件中胜诉的可预见性,即在案件中存在当事人胜诉的可见理由。(3)符合关于执行停止的相关要件和程序,即临时预防的执行应同时参照行诉法中关于执行停止的具体规定。(4)不可对公共福祉有产生重大影响的可能,即在有可能或风险对公共利益产生重大影响时,不能适用临时预防措施。

(三)预防诉讼的理论基础

行政法上的预防请求权是从私法的权利理论中派生而来的。因为持续性的不法行为如环境污染、噪音等公共危害,名誉权和隐私权的侵害等,一旦造成损害往往难以挽救,仅通过事后的赔偿远远不够实现真正的权利救济,这种情况下就需要建立制度来事先及时对不法行为加以预防和禁止。另一方面《行政事件诉讼法》第 7 条规定了适用民事诉讼的情形,按照诉讼类型论的观点,依照民事诉讼程序的损害赔偿请求等情形也属于行政救济体系范围。[4] 因此日本学界对于预防请求法理基础的认识涉及宪法和行政法及民法等多个部门法领域,主要存在以下几种论点。[5]

1. 权利保护说。是指为避免权利受到侵害,应基于权利保护原则采取预防禁止措施。权利保护说主张权利自身即是实施预防禁止的依据,而其中代表性的是"人格权说":如为保护名誉权、环境权、平稳生活权、住民的人格利益等应对侵害行为加以预防。

2. 不法行为说。对于公害等持续性的不法侵害行为造成的损害,往往很难恢复原状,这就需要预先禁止侵害行为的实施。不法行为说中又以"忍受限度论"为代表论点,是指将被侵害利益的种类、侵害程度、侵害行为的种类和性质、预先禁止会对当事人的影响和其社会影响等各种要素进行综合的比较衡量,如果侵害超过了忍受限度,就应该实施预先禁止。不法行为说(尤其是忍受限度论)与权利保护说的主要区别在于:前者是以不法行为的后果为考量,通过利益衡量的方法判断是否应预先禁止;而权利保护说则是以权利的效力为基础,主要着眼于权利受否受到一定的不法侵害。

3. 复合构造说。过去在权利保护说与不法行为说之间,特别是各自的代表性观点:环境权论与忍受限度论之间出现了不少争论。但到了 20 世纪 70 年代中期以后日本经济进入高速成长期,二者之间出现相互融合借鉴的趋势。有观点提出应通过将侵害行为类型化来将忍受限度论进一步发展。其中比较有代表性的就是泽井裕提出的"复合构造说":对于生命健康权的侵害应采取预防禁止,不需要进行利益衡量;而对于其他属于忍受限度以内的侵害,则应根据损害的程度和侵害行为的性质等进行衡量判断。另外,大塚直提出的"二元说"也主张,对涉及生命健康以外的较为轻度的侵害,应通过不法行为的具体构成进行判断。潮见佳男也主张应在物权的请求权说、人格权说的基础上,将不法行为说的理论进一步发展。

有学者强调《行政事件诉讼法》所规定的预防请求权本就是为防止民事权利受到恢复困难的"重大损害"而设立的,其本质是从民事权利中派生出

---

〔4〕　日本《行政事件诉讼法》第 7 条规定:"本法就行政诉讼规定中的未尽事项参照民事诉讼。"

〔5〕　吉村良一:「差止め訴訟の新しい展開と航空機騒音公害」,立命館法学 2006 年 4 号,第1050-1054 页。

的，实质是以保护私法上的权利利益为目的。[6] 因此预防诉讼和普通抗告诉讼一样，都是当事人通过行政诉讼来对抗行政主体行使公权力，以避免自身权利利益受到侵害的一种手段。同法第 9 条中关于原告主体适格规定的"法律上的利益"，正是行政处分依据的法律所保护的利益，而关于原告适格的法官裁量标准也涵盖了不法行为的具体程度等因素。因此综合来看，作为日本学界主流观点的复合构造说，平衡了对私权的保护和对不法行为的具体分析，也基本符合《行政事件诉讼法》的立法原意。

三、预防诉讼的判例动向

由于预防诉讼在 2004 年日本《行政事件诉讼法》修改后才正式成为法定行政诉讼类型，故下文以该法修改为节点，结合具体判例分别就法定化以前与以后的实际运用做具体考察。

（一）法定化之前的实际运用

学界一般认为，预防诉讼在正式法定化以前，作为法定外抗告诉讼已经有过被司法机关实际采纳的先例。如"服刑人员强制剃发案件"中，东京地方法院认为监狱强制剃发涉及到是否违反宪法中保障基本人权的规定，应由法院而不是行政机关来作出判断；而强制剃发一旦实施即会造成不可恢复原状的后果，在当时的法律中除了诉诸于事前的预防、禁止以外没有更合适的救济方法。[7] 另外在"拘留所被收容人员惩罚处分案件"中，被收容人员因腰痛等身体原因曾向法院请求撤销执行相关惩罚处分，并申请停止执行。名古屋地方法院认为该诉讼是原告以预先禁止为目的的法定外抗告诉讼，应认定其合法。[8]

---

〔6〕 横山信二:「抗告訴訟における原告適格—取消訴訟と差止訴訟における「法律上の利益」の意味を中心に」,広島法学 2012 年第 35 巻第 4 号,第 20 页。
〔7〕 東京地方裁判所昭和 38 年(1963 年)7 月 29 日判决,行集 14 巻 7 号第 1316 页。
〔8〕 名古屋地方裁判所昭和 51 年(1976 年)12 月 17 日判决,「判例時報」第 847 号第 43 页。

(二)法定化以后的判例动向

1. 双要件并存原则

在司法实践的肯定和学界的大力推进下,预防诉讼于 2004 年正式成为日本的法定行政诉讼类型。在法定化以后的案例中,司法审查主要以《行政事件诉讼法》规定的法定要件为依据来判断是否应支持原告的预防请求。审查内容主要包括原告适格、产生重大损害的可能性、行政处分及裁决的合法性和适当性、是否有行政裁量权的逾越和滥用、是否存在其他适当方法避免重大损害等多个方面。这其中十分重要的一项就是"双要件并存原则":要判断案件是否符合消极要件,即该处分或裁决确实可能产生"重大的损害";同时也要判断是否符合积极要件,即不存在"其他适当的方法"能避免产生重大损害。也就是说上述两个要件必须同时符合,缺一不可。

预防请求得到法院支持的案例中,以"都立学校齐奏国歌案件"为例。[9] 在该案中,东京某都立学校教职员因对在典礼仪式中被要求向国旗起立、齐奏国歌和提供钢琴伴奏等要求不满而提起预防诉讼,请求法院判决禁止被告作出责令教职员齐奏国歌这一职务命令。一审东京地方法院的判决支持了原告请求,主要理由在于:(1)原告如拒绝履行该行为必然会受到惩戒处分;(2)在不违反职务命令就会受到惩戒处分的威慑性和强制力下,教职员不得不违反自身内心信念而履行职务命令;(3)由于典礼仪式每年定期反复举行,防止职务命令对于精神自由权的侵害不适合采用事后救济的方式;(4)原告可能受到惩戒免职处分这一利益损失较大,属于有可能产生重大损害的情况。但在二审判决中,东京高等法院作出了对原告诉讼请求不予受理的决定,其理由在于,该职务命令的基础是教育委员会作出的通知,该通知具备"处分性"即作出该通知属于行政行为,而原告可以通过提起撤销诉讼或无效确认诉讼,这属于具有避免损害的"其他的适当方法"的情形。

尽管二审推翻了原一审判决,但两审的审查依据实际是一致的,即是否

---

〔9〕 平成 18 年(2006 年)9 月 21 日东京地方裁判所判决,参见「判例时报」第 1952 号第 44 页。

同时符合消极要件和积极要件。特别是对于消极要件的判断基本相同，都认为该处分可能会产生重大损害。主要区别在于，二审对于积极要件的判断与一审不同，认为对于这种重大损害是可以通过其他诉讼类型来避免的。另外类似的案例还有"大阪驾驶执照停止处分预防请求案件"。[10] 在该案中，出租车乘员因违反相关规定被处以驾驶执照停止处分，向法院就该停止处分提起预防请求。法院认为，对当事人的驾照停止处分尽管会使其无法从事相关乘务工作，但并不影响其暂时从事其他业务。同时，作出该停止处分，也并不妨碍当事人事后通过提起撤销诉讼和申请停止执行，而且如果该处分被撤销后也并不会有不良信用记录。法院认定符合有"其他适当的方法"避免重大损害的情形，对原告请求不予受理。

同样因不符合积极要件而被驳回预防请求的还有"东京驾驶执照停止处分预防请求案件"。[11] 原告因违反交通管理规定将被处以为期 30 天的驾照停止处分，向法院就该停止处分提起预防请求。原告主张，该处分会造成交通手段被剥夺，交通和活动的自由被一定程度地限制，还会产生经济损失并伴随精神上的痛苦。但法院认为，从通过停止驾照效力这种行政处分来达到的行政管理目的考虑，上述这种利益的损失应被认作应当的。并且，如果当事人对违反交通规定认定本身和事实关系存在争议，可以通过提起撤销诉讼来对该行政处分的合法性进行审查，因此不能认定为存在产生重大损害的可能性，最终对当事人预防请求不予受理。

因不符合消极要件而被驳回预防请求的案例还有如"建筑规划确认处分预防请求案件"。[12] 在该案中，预定建筑施工的建筑物附近居民提起预防请求，理由是：①关于建筑施工的相关申请材料在补充修改后很快能得到确认和批准，在这种情况下后者具有一定的必然性和可能性；②建筑物建成后会阻碍采光，发生灾害倒塌等情况时可能造成近邻居民生命、身体和财产遭受侵害，具备可能产生重大损害的可能性，并且为避免这种损害并无其他适当的方法。但法院认定本案中建筑规划合法，对于原告的预防请求不予

---

〔10〕　平成 19 年(2006 年)11 月 28 日大阪地方法院判决，参见日本最高裁判所官网。

〔11〕　平成 20 年(2007 年)1 月 18 日东京地方法院判决，参见日本最高裁判所官网。

〔12〕　平成 21 年(2009 年)1 月 20 日大阪高等法院判决，参见「判例タイムズ」1337 号第 131 页。

支持。另外,原告主张的景观利益确实遭受了一定程度的限制,但是具体会遭受到的侵害程度并不明确,仅仅根据现有证据,很难认定存在产生重大损害的可能性。

还有部分案例既不符合消极要件也不符合积极要件,如"产业废弃物处理业经营许可处分预防请求案件"。[13] 在该案中法院对于是否符合消极要件进行了详尽审查,认为从资源回收中心的设备、预定处理的废弃物的种类、数量,以及从对周边区域生活持续性、反复性的影响等因素考虑,批准经营许可以后,产业废弃物的处理并不会对生命、健康或生活环境造成直接、显著的破坏。并且当事人还可以通过提起撤销诉讼并通过申请停止执行等来避免这种后果的产生。基于以上从性质、程度等因素的考虑,不能认定为存在产生重大损害的可能性,最终法院对原告请求不予受理。再如"建筑工程停止施工预防请求案件"。[14] 在该案中,建筑工程的承包施工单位因面临被行政主体依照《建筑基准法》第 9 条第 1 项的规定责令停止施工,向法院提起就该停止施工命令的预防请求。原告主张停止施工会对其社会形象和评价降低并带来经济损失,但法院认为,为了避免该损失的产生,可以通过提起撤销诉讼和申请停止执行的方式,如果请求得到支持,该损失本身也具备恢复的可能性,因此并不能认定为存在产生重大损害的可能性。最终法院对当事人的预防诉讼请求不予受理。

预防诉讼制度中的"双要件并存原则"是一项十分重要的司法审查原则。由于需要同时满足两个要件且在司法实践中要件审查十分严格,在许多案例中预防请求实际最终并未得到法院支持。这既能在一定程度上防止诉讼权的过度行使,避免司法资源的浪费,又能最大程度地保证整个行政诉讼制度的完整和系统性以及其他诉讼类型的有效运作。具体如"公有水面填埋许可案件"就是同时符合积极要件和消极要件并且预防请求得到法院支持的典型案例。[15] 在该案中,原告以保护景观利益为理由,请求法院禁止行政主体颁发填埋公有水面的行政许可。广岛地方法院认为,①一旦获

---

〔13〕 平成 18 年(2006 年)2 月 22 日大阪地方法院判决,参见「判例タイムズ」1221 号第 238 页;平成 19 年(2007 年)1 月 24 日大阪高等裁判所判决,参见日本最高裁判所官网。

〔14〕 平成 22 年(2009 年)3 月 25 日福冈高等裁判所判决,参见日本最高裁判所官网。

〔15〕 平成 21 年(2009 年)10 月 1 日广岛地方裁判所判决,参见「判例时报」2060 号第 3 页。

得许可并开始施工建设以后,原有状态将难以恢复;②如果提起撤销诉讼,即使申请停止执行也很难起到实际救济效果;③景观利益和日常生活有密切关联,具有难以通过金钱赔偿得以恢复的性质,具有产生重大损害的可能,而且为避免这种损害并不存在其他的适当方法,据此支持了原告的预防诉讼请求。

2. 违法性要件审查

尽管符合"双要件并存原则"是预防诉讼中一项重要原则,但并不是所有符合该原则的预防请求都能得到法院支持。另外一项重要原则就是"违法性要件审查"原则。也就是说法院要作出预防判决的前提还必须满足以下两个要件之一,即该处分或裁决明显违背了其依据的相关法令,或者是行政厅作出该处分或裁决存在裁量权的逾越或滥用。

在符合"双要件并存原则"但又不被支持请求的一些案例中,就是违背了"违法性要件审查"原则,具体如"服刑人员剪发处分预防请求案件"。[16]该案中原告主张:发型的选择和决定作为关系个人尊严的权利,应得到尊重。剪发处分违背了服刑人员的个人意愿而强制要求统一发型,一旦执行以后,恢复过去的长发需要相当长的时间,而这期间的权利利益将遭受到损失。法院肯定了这种损害具有难以恢复的性质,且确实符合存在产生重大损害的可能这一要件。但法院认定由于行政主体并不存在裁量权的逾越或滥用,对原告的预防请求不予支持。

类似的案例还有"劳动者派遣事业许可取消处分预防请求案件"。[17]在该案中,原告因雇佣未成年人从事深夜劳动被处以刑事处罚。同时依照日本《确保劳动者派遣事业的合理运营及派遣劳动者就业条件整备法》第14条的规定,原告还有可能被吊销营业许可。就此向法院提出了针对行政主体对其吊销营业许可的预防请求,并主张①原刑事处罚具备导致吊销营业许可的必然性或可能性;②如果被吊销营业许可具备对其正常营业产生重大损害的可能性。但法院认定由于行政主体并不存在裁量权的逾越或滥

---

〔16〕 平成18年(2006年)8月10日名古屋地方裁判所判决,参见「判例タイムズ」1240号第203页。

〔17〕 平成18年(2006年)10月20日东京地方裁判所判决,参见日本最高裁判所官网。

用，对原告的预防请求不予支持。

另外一个典型案例就是"保险医疗指定机构取消处分预防请求案件"。[18] 在该案中，原告是具有保险医师资格的牙科医生，同时担任具有政府指定医疗保险机构资格的某牙科医院法人。原告为避免行政机关基于《健康保险法》第 80 条、81 条的规定吊销其指定医疗保险机构和医师资格，提起预防请求，并主张吊销处分有可能给医院带来收入的大幅减少、经营困难和医师社会评价的降低等重大损害。但法院认定由于行政主体并不存在违法事由，对原告的预防请求不予支持。

3. 审查对象确定原则

根据《行政事件诉讼法》的规定，预防诉讼须以行政机关明确的"处分或裁决"作为审查对象，并且行政机关确实存在将作出这种"行为或裁决"的可能性或必然性。反映这一要件的典型案例是"高架铁路设施准予利用处分预防请求案件"。[19] 在该案中，原告请求就"准许铁路运输事业单位在铁路设施变更后的高架铁路设施的多条铁路上运行"这一行政处分向法院提起预防请求。但法院认为，在《铁路事业法》及其施行规则中，与列车运行具有直接关系的行政处分存在多种类型，原告对于究竟主张就哪一种行政处分作为审理对象并不确定，并不具备《行政事件诉讼法》第 3 条第 7 项规定的"一定的处分或裁决"这一诉讼要件。最终法院认定该预防请求不符合法律规定而不予受理。

4. 预防诉讼排除特例

日本有部分单行法律的对行政处分作了行政裁决前置的规定，这类似于我国的行政复议前置制度。在这种情况下，当事人对行政行为有异议时，必须先经过行政复议程序，只有对于行政复议的裁决结果有异议时，才能对其向法院提起撤销诉讼，这就在制度上基本排除了在该情形下适用预防诉讼的可能。具体案例如"无线电波许可预防请求案件"。[20] 总务省依据《电

---

〔18〕　平成 20 年（2008 年）1 月 31 日大阪地方法院判决，参见「判例タイムズ」1268 号第 152 页。

〔19〕　平成 20 年（2008 年）1 月 29 日，参见「判例時報」第 2000 号第 27 页。

〔20〕　平成 19 年（2006 年）5 月 25 日东京地方裁判所判决、平成 19 年（2006 年）12 月 5 日东京高等裁判所判决，参见最高裁判所官方网站。

波法》《电波法施行规则》将要作出的相关规格标准和行政许可。业余无线电波执照的持有者作为原告就此向法院提出预防诉讼请求。依法律规定,对类似本案中总务大臣的行政处分有异议时,程序上一般采用裁决前置主义,也就是应首先提交电波监理审议会审理。该审理过程具有行政复议的性质,并采用准司法程序。当事人只有在审议会审理完毕后并对审议会的裁决结果有异议时,才可以向法院提起撤销诉讼。法院认为:相关法律规定的精神要求,关于根据《电波法》等法令作出的行政处分是否适当属于专业技术事项的范畴,对此问题应对电波监理审议会的专业知识和经验予以尊重,法院应仅保留对基于证据基础上进行事实认定,如对当事人的预防请求加以支持,就违背了这一立法宗旨。即依照《电波法》规定,作为当事人的救济手段,仅能对电波监理审议会审理后的决定提起撤销诉讼,而本案中提起的预防请求是不符合该法规定的,最终法院对当事人预防请求不予受理。

(三)预防诉讼与撤销诉讼、执行停止的关系

日本行政诉讼制度中的临时救济制度由临时预防制度、临时科以义务制度以及执行停止制度等组成。但是在实际判例中法院以预防诉讼的法定要件为依据,以当事人"可以提起撤销诉讼并申请执行停止"即存在"其他适合方法"来实现权利救济为由而否定预防请求的例子并不在少数。因此应如何认识预防诉讼与撤销诉讼和执行停止三者之间的关系,也被学者作为重要的研究课题。[21]

1. 预防诉讼与执行停止

有关执行停止的规定见于《行政事件诉讼法》第 25 条。一般来讲,撤销诉讼提起以后并不影响行政处分继续生效、执行和履行程序,除非在有避免

---

〔21〕　湊二郎:「差止訴訟と取消訴訟・執行停止の関係」,立命館法学 2012 年 2 号。

产生"重大的损害"的紧急必要的情况下,法院才可以依据申请决定停止执行。[22] 同时,如果仅仅通过停止执行和程序的履行就能达到前述目的时,不能停止行政处分的效力。另外,执行停止不得违背公共福祉,且需要法院通过对恢复损害的困难程度、损害的性质和程度,以及处分的内容和性质进行综合考虑,来判断是否存在"避免产生重大损害的紧急必要"。

综上总结停止执行和预防诉讼的区别主要在于:(1)作出的时间点不同。预防诉讼是在行政厅将要作出但尚未作出一定的处分或裁决时提起的,而停止执行的申请则一般是在提起撤销诉讼以后。(2)须满足的要件不同。停止执行必须要有避免产生"重大损害"的紧急必要,预防诉讼须存在"产生重大损害的可能",且为避免产生该种重大损害不存在"其他适当的方法"。(3)所产生的效果不同。停止执行一般不否定处分本身的效力,而是暂时停止其具体执行和程序的履行,这是基于行政行为的公定力原则。预防诉讼则是对于尚未但将要作出的处分或裁决本身进行司法审查,如预防请求得到支持,那么处分或裁决的效力或称其合法性基础也将自然消失。(4)对象不同。停止执行的对象一般是行政处分,预防诉讼的对象一般除处分以外还包含裁决,相当于我国的复议决定。

2. 预防诉讼与撤销诉讼

有关撤销诉讼的规定见于《行政事件诉讼法》第 3 条第 2、3 项,是指请求撤销行政厅的处分或裁决的诉讼,也是日本最主要且最为常见的行政诉讼类型。如果说撤销诉讼是为了排除既有的不利处分,那么预防诉讼就是为了在不利处分被施行之前的一种防御机制。有日本学者评价,预防诉讼的法定化实现了从过去长期采用的"撤销诉讼中心主义"的脱离。[23] 因为

---

〔22〕　日本《行政事件诉讼法》原规定为"难以恢复的损害",2004 年修改为"重大的损害"。有学者指出:"若维持原"难以恢复的损害"之要件从对原告权利利益救济的角度上看是欠妥的。"(福井秀夫「行政事件訴訟法三七条の四による差止めの訴えの要件—土地収用法による事業認定を素材として」自治研究 2009 年第 85 卷第 10 号)此次修改实际上降低了停止执行的要件标准,除了损害的性质以外,还须对损害的程度、处分的内容及性质等进行综合考量,因此更侧重于对当事人的权利利益保护。另外我国《行政诉讼法》第 56 条对停止执行的相关要件规定为:行政行为的执行会造成"难以弥补的损失",更侧重于对损害性质的界定。

〔23〕　塩野宏:「行政事件訴訟法改正と行政法学——訴訟類型論から見た」,载于「行政法概念の諸相」,有斐閣 2011 年版,第 266 頁。

严格按照撤销诉讼中心主义的要求，预防诉讼似乎有违背权力分立和行政机关"首次判断权"的嫌疑。

但也有人持反对意见，认为近年的判例反映了日本的行政诉讼仍未实现对过去"撤销诉讼中心主义"的脱离，预防诉讼只不过是在时间点上比撤销诉讼早而已。事实上日本和我国相似，撤销诉讼仍然在行政诉讼中占据最主要地位。因此预防诉讼在某种意义上可以理解为一种被提前的撤销诉讼。但是上述各种论点的前提基础是承认预防诉讼的最低要件，也就是：首先需要对于处分的适法性、合法性进行事先判断，也就是需要对尚未作出的处分本身做合法性预判。其次，处分必须存在确实被作出的可能。如果处分并不会被实际作出，那么也没有必要进行预防性诉讼，这也很好理解。再次，预防诉讼作为主观诉讼，必然要求因该处分而产生原告权利利益受到侵害的风险。[24] 这几个要件在预防诉讼法定化之前已经基本得到了学界的普遍认同。所以预防诉讼只是法院对将要作出的行政处分的适法性和合法性进行司法审查，并未违反尊重行政机关判断权的原则。

而在预防诉讼法定化之后的争论仍主要集中在其诉讼要件方面：（1）关于行诉法第 3 条 7 项规定的"一定的处分"，有观点认为提起预防诉讼不应单纯限定避免在处分带来的一定后果，而必须是就特定的处分本身提出诉讼。比如在就噪音危害提出预防诉讼，仅仅提出降低噪音发生的诉求并不能满足诉讼要件，必须是针对特定的处分为对象来提出预防诉求。这里就涉及日本行政法中对"处分性"的判断，近似于我国行政诉讼中对于行政主体作出的行为是否属于可诉行政行为的判断。（2）同法第 3 条 7 项规定的"不应作出一定的处分或裁决但又要作出"的情形，这里强调了作出该处分或裁决的必然性。但是如何去判断这种必然性的存在又成为了一个重要问题。（3）同法第 37 条之 4 第 1 项和第 3 项规定了预防诉讼的诉讼要件，其中还特别涉及到何种情形应归属于"重大的损害"和如何判断"公共福祉"的问题。（4）原告适格问题，即如何判断符合同法第 37 条 3 项所规定的"有法

---

〔24〕　日本《行政事件诉讼法》规定了抗告诉讼、当事人诉讼、民众诉讼和机关诉讼共 4 种法定行政诉讼类型，学界一般将其区分为主观诉讼和客观诉讼两类。主观诉讼是对于违法的行政活动造成的权利侵害寻求具体救济的诉讼，包括抗告诉讼和当事人诉讼；客观诉讼是以维持行政活动的客观合法性为直接目的的诉讼，包括民众诉讼和机关诉讼。

律上的利益关系"。一般认为，原告适格的判断和撤销诉讼一致。其理由在于，尽管预防诉讼和撤销诉讼分别归属事前救济和事后救济，但两者在排除因处分或裁决导致的利益受损这一根本诉求上是一致的。但是如果在行政复议前置的情况下，处分作出以后当事人应提起撤销诉讼还是行政复议尚缺少明确规定，有待今后更多判例的跟踪汇总。

四、预防诉讼法定化的意义与问题

（一）预防诉讼的意义

日本《行政事件诉讼法》在 2004 年的修改，是该法在制定 40 多年进行的一次比较大的实质性修改，也被认为是"日本行政法学理论积淀和法院判例推动的结果"。[25] 尽管预防诉讼在此之前已经在日本学界和判例中得到了一定程度的肯定，但此次修改是首次正式将预防诉讼作为抗告诉讼的一种法定类型加以明确规定。从作为对因行政处分导致权利和利益受到侵害的救济手段这一角度来看，预防诉讼和撤销诉讼具有相同的性质。但是从诉讼要件的角度来看，提起预防诉讼的要件明显更为严格。

日本学界普遍认为，2004 年《行政事件诉讼法》修改以前预防诉讼作为法定外抗高诉讼已经实际充当了撤销诉讼和停止执行制度的补充性角色。而将预防诉讼法定化的理由主要在于：伴随着行政活动类型日趋多元化，在以撤销诉讼为主的事后救济途径以外，还需要通过规定事前的救济方法来保障司法救济的实效。在符合法定要件的前提下，在行政主体将要作出特定行政处分前，及时责令其不得作出该处分，事先就行政主体作出一定处分加以预防和禁止——预防诉讼就是为了达到这一目的而新设的行政诉讼类型。[26]

────────────

〔25〕 王贵松：《日本修改行政诉讼法述评》，载北京大学现代日本研究中心编：《未名日本论丛（第一辑）》，中国社科文献出版社 2008 年版，第 37-46 页。

〔26〕 日本"司法制度改革推进本部行政訴訟検討会"资料「行政訴訟制度の見直しのための考え方」（2004 年 1 月）第 3 页。

另一方面也有学者特别指出,从实现对国民的权利利益的更有效救济这一角度出发,应使预防诉讼制度在具体案件中得以更加充分和灵活的运用。[27] 例如具有制裁性或惩罚性的行政处分一旦被公开,相对人将面临名誉和信用遭受重大损害的风险,而此种情况下单纯通过提起撤销诉讼和申请停止执行往往难以实现充分的救济,此种情形应更广泛地适用预防诉讼制度。另外还有学者强调,对于噪音公害等持续的不法行为,以及对名誉权和隐私权的侵害行为等,与其通过事后的损害赔偿来实现救济,不如对不法行为加以预防性禁止具有更重要的意义。[28]

也有学者认为现有的预防诉讼制度存在一些问题,其中主要针对的是预防诉讼制度较为严苛的法定要件。如福井秀夫曾针对行诉法中"有产生重大损害的可能"的要件规定指出,在一些情况下尽管行政处分作出后可能会造成违法后果,但由于这种损害可能并不重大,而被判定不符合预防请求的法定要件,而原告却也只能甘于忍受这种损害的发生[29]。另外福井还强调,行诉法中对临时预防措施的要件规定也过于苛刻,特别是"无法补偿的损害"在现实中很难找到对应的实际场景。因此他主张应将"为避免产生"无法补偿的损害"的紧急必要"这一要件中的"无法补偿的损害"改为现实中实际存在对应情形的"难以补偿的损害"。[30]

综上对于日本预防诉讼制度的立法、学说与判例的分析,可以看到日本的预防诉讼制度至少具有以下特点及优势:(1)"强调实现对国民权利的实质救济"这一立场,已在法律体系构架、学界和审判实务三者中达成共识,这为预防诉讼制度的建立和完善提供了最根本的保障。(2)立法过程受到学界和实务的显著影响,为其法定化提供了重要的理论和实践基础。(3)立法技术高,立法条文详尽、周密、系统、科学,且对实务中可能出现的问题具有预见性,为实际运用提供了扎实的立法基础。(4)实行"制定法准据主义",

---

〔27〕 小林久起:「行政事件訴訟法」,商事法務 2004 年版,第 183 頁。

〔28〕 吉村良一:「差止め訴訟の新しい展開と航空機騒音公害」,立命館法学 2006 年 4 号第 1050 頁。

〔29〕 日本"司法制度改革推進本部行政訴訟検討会"资料:「行政訴訟制度の見直しのための考え方」(2004 年 1 月) 第 12 頁。

〔30〕 同前注。

立法一旦制定，法院审理则严格以此为唯一依据，特别是在要件审查中体现了立法的稳定性和法律的绝对权威性。（5）由于诉讼要件上存在严格限制，尽量避免形成对行政权的过度干涉，同时也将滥诉行为拦在门外。

另外一方面，也正因为诉讼要件的严格限制，导致判例实务中预防请求真正被法院支持的案例并不繁多。然而站在比较法角度来理解这一问题，必须认识到日本在法治理念下行政主体的活动相对规范化和法治化的前提背景。尽管也有学者持消极观点认为其实际运用效果并不理想，相对人的预防请求得到支持的案例还较少，至今为止不管是日本还是我国的行政诉讼中，撤销诉讼仍然占据中心地位。但从比较法角度上看，这种担忧对于我国目前行政诉讼制度仍有待完善，特别是尚未实现诉讼类型法定化的现实而言似乎有些超前。在法治化的现代国家设立预防诉讼制度的初衷，应该还是在行政活动多元化的背景下，仅依靠过去一般型的诉讼类型已不足以保障及时有效实现当事人权利利益救济的时候起到兜底或补足的作用。尽管在部分案例中预防请求不被法院支持，并不意味着当事人权利不被保护，而往往是因为其并不满足法定诉讼要件。而当事人依然可以通过提起撤销诉讼、申请执行停止等其他途径来实现权利救济。在日本严格的法定要件下预防请求被法院支持的案例并不常见，但设立预防诉讼制度的立法原意还是在于，在符合法定要件时起到保证权利救济实效的重要作用。

（二）预防诉讼的争议问题

1. 预防诉讼的对象和原告适格

根据日本《行政事件诉讼法》，预防诉讼的对象须是"一定的处分或裁决"，这是以"处分性"的概念为基础的。日本最高法院在判例中确立了处分性的内涵：国家或公共团体作为公权力的主体所作出的、直接形成国民的权利义务或确立其权利义务范围的、符合法律规定的行为。[31] 但有学者指出"处分"属于"行使公权力的事实行为"，在撤销诉讼中是指具有持续性性质的公权力行使，而在预防诉讼中，不应要求公权力的行使一定具有持续性，

---

〔31〕 最高裁判所昭和 39 年（1965 年）10 月 29 日"垃圾焚烧厂设置条例无效确认等请求上诉案件"判决（最高裁判所民事判例集 18 卷 08 号 1809 頁）。

这一点在"服刑人员剪发处分预防请求案件"中得以体现。[32] 这里"一定的处分"的规定，在该法 2004 年修改之前曾被提议为"特定的处分"，但由于"特定的处分"这一表述要求具备高度的限定性，最终立法案还是采用了"一定的处分"这一表述。

关于原告适格，我国行政诉讼中对原告主体资格的认定以原告是否与所诉行政行为具有"利害关系"为主要判断基准。而日本《行政事件诉讼法》第 9 条对原告适格的规定主要集中在对是否是"具有法律上的利益者"的判断上。关于什么是"法律上的利益"日本学界又分为"法律上被保护的利益说"和"法律上值得被保护的利益说"两种论点。由于日本最高法院判例所采纳的是"法律上被保护的利益说"，因此原告主体适格的范围也被严格限制。

2004 年行诉法修改在一定程度扩大了撤销诉讼原告适格的范围，法院在预防诉讼中判断是否具有"法律上的利益"，须参照该规定综合考量相关法令的宗旨和目的、该处分中应考虑到的利益的内容和性质、被侵害的情况和程度等因素，因此法院对于原告适格的判断掌握着较宽泛的裁量空间。因此不少学者批评法院过于信守"制定法准据主义"的做法，提出尤其是《行政事件诉讼法》的规定尚待进一步完善的情况下，法官更需要勇于担当起运用法律的重任。如阿部泰隆直接提出应将原告适格的要件修改为"承受现实的不利的利害关系人"或者"在法律保护的范围内承受不利或者可能承受不利者"。[33] 其中主张改为"现实的不利"的提议也获得了日本律师联合会等实务界的支持。[34]

2. 围绕诉讼要件的争论

由于《行政事件诉讼法》规定的预防诉讼要件较为严格，招致了许多行

---

〔32〕 村上裕章:「改正行訴法に関する解釈論上の諸問題」,北大法学論集 2005 年 9 月 56 (3),第 68 页。

〔33〕 阿部泰隆:「行政訴訟のあるべき制度、あるべき運用について」,法律文化 2004 年 2 月期,第 30 页。

〔34〕 大久保規子:「行政訴訟の原告適格の範囲」,ジュリスト2004 年 3 月総第 1263 期,第 48 页。

政法学者的批评。[35] 福井秀夫对于现行法中作为预防诉讼要件之一的"重大的损害"进行了严厉的批判。他认为预防诉讼应以行政处分的违法性为前提,如果仅限于"重大的损害"的要件对违法的处分责令禁止,那么在"轻微的损害"的情况下违法的行政处分就不在禁止之列,这种立法规定不符合法治国家的精神。因此福井主张应废止预防诉讼要件中关于"重大的损害"的规定。具体如在土地征收过程中,由于日本宪法和《土地征收法》规定了应对被征收者给予损失补偿,有判例认为如对农田的破坏等可通过金钱来进行损失补偿的损害不属于"重大的损害",因此不满足预防诉讼的法定要件。因此福井认为预防诉讼制度并没有真正实现出其原应有的功能。[36]另外阿倍泰隆指出,在一些城市规划和房屋征收的案件中,由于建设工程已经进入实施阶段,即便行政行为违法也无法形成实质的救济,造成"事情判决"的例子也不在少数。[37]

　　日本《行政事件诉讼法》第 37 条规定,为避免重大损害存在其他适当方法时不得提起预防诉讼。这一规定也被称为预防诉讼的消极要件。越智敏裕也认为,日本最高法院对于预防诉讼要件的审查过于严苛以至于其无法发挥应有功能。审查标准既要求满足"重大的损害"要件,同时还要求无法通过撤销诉讼或停止执行等途径来来实现救济。比如在涉嫌违法的城市建筑工程中,建筑许可下达以后往往并不会立刻对周边居民造成危害,而是在实际施工以后才产生实际危害。但是越智认为,与其在工程实际开工以后来申请停止执行,远不如预先在建筑规划的期间就对建筑许可进行司法审查,因为这从社会经济的角度来看是更加合理的。而另一方面,学界对于法定诉讼类型之一的当事人诉讼是否也属于"其他适当方法"的范围还存在不

---

〔35〕 学术研究会报告:「現行行政事件訴訟法の問題点と再改正の可能性―まちづくり紛争を題材に」,都市住宅学 2016 年第 93 号。

〔36〕 福井秀夫:「行政事件訴訟法三七条の四による差止めの訴えの要件―土地収用法による事業認定を素材として」,自治研究 2009 年第 85 巻,第 10 号。

〔37〕 阿部泰隆:「行政訴訟のあるべき制度、あるべき運用について」,法律文化 2004 年 2 月期,第 29 頁。另,日本《行政事件诉讼法》第 31 条规定了驳回原告请求的特殊情形,即行政处分或裁决虽然违法但撤销其显著有损公共利益时。法院可以驳回原告的撤销请求,但应判决该行政行为或裁决违法。日本学界称之为"事情判决",亦可译作"情势判决",类似于《我国行政诉讼法》第 74 条规定的判决确认违法(作者注)。

少争议。

关于为何设置"重大的损害"这一法定要件,据参与立法工作的人员解释,预防诉讼意味着法院在行政厅作出处分或裁决之前事先对其违法性作出判断,并将其责令禁止。而设置预防诉讼的法定要件,既要考虑到对国民权益实质有效的救济,还要考虑到司法与行政的各自职能与相互关系,以进行妥当的安排。[38] 按照这种观点,预防诉讼仅适用于需要法院事先对行政主体的违法性进行判断的情形,或者说,仅适用于"适合寻求事先救济且存在救济必要性的情形",由此可见相关司法救济仍以事后救济为原则。而即便在民事诉讼中,预防诉讼也是一种例外的事前救济方式,并且须以损害的重大性、恢复的困难性为诉讼要件。

3. 行政诉讼的现实问题

一方面如前所述,预防诉讼已经在日本的司法审判实践中得以运用,但在积极要件与消极要件并存、违法性原则、审查对象确定原则以及预防诉讼排除特例等的严格限定下,实践中当事人的预防请求能最终获得法院支持的比例并不高。当然除了预防诉讼特定的限制条件以外,还要符合抗告诉讼的一般性要件,如原告与被告适格、处分性的有无、法院管辖以及起诉期限等。

另一方面,还有行政诉讼在日本所面临的普遍性问题。日本宪法第32条保障了国民接受司法审判的权利(或称"司法救济权"),并逐渐发展了较为完善的行政诉讼制度。[39] 但也有学者批评,由于受到居于优越地位的行政权的压制、法官的消极解释、严格的诉讼要件、诉讼费用等等限制,当事人往往很难进入正式的诉讼阶段。[40] 即便进入正式诉讼审理阶段,原告也很难胜诉。据统计,日本最高法院审理的行政诉讼案件中原告胜诉率仅为百分之十,这还是包含了部分胜诉的数据,全面胜诉的比例更远低于此。不少学者呼吁法官本着实现国民权利救济的态度审理相关案件,而不是一味拘泥于法律文本的解释而将诉讼请求拦在门外。因此,如何处理好行政、司法

---

〔38〕 小林久起『行政事件訴訟法』,商事法務 2004 年版,第 189 页。

〔39〕 《日本国宪法》第 32 条:"不得剥夺任何人在法院接受审判的权利。"

〔40〕 阿部泰隆:「行政訴訟のあるべき制度、あるべき運用について」,法律文化 2004 年 2 月期,第 28 页。

和权利人之间的关系,特别是如何掌握好尊重行政机关的首次判断权、预先和适度地进行司法审查、以及充分保障相对人权利利益救济这三者的分寸,也是今后日本行政诉讼制度改革所要面临的难题。

五、预防诉讼的运用构想

(一)预防诉讼研究概述

在我国除了民法上的预防性诉讼、以检察机关为主体的公益性诉讼以外,行政法学界就行政法上的预防性诉讼也已经积累了一定研究成果。这些成果总体来看主要呈现出以下几个特点:

1. 对于是否应采纳预防性诉讼这一诉讼类型,大都采取积极态度。如有学者指出:"以事后救济为主的我国现行行政诉讼机制,对那些不可能或难以弥补的被损害权利的保护显得苍白无力,因而在我国建立预防性行政诉讼机制已势在必行";[41]亦有学者针对我国行政诉讼法规定的事后救济型行政诉讼,提出应"建立以事前和事中救济为特征,旨在对抗威胁性行政行为和事实行为的预防性行政诉讼制度,真正实现权利有效保障"。[42]

2. 就预防性诉讼的研究多集中在某一具体适用领域,而实际上整体来看,就其具体适用范围尚未形成统一、系统的认识。如在政府信息公开领域,有学者主张,新修订的《行政诉讼法》所确立的判决类型"并不能很好地适用于反政府信息公开诉讼",建议"对《最高人民法院关于审理政府信息公开行政案件若干问题的规定》第 11 条的内容加以完善,真正建立健全我国的预防性行政诉讼制度";[43]在食品安全行政领域,有学者主张"从《食品安全法》中规定的或推定的权利救济途径来看,事后救济明显存在不足,预防

---

〔41〕　胡肖华:《论预防性行政诉讼》,《法学评论》1999 年第 6 期,第 91 页。
〔42〕　解志勇:《预防性行政诉讼》,《法学研究》2010 年第 4 期,第 173 页。
〔43〕　禹竹蕊:《建立我国的预防性行政诉讼制度——以反政府信息公开诉讼为视角》,《广西大学学报(哲学社会科学版)》2017 年第 3 期,第 107 页。

性行政诉讼尤显必要"；〔44〕在城市房屋拆迁领域，也有人认为"预防性行政诉讼与保护被拆人所亟须的司法救济途径有着天然的契合"，主张应"建立起事前救济的预防性行政诉讼，扩充我国行政诉讼的类型"。〔45〕

3. 普遍强调应对预防诉讼的适用条件做出规定，但就规定的具体要件等呈现出不同意见。如有学者主张"基于预防性不作为诉讼的补充性，应当在适用范围、起诉条件、审理规则等方面加以必要规范，以保证其事前救济功能的有效发挥"；〔46〕也有人主张"预防性行政诉讼在现行《行政诉讼法》下存在可能性"，但"其在实践中的展开还有赖于实体行政法律的发展和相对人权利的充实"；〔47〕此外，还有人以"防止司法权过度干预行政权以及诉讼滥用泛化的风险"为理由提出了具体的诉讼要件，即应该在满足"行政行为即将作出或在作出过程中、损害重大且难以恢复、原告具有特别利益、其他方式不足以提供有效救济"四个要件的情况下才能提起预防性行政诉讼〔48〕。

总体来看，有关预防性诉讼的研究仍稍显或缺深入性和系统性，还需要结合我国的行政诉讼实践继续提升相关理论的可行性和操作性，这都有待于行政法学界进一步深入研究和思考。具体如预防诉讼的法理依据和提起要件、预防诉讼与撤销诉讼和停止执行相互关系的建构、诉讼类型的法定化等等，围绕这些问题还需要更加深入和系统地研究域外立法、理论和实践经验，建立起一套真正符合我国现行司法制度背景的体系化、规范性的预防性诉讼制度法律体系。

（二）预防诉讼实际应用之门槛

我国行政诉讼法司法解释规定，对公民、法人或者其他组织权利义务不

---

〔44〕　徐信贵、康勇：《论食品安全领域权利救济的预防性行政诉讼》，《重庆理工大学学报（社会科学）》2015 年第 3 期，第 58 页。

〔45〕　岳琨：《论预防性行政诉讼的法律建构——以被拆迁人的救济渠道缺乏为视角》，《广西社会主义学院学报》2011 年第 4 期，第 83 页。

〔46〕　章志远、朱秋蓉：《预防性不作为诉讼研究》，《学习论坛》2009 年第 8 期，第 67 页。

〔47〕　尹婷：《预防性行政诉讼容许性问题初探》，《西南政法大学学报》2017 年第 1 期，第 63 页。

〔48〕　邱伯静：《论预防性行政诉讼的制度空间》，《荆楚学刊》2019 年第 1 期，第 22 页。

产生实际影响的行为不属于行政诉讼的受案范围。[49] 那么尚未作出的行政行为是否属于"对权利义务不产生实际影响"的行为? 以最近的"唐雄诉三亚市政府发布安置方案"案为例,当事人唐雄对三亚市政府发布安置方案实施预征收的行为不服提起行政诉讼。[50] 最高人民法院认为该预征收行为仅仅是告知被征收人拟征收的相关事项,并未实际实施,未对唐雄的权利义务产生实际影响,不属于行政诉讼的受案范围。拟征收行为只是市、县人民政府拟对特定范围内土地实施征收的意向,只有经过省级人民政府或者国务院批准后,市县人民政府才能实际进行土地征收。由此可见,目前我国的行政诉讼制度更偏向于不予支持当事人对未发生行政行为的禁止请求。

考虑到不同的社会制度、历史背景和司法体系等背景,笔者认为预防诉讼制度如在我国投入实际运用,可能将会遇到以下几个问题。(1)特定政治体制下的权力配置问题。建立行政诉讼制度的最重要初衷之一,是通过司法救济来实现对行政权力的监督和限制。一般来讲,增加诉讼类型和完善诉讼类型法定化制度往往意味着司法权的增强。在具有我国特色的政治体制背景下如何进行国家权力配置,决定了是否能够吸收和采用新的行政诉讼类型。(2)行政诉讼之诉权滥用的问题。在我国《行政诉讼法》修改以后开始实行立案登记制,行政诉讼的受理案件大幅增加,其中也出现了许多滥用诉讼权的例子。最高人民法院曾有判例强调,"诉最终能否获得审理判决还要取决于诉的内容,即当事人的请求是否足以具有利用国家审判制度加以解决的实际价值和必要性"。[51] 但在实际中对于"实际价值和必要性"的判断标准并不清晰。而这一问题实际是可以通过制定诉讼要件的具体规定来规避的。(3)预防诉讼制度架构本身要面临的具体问题,包括诉讼要件、审查时机、审查方式和强度等等。这些势必牵涉诉讼类型法定化制度,带来整个行政诉讼乃至司法制度的一系列变革,考验着立法者的胆识和智慧。

(三)预防诉讼应用的切入点

讨论预防诉讼实际运用的可能性,必须结合诉讼制度现状和现实需求。

---

〔49〕 《最高人民法院关于适用〈中华人民共和国行政诉讼法〉的解释》第 1 条第 2 款第 10 项。

〔50〕 〔2019〕最高法行申 10020 号行政裁定书。

〔51〕 〔2016〕最高法行申 5034 号行政裁定书。

世界各国的行政诉讼制度大是以撤销诉讼为主干,但是撤销诉讼只有在该行政行为实际作出以后才能提起,许多时候往往并不能真正实现对当事人的权利救济。另外在当事人权利愈发受到重视的当下,情势判决等也受到学界的广为批评。在行政活动愈发多样化的今天,许多情况下单纯依靠事后救济已经不能满足对公民权利救济的要求。特别是应考虑到行政行为一旦做出,事后救济也无法弥补违法的行政行为对公民权益带来的重大损害这种情形。而预防诉讼的本质是通过借助司法机关的司法权力,将尚未作出但又即将作出的、具有违法性的行政行为预先禁止,目的是为了避免单靠事后救济而不得,更好地实现当事人权利的司法救济。

这里以近年我国社会矛盾比较集中的违建拆除问题为例。2013 年最高人民法院司法解释明确了违法建筑强制拆除由行政机关直接执行的原则。[52] 这样一来,行政机关作为违建的认定主体,同时又是违建拆除的实施主体,在某种角度上同时充当了"裁判员"和"运动员"的双重角色。[53] 我国在城市化进程中遗留了大量的产权有争议的建筑,有些是可以通过合理程序或采取补救措施的,地方政府不应风潮式地一概将其认定为违法建筑并强制拆除。在现有的法定救济框架内,由于缺乏对于行政机关违建认定和实施的事先监督,当事人只能申请行政复议或者事后向司法机关提起行政赔偿,自身权益一旦受到违法侵害,并不具备实际有效的预先防御手段。房产作为重要的私人财产受到宪法和法律的保护,其是否违法的最终判断权限应掌握在司法机关手中。应考虑到在行政机关的认定过程中一旦出现违法,造成当事人的财产损失往往又是难以弥补的。而在这种情况下,当事人却也往往只能甘于忍受这种损害的发生。

在前文提到的"公有水面填埋许可案件"中,日本地方法院支持了当事人以保护景观利益为由禁止行政机关颁发相关行政许可的诉讼请求。该案

---

〔52〕 2013 年最高人民法院《关于违法的建筑物、构筑物、设施等强制拆除问题的批复》:"根据行政强制法和城乡规划法有关规定精神,对涉及违反城乡规划法的违法建筑物、构筑物、设施等的强制拆除,法律已经授予行政机关强制执行权,人民法院不受理行政机关提出的非诉行政执行申请。"

〔53〕 杨官鹏:《"违建必须拆"要两面看——城市违法建筑强制拆除的新议题》,《上海房地》2020 年第 3 期,第 17 页。

件中一个决定性的考量因素就是损害的难以恢复。如果能在违法的行政行为实施之前就对其进行合法性审查,将违法事项在发生之前就预先禁止,自然能够避免当事人利益遭受重大损害,也不会产生事后救济难以弥补的尴尬局面。当然,这种预先审查必须建立在一定的要件基础上,包括原告适格、行政行为作出的可能性、行政行为的合法性和适当性、是否有行政裁量权的逾越和滥用、是否可能产生重大的损害、是否存在其他适当方法避免重大损害等。

除了诉的权利以外,立法与司法实践对于实体性权利的肯定也是建立预防诉讼制度的重要基础和切入点。如前所述,日本行政法上的预防请求权起初是从权利理论中派生而来的。预防诉讼能够实际运用的前提,是其宪法和法律所保护的思想自由、私有财产权、名誉权、环境权、平稳生活权、住民的人格权等等都已经在学说(特别是"权利保护说")和案例中得到支持。在"权利保护说"和"不法行为说"等基础上发展而来的"复合构造说"主张,对于生命健康权的侵害理应采取预防禁止,不需要进行利益衡量;而对于其他属于忍受限度以内的侵害,则应根据损害的程度和侵害行为的性质等进行衡量判断。应当注意,在对于不同的权利和侵害进行科学区分与衡量的根本基础在于对于实体权利的切实保护。只有在立法和司法机关在各个维度都能考量到我国宪法所保障的实体权利的基础上,引入和建立预防诉讼制度的根基才能更加稳固。

六、结 语

日本学者盐野宏曾特别强调了建立行政诉讼类型制度的重要性:"日本行政诉讼法制的完善过程,实际上也是诉讼类型的完善过程。"[54]而对于我国行政诉讼法并没有就预防诉讼的相关规定,有学者就指出行政诉讼中的临时救济制度属于"我国行政法和行政法学的典型弱项",特别是临时预防

---

〔54〕 盐野宏:《行政法Ⅱ》(第 4 版),有斐阁 2005 年版,第 74 页。

制度"仍然是空白"〔55〕。

因此,应当思考在我国当前司法体制下的行政诉讼制度是否应采纳诉讼类型法定化的方式,并逐步设立预防诉讼类型和临时预防制度。正如我国有学者指出,日本的行政诉讼类型法定化制度的"每一阶段所欲解决的社会矛盾、所具有的司法资源以及在此背景下所面对的行政审判难题及其司法应对策略都是各不相同的,由此形成了不同阶段下救济功能各有侧重、程序规则各具特色、司法审查广度和深度逐步拓展的行政诉讼类型制度",我国应逐步建立"以救济公民权益为目标的、理论逻辑性全面系统、类型概括繁简适度、程序规则合理便捷的行政诉讼类型法定化制度"〔56〕。尽管日本已经建立了较为完善的预防诉讼制度并在司法实践中得以运用,但在严格甚至近乎苛刻的法定要件的限制下,其在司法判例中实际运用的频度和广度似乎远未达到制度设立之初的期许,这也招致了一些日本行政法学者的批评。法治的实现并非一蹴而就,相信随着我国司法体制改革的不断推进,定能够在不远的将来实现诉讼类型的法定化和多样化。

但是也应当意识到,预防诉讼是否应法定化的议题本质,实际上还是司法权对于行政权干预程度的问题。日本预防诉讼的法定化,是在实务界已经得到实际运用,并加以学术上的理论探讨共同推动的。在我国,也同样面临着司法机关和行政机关的职能分工问题。在行政诉讼这一由司法机关审查行政机关行为合法性的机制中,审查的依据、范围、强度、内容等应如何完善等等这些问题,必然要涉及通过修改法律来扩大行政诉讼受案范围、完善行政诉讼类型和扩大行政诉讼原告资格等。立法者应当对此加以考量。然而由于我国《行政诉讼法》不可能在短期内再次修改,那么正如一些学者所主张的那样,参照域外多数国家的经验,由法院通过个案确立具体规则或许是一种较为理想的途径〔57〕。但无论是立法者在立法工作中,还是法官在案件审理中,都应该考量到预防诉讼存在的现实必要性,应设想到到违法的行政行为一旦作出,单纯依靠事后救济实际是无法弥补其对公民权益带来的

---

〔55〕 王天华:《行政诉讼的构造:日本行政诉讼法研究》,法律出版社 2010 年版,第 237 页。

〔56〕 王丹红:《日本行政诉讼类型法定化制度研究》,法律出版社 2012 年版,扉页。

〔57〕 罗智敏:《论行政诉讼中的预防性保护:意大利经验及启示》,《环球法律评论》2015 年第 6 期,第 171 页。

重大损害的特殊情形。而且必须强调的是,行政诉讼的根本目的在于维护公民的合法权益和监督行政机关依法行政,而要解决上述问题,必须首先立足于对公民权益的充分保护。这种保护不仅仅限于通过事后的惩罚性措施以对行政主体依法行政形成引导或威慑,还应通过对行政行为合法性的事先审查以建立事先的预防和纠错机制。而对于司法权过度干涉行政权的担心和忧虑,则完全可以参照日本经验,在立法与司法实践的探索中通过设立预防诉讼的基本要件这一门槛来回应和解决。应当说,这在当下仍有待于包括立法者和民众的社会各个阶层以及法律实务界和学术界能进一步达成共识,并将其真正付诸实施。

附录:日本《行政事件诉讼法》部分条文(作者译)

第 3 条第 7 款　(预防诉讼含义)

本法所称之"预防诉讼",是指在行政厅不应作出一定的处分或裁决的场合下,旨在请求法院预先禁止行政厅作出该处分或裁决的诉讼。

第 9 条　(原告适格)

撤销诉讼仅限于就该处分或裁决的撤销具有法律上的利益者才可以提起。

法院对前项处分或裁决的对象以外者是否具有前项规定的法律上的利益进行判断的依据,除了该处分或裁决依据的法令规定的文本表述外,还应同时考量到该法令的宗旨和目的以及该处分中应考虑到的利益的内容和性质。在考量法令的宗旨和目的时,如存在与该法令的目的共通的相关法令,还应参酌相关法令的宗旨和目的;在考量该利益的内容和性质时,应同时考量该处分或裁决违反其所依据的法令而侵害到的利益的内容和性质以及被侵害的情况和程度。

第 33 条第 1 款

法院撤销处分或裁决的判决,就该案件对作出处分或裁决的行政厅及其他行政厅有效。

第 37 条第 4 款　(预防诉讼要件)

预防诉讼,仅能在因一定的处分或裁决而具有产生重大损害的可能时被提起。但是,为避免这种重大损害存在其他适当方法时,不在此列。

法院就是否产生前项规定的重大损害进行判断时,应综合考虑损害恢复的困难程度,损害的性质及程度,处分或裁决的内容及性质。

提起预防诉讼者,必须存在就请求禁止行政厅作出一定处分或裁决的、法律上的利益。

判断是否存在前项规定中的"法律上的利益",应遵照本法第 9 条第 2 款关于原告适格的规定。

在符合前述要件的情况下,如果依据有关法令规定,行政厅作出该处分或裁决明显不当、超出裁量权范围或者滥用的情况时,法院应判决行政厅不得作出该处分或裁决。

第 37 条第 5 款　(临时预防)(部分)

提起预防诉讼以后,如果有紧急的必要避免因相关处分或裁决导致产生无法弥补的损害,并且在该案中存在可见理由时,经申请,法院可以发布决定责令行政厅不得作出该处分或判决(即临时预防)。

临时预防在有可能对公共福祉产生重大影响时,不得作出。

有关临时科以义务和临时预防的事项,适用于第 25 条第 5~8 项(执行停止)、第 26 条~28 条(基于情势变更导致的撤销执行停止、内阁总理大臣的异议、执行停止等的法院管辖)和第 33 条第 1 项(撤销判决的效力)的规定。

Abstract: As a type of administrative litigation established after the amendment of Japan's administrative litigation law in 2004, preventive litigation refers to the litigation in which the court orders the administrative subject to prohibit the administrative act before it makes an administrative act in order to realize the substantive relief for the rights and interests of the administrative counterpart in time. The realization of the legalization of preventive litigation in Japan benefits from the theoretical exploration and positive promotion of academic circles. The theoretical basis of rights and the system of procedural elements are the important premise for the application of preventive litigation into Japanese justice, especially the value of the theory of procedural elements has been fully reflected in practice. The criticism of the current provisions of the elements of litigation and the practical problems in cases can not cover up the significance of legalization of preventive litigation for timely and effective protection of the substantive rights of the parties. There are no relevant provisions in China's administrative procedure law, especially under the background of judicial practice in which relief is mainly after the event, the substantive and effective ways of the parties' rights and interests relief need to be widened. China should actively promote the judicial practice of preventive litigation and gradually promote its legalization, so as to further improve the administrative litigation system and strengthen the protection of citizens' rights and interests.

Keywords: sashitome litigation; preventive litigation; administrative litigation type; temporary relief

(特约编辑:刘雪鹏)

日本町内会制度的历史沿革、组织架构和治理效能初探

杨临宏* 韩小艳**

内容提要：日本作为国际上混合型社区治理模式的代表性国家，其社区治理的町内会制度行政与自治融合、社会与市场互动、传统与现代交融，以有序稳固的地方自治确保了社会稳定人民幸福，在当下我国推进国家治理体系和治理能力现代化的进程中，研究其历史沿革、组织架构、功能发挥和治理效能，对解决频繁多发的社会矛盾、日益严峻复杂的社会关系和转型时期的社会信任困境具有重要的启示与借鉴意义。

关键词：日本町内会；组织架构；治理效能

日本作为国际上混合型"社—村—区"治理模式的代表性国家，传统与现代交融，集权与自治均衡，单一中央集权的同时充分稳固的地方自治确保了社会稳定人民幸福，以使即便中央首相频繁更换却对地方影响甚少；发达完善的基层自治更是在地震灾害频发的抗灾救灾中显示出巨大力量。纵观其"社—村—区"的治理由官办化的政府主导型模式转变为半官半民的混合型模式过程，其治理理念由"唯上不唯下"转变为"以居民为本"，治理结构由"单一纵向垂直科层结构"转变为"多元横向合作网络结构"，治理主体由单一政府转变为多元社会主体，治理机制由行政化机制转变为行政化、市场

---

* 云南大学法学院教授。本文系 2019 年度云南省哲学社会科学规划重大项目："推进云南乡村治理体系和治理能力现代化研究（ZDZB201902）"阶段性研究成果。
** 云南大学公共管理学院博士研究生。

化、社会化并存[1]。基于地缘和住缘为纽带的城市社区,涉及居民日常生活的方方面面[2],稳定固化却又灵活多变的社区日常生活使人们潜移默化、逐渐习得"爱吾老及人之老,幼吾幼及人之幼"的社会信任和社会道德。社区是加强居民联系、分担居民共同风险和解决社区共通问题的安全网,又是塑造地方历史和本地居民共同生活轨迹、温暖"社—村—区"记忆和滋养道德人心的共同体。千万个社区汇集成国家整体,社区治理的成效最终会叠加、传导、放大至国家治理层面。因此,在当下我国推进国家治理体系和治理能力现代化的进程中,研究日本町内会制度的历史沿革、组织架构、功能发挥和治理效能无疑对解决频繁多发的社会矛盾、日益严峻复杂的社会关系和转型时期的社会信任困境、实现建设法治社会的目标具有基础性作用。

一、日本町内会制度形成的历史脉络

日本的町内会原形可追溯至江户幕府时代(1603—1867):基于地缘的五户一组的"五人组"制度,即"五十户为一里,设里长一人;五户为一保,一人为长,相互检察",其时发挥着"维持基层秩序,经济连带发展和邻里互助"职能[3]。其目的在于横向上通过村民之间的互助和相互监督,促进社会稳定;纵向上加强中央政府的行政集权和税收征缴。随着日本经济和社会的发展,可耕种土地面积的增加和人口居住流动,人员调查管理的负担日益加重,"五人组"制度出现弱化和渐趋解体的趋势。直至德川幕府后期,为提振因连年战争造成的经济衰败和重新巩固幕府统治,五人组制度被重拾和强化。除了之前的道德、经济诸机能以外,根据当时的经济和社会发展形势,五人组被赋予六项新的具体职能:公序良俗之维持,宗教之统制,年贡纳入

---

〔1〕　卢学晖:《日本社区治理的模式、理念和结构》,《经济与社会研究》2015 年第 2 期,第 57 页。

〔2〕　日本没有严格的城乡区别,其基层治理是也没有乡村和城市之别。本文虽然以乡村治理为中心展开,但其原理亦可适用于城市基层治理。

〔3〕　[日]吉原直樹:《アジアの地域住民組織》,东京:御茶の水書房,2000 年版,第 9 页。

之保障,勤勉储蓄之奖励,相互扶助和道德教育[4]。到了日本的明治维新时代,为建立现代化的国家行政管理体制,五人组制度被废除,取而代之的是以租税、户籍、军事和农事为综合职能的市町村现代行政制度。历史上的五人组制度以举办丧葬仪式、传统祭祀庆典等近邻互助组织的形式游离于正式行政组织之外而松散的维系着日本基层社会的地缘住缘关系。

　　这一体制在二战前期发生了显著变化。出于动员全体民众进行战争的需要,日本全国所有部落会、町内会、自治会等精神的、社会的、经济的、政治的职能全部被统一规制到国家行政体系中,在这一高度行政化的统制体制下实行着食物配给、行政命令传达、情报输送等职能。全国统制和强权发动的战争总动员将町内会等的自治权和自主性完全挤压出社会而直接成为行政的链条。直至战后失败的日本选择了民主化道路,伴随着经济高度速发展和城市化快速推进,老龄化、少子化和环境污染等社会问题日益凸显,特别是发生在 1995 年的阪神大地震,反应迟缓和救灾不力的中央政府与迅速组织居民自救、团结互助的町内会等地方组织形成了鲜明对比。这促使日本重新反思重塑中央与地方、政府与社会以及公民社会在有效应对这些危机和问题可以和应该发挥的作用,因此日本政府自 20 世纪 90 年代始逐步推出和实行了地方自治,将一度高度集中的行政权通过地方自治法和地方分权法案等下放到基层,大力推行地方自治,町内会等作为自下而上代表居民意愿的自治组织,由此很大程度上实现了居民的自我决策、自我服务、自我管理和自我监督,新型的政府主导与社会自治的混合型社会治理模式奠定了日本基层社会稳定人民满意的基石。

二、日本町内会的组织架构

　　町内会"原则上是指居住在同一社区的所有家庭户和企业,共同处理社

---

　　[4]　Naoki Yoshihara, Raphaella Dewantari Dwianto, Grass roots and the neighborhood Associations, *Gramedia Widiasarana Indonesia*, 2003, p. 63.

区中发生的种种问题,能够代表社区并参与社区管理的居民自治组织"〔5〕。根据日本学者中原实的这一定义,町内会具有三个特性:一是一定的居住区域或空间(地理位置要素:空间);二是通过居民来解决社区共通问题(社区协作管理要素:功能);三是基于以上两个特征而被社区居民和政府所认可作为社区和居民的代表(社区的代表性特征:联系)。町内会被认为是草根保守主义政治架构中最末端的最小单元的补充性组织;又是对应于现代化和城市化进程的加速而保存延续传统农村熟人社区的努力和延伸。根据日本内务省的统计,目前日本有超过 30 万的町内会组织,这些组织因为地区和成立的时期不同名称也略有不同,如自治会、部落会、区会和町内会等。本文统一使用町内会这一名称。町内会被认为广泛的分布在日本所有的社区,因为有着长期的户主成员的参与决策传统,有着极高的居民参与率,町内会被认为是能够代表居民的实际意愿和内在需求,是日本公民社会的必要组成部分。

日本实行的是三级政府管理机构,分别是中央政府,都道府县即省级政府和市町村级基层政府。行政机关的设置和政府公共服务的提供截至到市町村一级政府,但全社会的组织有序和功能整合通过町内会的组织架构得以延伸到每一个家庭和居民。具体而言,每一个市町村划分为若干个小的地区(一般而言地区以各个初级中学的招生范围为界),每一个地区根据居住密度的不同以 10 户到 200 户不等〔6〕又划分为若干个单元而成立町内会,每一个町内会内以每 10 户为单位划分为组,通过这样的组织结构所有居民户都被纳入到町内会当中而实施自治和管理。

町内会设会长 1 名,副会长若干名,秘书长、会计和审计各 1 名。内设妇幼老人委员、环境委员、消防委员、环境委员和文体委员等若干名。町内会的工作人员没有报酬,町内会的活动经费主要来源于向各个家庭户收取的会费、社会募款、辅助金收入和财产收入。其中,会费收入约占全部经费的 60% 左右;社会募款、辅助金收入和财产收入占 30% 左右;其他 10% 左

---

〔5〕 〔日〕中田实:《町内会・部落会の新展開》,日本自治体研究所,1996 年版,第 31-32 页。

〔6〕 根据日本内务省对五个市级政府的调查,超过 1000 户的町内会占比为 0.9%,44% 的町内会少于 50 户,24% 的町内会规模在 50 户到 100 户之间,17% 的町内会规模在 100 户到 200 户之间。总体而言,绝大多数的町内会是少于 200 户。

右来自于上级政府补贴[7]。町内会以户而不是以个人为单位加以组织,每一年每户需缴纳 5000～6000 日元的会费。町内会的会长任期一般为 2 年,产生方式依各町内会有所不同,有轮流坐庄、选举或推选等方式。选举又分为各家庭户海选和前任会长推举候选人再由会员选举两种不同的方式。

各地区町内会在市町村这一行政级以地市联合会的形式运作;各地市町内会联合会又被都道府县町内会联合会的组织结构所吸纳,都道府县町内会联合会又参加到全国町内会联合会中,从而形成自上而下的松散而不松懈,严密但不僵硬的灵活高效的居民自治组织层级。

一般而言,町内会以全体成员户参与的全体会议为最高决策形式,每一户均需派出一名代表参加。然而这样的会议因为需要所有组成家庭户的最广泛的参与为前提,而实际上只是在公布财务和人员变动等重大情况下举行。一般一年举行一到两次。而日常各种活动开展的常规决策则委托给町内会委员会会议执行。委员会会议成员主要包括会长、副会长、秘书长、会计员、审计员和下一级的班组长。委员会会议每一个月或半个月召开一次,讨论和传达居民的实际意愿和诉求。这些班组长们在每次会议后会通过回览板的方式将会议精神和结果传递给各自小组的家庭户成员。回览板上会记载相关活动信息和要求,每一户阅览完毕签字后传递至本班组的下一户。町内会的这种运作方式被认为对实现居民诉求,协助政府实现部分行政职能等是十分有效的。关于町内会的组织架构和运作模型可详见图 1。

三、日本町内会的功能分析

日本町内会开展的活动或运作职能大致可以分为两大类:行政辅助事务性活动和非行政类活动。这些活动都直接或间接的服务于辖区居民的利益。关于非行政类的活动,主要是涉及提升和改善居民居住环境和生活品质的各种各样的活动。比如村社区清洁和美化、村社区活动中心和小区道路等村社区公用设施的建设和维护,以及协助村社区居民婚丧嫁娶、促进居民横向交流和联系等文化娱乐活动等。除此之外,还开展地震自然灾害和

---

[7] 卢学晖:《日本社区治理的模式、理念和结构》,《经济与社会研究》2015 年第 2 期,第 55 页。

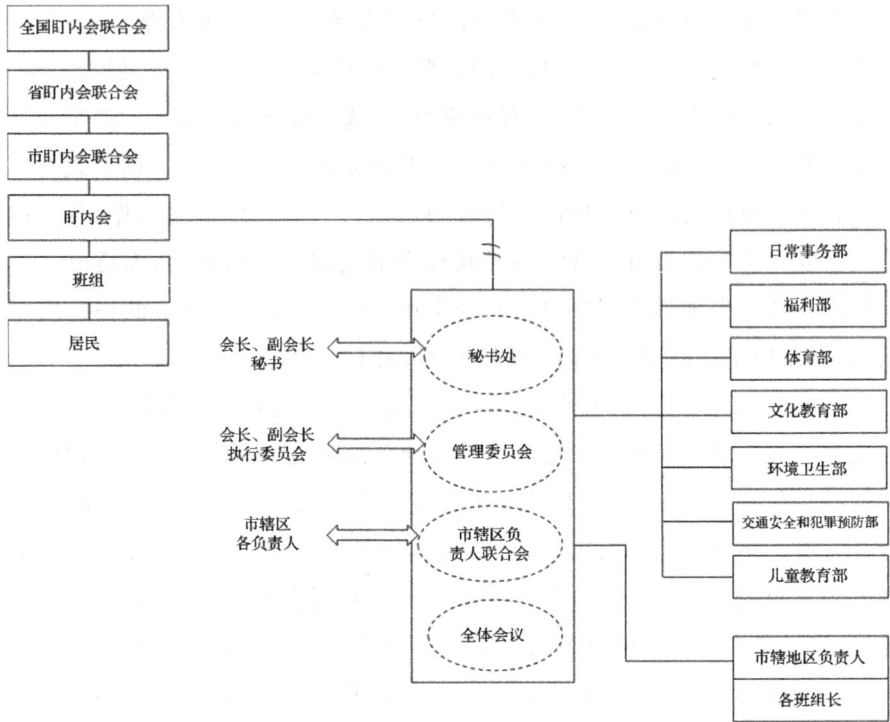

图 1   町内会的组织结构架构图

火灾预防、交通安全等宣传活动，和管理宗教设施和举行相关庆祝祭祀活动等。

而行政辅助事务性活动则主要集中在作为地方政府和居民之间的沟通桥梁以促进更有效的政府服务和管理。在日本，虽然市级政府是对行政管理和公共服务向居民负责的最基层的行政部门，但实践中为了节约行政成本和提高行政效率和服务质量，政府部门经常求助于町内会来开展一些行政事务性活动。根据日本内务省的统计，近 70% 的市级政府部门会通过指派具体行政事务给町内会来落实和执行。超过一半的市级政府通过委托町内会会长作为政府的兼职人员而达到落实行政事务的目的。这些会长可因此而获得一定的报酬，报酬的高低会因为服务人口的数量而有所差别。关于日本町内会的职能活动可详见表 1。

表 1　日本町内会开展活动一览表

非行政类事务活动	行政事务辅助性活动
与市级政府保持日常联络	政府通信和政策文件的分发和传达
向市级政府反映居民的意愿和诉求	慈善事业的公众合作
管理村社区中心	市级政府和居民之间的沟通
清洁和美化村社区环境卫生	各种社会调查
组织居民开展盂兰盆节等节日庆典、体育赛事和旅游出行活动	送交征收税金、国民健康保险费、国民养老金保险费的文书和选举投票站入场券等
协助慈善事业和献血活动	配合政府在各种意外事件和灾害发生时实施共同救助
路灯和安全照明灯的安装和维护	垃圾分类和收集处理
自然灾害和火灾预防	
文化体育活动	
老人节、儿童节、成人节的庆祝活动	
交通安全宣传	
小区道路管理和维护	
婚丧嫁娶	
动员居民参加交通事故灾害互助会或其他相关各种保险	
小区通信的出刊和发行	

四、日本町内会制度的治理效能分析

　　根据日本著名学者中田实的研究,日本町内会主要在开展为村社区和居民必要利益的活动方面使利益各方达成共识发挥了重要作用:这些活动包括将居民的利益诉求传达至政府,并为这些利益诉求的最终实现而与政府协商谈判;在影响居住地方的重大项目实施时,代表居民与政府或项目实施公司斡旋协商;组织开展促进居民社交互动、互帮互助的各种文化活动,动态调适各方利益等。当对日本町内会的治理效能进行深入挖掘时,不难发现以下特点,并能对当前我国推进基层治理体系和治理能力的现代化路径汲取有益经验。

(一)丰富多样的文化社交活动延续传统、凝聚居民

日本的各都道府县都有自己各具特色的地方文化和传统,町内会每一年都会根据自己地方的传统节日和庆典将居民组织起来开展大型庆祝活动,居民们穿上节日盛装,举行传统仪式,载歌载舞欢庆节日,这些活动既延续了地方文化传统,又联络沟通了居民之间的感情。在日常的村社区管理和服务中,町内会还会经常定期或不定期的举办花见会、棋艺比赛、球类比赛、茶道会和组团旅游等活动春风化雨般的加强居民之间的横向联系。作为町内会活动的主要内容,这些文化和社交组织活动的组织和实施完全是町内会自决自治,地方政府并不干涉和参与。这种形式的町内会活动被日本众多学者认为较好地培育了日本的公民社会,并积累了丰富的社会资本,为整个社会的优良共治打下了坚实的基础。

另外,日本町内会信息公开的方式也尤为值得一提。首先是每一个町内会都在人流量集中的区域设置了一块广告板,关于村社区最近的各类活动如节日庆典、健康检查、税金保险金征收等各类信息都在上面予以粘贴和公告;其次是回览板的设置。回览板是一块可擦白板,为了高效传递町内会月度会议精神、各种组织活动和政府服务等相关信息给居民,在每 10 户一组的居民户家中传递,阅读完毕的户主签字确认后传递至下一户,这种信息公开方式非常高效和实用。再者是各市每月一期的叫做"广报"的信息通讯。各地区的人口变动,当月财政收入与支出明细,各地区活动开展情况,重大政策调整和变动,部分部门人员调整与变动以及各社会组织近期开展活动通知等,居民都可以通过该通讯得以获悉。这种全方位无缝隙的信息公开方式无形中增进了居民与町内会和政府之间的信任,打开了居民和政府沟通的渠道,起到了纵向输送行政讯息、横向凝聚民心的重要作用。

(二)行政服务和自治事务适当交融但界限分明

从以上町内会的功能分析上可以看出,町内会兼具居民自治和行政辅助的双重特征,但行政事务和自治事务适当交融的同时,却又界限分明。首

先町内会从产生之初的历史渊源上就一直存在着协助、社会整合和行政命令传达输送的混合功能。但行政辅助职能的实现始终是建立在互助互动的自治活动组织开展的基础之上的，也就是充分发展的居民自治活动赋予了町内会一触到底的关系网络和运作空间；另一方面，所有的行政辅助职能都指向居民自身的各项实际利益，比如分发传达市町村公报、通报、政府文件，送交征收税金、医疗健康养老保险费用、老年人健康保健和指导就医、村社区卫生检查、灾害预防宣传以及人口调查和统计、协助开展选举投票活动等等，每一项都与居民切身利益息息相关。但居民所有公共服务的实际获得都是在市级市役所政府机构实现的，这就使得町内会的行政辅助职能与政府的公共行政截然分离，界限分明，从而使町内会立足于自身的居民自治活动本身而良性运作。其次，町内会在收集社情民意、向上传递居民实际意愿与诉求上发挥着重要作用。比如以请愿、申诉等形式就村—社区实际利益与政府行政部门交涉、就居民的意见和建议撰写意见书和汇编资料册，派出代表参加地方政府召开的审议会、听证会等，真正起着整合社区民意、稳定基层社会的安全阀作用。由此可见，市级政府是政府公共服务的最终落脚关键点，町内会是纵横交错有序分布的一张社会网，所有居民户被网入其中，居民自治、政府治理和公共服务运转有序，形成服务和管理交互渗透的良性循环。

（三）町内会、政府和社会组织三者良性互动

1995年的阪神大地震在给日本造成巨大灾害的同时，使日本社会重新发现了町内会在救灾与恢复建设中的重要作用，也催生了1996年出台的社会组织发展法。日本的社会组织或者非盈利组织从此蓬勃发展，并逐渐与町内会和地方政府一起在日本的公民社会形成和发展中日益发挥重要作用。这些社会组织可以分为自发产生在村社区内部或地方政府引导、居民自主组织起来的社团类组织：如儿童教育俱乐部、公众和儿童福利促进委员会、青少年教育引导委员会、犯罪预防协会、消防团、妇女会、体育事业促进俱乐部、老年人协会、商业和工业人士联合会、农渔合作协会、文化活动小组、体育小组、城市规划小组等等；和成立发展于村社区之外的非盈利社会组织或非政府组织。

社团类组织因为各个地方实际情况的不同而在设置种类和重点上有区分。町内会通过人力资源和资金的支持与各社团组织在村社区共通事务处理上保持密切互动。具体互动形式包括:一是工作人员上有交叉,如町内会派驻代表至社团组织参与开展工作、社团组织派驻工作代表工作在町内会、社团本身就设置在町内会内部作为町内会的内部组织存在等;二是绝大部分社团的活动经费渠道来源,在町内会。有这些专门社团组织的支撑和合作使得町内会在满足居民日益多样化和个性化的服务需求上运转灵活自如。而涉及村社区外的非政府组织和非盈利社会组织,在村社区事务合作上则是通过各个具体的村社区项目参与其中的。比如,关于村社区的公共设施建设规划和设计,高龄老人护理等项目上提供专业技术支持。

町内会作为各种不同利益的协作与调适机构,在维持、管理和调整村社区集体生活秩序和条件方面,通过村社区内部各社团组织的运转与合作,逐渐形成超越地缘的居民自主解决机制在居民内部和居民与政府之间协调和平衡;对外上,作为村社区的代表性机构和合作管理组织,通过与各专业非政府和非盈利组织的合作,将来自不同社会阶层的利益和意愿集中并加以调适,积极参与政府决策制定过程,从而满足村社区居民的需求。正是通过这种社会组织、町内会和地方政府的良性互动,打破了控制与服从的管理结构,在保持各方独立地位的同时反对、妥协和合作,促使独立自主的公民意识不断增强,公民社会逐渐发育成熟,从而进一步发展培育了治理理念的可能性,也即不再是一个主体对另一个主体的控制与强制,而是在政策制定和实施过程中的各利益相关主体的平等协商和动态合作。

(特约编辑:刘雪鹏)

从异端到正统：英国实体合法预期

Mark Elliott 著 *　　陈海萍　芮佳玮 译 **

摘要： 英国行政法上实体合法预期保护原则在先被否定后被承认的道路上，为英国传统司法审查教义学注入了新鲜血液。法院不仅承认相对人拥有实体合法预期而且可以获得实体保护，关键是法院适用超越一切的公益标准对行政决定进行实体审查，因为法院有责任基于公平保护个人权益。从传统合理性标准发展至实体公平标准的审查深度，驱使宪法三原则（议会主权原则、法治原则和权利分立原则）之间的关系越发紧张。本文立基于以Coughlan案为中心的实体合法预期案例，从审查效果和审查模式两个视角分析对行政裁量权范围和行使方式进行实体审查的正当性，并采用尊重和定性分析审查方法进行比较，提出比例原则能解决实体审查强度的恰当性。法院与行政机关之间的权力制衡不仅需要法院恰当择取各个实体审查原则和合适的尊重路径，更需要在宪法上赋予法院相关制度能力。

---

* 著者马克·埃利奥特（Mark Elliott）为剑桥大学公法领域的法学教授，目前担任剑桥大学法律系主任，剑桥大学圣凯瑟琳学院（St Catharine's College）的研究员。其写道："感谢马修·格罗夫斯（Matthew Groves），贾森·瓦鲁哈斯（Jason Varuhas）和格雷格·威克斯（Greg Weeks）三位对初稿作出的评论。文责自负。"

** 陈海萍，上海政法学院法律学院教授，法学博士。芮佳玮，上海政法学院宪法与行政法专业硕士研究生。本文原题为 *From Heresy to Orthodoxy: Substantive Legitimate Expectations in the United Kingdom*，本译文是 2021 年度国家社会科学基金项目"政府遵守承诺的法治逻辑：理论基础、制度框架及达成机制研究"（项目批准号：21BFX170）的阶段性成果。原文出处：*Legitimate Expectations in the Common Law World by* Matthew Groves and Greg Weeks（eds）. Oxford: Bloomsbury Hart Publishing，2017，pp. 217-244.

一、引　言

众所周知,Hamble Fisheries 案中塞得莱法官(Sedley J.)对实体合法预期事项作出了裁决,由此使得该案成为英国行政法发展史上一重要里程碑。[1] 但仅两年后,上诉法院却在 Hargreaves 案[2]中否定了塞得莱法官(关于实体合法预期事项)的判决要点。不仅作了否定,而且还斥之为不亚于"异端"的邪说。[3] 然而,尽管 Hargreaves 案对 Hamble Fisheries 案塞得莱法官意见进行了严厉抨击,但实体合法预期原则现已是英国行政法教义体系之中一项已确立的特色。由此,异端似乎也就化身为了正统。[4]

本章将实体合法预期原则的发源置于近几十年来更广泛的英国公法变革背景之下,阐述其肇始方式及原因,并探讨当下认同实体合法预期教义正统的光和影。Hamble Fisheries 案和 Coughlan 案[5]这两案的判决整体上标志着英国法院在该领域的转折,本章将以此为起点,讨论将上述案件(尤其是 Coughlan 案)定性为异端邪说或许具有一定理由时,不能由此推断实体合法预期原则自身一定会被如此轻易定性。

上述立论将参照两条探讨主线加以推进。第一,需要证明的是,可依据比 Coughlan 案所阐释的更微妙但又不那么极端化的术语来理解实体合法预期原则,如此,从正统角度观之,该原则则可以以更易于接受的形态予以构筑。第二,在解决实体合法预期原则教义与正统教义的相容性问题时,也考察正统教义对实体合法预期原则的相容性,这是两个不同但互补的命题。有人会争论说,在过去 20 年左右时间里,对什么是正统教义的理解有所变

---

〔1〕　R v Ministry of Agriculture, Fisheries and Food; ex parte Hamble (Offshore) Fisheries Ltd [1995] 2 All ER 714 (QBD).

〔2〕　R v Secretary of State for the Home Department; ex parte Hargreaves [1997] 1 WLR 906 (CA).

〔3〕　Ibid, 921 (Hirst LJ).

〔4〕　正如塞得莱法官在 R (Bhatt Murphy) v Independent Assessor [2008] EWCA Civ 755 [69]一案中情不自禁指出的那样。

〔5〕　R v North and East Devon Health Authority; ex parte Coughlan [2001] QB 213 (CA).

化;也有人会说,理论上对正统教义要求的理解已经发生了变化。正统教义性质及意义具有渐变性的认识,为实体合法预期原则的发展开辟了空间,相比 20 年前被斥为"异端"的 Hamble Fisheries 案塞得莱法官之逻辑,似乎当下的实体合法预期原则更加宽厚。可以说,实体合法预期原则的变迁故事构成了英国行政法近期发展这一更宏大局面中的一部分。

二、早期判例法

(原则上)Hamble Fisheries 案可被视为开拓性的先例,但上诉法院随后在 Coughlan 案的判决,使得 Coughlan 案被普遍地视为一真正里程碑式案例。合二为一来看,这两个案例表明英国法院原创建构了实体合法预期原则。虽然实体合法预期原则自这两个早期案例后又获得了一些进展,但通过对其研究——以及对其批判理由的研究——能使我们置于该原则后续如何发展的情景以及评估该原则正统教义演变的方式之中。这有助于我们考察实体合法预期原则的接受程度——自早期引起争议以来——反映(一方面)该原则以一种更正统的形式重塑自己,以及(另一方面)正统教义自身盛行概念的流变。

(一)Hamble Fisheries 案和 Coughlan 案判决的三个特征

作为体现英国法院最早运用实体合法预期观念的案例,Hamble Fisheries 案和 Coughlan 案判决的三个特征使其成为(历史)转折点,也由此备受信赖。第一,两案例都非常明确地承认了行政法所认可的实体合法预期。两案例并不是司法第一次作出上述认定的案例,在以往场合,虽有司法认定的实践运作,但某种程度上至多是不确定的。[6] Hamble Fisheries 案和 Coughlan 案法院有准备地将实体合法预期观念真正运用于实践,某种方式上表明他们已认识到了实体合法预期概念的意义,而以往案例并未有

---

[6] 参见 In re Findlay [1985] AC 318 (HL); R v Secretary of State for the Home Department; ex parte Ruddock [1987] 1 WLR 1482 (QBD).

如此认识深度。

第二，观念运用于实践运作源自于 Hamble Fisheries 案和 Coughlan 案法院的（主观）意愿，两案例都承认行政机关兑现当事人所合法预期事项的职责，这与要求行政机关在作出满足或落空合法预期决定前仅采取某一程序的认知不同。确实，早先判决曾探讨过这种可能性，[7]但 Hamble Fisheries 案直接面对（这种可能性），如同 Coughlan 案实现了这种可能性一样，特别令人震惊。

第三，之所以 Hamble Fisheries 案和 Coughlan 案与以往案例有别，不是（因为）该两案例承认存在实体保护的可能性，而是（该两案例）论证实体保护可能性（有多大）范围。如泰勒法官（Taylor J）在 Ruddock 案[8]所认知的，法院原则上有权要求维护合法预期的实体部分是一码事。但若上述司法保护情形不太可能发生，那么实体保护的可能性本质上仍属于理论范畴。例如，值得关注的是，虽然 Ruddock 案中泰勒法官认为合法预期原则并不局限于对（行政机关）履行公平行事义务施加（或扩充）完全程序化的约束，[9]但他似乎设想合法预期仅在极其严苛条件下才会有实体作用。更甚的是，泰勒法官还评论道，Ruddock 案中行政决策者有权要么变更要么不适用据称已引发实体合法预期的标准。如同 GCHQ 案一样，作出不适用（标准）的理由"毫无疑问""将提供给［内政部长］司法审查辩驳理由"。[10] 因此，泰勒法官似乎设想只有在无法为阻碍预期实现提供任何正当理由情形下，实体保护的可能性才能转化为现实。而审查 Ruddock 案时的国家安全背景或许可以解释这种宽松温和的审查程度，但即使考虑到这一点，因不具备温斯伯里不合理，[11]Ruddock 案几乎不可能预示到有实体预期保护（的可能性）。

---

〔7〕 参见 Findlay（n 6）；Ruddock（n 6）.

〔8〕 Ruddock（n 6）.

〔9〕 Ruddock（n 6）1497.

〔10〕 Ruddock（n 6）1497，引用 Council of Civil Service Unions v Minister for the Civil Service [1985] AC 374 (HL) ('GCHQ').

〔11〕 Associated Provincial Picture Houses Ltd v Wednesbury Corporation [1948] 1 KB 223.

(二)"超越一切的公益"标准为司法实现实体预期保护提供了运作可能

从 Khan 案亦可获得类似结论，在该案中，帕克法官（Parker L J）发展出了一个分支，即通过确立"超越一切的公益"标准，以审查阻碍实体合法预期实现的（行政）决定之合法性。[12] 然而，"超越一切的公益"这一华而不实的措辞，在关键时刻却融化成了一个相对温和的要求，即应给予有关个人"充分陈述机会，说明为何在其个案中不应适用[与合法预期相冲突的政策]"。[13] 就真正意义上的实体保护而言，Khan 案所做的最大努力可以说是，当落空实体合法预期的（行政）决定可能被认为具有温斯伯里不合理时，准予撤销行政决定。[14]

尽管 Ruddock 案和 Khan 案在 Hamble Fisheries 案和 Coughlan 案中均被重视，但也只有 Hamble Fisheries 案和 Coughlan 案自身才明确支持并运用实体预期保护诱因，由此总体上使得实体保护原则具备了从理论转化为现实的可能性。法官们的做法是，从三个方面对 Khan 案帕克法官所采用的超越一切的公益标准进行改造。首先，将超越一切的公益之存在作为合法落空实体预期的一项先决条件，这与（如 Khan 案）只将受影响个人享有陈述权作为先决条件不同。其次，根据 Hamble Fisheries 案和 Coughlan 案（之逻辑），由审查法院裁断被告行政决策者是否确立了超越一切的公益正当理由。第三，也是至关重要的一点，根据 Hamble Fisheries 案和 Coughlan 案（之逻辑），任何合理性理念并没有贯穿司法裁决的作出过程，相反，问题是通过权衡，法院是否确信产生的政策效益是落空（合法预期）的正当理由。

综上所述，Hamble Fisheries 案和 Coughlan 案采用上述三个超越一切的公益标准，为实体预期实体保护提供了一个绝不只是理论可能性的平台。在 Hamble Fisheries 案中，塞得莱法官说，虽然预期持有者的利益与与之相

---

[12]　R v Secretary of State for the Home Department; ex parte Khan [1984] 1 WLR 1337, 1347.

[13]　Ibid, 1348.

[14]　这一点从邓恩法官（Dunn L J）的判决中看得最为清楚。

抗衡的公共政策之间的权衡"首先由政策决策者(来权衡)",但一旦(该权衡事项)变成法院审查(事项),则法院的作用并不局限于裁断"政策决策者结论的纯粹合理性"。[15] 因此,塞得莱法官认为,尽管法院必须"认识到宪法赋予部长们自由制定和重新制定政策的重要性",但"法院同样有责任保护个人权益,基于公平,个人预期获得不同保护的正当性胜过了可能阻碍预期实现的政策选择"。[16] 同样地,在 Coughlan 案中,法院认为,引发一项实体利益的合法预期时,应由法院来裁定落空实体合法预期是否等同于"滥用职权"。[17] 据此观点,是由法院"权衡针对政策变更所依据的超越公益的公平要求,"[18]若公平天平下沉了,则法院将进行干预以增进个人合法预期的保护。

三、实体审查的性质及其正当性

布莱尔政府第一任大法官欧文勋爵(Lord Irvine of Lairg)是批评 Coughlan 案——以及隐含(指责)Hamble Fisheries 案——的人员之一。欧文勋爵在一次公开演讲中重复了其先前提出的关于司法职能的一般保守观念,[19]辩称 Coughlan 案"与我国行政法体系得以建立的基本原则背道而驰,且与权威主导(思想)不相容"。[20] 欧文勋爵的担忧源于其认为 Coughlan 案不尊重程序和实体问题之间的差别,传统观点认为司法审查主要集中于前者而非后者。由此,(在这一界分基础上),型塑了英国行政法的其他传统界分——包括(裁判所)上诉和(司法)审查之间,合法性与内容优

---

〔15〕 Hamble Fisheries (n 1) 731.

〔16〕 Hamble Fisheries (n 1) 731.

〔17〕 Coughlan (n 5) [57].

〔18〕 Coughlan (n 5) [57].

〔19〕 Lord Irvine of Lairg. Judges and Decision - Makers: The Theory and Practice of Wednesbury Review. *Public Law*, 1996:59.

〔20〕 Lord Irvine of Lairg. *Human Rights*, *Constitutional Law and the Development of the English Legal System*. Hart Publishing, 2003:190. 公开起见,我应告知我协助欧文勋爵撰写了这篇演讲稿。

劣之间的差异——得以向周围发展。虽然上述思想从未完全排除实体审查，不过其也表明，考虑（采用）以过程为导向的审查显然是正当的，而（采用以内容优劣为导向的）实体审查一开始就将受到质疑。

(一)包含审查效果与审查模式两个视角的实体审查

若运用得当，术语"实体审查"是指一种审查形式，揭示了各自归属于审查效果和审查模式的一个或两个全部视角。首先，如果审查效果是禁止作出某一行政决定，则审查将会是实体的，这不同于对作出行政决定的某一特定方式进行审查。许多审查的非实体性理由仅具备后一效果（即对作出行政决定的某一特定方式进行审查）。例如，（行政）决策者在作出决定时忽略了相关法定考虑、考虑了不相关因素或在程序上采取了不公正的行为，但可能会作出与法定决策程序不同而结果却相同的决定来。相反，若成功运用实体理由进行审查的话，则要求行政机关对依据不同程序作出的废止决定进行撤回是不可能的。这样一来，实体审查就排除了这种潜在的得不偿失式胜利的可能性，这种胜利被认为是典型的——以过程为导向——的司法审查象征。就此而言，基于法律管辖错误而进行的审查是实体性的，法律管辖错误的存在，表明用某种方式作出行政决定不能纠正其固有的违法性。同样，基于温斯伯里不合理及不合比例所进行的审查也是如此（取决于不合比例的程序主义构想争论，[21]也取决于后续"更好"的行政决策过程可能会触发更高程度的司法尊重的可能性）。[22]

同时，就"审查模式"而言，涉及司法对行政决策者以某一方式行使（或不行使）其自由裁量权的理由进行定性判断，此时审查是实体性的。若作如此理解，则实体审查可以被认为是某种程度的"内容优劣审查"，因为（此时）

---

〔21〕 关于比例原则的程序主义方法的讨论，参见 D Mead. Outcomes aren't all: Defending Process-Based Review of Public Authority Decisions under the Human Rights Act. *Public Law*, 2012:61; A Kavanagh. Reasoning about Proportionality under the Human Rights Act 1998: Outcomes, Substance and Process. *Law Quarterly Review*, 2014,130:235; C Geiringer. Process and Outcome in Judicial Review of Public Authority Compatibility with Human Rights: A Comparative Perspective in H Wilberg and M Elliott (eds). *The Scope and Intensity of Substantive Review: Traversing Taggart's Rainbow*. Hart Publishing, 2015.

〔22〕 参见 Belfast City Council v Miss Behavin' Ltd [2007] UKHL 19, [2007] 1 WLR 1420.

审查法院的作用延伸到了判断行政决定(内容)本身,判断行政决定的作出理由以及由此裁断这些理由在性质上是否可以为行政决定提供正当理由。在此意义上,基于不合比例的审查是实体性的,如同基于温斯伯里不合理的审查。[23]

(二)尊重与定性两种审查方法

这些都不能表明实体审查是或被认为是必然不适当的。的确,事实是,诸如法律管辖错误、不合比例以及温斯伯里不合理等审查理由所证明的,上文所勾勒的符合任何一个或全部两个视角(指审查效果和审查模式,译者注)中的实体审查,(正是)教义体系的既定组成部分。然而,若将眼光置于与以过程为导向的司法审查范式有紧张关系的诸多方式之中,则任何一种审查都是实体性的,这就意味着有必要因偏离该范式而提供合适的审查方法。传统上借助于下列两种合适的审查方法:尊重与定性。

前一种审查方法在温斯伯里审查中得到了清晰适用。在该情况下,司法对实体审查所做的努力同时被承认、被边缘化和被抨击,法院通过参照诸如荒谬[24]和蛮横[25]等标准以限制行政决策者作为(不作为),这种对行政决策者作为(不作为)的理由进行定性评判的做法非常新奇。因此,尽管温斯伯里审查具有本质上的实体性特征,但其审查的适当性是通过尊重手段来实现的。这就解释了为何在 1998 年《人权法案》生效之前英国法院普遍抵制比例原则(的原因),因为该原则缺乏本能的尊重,引发了适用该原则必然会导致司法越权的认知。但是,正如本文后面将要讨论的,近年来出现了一种更加精细的路径,根据所设定的特定情况,(司法)尊重程度以及由此引发的审查强度取决于,至少部分取决于所审查的行政决定所蕴含的价值规范意义。据此,借助尊重审查方法以钝化实体审查的任何意会程度,映射了

---

〔23〕 参见 P Craig, The Nature of Reasonableness Review. *Current Legal Problems*, 2013, 66;107; R (Keyu) v Secretary of State for Foreign and Commonwealth Affairs [2015] UKSC 69, [2015] 3 WLR 1665 (Lady Hale).

〔24〕 Associated Provincial Picture Houses Ltd v Wednesbury Corporation [1948] 1 KB 223, 229 (CA) (Lord Greene MR).

〔25〕 GCHQ (n 10) 410(Lord Diplock).

支持司法干预的法治考量和主张高度尊重法律赋予行政决策者自由裁量权的宪法考量之间所达致的平衡。如下文所述,这对实体合法预期原则具有明显的预示意义,尤其是考虑到使法的安定性这一核心法治概念予以制度化的事实。

可以采用一项完全不同的方式来审查因法律管辖错误而进行的实体审查。这里的(审查)基准(通常)具有正确性,所以没有任何关于审查强度的掩饰。[26] 相反,需运用各种定性手段来确保(审查的)适当性,基于此,可以将因法律管辖错误而进行的审查理解为,不是关注对依法赋予行政决策者裁量权的司法控制,而是首先关注对依法赋予行政决策者裁量权范围的司法裁断。由此而言,因法律管辖错误而进行的审查不会导致司法侵入立法所赋予的行政裁量权,(因为)此时审查的效果被限于对行政裁量权范围进行司法解释。正是因法律管辖错误而进行的审查采用以定性为基础的审查方法,(这就)使得其尽管具有实体性质,但被视为有别于对行政决定内容优劣进行的审查,逻辑上法律管辖事项的司法监管先于——以及取决于——留给行政决策者的内容优劣的范围。

(三)因采用定性审查方法而有司法越权嫌疑的 Pergau Dam 案

解释上述促使法律管辖审查具有正当性的议题,可以参考某些方面[27]被认为具有可疑性的 Pergau Dam 案。[28] 尽管相关立法授权内政部长以"促进发展"名义对英国以外其他国家和地区提供援助,[29]但法院认为,该立法实际上只授权促进"经济上合理"的发展项目。[30] 因此,内政部长无权决定某一特定项目应否根据(其他立法除外)其经济合理性获得支持,相反

---

〔26〕 从现代角度来看,法律问题一般是管辖权问题,因而若要避免管辖权越权,决策者则必须正确回答所有这些问题:R v Lord President of the Privy Council; ex parte Page [1993] AC 682 (HL).

〔27〕 关于批判,参见 Irvine (n 19); J Sumption. Judicial and Political Decision-Making: The Uncertain Boundary. *FA Mann Lecture*, 2011.

〔28〕 R v Secretary of State for Foreign and Commonwealth Affairs; ex parte World Development Movement Ltd [1995] 1 WLR 386 (DC) ("Pergau Dam").

〔29〕 Overseas Development Act 1980, s 1(1) (repealed).

〔30〕 Pergau Dam (n 27) 402.

只有权在法院所认定的那些具备经济合理性项目中予以挑选。如此一来，原本可能是内容优劣的审查问题就转化为法律管辖的先决条件，隶属于正确性审查而非合理性审查。正是这种司法审查的转化，使得主张司法相对保守作用的著名倡导者援引 Pergau Dam 案作为司法越权的实例。[31] 若因法律管辖而进行的审查毫无争议地等同于明确划定行政决策者裁量权法定条件的司法实施，则这种审查通常被认为具有正当性，尽管其具有实体性质。然而，如在 Pergau Dam 案中，因法律管辖错误而进行的审查似乎侵犯了行政决策者裁量权，虽然不同于划定行政决策者裁量权范围，但此刻该审查所采用的以定性为基础的审查方法变得不那么令人信服了，因为一开始把此事定性为归属于裁量权本身范围，而不是归属于裁量权行使，这就减少了（审查方法的）说服力。

四、实体审查和实体合法预期

（一）早期实体合法预期案件司法保护具有实体性

基于上文所列的考虑背景，聚焦早期实体合法预期案件的异端指控就易于理解了，这些案件所支持的路径在两个相关视角（审查模式和审查效果）上都具有实体性，但在上文所列方式中没有一个是被正当化的。

第一，至少如早期判例法所孕育的，实体合法预期的司法保护在审查模式视角上具有实体性，因为关涉深度判断——不加掩饰地通过任何合理的手段——阻碍预期实现的行政决定理由。Coughlan 案最终归结为以下问题：资源稀缺理由是否是阻碍原告预期实现并以其他更便宜方式满足原告需求的充分理由。确实，资源稀缺理由是否构成充分正当理由的判定，已经是一种典型的价值判断，更不用说高度多中心的（判断）问题了。因而，参考一系列旨在揭示原告利益和相关资源配置所服务利益的各自重要性的争议

---

〔31〕 Irvine（n 19）；Sumption（n 28）.

价值后，法院主张定性管辖以判断被告决定的理由。[32]

第二，从审查效果视角上看，Coughlan 案践行的路径显然是实体性的。确实，虽然温斯伯里和比例原则仅能阻止不合法的选择，但 Hamble Fisheries 案和 Coughlan 案中所设想的路径却能够开出一种合法选择的药方——即实现实体预期。当然，如果温斯伯里和比例原则的审查效果是关闭所有其他选择，则有可能间接开出一种合法选择的药方；但是，并非一定必然发生除上述二元方案之外的其他选择。因此，在 Coughlan 案中，有职责实现（实体保护）义务不可避免地源于落空合法预期（决定）的违法性。

（二）采用尊重审查方法裁断行政决定是否具有阻碍预期实现的正当理由

然而，我们可以更进一步探讨 Coughlan 案关涉实体审查的议题。正如以过程为导向的审查和实体审查间的差异不存在一条明线那样，实体审查自身是一条光谱线，而不是铁板一块。由此引发的问题是，在实体审查连续光谱线上，何处才是某一特定案例所处位置。Coughlan 案的审查效果是，通过参照接近于司法机关重新判断（案件双方）冲突因素的裁断（行政机关的判断是第一次裁断，译者注），从而开出一种单一合法结果的药方。由此可见，Coughlan 案不单属于实体审查类型，而且深入到了该类型内部。

然而，至关重要的是，虽然采用因实体合法预期而进行的审查能够是——Coughlan 案就是——两种相关视角上的实体审查，但是发生在 Coughlan 案的审查方式无法通过通常为指控违宪行为提供正当化的实体审查方式来证明其是合理的。以定性为基础的审查方法显然是不适用的，（因为）行政裁量权能否以某种阻碍实体合法预期实现的手段行使的问题，是完全不同于该事项是否首先属于行政决策者管辖范围的问题。事实上，为了对实体合法预期审查提供正当理由，定性审查方法永远无法操作，（因为）这种审查必然是对有关裁量权行使（的审查），而不是对裁量权范围（的审查）。然而，采用以尊重为基础的审查方法进行实体审查就不一样了，因

---

[32]　关于该点具体请参见 P Sales and K Steyn. Legitimate Expectations in English Public Law: An Analysis. *Public Law*，2004：564，591.

为审查法院显然有可能以或多或少的尊重方式(与完全不尊重的方式一样,如 Coughlan 案本身)去裁断落空实体合法预期的决定是否有正当理由。换言之,总体而言,Coughlan 案中上诉法院没有依靠尊重方式来寻求调和它影响正统(教义)的事实,并不意味着关涉实体合法预期案件时,不可能发生上述调和(做法)。

本文其余部分会涉及三个方面,在这三个方面中,这种调和可能——而且可能已经——实现了。第一方面,关注的是审查方式,为了促使司法"干预"行政自主权的程度更节制些,因实体合法预期而进行的审查方式可能被调整了。第二方面,关注日渐变化的对正统教义的认知:有人会说,自从将 Hamble Fisheries 案塞得莱法官所推崇的审查路径标为异端以来,基于合理理由,流行的认知已经发生转变了。第三方面,不过,有人会说,这一点不应该被夸大,过去 20 多年来英国行政法所发生的部分重要内容——与我们对实体合法预期司法保护的正统教义及其他内容的理解高度相关——关注的不是去改变正统教义是什么,而是去改变在法律原则层面需要什么样的正统教义。

五、比例原则及其权衡

鉴于 Coughlan 案以来英国行政法的发展,有人可能会认为该判决只是领先于时代而已:该案践行的实体审查路径相当于一种合比例审查形式,而且英国法院欣然接受诸如 Daly[33] 等案的比例原则,也是意料之中(的事)。然而,在当时看来激进如今看来却十分普通的 Coughlan 案领先理念,引发了(我的)两个解读。

(一)Coughlan 案的权衡标准类似于合比例原则的公平权衡标准

第一个解读,Coughlan 案践行的路径确实有时会被认为相当于一种合

---

〔33〕 R (Daly) v Secretary of State for the Home Department [2001] UKHL 26,[2001] 2 AC 532.

比例审查形式。[34] 例如，在 Nadarajah 案中罗斯法官（Laws L J）说，Coughlan 案中阻碍预期实现的（行政）决定违法性源自于"拒绝履约不能被合理化为一项合比例措施"这一事实。[35] 在 Paponette 案中，枢密院司法委员会在赞同 Nadarajah 案罗斯法官意见同时，也认为自己应采用 Coughlan 案的权衡标准：[36]

良好行政原则要求公共权力机关信守诺言，在特定情境下任何的不践约或拒绝践约的行为，需客观证明其是一项合比例措施，如果法律没有坚持这么（做），那么将会损害该原则。[37]

这就意味着枢密院在 Paponette 案确立了合比例审查和 Coughlan 案权衡标准之间的对等关系。事实上，罗斯法官在 Nadarajah 案走得更远，他提议，不论预期是程序性还是实体性的，就所有合法预期司法审查案例而言，比例原则可以组成单一的法律基础。[38] 就当下目的而言，没有必要证明为何该提议受到了误导。[39] 但有必要事先申明，实体合法预期案件采用何种（审查）运作会清晰地沦为合比例审查，这点（目前为止）是不清楚的。

以 Coughlan 案为例。其所采用的权衡标准显然与合比例标准的最后公平权衡阶段具有一些共同地方——事实上，有很多共同点。然而，这就引发了三个问题。首先，权衡标准并不恰巧等同于合比例审查：毕竟，合比例标准蕴含多个阶段，公平权衡标准只是其中一个阶段。[40] 其次，英国法院在采用合比例审查时，并没有统一采用公平权衡标准：事实上，直到 Coughlan 案判决的几年后，在上议院 Huang 案判决中，公平权衡标准才被

---

〔34〕　关于这一点，具体参见 Janina Boughey. Proportionality and Legitimate Expectations 在 *Legitimate Expectations in the Common Law Word* by Matthew Groves and Greg Weeks（eds）. Oxford：Bloomsbury Hart Publishing，2017,此书中的第 6 章。

〔35〕　R（Nadarajah）v Secretary of State for the Home Department [2005] EWCA Civ 1363 [70].

〔36〕　Paponette v Attorney General of Trinidad and Tobago [2010] UKPC 32，[2012] 1 AC 1，[34].

〔37〕　Ibid [38]，引用 Nadarajah（n 35）[68]（Laws L J）.

〔38〕　Nadarajah（n 35）[69].

〔39〕　关于这一问题的讨论参见 M Elliott. Legitimate Expectations and the Search for Principle：Reflections on Abdi and Nadarajah. *Judicial Review*，2006:281.

〔40〕　Huang v Secretary of State for the Home Department [2007] UKHL 11，[2007] 2 AC 167；Bank Mellat v HM Treasury（No 2）[2013] UKSC 39，[2014] AC 700.

权威认可为国内合比例审查的一个面向。[41] 再次,即使英国法院确实采用了公平权衡标准,但鉴于其实质上沦为一种价值判断,因而法院通常很敏感这种特别的干预性质(的审查标准)。[42] 结果,公平权衡标准的干预潜力并不能经常完整实现,这是因为采用尊重方式从而钝化了(其干预潜力)。

(二)尊重方法有利于改善比例原则的审查程度

这就引出了我回应 Coughlan 案只是领先于时代而已理念的第二个解读。即使承认 Coughlan 案采用了一种合比例审查类型,但也是一种不同于最近法学中存在的合比例审查类型,尊重特性是该类型不可或缺的组成部分,而前者(Coughlan 案中的合比例审查类型)则完全没有(这种特性)。因此,Coughlan 案法院因自行裁断一项涉及分配财政稀缺资源的高度多中心事项而越权,此时,法院既没有认识到制度能力欠缺(更不用说其忽视了基于实现原告预期而挪用公共资金会产生诸多连锁反应后果),也没有认识到相关宪法边界(需要对实现预期的相关成本与支付在其他事情上的费用这两个无法比较的变量作出权衡)。

这并不意味着实体合法预期案例永远不应适用权衡标准。不过这暗示了(权衡)标准的适用程度,在其他(例如人权)情境下采用合比例审查尤其是采用公平权衡标准时,需要参考相同的尊重因素。这就引领我们面对 Coughlan 案的核心问题。难点并不在于它领先于时代。相反,问题在于它蕴含了合比例审查——如果它确实是这样的话——以一种不敏感于必须关注的问题的审查方式,而必须关注的问题是,借助高度尊重原则随后影响了合比例审查的软化。在该背景下,Janina Boughey 在本书中关于上述观点的分析值得考虑。她说:

法官似乎已经认可了比例原则,认为该原则后来演变为一项更加灵活的基准。他们似乎认为这是一个能够适用于不同审查强度的基准,以便能够涵盖如 Hargreaves 案、Bibi 案和 Coughlan 案中多样的审查方法和审查

---

[41]　Huang (n 40).

[42]　参见 R (Miranda) v Secretary of State for the Home Department [2014] EWHC 255 (Admin),[2014] 1 WLR 3140 [40] (Laws L J).

结果。欧洲和加拿大的合比例审查可能具有足够的灵活性和多样性，可以有效地完成（上述任务）。然而，目前英国所适用的比例原则，是一个过于钝化的工具，无法在所有实体合法预期案件中实现权衡任务。[43]

　　这意味着，（好比）将实体合法原则（根据上下文意思，此处应为"实体合法预期原则"，原文可能落了"expectation"一词，译者注）搭上（某种）比例原则货车，就审查基准条件而言，已证明所要驶达的目的地出人意料地苛刻，因为比例原则将法院固定在了统一的高强度审查形态上。然而，一旦考虑到英国法合比例审查的实践，上述分析又很难成立。事实上，法院一直在努力，确保运用尊重程度适当改善比例原则潜在的苛刻，使其能够灵活发挥作用。这些议题与本文接下来的主题发生了冲突，其中有人主张，切割英国法上诸如温斯伯里标准和比例原则这些不同实体审查理由的学理界限已经日益无关紧要。然而，时下这个观点越来越没市场了。实体合法预期案件所引发的难题并不是应否采用"比例原则"或"权衡标准"又或是"合理性原则"的某些形式主义问题。相反，关键的难题是审查的适当强度。由此，这就要求比 Coughlan 案更认真地对待"高度尊重"理念（而 Coughlan 案基本上忽视了该理念），并要求更全面、系统地考量后 Coughlan 案例中的"高度尊重"理念。

六、审查基准和尊重

（一）审查阻碍预期实现的行政决定是否具有正当理由的两个问题

　　那么，在实体合法预期案件中，应当如何处理审查基准和尊重问题呢？以下认知应是出发点：一旦司法承认存在着一项预期，这必然要求阻碍预期实现的（行政）决定需要具备充分正当理由。若缺失上述充分正当理由，则该（行政）决定即属违法，预期必须获得保护。这就提出了两个截然不同的

---

〔43〕参见 Janina Boughey. Proportionality and Legitimate Expectations. 在 *Legitimate Expectations in the Common Law Word* by Matthew Groves and Greg Weeks（eds）. Oxford：Bloomsbury Hart Publishing，2017，此书中的第 6 章。

问题。[44] 第一个问题是什么才算作充分正当理由。正如所有人权案件(的正当理由)并非全部相同一样,所有实体合法预期案件(的正当理由)也并非全部相同;个案情景可能会使行政决策者置于相当繁重证明责任压力之下。第二个问题是法院应如何裁断行政决策者提供的理由是否构成了充分正当理由。即使(向行政机关)施加了繁重证明责任压力,当法院试图判断该正当压力是否已经履行时,法院可能会——基于制度性或宪法性原因或两者兼而有之——受到深度审查性质和程度的限制。然而,虽然这些事项——且应被保持——有区别,但涉及审查基准的实体合法预期案件往往将其混为一谈。

(二)Begbie 案和 Coughlan 案的审查路径比较武断

以 Begbie 案[45]罗斯法官判决为例。他(正确)考量并界分了实体合法预期案件中与审查基准相关的一系列因素,其中包括:所涉政策议题的程度;没有在法院面前提及的利益是否可能因法院裁决而受到影响;受争议承诺影响的人数。[46] 在这个清单上,还可以加上个人是否因信赖承诺而受到损害以及承诺的清晰程度。确实,Coughlan 案中上诉法院援引了比较因素——特别是向个人或一小团体作出具有"契约"品行的承诺——以此寻求证明其所采用的干预式审查基准是正当的。[47]

然而,这些论证的困难——Begbie 案和 Coughlan 案都有——在于它们对上文提到的需达到正当理由的基准和该基准是否满足之间的区别不够敏感。可能是,行政决策者以极其明确措辞作出承诺,而当事人信赖该承诺,此时使得行政决策者置于其随后作出的阻碍预期实现决定具有正当理由的证明责任压力之下。毕竟,在这种情况下,是对处于合法预期司法保护

---

〔44〕 M Elliott. From Bifurcation to Calibration: Twin-Track Deference and the Culture of Justification in Wilberg and Elliott (n 21)一文中更加详细地阐述和辩护了这两个问题之间的区别。

〔45〕 R v Secretary of State for Education and Employment: ex parte Begbie 〔2000〕 1 WLR 1115 (CA).

〔46〕 Ibid, 1130.

〔47〕 Coughlan (n 5) 〔59〕.

核心[48]的法的安定性这一法治原则的尊重，该原则会以特别严重的方式受到威胁。这样，危如累卵的法治规范受侵犯的规模导致受人羡慕的相应司法保护成为必要。但是，对行政决策者施加适当的繁重证明责任压力，并不能得出审查法院必然使自己处于有利地位以裁断该证明责任是否已经完美履行。

然而，罗斯法官在 Begbie 案中（或事实上上诉法院在 Coughlan 案中）并没有采纳上述观点。罗斯法官表示，Coughlan 案的审查强度是正当的，因为——与只有温斯伯里审查才是合适的情况相反——Coughlan 案是"在一个较小舞台且参与者也少得多的情形下"进行的。[49] 罗斯法官说，这使得该案件"特定且有局限性，对不特定人群没有影响"，这也意味着它引发的是"不存在一般政策的宽泛议题"。[50] 但这显然是不正确的。Coughlan 案中（卫生局的）承诺所具备的高度针对性无法涵盖复杂而又难以预料的结果——将公共资金从其他不特定用途转移出来，而其他不特定用途可能会使大量人群受益——即兑现承诺（所引发的广泛影响）。Coughlan 案所犯的错误和罗斯法官在 Begbie 案的重蹈覆辙，都直接源于将严格司法审查的规范案例和法院适用该审查的制度和宪法能力混合起来。诸如（受影响）群体规模和承诺清晰程度等事项，很可能施加给（行政决策者）繁重证明责任压力，但这并不一定意味着判断（行政决策者）是否已履行证明责任时，采用非尊重路径就是合适的。因此，虽然在后 Coughlan 案例如 Begbie 案中发现了尊重需要，且这种认识也受到了欢迎，但该路径的实施还不够细致。

（三）尊重方法在 **Bibi** 案的体现是行政机关适当考量预期即完成证明责任

从判例法一个独立分支中也可识别出（实施上述路径时的）细微差别的缺失，该独立分支本身就是更广泛学理脱节现象的一个表现。尽管迄今为

---

〔48〕　参见 C Forsyth. The Provenance and Protection of Legitimate Expectation. *Cambridge Law Journal*，1988，47：238；S Schønberg，*Legitimate Expectations in Administrative Law*. Oxford University Press，2000，Ch 1.

〔49〕　Begbie（n 45）1131.

〔50〕　Begbie（n 45）1131.

止所考察的案例都预设,法院须在判断阻碍实体合法预期实现(的行为)是否正当时发挥一定作用,但包括 Bibi 案[51]和 Ibrahim 案[52]在内的这些案件的一条明显主线,却基于(行政机关)无需提供正当理由(而展开)。采纳无需提供正当理由(的做法)反映了 Coughlan 案所缺乏的司法尊重态度(一种极端的尊重形式)。然而,从另一视角观之,两者的区别更深:Coughlan 案的一个基本前提是,尽管存在着尊重的可能性,但阻碍预期实现(的行为)是否正当最终由法院来定夺。相比之下,像 Bibi 案和 Ibrahim 案这样的案件则认为(阻碍预期实现(的行为)是否正当)问题根本不能由法院来定夺。

在 Bibi 案中,被告地方当局承诺为原告提供永久住所。当(原告希冀的)永久住所并没有到来时,原告基于(被告)承诺引发了实体合法预期理由而寻求司法审查,认为自己的预期被违背了。由于本案是在 Coughlan 案后不到两年作出的,因此,人们期望上诉法院可能会作出如下判决,即在没有超越一切的公共政策正当理由之下,(被告)必须为(原告)提供永久住所。但这种审查路径并没有被采纳。这可能反映了一个事实,即 Bibi 案似乎对其所面临的争议多中心性质有着清醒认识——而 Coughlan 案并没有。例如 Bibi 案指出,合适住所是一种稀缺资源,若要满足某一原告的合法预期,则可能会产生拒绝给予他人永久住所(的结果)。[53] 法院还指出,"支付每个家庭足够的钱来寻找其住房"并不一定能"摆脱问题",因为这也可能涉及财政稀缺资源的转移,从而剥夺他人"期望保留的或期望获得的福利"。[54]在该背景下——记住(住房福利)领域的判决"是根据社会和政治对(财政)支出优先次序的价值判断而作出的"——法院总结道,"法律要求行政决策过程应适当考虑(当事人的)合法预期。本案(行政决策者)并没有这样做,因此其违法行事"[55]。

然而,让人不解的是,(为何)Bibi 案认为这就是法律要求的全部。当然

---

〔51〕　R (Bibi) v Newham London Borough Council〔2001〕EWCA Civ 607,〔2002〕1 WLR 237.

〔52〕　R (Ibrahim) v Redbridge London Borough Council〔2002〕EWHC 2756 (Admin).

〔53〕　Bibi (n 51)〔37〕.

〔54〕　Bibi (n 51)〔38〕.

〔55〕　Bibi (n 51)〔51〕,〔64〕.

可想像的是，在（行政机关）没有考虑相关法定考量因素而（被法院）撤销阻碍预期实现的（行政）决定后，（行政机关）第二次阻碍预期实现的决定（虽然适当考虑了案件事实）也会受到质疑，因为依照权衡标准，（行政机关）没有正当理由就违背了承诺。但是，Bibi 案的意义是，第二次质疑（行政决定）并不会让原告获取任何利益，因为行政决策者（在决策过程中）考虑了预期，完全履行了相应法律义务。如此，Bibi 案表明了，存在着那么一类案件，只要行政决策者对（原告）预期的考量已经满足了全部法律要求，那么其永远无需证明阻碍预期实现是正当的。法院的声明加强了这一结论，其说法是：

> 法院不会命令行政机关履行其承诺，若真的这样命令了那相当于行使了行政机关的权力。一旦法院确定……滥用权力［即没有考虑合法预期］，那么法院就可以要求行政决策者在行政决策过程中适当考虑合法预期。[56]

这并不意味着审查法院永远不应命令行政机关"履行承诺"——只是当（审查）等同于法院"行使行政机关权力"时就不应这样做。但是，尚不清楚的是何种情况下法院将会越过这条界线——根据 Bibi 案所采纳的逻辑——仅支持行政机关对合法预期的考量从而减轻法院功能。同样没有搞清楚的是，为何 Bibi 案隐晦地认为 Coughlan 案（法院）站在了界限的另一边。

若此，Bibi 案践行的路径与基于运用权衡标准的路径大相径庭，在本文早些讨论的案例中明显可见这一权衡标准路径。尽管后一标准（指权衡标准）使审查法院确信要求落空实体合法预期（的行为）须有正当理由，但像 Bibi 案这样的案例却回避了提供正当理由的要求，这就使得行政机关在作出有可能阻碍预期实现决定时，只要履行了考量该预期这一本质上是程序的义务即可。尽管（当事人的）预期是实体的，但（上述审查）效果却使得审查具有非实体性。就审查模式而言，审查法院并没有对（行政机关）决定落空（预期）的原因进行定性分析。同时，就检视审查效果而言，（法院）将预期视为无非是（行政机关）考量该预期的义务所引发，并没有实质侵入行政裁量权范围，因此只要行政决策过程中（行政机关）适当考量了预期的存在，该落空（预期）决定在案例法上依然是一项合法的抉择。

---

〔56〕 Bibi (n 51) 〔41〕.

(四)如何采用尊重方法以厘清实体审查基准是一个重要议题

因此,就该领域审查是实体的程度而言,呈现的是复杂而又有些脱节的图景。虽然 Coughlan 案表明审查可以深入到实体,但很显然并非总是如此,这是因为司法功能会受制于尊重考量的可能性。然而,有三处不同地方的尊重原则——宽泛地使用(尊重)该词,以表示任何一个或全部两个视角下审查是实体的程度调控——可以运作。第一,预期(案件)触发的证明责任或多或少会繁重些。第二,通过判断被告是否履行证明责任方式来裁断被告理由时,法院或多或少会予以尊重。第三,将预期定性为仅是一种法定相关考量因素的话,法院可能会放弃对阻碍预期实现(的决定)是否具有正当理由的判断。同时,如上所述,这些尊重形态都能够运作,从而影响审查模式和审查效果一个或两个视角上所体现的实体程度。

上述复杂性本身并不是问题;事实上,有可能是受欢迎的,因为(上述复杂性)佐证了法院承认根据案件情况剪裁审查基准这一需求的意愿。然而,有问题的是,目前判例法几乎没有通过承认上述复杂性存在的途径发挥作用,更不用说试图体系化该领域的实践(做法),以形成一项有关于尊重的连贯体制。

上诉法院在 Bibi 案评论道:

法院有两项职能——裁断行政机关行为的合法性,以及如果发现行政机关的行为不合法,则决定应给予何种救济。我们认为将那些依靠行政机关意思表示的案件从其他行政法案件中区分开来,是错误的。同样的宪法原则适用于这两项中任何一项法院职能的行使。[57]

上诉法院的这一见解蕴含了一条更具凝聚力路径的种子。特别是,将关注诸如比例原则、合理性原则和尊重原则的整个法院实体审查法理进行更大整合(的话),法院的合法预期法理将获得相当的帮助。虽然这种整合不是一剂灵丹妙药,但能进一步认知法院保护(例如)合法预期司法任务和保障人权案件之间的关系,可以使合法预期案件从人权案件这一更宏大、更丰富审查基准的法理中获益。若此,通过参考实体合法预期案件所裁决的

---

〔57〕　Bibi (n 51) 〔40〕.

实体审查议题,希望有助于发展一个更明确和更少脱节的运作框架。

七、正统的本质及其学理含义

上述分析表明,尽管因实体合法预期而进行的司法审查确实或可能相当于实体审查,但可通过借助尊重审查方法的手段与正统教义相调和,虽然就塑造该领域高度尊重的发达法理而言,尚有一段距离。若以这种方式审视的话,实体合法预期原则从异端(邪说)到正统教义进程的促成,与其说是放弃了旧正统而支持新正统,不如说是向该原则(实体合法预期原则)注入了某种程度的尊重,并足以回答 Hargreaves 案所标签的异端指控。[58] 但这只是故事的一部分,相当重要的原因是,20 多年来实体合法预期原则的发展是在英国公法体系发生了更广泛、更深刻变革背景下展开的。我将在本部分内容中探讨上述变革意味着重新审视正统教义要求以及原则上正统教义应如何运作这两个问题。

(一)司法审查传统教义中的三项宪法基本原则

就当下目的而言,英国行政法传统所认知的一个重要正统元素体现在这一观念中,即温斯伯里原则标好了法院践行实体审查时的正当角色之边界。从欧文勋爵对正统概念的有力辩护(若可讨论的话)中明显可见,其辩护建立在对英国宪治架构的理解,和英国宪治架构所采纳的规范之上。[59] 由此需对英国宪法的三项基本原则——法治、权力分立和议会主权——(的特定含义)以及相互间关系有一定的理解。尤其是在理解三原则时将议会主权原则予以特别强调的话,结果是——从实体审查角度来看——强化了法治原则和权力分立原则的消极或有限特征。比如,从法治原则角度观之,实体审查可能会显得可疑,因为存在着破坏立法机关已确立的现有法律体制的可能。据此,如果议会已赋予了行政决策者裁量权,那么于法院而言,

---

〔58〕 Hargreaves (n 2).
〔59〕 Irvine (n 19).

就不能通过实体审查行政决策者裁量权的行使来夺取该权力。权力分立原则似乎也指向了类似内容。如果议会赋予某一行政机关裁量权,那么,有观点认为,从权力分立原则角度观之,若审查法院适用实体审查侵犯行政机关权力从而落空了议会分配选择这一主权的话,那(法院做法)就不可信。

当然,我们还可以从其他方面来考察法治原则和权力分立原则:前者可被视为要求为特定基准的司法保护提供正当理由,包括法的安定性理由,而后者被视为需要一定程度的体制监督,依据实体宪法基准高度审查行政行为。然而,当透过议会主权原则棱镜来审视法治原则和权力分立原则时,它们则呈现出特殊内涵,进而对所能意会的实体审查正当性程度产生影响。更具体地说,其他原则(指法治原则和权力分立原则,译者注)若采用议会主权中心视角的话,在夸大要求法治原则和权力分立原则分别尊重包括组织权限分配在内的立法机关意图的这些维度同时,法治原则和权力分立原则各自被认知的独立内涵也将被淡化。

(二)Evans 案揭示了三项宪法基本原则关系须秉持开放性理解

考虑到上述解释宪法基本原则的立场,早期实体合法预期判例法被定性为异端就完全不足为奇了。然而,过去 20 多年的发展揭示了这三项宪法基本原则的某些不同理解。当然,事实上在此期间,某些法官,无论是认真[60]还是超认真[61]都质疑甚至是公开质疑议会主权原则的准确性。然而,尽管从一般意义上说,可能重要的是,关于议会是否具有主权的争论——以及司法机关加入了争论这一点——就当下目的而言只是次要的,更重要的局面是对主权原则赖以存在的宪法环境实质进行反思并重新定位,这才是理解三项基本原则相互作用的途径。

可以用最高法院在 Evans 案中的裁决来解释上述论证。[62] 该案中上

---

〔60〕 参见 R (Jackson) v Attorney-General [2005] UKHL 56, [2006] 1 AC 262 [102] (Lord Steyn), [104]-[107] (Lord Hope), [159] (Lady Hale); AXA General Insurance Ltd v HM Advocate [2011] UKSC 46, [2012] 1 AC 868 [50] (Lord Hope); Moohan v Lord Advocate [2014] UKSC 67, [2015] AC 901, [35](Lord Hodge).

〔61〕 参见 Lord Woolf. Droit Public—English Style. *Public Law*, 1995:57; Sir John Laws. Law and Democracy, *Public Law*, 1995:72.

〔62〕 R (Evans) v Attorney-General [2015] UKSC 21, [2015] 2 WLR 813.

一级裁判所（上级记录法院）[63]发布了一项命令，要求根据信息自由法披露威尔士亲王和英国政府大臣间的来往信件，行政机关行使了否决权，法院对该否决权进行司法审查。不言而喻，无论从法治原则还是权力分立原则观之，法院判决越过行政边界是非常可疑的。然而，这种司法聚焦程度必然取决于透过议会主权原则棱镜审视这些宪法原则的程度。正是精准使用了这一棱镜，才导致休斯法官（Lord Hughes）评论道：虽然"法治是第一位的……（但）法院实现议会意图是法治原则不可分割的一部分"[64]。根据这一逻辑，因行政机关推翻司法判决而触发的任何法治议题，都应让步于更引人注目的法治要求，即法院应实施议会"明白表达"的意图。[65]

　　然而，像休斯法官一样持有上述观点的人毕竟少数，[66]多数意见和少数意见之间的差异归因于对三项宪法基本原则如何相互关联的不同理解，特别是关于透过议会主权原则棱镜审视和钝化法治原则和权力分立原则程度的不同理解。因此，对纽伯格法官（Lord Neuberger）来说，仅仅因为行政机关对司法判决持有异议就允许其推翻该判决，（此时）就会"违背也是法治基本组成部分的两项宪法原则"[67]，即"任何人都不可忽略"司法判决，"尤其是……行政机关"，而行政行为"受制于羡慕的法定例外保护"，因此必须接受司法审查。[68]纽伯格法官总结道：由于宽泛的推翻（司法判决）的权力将"公然无视……第一项原则"和"蔑视……第二项原则"，[69]因此，恰当解读的话，立法机关仅允许（行政机关）在极其有限的情况下才有权推翻（司法判决）。与此同时，站在其他多数意见（立场）的曼斯法官（Lord Mance）认为，行政机关推翻（司法判决）权力的天生可疑性，使得司法机关采用远远超出温斯伯里审查标准的审查有了合理理由。[70]

---

〔63〕　Tribunals, Courts and Enforcement Act 2007, s 3(5).

〔64〕　Evans (n 62) [154].

〔65〕　Evans (n 62) [154].

〔66〕　威尔逊法官（Lord Wilson）也持有异议，但其推理是基于对立法背景进行更具历史性的分析，这与休斯法官"明白表达"的意图不同。

〔67〕　Evans (n 62) [51].

〔68〕　Evans (n 62) [52].

〔69〕　Evans (n 62) [52].

〔70〕　Evans (n 62) [123]-[130].

当然,Evans 案的判决场景毕竟不同于法院所面对的实体合法预期问题场景。尽管如此,Evans 案还是很有启发性的,因为其揭示了三项宪法基本原则间关系的司法构建,而这与激发实体审查正当程度的传统反思构建并不一致。Evans 案强调,当代司法应对如下理念持开放态度,即议会主权原则不应直接作为一块宪法王牌去理解,而应在容纳且给予其他基本价值相当权重的宪法秩序场景中去理解。根据这一修正分析,其他价值塑造了议会主权原则的宪法涵义,正如该原则反过来又影响了其他原则的涵义。特别是曼斯法官的意见表明,给予其他原则更大权重可为司法审查能够合法地——有时应该——超越纯粹合理审查,开辟一个宪法空间。当然,这与实体合法预期案件有关,要知道,这些案件中有被侵犯风险的重要宪法价值之一就是法的安定性这一法治原则。

这并不是说巩固温斯伯里原则的关注已经完全被抛弃;只是说当下,这些关注以不同且更精细的方式表现了出来。诚然,与 20 多年前相比,现在实体审查能正当运作的宪法空间包含了某种程度上更宽松的条件,但该空间并不是无限开放的。例如,Keyu 案纽伯格法官为司法机关适用比例原则标准作辩护时说,在法院必须考量由行政决策者对双方冲突利益作出的"权衡"意义上,比例原则深入到了"考虑(行政决策)内容优劣"的地步中,此时这并不意味着法院"取代作为最初决策者的行政机关相关成员"。[71] 若含蓄一点,附加的规范性前提是,不应发生这样的"取代"。

如此看来,在实体审查案件中,某种程度上英国法院表现出了欲放弃温斯伯里原则作为实体审查唯一路径的意愿,从学理层面而言,这并不直接意味着,或只是意味着对何谓正统概念进行了修正,而是意味着对正统要求什么的理解进行了修正。传统固有观点——温斯伯里原则在沙地上画的界线一定不能被突破,因为该原则在司法审查与行政自治之间设置了"正确的"权衡——这项主张,不只包含了正统教义内容也包含了正统教义的实施。至于后者,传统观点认为,任何比温斯伯里更精细的理论工具都会造成严重

---

〔71〕 Keyu (n 23) 〔133〕.

的司法越权。这种反思已由上议院在 Brind 案[72]作了特别有力的阐述。然而，这种观点正开始让位于对下列路径的更微妙理解，即宪法和体制问题须塑造实体司法审查教义框架。

（三）以 Pham 案为例阐释合理性原则和比例原则等实体司法审查教义内容

这一点在 Pham 案很明显，欧洲共同体法管辖案件适用比例原则没有任何争议，Pham 案的内容是，最高法院面临欧洲共同体法是否适用于会影响司法审查路径的事项这一问题。[73] 虽然法院没有就具体细节达成一致看法，但值得注意的是所有四个法官意见都对以下观点表示怀疑，即论证欧洲共同体法的适用性将会打开通向某种实体审查的大门，否则实体审查将可能难以实现。之所以如此，是因为考虑到所受侵犯的基本地位——即公民身份——作为国内法的重要问题，无论如何都需进行相对严格的司法审查。曼斯法官认为，通过明确采用合比例标准的手段来实现这种严格的司法审查。相比之下，对康沃尔法官（Lord Carnwath）和萨姆欣法官（Lord Sumption）来说，是否以"比例原则"或"合理性原则"来描述司法审查，相对而言并不重要，关键议题是，行政干预（公民）基本地位有助于建构相应的司法审查程度。的确，萨姆欣法官指出了比例原则和合理性原则之间差异的渗透性——因此，任何以这些概念截然不同为前提的辩论都是空洞的——相反，其更愿意强调"强制为干预某项权利（的行为）提供正当理由，与其所感知的重要性和干预程度相称"[74]。

Pham 案形成了一个有益的制高点——大约 20 年了——从该点出发可以回望早期实体合法预期案件，如 Hargreaves 案、Hamble Fisheries 案和 Coughlan 案等等，并以之（Pham 案）为基础来审视该领域法理的后续发

---

〔72〕 R v Secretary of State for the Home Department；ex parte Brind［1991］1 AC 696（HL）. 尤需参见阿克纳勋爵（Lords Ackner）和劳里勋爵（Lords Lowry）的演讲部分。

〔73〕 Pham v Secretary of State for the Home Department［2015］UKSC 19，［2015］1 WLR 1591.

〔74〕 Ibid，［106］. 尽管萨姆欣法官提到了"权利"，但很明显的是，至少对 Pham 案的部分法官来说，超越温斯伯里审查的审查不应限于对涉及权利本身的行政决定进行审查。

展轨迹。出现了四种观点。

其一，从该制高点来看，Coughlan 案所认可的权衡标准看起来并没有那么奇特（即使该案中强硬的适用方式仍然令人怀疑）。无论是否贴上了"比例原则"标签，司法界[75]和学术界[76]都日渐清楚，实体审查最终要解决的乃是正当性和平衡问题。这样一来，当 Coughlan 案处于实体审查判例法这一更大情景时，其采用的权衡标准以及拒绝采用纯粹温斯伯里原则审查（的做法），可以理解为是前 Coughlan 案判决所开创的道路上组成部分，如 Smith 案，该案承认权衡问题的需求——在裁断支持行政机关自己判断效果的行政决策理由充分性意义上——至少在某些情况下应予以审视。[77]（目前）司法界的最高认知是，诸如 Pham 案和 Keyu 案，放弃 Wednesbury 案的束缚并非一定会导致司法越权。

其二，至少部分地，是由于 Pham 案缓解了基于合理性原则的实体审查路径和基于比例原则的实体审查路径之间的紧张关系，如 Hargreaves 案和 Hamble Fisheries 案所蕴含的对比关系。从这些案件所提供的二元视角来看——这些案件倾向于更笼统地对比例原则/合理性原则争论进行定性——Coughlan 案通过摆脱温斯伯里原则施加的限制，转而采用了一种截然不同的、极具侵入性的路径，这也代表着该案对正统教义的彻底背离。与此相反，Pham 案承认，平常所塑造的区分合理性标准和比例标准的结构差异，被错误地用来假设各自所适用的审查强度之间同样脆弱的区别。

Pham 案对 Coughlan 案所采用的权衡标准路径导致司法越权这一观点没有异议，（不过）该案所采用的逻辑对以下观念提出了质疑：遵守温斯伯里原则严格规定是避免司法越权的最佳或唯一方法，问题是实体审查的干预程度不一定或者只取决于所采用的教义结构。确实，遵守"有理由"或者说"合理性"可能不总是限制司法干预的一种方式，正如 Evans 案曼斯法官的意见——该案采用了要求极其严格的有理由概念——所证明的。[78] 同

---

〔75〕 参见 Keyu（n 23）；Pham（n 73）.

〔76〕 参见 Craig（n 23）；P Daly. Wednesbury's Reason and Structure. *Public Law*，2011：238.

〔77〕 R v Ministry of Defence；ex parte Smith [1996] QB 517（CA）.

〔78〕 Evans（n 62）.

样，Keyu 案黑尔夫人（Lady Hale）意见亦是如此，她的逻辑——所提供的审查程度——在某些方面与合比例审查很相似，尽管她坚持认为（不是比例原则而）是合理性原则在起作用。[79]

其三，Pham 案消除了一个更深的二元区分，该二元区分不仅阻碍实体司法审查发展而且也模糊了行政法总论领域与专门涉及实体合法预期区域之间的关系。该二元区分认为，即使比例原则在实体司法审查中发挥作用，但其作用也仅限于涉嫌侵犯（有条件的）人权的案件。正是这种反思，例如促使迈克尔·塔格特（Michael Taggart）提出了实体审查的"两分支"模式设想。[80] 然而，否认这种明确的二元区分至少在 Pham 案是含蓄的，尤其是因为该案不接受盲目地坚持不以"权利"为中心的事实模型中的温斯伯里原则。一旦以这种方式消除了有关权利案件与非权利案件之间的区别，那么，实体合法预期案件践行路径的明显反常性质就开始消失。权利案和非权利案分别是合比例审查和温斯伯里审查的保留地，在非权利案件中适用比例标准（或至少是该标准某些要素），将不再被上述权利案和非权利案间的僵硬区分所带偏，二是被贯穿于 Pham 案的情境逻辑所取代，该逻辑假定：被审查的规范性质及其规范意义和恰当的高度审查层级之间存在着更微妙的关系。根据这一观点，采用比例标准（或其要素）来裁断行政机关落空实体预期理由，并不反常，该实体预期由行政机关针对个人所作出的明确且具体承诺引发，相对人对此产生了信赖。

第四，如果像 Pham 案一样，开始采用一种情景主义路径，取代以合理性标准和比例标准各自保留领域的僵硬区分为前提的路径，则当务之急即是不允许让理论空白继续下去。只有充分发展尊重原则填补这一空白，才能避免上述困难。这方面仍有大量司法任务需要去完成，更不用说实体合法预期这一特别领域。但是重点是需要开展这项工作，而不是拘泥于如下粗鄙观念，即除了纯粹温斯伯里审查之外任何东西都是异端，要么总体（都被认为是异端），要么除了特定人权情景之外（都被认为是异端）。

---

〔79〕 Keyu（n 23）[305]-[313]．

〔80〕 M Taggart. Proportionality, Deference, Wednedbury. *New Zealand Law Review*, 2008；423.

八、结 论

在过去 20 年中,实体合法预期原则的发展如同一项复杂旅程,交织着也象征着英国公法自身已踏上更广阔的旅途。本文所论证的现象——一方面,采用比 Coughlan 案所证明的那些更微妙术语去重构实体合法预期原则,另一方面,不断用发展眼光理解实体审查领域正统教义的性质和学理要求——似乎反映了脱节的、毫无关联的诸多发展。然而,它们实际上构成了一个一体的、更宽泛叙事的各相关要素,并最终由我将其称之为"趋同"的观念所激活。

在解释我所提出的(趋同)观念之前——以及为何其有助于置于上下文情境并厘清本文所阐述的各个发展和探讨——有必要先澄清我称之为"同化"的意思:该概念似乎与"趋同"密切相关,但实际截然不同。那些支持同化主张的人认为,整个实体审查——或甚至整个司法审查——的体系应该是,或已经是,被奇特的高级结构所殖民了。这种思想的代表性例子包括 Thomas Poole 有关英国行政法"权利化"的论文,[81]根据该论文,司法审查法律即将或者应该以权利保护为视角来进行解读,以及 Paul Craig 主张,比例原则应作为实体审查的唯一教义工具。[82] 若此,应否定上述作如此理解的同化理论。行政法不只是或甚至主要就是关注权利保护,否则不仅无益而且有违事实。[83] 同时,不能也不应将比例原则作为实体审查的唯一理由,尤其是为了普遍适用该原则而扩大该概念,反将剥夺其重要内涵。[84]

而趋同观念则与此相反,关注的不是将整个实体审查(或司法审查)强

---

〔81〕 T Poole, The Reformation of English Administrative Law. *Cambridge Law Journal*, 2009,68:142.

〔82〕 P Craig, Proportionality, Rationality and Review. *New Zealand Law Review*, 2010: 265.

〔83〕 参见 J Varuhas, The Reformation of English Administrative Law? "Rights", Rhetoric and Reality. *Cambridge Law Journal*, 2013,72:369.

〔84〕 参见 J King, Proportionality: A Halfway House. *New Zealand Law Review*, 2010: 327; T Hickman. Problems for Proportionality. *New Zealand Law Review*, 2010:303.

行塞进充其量只能容纳部分内容的鸽子洞里,而是通过移除鸽子洞本身来解放实体审查。循此路径,僵硬区分被拆除,取而代之的是更加精妙工具,以校准实体审查性质和强度。例如,削弱权利案和非权利案件间的区别,至少是因为权利的存在与否并不必然取决于应当适用的实体审查路径。这就打开了一种可能性:某些(但不是全部)落空实体合法预期的行政决定可能会毫无争议地招致一种类似于传统上与权利案件相关的审查风格和审查强度。同样的,比例原则和合理性标准之间的僵硬区别也逐渐消失,实体审查的性质和强度取决于一系列基本规范的、宪法的和制度的考量因素,而这些考量并未充分被类型化的教义路径所攻克。有观点主张某一特定类型的案件——例如导致落空实体合法预期的案件——只因为该案件属于该类型,(所以)就应受制于某种特定形态的审查,如温斯伯里审查或者比例审查,那些此类观点就没有意义了。

循此路径,实体司法审查趋同的不是一个单一概念(如比例原则)或透镜(如权利)。相反,其趋同的是从整体上去解读何谓实体审查以及单一连贯的系列原则和考量因素所推动的运作体系。这样一来,实体合法预期原则的演变是为了迎合正统教义,还是正统教义的演变是为了容纳实体合法预期原则,这个问题听起来就开始变得有点空洞了,这主要是因为,在这种观点上,正统教义要求不能沦为一个过于简单的理论处方(如"实体审查标准 X 是 Y 类案件的正确标准")。

但其并不意味着什么都行。比如,这并不能使我得出 Coughlan 案不涉及司法越权的结论。然而,这的确改变了逻辑分析条件。Coughlan 案涉及司法越权,不是因为法院坚持实现预期从而将行政决策者裁量权压缩至零,也不是因为法院采用了权衡标准而非合理性标准。相反,Coughlan 案涉及司法越权,是因为适用权衡标准的方式,是以一种对争议焦点的多中心性且带有主观判断性质不够敏感的方式来进行的,同时法院裁断此类事项时能力又受局限。

当下,对比实体合法预期原则与正统教义并进行解读时,很明显,双方都发生了变化。Coughlan 案的强势已让位于一个更细微的——若缺乏足够连贯性——至少已开始把握尊重原则要害的法理。同时,何谓正统教义——就宪法基本原则之间相互作用对司法作用的限制而言——以及正统教义要求什么——就这些原则转化为教义而言——都已经发生了变化。这些变化都很微妙,代表了未来前景更宽泛的且包罗万象变化的不同面向。

不过,重要的是,这种变化并不意味着全盘否定。在英国行政法发展过程中所形成的经久不衰的制度和宪法问题并没有消失——但这些问题在今天看来不那么光明正大,而是开始通过性质上更情境化的法理来接受表达。据此理解,实体合法预期原则同时也取决于这些更广的变革以及产生这些变革的部分动力。若此,实体合法预期原则从异端到正统的故事相当于英国行政法自身过去 20 年演变历程的一个缩影。

（特约编辑：肖子容）

美国环境行政执法和解及其司法审查论析

翁孙哲*

内容提要:在美国环境执法领域,行政执法和解的立法比较完善,司法也较为发达。作为治理污染场地的综合性法律,美国《超级基金法》规定了三种环境行政执法和解的类型:以司法同意令的形式批准的和解、微量和解、行政性和解。由于和解可能掩盖治理责任确定中的偏差、和解阻却分摊请求权产生负的外部性、和解存在着欠缺程序正义的风险以及行政机关在和解中消极主张自己的权利等原因,环境行政执法和解可能减损第三方的权益,因此需要对环境行政执法和解进行司法审查。审查的内容包括:在对非和解者的追偿诉讼中适用责任比例法、和解协议中已决事项的范围作限缩解释、非和解者对和解协议应享有介入权和上诉权利。

关键词:执法和解;《超级基金法》;已决事项;介入权

在美国,行政执法和解作为一项富有意义的制度,从其诞生至今,在实践中发挥着重要作用,特别是在美国环境执法领域,行政执法和解的立法比较完善,司法也较为发达。1980年为治理污染场地对居民身体健康与环境安全的损害,美国通过了《综合环境反应,赔偿和责任法》,由于该法设立了专门用于治理污染场地的基金,所以该法又称为《超级基金法》。该法规定了环境行政机关的和解权,1986年《超级基金修正及再授权法》对和解制度进行了完善。随着环境领域行政执法和解制度的日益成熟,美国1996年通

---

* 翁孙哲,男,籍贯浙江永嘉,1980年9月10日出生,法学博士,浙江警察学院法律系副教授。

过的《行政争议解决法》明确授予行政机关执法和解权。至此以后,行政执法和解在执法中广泛适用,极大地丰富了行政争议解决的途径,同时也能有效缓解司法在处理行政争议上的压力。现代社会由于分工的深化与市场的拓展,行政部门管辖的事务日益增多,一些行政事务所要求的专业化程度提升,对于一些行政争议的解决,法院并不具有比较优势,通过诉讼的途径解决可能费时耗力,行政执法和解能够减少解决纠纷的成本,提高解决纠纷的效率。《超级基金法》作为治理污染场地的综合性法律,和解制度相对完备,司法案例也较为丰富,通过对其立法与司法案例的梳理与分析,总结该制度运行的逻辑与得失,为完善我国环境执法行政和解制度提供有益的借鉴。

一、《超级基金法》中行政执法和解的类型和作用

(一)《超级基金法》中行政执法和解的类型

美国《超级基金法》中规定政府与责任人的执法和解有三种类型。第一种是清理和解(cleanup settlement),环境保护署与责任人就清理行动达成和解,这种和解协议需要经过地区法院以司法同意令(consent decree)的形式批准。在这种和解模式下,责任人由于要承担整个场地的治理工作,其可能承担远远超过其责任比例的费用,在支付后可以向其他责任人寻求分摊。对于该种和解,法院以公平合理以及符合立法目的三个要素来审视,但是法院有很大的自由裁量权。在 U. S. v. Coeur d'Alenes Co. 案[1]中,政府与责任人甲达成和解,但甲支付的治理费用不是其应摊份额(预计的治理费用乘以其责任比例),而是考虑其支付能力,在不影响其生存能力的情况下能支付的最大数额,法院依然批准该和解协议。第二种是微量和解(de minimis settlement),环境保护署与对污染"贡献"很小的责任人达成和解,责任人对场地修复费用进行支付。第三种是行政性和解(administrative settlement),环保署与责任人就已经招致的修复费用达成和解,但不需要经

---

〔1〕　U. S. v. Coeur d'Alenes Co. ,767 F. 3d 875—878 (9th Cir. 2014).

过法院批准。如果治理费用超过 50 万美元,环保署仅在事先取得司法部部长批准的前提下才可以和解。[2] 为防止不公平的发生,该法对行政执法和解的正当程序进行了规定,主要包括通知与评论,即政府负责人有义务将拟议的和解通知在《联邦公告》上发布,以使非和解者在合理的时间内进行评论,表达他们的利益诉求。

(二)行政执法和解的作用

《超级基金法》第 106 条授权总统签发要求责任人清理和治理污染场地的行政命令,责任人收到该行政命令后,可以与政府达成和解。第 107 条授权政府在治理污染场地后向责任人提起追偿治理费用的诉讼,责任人需要承担连带责任。《超级基金法》第 113 条(f)款(1)项规定,责任人依据行政命令治理后或者支付治理费用后,就超过自己责任比例的份额可以向其他责任人寻求分摊。[3] 但《超级基金法》第 113 条(f)款(2)项规定了和解的阻却分摊作用,也就是如果责任人同联邦环境保护署达成行政性和解或者同联邦环保署达成的和解协议经过法院的批准,在和解协议中约定潜在责任人在向联邦环保署支付一定的费用或者履行一定的治理修复义务后,该和解者即可免于联邦环保署对其提起的追偿费用之诉,也可以阻却其他非和解潜在责任人对其提起的责任分摊之诉。[4] 根据这一条款,潜在责任人与联邦环保署和解后,该和解当事人就可豁免将来可能面临的责任,即任何针对其责任的请求权将终止。但该和解协议并没有豁免其他潜在责任人的责任,除非和解协议已经规定,已经和解的数额其他潜在责任人无需承担。也就说,和解的责任人可以向其他责任人分摊,但可以阻却其他责任人对其提出的分摊请求权。

执法和解在《超级基金法》中起着非常重要的作用。首先它能使联邦环

---

〔2〕 袁峰等编:《美国超级基金法研究——历史遗留污染问题的美国解决之道》,中国环境出版社 2015 年版,第 363 页。

〔3〕 袁峰等编:《美国超级基金法研究——历史遗留污染问题的美国解决之道》,中国环境出版社 2015 年版,第 330 页。

〔4〕 T McCartt, Intervention by Non-settling PRPs in CERCLA Actions, *Environmental Law*, 2011, 41(3): 957-985.

保署及时地收回治理修复成本,避免为了向潜在责任人进行追偿所需要的巨额的资金支付和时间投入,有利于联邦环保署更有效地拥有更多资金从事污染场地的治理。同时对潜在责任人而言,由于和解可能使其要支付的要少于责任份额,和解后也可以免于联邦环保署提起民事诉讼所面临的连带责任,当事人也有积极性进行和解。其次,和解也有利于发挥责任人在污染场地修复治理中的作用,责任人拥有场地污染有关的信息,如果达成和解,责任人进行修复治理,能充分利用责任人的信息优势,同时也能减少强制要求责任人进行修复治理过程中存在的阻却和摩擦,使修复工作更好、更快地进行。再者,和解能大大减少整个司法系统在《超级基金法》案件中的资源投入,提高司法资源的使用效率。如果没有和解,每一个《超级基金法》有关的案例,需要先适用连带责任对责任人追偿,而后由该责任人对其他责任人提起分摊之诉,其中需要进行大量的举证,原被告双方和法院都需要投入大量资源,和解可以免除这种资源投入,使司法资源服务于其他领域的纠纷。兰德机构在 1992 年对 73 个场地的交易、调查和修复费用进行了研究。在 73 个场地中,20 个场地的交易费用等于或超过场地的评估和修复的费用。在所有场地中,21%的费用是交易费用,基于诉讼的费用对环境保护署和责任人造成了沉重的负担。[5] 诉讼的增加会造成当事人解决冲突和评估修复场地的能力下降,并且采取诉讼这一具有阻却色彩的手段可能会产生当事人拖延、搁置、否认修复污染场地的责任的问题。

二、环境行政执法和解可能减损非和解者的权益

(一)环境行政执法和解可能掩盖治理责任确定中的偏差

美国环保署作为污染场地治理的主管机关,主要职责包括污染场地的调查、风险评估、潜在责任人的搜寻和确认、污染场地的修复。环保署对于发现的疑似污染场地进行初步调查和现场调查,在经过场地的初步调查和

---

〔5〕 Aronovsky, R G, Federalism and CERCLA: Rethinking the Role of Federal Law in Private Cleanup Cost Disputes, *Ecology Law Quarterly*, 2006,33(1):58.

现场调查后,需要对污染场地存在的危险物质进行风险评估,以确定是否会对人体健康或生态环境造成危险,风险评估包括健康风险评估和生态风险评估。搜寻潜在责任人的目的主要是"通过确认潜在的污染行为人和与其场址上相关的污染类型和流量,用以建立其须负担整治责任的证据"。搜寻的目的包括:"①查明从何处获得能进入场地的入口;②通过提供废弃物、场地边界、处理过程的信息来识别场地;③识别那些拥有场地活动的历史信息或历史知识的个体;④评估潜在的可应用的、相关的和合适的条件;⑤发展出废弃物清单和量化分级系统;⑥评估和解前景和诉讼风险。"[6]污染场地修复包括修复方法的选定、修复执行和修复评价。由于污染场地的形成原因不同、污染的程度不同、污染场地修复后的用途不同,污染场地修复方法也会存在不同。从法律角度来看,对于污染场地修复方式的选定需要关注其方案的科学性、程序的公开性和公众参与性。如果在修复过程中,所选择的方案不对,或者超出用途的标准进行修复,就会大大增加修复的费用,造成额外的浪费。上述四个环节中的任何一项都需要耗费大量人力、物力和财力,特别是需要相关的证据。由于污染形成的期限长,有关污染形成链的证据可能缺失或者相关责任人无法确定。为迅速治理环境污染以及减少在责任认定过程中所支付的时间与花费,环保署会基于一个不精确的责任分配比例与部分责任人进行和解,这其中可能会低估和解者本应承担的责任比例。由于和解可能使其他责任人误以为污染治理费用和治理责任比例都已经精准确定,在信赖和解的基础上,认可自己的责任比例,而该比例可能超过其本应承担的责任比例。

(二)环境行政执法和解阻却分摊请求权产生负外部性

在场地污染发生后,政府当然希望能尽快确定责任人,并且责任人能积极配合支付赔偿或者进行污染场地的修复,能使环境损害得到修复,环境安全得到保护。对污染责任人而言,与政府合作开展修复是基于自身存在责任的前提。由于环境损害责任界定特别是因果关系的界定并非易事,因此

---

〔6〕 PRP Search Manual2009,p. 42,http://www.epa.gov/enforcement/report-prp-search-manual-2009-edition-2011-addendum.

政府为实现快速解决纠纷的目的,鼓励责任人和解,并给予和解的责任人一定的保护权利,即免于政府对其提起的诉讼。《超级基金法》第 113 条(f)款(2)项规定了和解阻却分摊请求权。责任人与政府和解后,其他责任人特别是承担了连带责任的责任人,也无法对和解责任人提起分摊诉讼,这一规定虽然有助于鼓励责任人进行和解,减少解决纠纷的成本,但可能会造成其他责任人要承担更多的责任。由于《超级基金法》着眼于治理历史遗留污染场地,在漫长的过程中,一些责任人早已死亡或注销却没有相应的债权债务继承人,其本应承担的责任份额需要其他连带责任人承担;同时在少数责任人即使已经被确认却没有偿付能力,其本应承担的责任份额也需要其他连带责任人承担。[7] 承担了连带责任的责任人也无法向和解责任人分摊,其承担了过多的份额,构成负外部性。如果和解的数额小于参与和解的责任人应当承担的责任份额,没有参与和解的责任人所承担的份额会更多,没有参与和解并不能表明其对污染的责任就更大,使得最终责任份额承担上的不公平客观存在。

(三)环境行政执法和解存在着程序正义的风险

鉴于污染场地对周边居民身体健康或生态环境的损害,《超级基金法》一个重要目标就是要及时修复清理污染场地,和解制度的设置本身就是为了实现这一目的。《超级基金法》规定政府与责任人达成和解协议后,可以接受责任人的评议与异议,并没有规定听证程序。[8] 听证是美国行政程序法治的重要内容,在行政行为可能对利害关系人的权益造成影响时,应当进行听证,由利害关系人在听证程序中充分表达自己的立场,同时在听证程序中也可以进行一定的论辩。听证程序上所形成的行政决定,是符合法治要求的。虽然并非所有的行政决定都需要进行听证,但由于污染场地可能潜在责任人众多,污染清理费用数额巨大,对其中的任何一方而言都是不小的负担。特别是以司法同意令形式批准的和解协议,不仅涉及污染物的清除,

---

〔7〕 Kenneth, Kilbert K. Neither Joint nor Several: Orphan Shares and Private CERCLA Action, *Environmental Law*, 2011,41(4):1045-1092.

〔8〕 袁峰等编:《美国超级基金法研究——历史遗留污染问题的美国解决之道》,中国环境出版社 2015 年版,第 363 页。

也包括污染场地的修复，不同的修复方案所产生的费用差异较大。这些情况表明，虽然《超级基金法》并没有规定和解需要听证程序，但从性质上来看，和解本身完全可以纳入听证的范围。只不过听证程序本身也是一个规范但冗长的程序，在污染场地人数众多的情形下，通知所有利害关系人参加听证比较花费时间，同时也无法确保所有责任人参加听证，也就无法达到听证所要求的公平。在欠缺听证监督的情形下，环境执法机关可能被责任人收买，双方相互勾结，造成对其他责任人不利的局面。

（四）环境行政机关在和解中消极主张自己的权利

在责任人处于破产的情形下，环保署会倾向于达成一个远小于破产责任人责任比例的和解数额，即使该责任人对污染的责任比例较大。虽然美国破产法对破产程序中环境清理费用的优先性有所规定，在破产申请至重整协议达成的整个期间，环保署由于治理污染场地的费用构成破产费用，应当由破产财产优先支付。即使是将来产生的清理费用，也构成或有债权，可以在破产程序中提出，环保署可以提出环境清理费用是具有警察与规制性质的活动，在破产程序中无需冻结。[9] 即使法律已经赋予环保署这种优先权，但是环保署并没有要求与破产责任人责任比例相应的数额。在 Asarco 破产案中，环保署对其中一处场地初始估计清理费用为 25.7 亿美元，环保署与其达成了一个 4.68 亿美元的和解协议，需要指出的是，该案中对于包含环境清理费在内的破产费用是能够全部支付的，环保署本可以获得更多的偿付，但它并没有这么做。[10] 究其原因有以下两种分析。一是环保署面临政治压力。[11] 责任人资不抵债，进入破产程序，希望有重生的机会，但污染清理费用对企业而言是沉重的负担，特别是环保署所主张的优先权可能会延误重整程序，重整失败的风险增加，这种状况显然会引起破产责任人的

〔9〕　Robert C. Cook, Federal Appeals Court Allows Intervention of Non-Settling Parties in CERCLA Case, *Villanova Environmental Law Journal*, 1999(10):281.

〔10〕　Blair, S E. Toxic Assets: The EPA's Settlement of CERCLA Claims in Bankruptcy, *New York University Law Review*, 2011,86(6)1960-1962.

〔11〕　Blair, S E. Toxic Assets: The EPA's Settlement of CERCLAClaims in Bankruptcy, *New York University Law Review*, 2010,86(6):1974.

员工、工业团体和一些政客的反对,甚至由破产责任人所在当地选出的政客会对环保署施加压力。二是环保署本身财政缺乏。污染场地治理费用高昂,由于美国国会每个财政年度给环保署的拨款要远远小于其每年的计划数,再加上超级基金税的取消,使环保署面临着较大的预算压力。但是污染清理的任务依然艰巨,这种情形迫使环保署要更快地收回资金,使其愿意以远小于破产责任人责任比例的数额达成和解。

三、环境行政执法和解减损非和解者权益的司法审查

(一)在对非和解者的追偿诉讼中适用责任比例法(Pro Rata)

美国污染场地的责任人往往数量较多,政府与部分责任人和解后,虽然政府不再对和解者追偿治理费用,但政府可能会对其他责任人提起追偿之诉,《超级基金法》第 113 条(f)款(2)项规定和解能以和解数额来减少没有参与和解的责任人的责任。[12] 在实践中,法院也以和解数额来减少非和解者的责任。但政府与责任人的和解数额既可能大于和解者本应承担的责任份额,也可能小于和解者本应承担的责任份额。在后者的情形下,非和解者就可能需要承担超过其自身责任比例的份额,且无法向责任人追偿,因为和解能阻却分摊请求权的行使。虽然《超级基金法》规定了政府不再对和解者提起追偿费用的诉讼,和解者也无需面临连带责任的风险,但是没有参与和解并不能意味着非和解者就是抵制政府的修复治理计划,也并非表明其愿意多承担责任,造成无法参与和解的因素是多样的,包括对责任认定的质疑、对修复方案选择的质疑以及责任人自身人事变化等。在 United States v. Laskin 案中,法院采用以和解者应承担的责任份额来减少非和解者责任的做法,法院认为:对《超级基金法》第 113 条(f)款(2)项不能孤立的解释,而是应结合其他法条进行整体解释与目的解释。就整体解释而言,《超级基金法》第 113 条(f)款(1)项本身也要求法院运用适当和衡平因素在责任人

---

〔12〕　J. Whitney Pesnelr, The Contribution Bar in CERCLA Settlements and Its Effect on the Liability of Nonsettlors, *Louisiana Law Review*, 1997,58(1):181-183.

间分摊责任,该法没有赋予法院在责任分摊中的自由裁量权。[13] 衡平因素就意味着每一个责任人在最终责任承担上要与其责任比例相适应。法院认为《超级基金法》之所以规定以和解数额来减轻非和解者的责任,是因为在和解数额超过责任人应承担的责任比例的情形下,如果和解仅以和解者的责任份额来减少非和解者的责任,那么最终会使政府获得意外收入,这种做法与政府依法保护公民与企业财产权的法治精神相违背。从和解数额经常引起非和解者的反对,就看出非和解者对政府可能侵犯其利益的关注。

(二)司法对和解协议已决事项的范围作限缩解释

虽然和解能够使得责任人免于政府对其提起的费用追偿之诉,也能免于其他责任人所提起的分摊请求权之诉,但是从污染场地清除到场地的修复治理完毕,需要经历多个环节,或者由于整个污染场地的范围广,责任人与政府达成和解协议时,仅就其中的部分治理环节或部分治理区域达成和解协议,那么该和解协议能否免于任何其他责任人的分摊请求权呢?《超级基金法》本身对此规定为和解者仅就和解协议中的已决事项(Matters addressed in the settlement)免于其他责任人的分摊请求权,而不是一概排除其他责任人对和解者的分摊请求权。如果和解能一概排除其他责任人对和解者的分摊请求权,由于和解者在和解时可能所承担的责任可能要小于其对污染的"贡献"比例,相应地,非和解当事人所承担的比例要超出其对污染的"贡献"比例,在这种情形下,会产生一种不公平的结果。和解协议中已决事项的范围必须清楚明确,只有如此,才能使和解责任人以及非和解责任人了解和解对责任人间责任的影响,特别是使非和解责任人对和解后果有预期。

---

〔13〕 J. Whitney Pesnelr, The Contribution Bar in CERCLA Settlements and Its Effect on the Liability of Nonsettlors, *Louisiana Law Review*, 1997,58(1):181-183.

在 Rumpke of Indiana，Inc. v. Cummins Engine Co. ，Inc. 案[14]中，法院认为和解协议已经非常具体地规定了当事人对 Seymour 场地的责任，和解协议内容是清晰的、不存在模糊之处，对于 Ⅻ 部分，应解释为污染物质从 Seymour 场地过滤或泄漏，由于 Seymour 场地的污染物质到 Uniontown 垃圾场，并非过滤或泄漏所致，因此 Rumpke 对 Cummins 等被告享有分摊权。[15] 和解协议并不是对来自 Seymour 场地的废弃物倾倒在任何地方产生的责任进行处理，它只是非常具体地界定当事人在 Seymour 场地的责任。同样在 Akzo Coatings，Inc. v. Aigner Corp. 案[16] 和 Waste Management of Pennsylvania v. City of York 案[17]中法院也作出了类似解释。在 Akzo Coatings，Inc. v. Aigner Corp. 案[18]中，原告对被告提起分摊请求权诉讼，被告向法院提出撤诉的动议(motion)，认为该诉讼是和解协议中已经提出的事项，受分摊请求权的保护，法院的多数意见已经采用当事人的合理期望和《超级基金法》的衡平分摊因素来解释分摊保护的范围，认为 Akzo 的分摊诉讼与和解协议中提出的事项不同，因此原告有分摊请求权。[19]

和解协议的达成已经符合《超级基金法》规定的程序，但该法出于鼓励和解、迅速解决纠纷的需要对和解程序进行了简化，并不完全具备通常正当程序所要求的要素。根据美国最高法院对正当程序的要求，以下几个要素

----

〔14〕 该案中 Rumpke 于 1984 年购买了 Uniontown 垃圾场，在购买时没有进行场地的调查，卖方也没有告知污染的存在。在 1990 年 Rumpke 发现了场地的污染，并且发现大多数污染物质来自于 Seymour 场地。Rumpke 对 Cummins 等被告提起分摊之诉，而 Cummins 等被告在 1982 年就 Seymour 场地与政府达成和解。本案中的问题是 Cummins 等被告是否受和解协议的保护，免于 Rumpke 的分摊请求权。在 1982 年和解协议的 Ⅻ 部分有如此规定，即被告免于由来源于 Seymour 场地的任何物质的运送产生的诉讼，被告认为按照此规定，其免于 Rumpke 的分摊请求权。

〔15〕 Rumpke of Indiana，Inc. v. Cummins Engine Co. ，Inc. ，107F. 3d 1238(7thCir. 1997).

〔16〕 Akzo Coatings，Inc. v. Aigner Corp. ，30F. 3d 767 (7th Cir. 1994).

〔17〕 Waste Management of Pennsylvania v. City of York，162F. R. D. 34(M. D. Pa. 1995).

〔18〕 该案所涉及的场地位于印第安纳州的一个工业园内，在 1972—1985 年间共有 200 多家公司排放各种废弃物，原告 Akzo 在该场地的某一具体区域处理溶剂的，在污染被发现后，原告根据环保署于 1988 年签发的行政命令来清理场地，将场地上面以及埋藏在地下的鼓、储藏罐和废弃物容器清除。1992 年环保署与不包括原告的其他 200 多个当事人(本案被告也参与和解)达成和解，并形成司法同意令。和解协议要求和解当事人清除位于原告区域北边受污染的土壤或埋藏的储藏罐以及对原告区域南面进行更深入的治理。

〔19〕 Akzo Coatings，Inc. v. Aigner Corp. ，30F. 3d 761 (7th Cir. 1994).

是必须的:通知、听证和裁决。[20] 如果符合这三个因素,和解协议即使剥夺了非和解者的利益,也依然会受到正当程序的保护。对于行政性和解,没有要求举行听证会,因为在政府与责任人达成和解协议的过程中,已经赋予相关责任人评论的机会。举行听证会会拖延和解的进程,与迅速达成和解的立法目的相悖。对于以司法同意令形式批准的和解协议,考察法院批准和解协议的过程可以发现,法院在批准和解协议时采取的更多是形式意义上的批准,而不是实质性的对和解的公平性和合理性进行深入的分析和评估后作出的,甚至有些和解的达成,是在污染状况没有完全调查清楚或者部分责任人尚未发现的情况下作出的,并不能完全确保法院批准的和解协议就是公平的。由于和解协议中的已决事项影响非和解当事人的财产权利,需要给利害关系人提供听证的机会,但是《超级基金法》为迅速地解决争议,没有设置该程序,非和解者的程序权利没有得到充分保障。因此,需要对和解协议已决事项的范围作限缩解释。

对分摊请求权的阻却效果进行限制的优势明显。一是能减少环保署官员与部分责任人勾结的可能,如果赋予和解完全的分摊保护,部分责任人会通过行贿官员以一个较小的数目和解,从而免予承担与其责任比例相应的份额。二是抑制了司法的过度介入,在《超级基金法》的制度设计中,对行政性和解或微量和解,法院没有介入,而即使在清理和解中,法院也往往倾向作出司法同意令。如果允许法院对和解"已决事项"的范围作出扩大解释,其实是司法在代替当事人作决定,司法在这个问题上的积极角色与《超级基金法》的立法目的相违背。三是有利于保护非和解者的利益,虽然非和解者在和解达成的过程中,法律赋予非和解者进行评论的权利,但是非和解者即使评论,其意见被法院采纳的概率较低。况且还有许多责任人并没有进行评论,但是不能表明其已经认可该和解事项。对和解"已决事项"的范围作出限制其实也是弥补非和解者缺乏救济机会之后的二次救济。

---

〔20〕 John M. Hyson, CERCLA Settlements, Contribtion Protection and Fairness to Non-Settling Responsible Parties, *Villanova Environmental Law Journal*, 1999,10(2):341.

四、环境行政执法和解中非和解者程序权利的司法保障

由于和解能使和解责任人免于其他责任人的分摊请求权,相应地和解会对非和解责任人承担责任的范围产生影响。因此,非和解者应享有相应的在和解程序中表达自己立场以维护自己利益的权利。这些权利体现在法院批准和解协议的过程中,非和解者享有的介入权(right to intervene)以及在法院批准和解协议后对和解协议提出上诉的权利。确实,在《超级基金法》的大多数和解中,法院在批准和解协议时会向非和解者发出通知、要求非和解者在规定时间里就和解协议的内容进行评议,但在一般情形下,法院会尊重政府与当事人达成的和解协议,认为该和解协议是公平的、有理性基础、并符合《超级基金法》的立法目的而批准该协议。

(一)非和解者的介入权

政府与责任人达成的清理和解协议需要经过法院批准,以司法同意令的形式作出。对于非和解者,没有收到环境保护署已经对其签发执行修复行动的行政命令,或者在此前政府没有对其提起治理费用追偿之诉,或者其也没有同政府达成和解,那么其是否可以在法院批准和解协议的过程中进行介入呢? 第三方的介入权类似于我国民事诉讼法中的无独立请求权第三人参与到诉讼中,我国民事诉讼法将民事诉讼中的第三人分为有独立请求权的第三人和无独立请求权的第三人。有独立请求权第三人可以作为原告,对原诉讼中的原被告提起诉讼,无独立请求权第三人与案件有法律上的利害关系,自己主动申请或应法院通知而参加到诉讼中。如果原诉讼判决要无独立请求权第三人承担民事责任的,无独立请求权第三人可以对原审判决提起上诉。

1. 法院批准介入权的实例

有法院认可在法院批准和解协议的过程中进行介入的权利。其典型案例是 United States v. Aerojet General Corporation 案,在该案中,San Gabrial Basin 场地被列入国家优先清理名录,环境保护署将场地分成八个

独立的操作单元,其中一个单元 SEMOU 的地下水污染需要控制和治理,环境保护署在会同当地水务公司清理后同一些当事人达成和解协议,在和解协议提交法院批准的过程中,非和解者进行介入,法院否决了非和解者的介入权,非和解者提出上诉,该案中非和解者并没有收到环境保护署签发的行政命令,对其是否有介入的权利,第九巡回法院认可非和解者有介入的权利。该法院认为如果责任人满足以下四个条件,就有权进行介入。这四个条件为:"(1)时间及时性;(2)具有显著可保护利益;(3)没有介入利益就会受损;(4)(和解者对其利益)代表不充分。"[21]这四个条件中,具有显著可保护利益是核心,但是其他条件并非可有可无。

关于时间及时性条件。一般情况下,该条件容易得到满足。法院在决定介入的动议是否及时需要评估三个因素:①申请者寻求介入时处于诉讼过程中的哪个阶段;②对其他当事人的侵害;③延误的理由或时间长度。[22]在 United States v. Aerojet General Corporation 案中,法院认为,在获知和解协议草案时,就及时提出评论和要求介入,满足及时性要求。但实践中法院确实会基于申请者不满足及时性条件而否认介入申请,Cal. Dep't of Toxic Substances Control v. commer. realty 就是例证。该案中介入申请人在诉讼开始的六年之后,环保部门向法院申请批准和解协议的同一天申请介入,法院认为会不必要地延长诉讼,威胁已经达成的和解协议并延误治理,[23]因此否认其介入申请。

关于具有显著可保护利益。在 United States v. Aerojet General Corporation 案中,法院认为由于和解会直接阻却非和解者对和解者的分摊请求权,特别是非和解者们之间能分摊的责任数额为全部治理费用减去已经和解的数额,和解数额大小直接影响到非和解者承担责任的大小,因此这种利益不是偶然的、主观的,而是必然的、实质性的。在 U. S. v. Albert Inv. Co. ,Inc. 案中,初审法院法院认为拥有分摊请求权并不足以进行干预,

---

〔21〕　United States v. Aerojet General Corporation,606 F. 3d 1148 (9th Cir. 2010).

〔22〕　Cal. Dep't of Toxic Substances Control v. commer. realty,309 F. 3d 1117-1120 (9th Cir. 2002) 309 F. 3d 1113 (9th Cir. 2002).

〔23〕　Cal. Dep't of Toxic Substances Control v. commer. realty, 309 F. 3d 1119 (9th Cir. 2002) 309 F. 3d 1113 (9th Cir. 2002).

因为《超级基金法》鼓励和解并赋予和解阻却分摊请求权的功能。但是上诉法院认为和解阻却分摊请求权,并不是对公民财产的征收,介入权人不需要有既得财产权益。[24] 而且和解协议还在批准中,和解协议阻却分摊请求权功能尚未发生,但是与介入权人利益攸关。从《超级基金法》的文本来看,也没有将和解阻却分摊视为征收,因为在和解达成的过程中只赋予非和解者评论的机会,没有要求必须举行听证会。并且即使会对非和解者的利益产生影响,也没有规定需要对其进行补偿。

关于损害或阻碍其保护自己的能力,不仅和解数额直接影响到非和解者的分摊请求权,而且和解程序无法为非和解者提供充分的保护。因为在和解中,政府和和解者已经经过谈判,达成和解草案,他们双方的利益便达成一致,要求政府对非和解者的评论采取意见,放弃和修改和解协议草案是不现实的,因此非和解者需要有权利参加诉讼并让法院考虑他们的利益。

关于利益代表的充分性,环境保护署在和解协议草案达成上投入了很多的资源,确保其协议的批准是其利益所在,和解责任人希望限制其责任并限制其他非和解者的分摊请求权,他们是无法代表非和解者的利益的,因此非和解者有介入的权利。[25]

2. 介入权行使的主体

在介入权行使的主体上,并非所有的非和解者包括已经被确认的或者尚未被确认的责任人都可以介入,否则会拖延法院批准和解的时间。因此应承认那些对和解协议确实具有显著可保护利益的责任人有介入权。由于和解协议具有阻却分摊请求权行使的功能,那些已经具有分摊请求权的责任人当然会对和解协议具有显著利害关系。[26] 根据《超级基金法》第 113条与(f)款(1)项,已经同政府达成经法院批准的清理和解协议的责任人以及在政府对其提起的追偿费用诉讼中,已经支付了超过其应摊份额的责任人享有分摊请求权,这些人应该享有介入权。

非和解者在事先并没有根据第 106 条与政府达成清理和解,也没有被

---

〔24〕 U. S. v. Albert Inv. Co. ,Inc. ,585 F. 3d 1394(10th Cir. 2009).

〔25〕 United States v. Aerojet General Corporation,606 F. 3d 1148 (9th Cir. 2010).

〔26〕 T McCartt, Intervention by Non-Settling PRPs in CERCLA Actions, *Environmental Law*,2011,41(3):978.

政府起诉,其不享有分摊请求权。但是环保署已经根据第 106 条对其签发治理的行政命令,根据该行政命令,责任人必须进行治理而且必定需要承担超过其应分摊份额的治理费用。根据 United States v. Atl. Research Corp 案[27]的判决,责任人是根据行政命令进行治理并招致治理费用,而不是偿付其他人已经支付的治理费用,其并没有同政府达成和解,政府也没有对其提起追偿治理费用的诉讼,虽然其招致了治理费用,但并不符合 113 条与(f)款(1)项规定的分摊请求权行使条件,不能对其他责任人提起分摊诉讼,而只能依据第 107 条 a 款提起治理费用追偿之诉。[28] 在该诉讼中,其他责任人需要承担连带责任,也就是说和解协议不能阻却该种诉讼。但是在司法实践中,法院会运用衡平因素进行考虑,与政府和解本身就是需要考虑的因素,和解者不会因此承担超过和解数额的费用。因此和解对原告依然具有显著利益,其有介入权。

　　同时在责任人数量有限的案例中,还应结合具体案情,如果个别责任人同政府和解,但是其余有限数量的责任人尚未与政府和解或者未被起诉,虽然其不具有分摊请求权,但是也应允许其具有介入权。

　　3. 介入权行使的效果

　　介入权的行使表明了非和解者对于和解的高度关注,但即使行使介入权,法院还是作出批准和解的司法同意令,在介入权行使后,针对介入权人所提出的进行证据性听证会的请求,法院可以拒绝,并不构成对正当程序权利的违反。在 U. S. v. BP Amoco Oil PLC 案[29]中,介入权人指出,环保署在和解中据以作出责任分配的证据是不充分的,需要进行证据性听证来检验,但法院拒绝。责任人 Dico 认为,由于在和解中没有参与,举行证据性听证会是其唯一有意义的方式来推翻政府提供的证据。初审法院在作出司法同意令前,拥有是否举行证据听证会的自由裁量权。Dico 已经被赋予有意义的充分的机会来提交论点和证据,对政府申请司法同意令进行反对,没有违反正当程序。根据美国宪法中正当程序条款的精神,在剥夺私人的生命、

---

　　〔27〕　United States v. Atl. Research Corp. ,551 U. S. 128 (2007).

　　〔28〕　Emhart Indus. ,Inc. v. New England Container Co. ,Inc. ,478 F. Supp. 2d 199,203 (D. R. I. 2007).

　　〔29〕　U. S. v. BP Amoco Oil PLC,277 F. 3d 1015-1018 (8th Cir. 2002).

自由、财产时,要将决定通知他们,告知他们作出此决定的理由,以及赋予他们对此决定提出申辩的权利。正当程序在美国司法体系和行政程序中得到充分的遵守,其目的是保护私人的利益、严格限制政府权力,不仅是政府行使权力的场合要遵守正当程序,即使是政府与私人和解的这种场合,也不得剥夺第三人的利益。但是正当程序的概念是弹性的,因具体情况的变化而不同,它的基本条件是有机会在一个有意义的时间,以一种有意义的方式获得审理。正当程序并不总是需要一个证据性听证会。

(二)非和解者能对和解协议提出上诉

1. 上诉权行使实例

对于非和解者能否对和解提起上诉,美国法院并没有形成一致的意见,部分法院否决了非和解者的上诉权利,因为非和解者如果没有收到环境保护署对其签发执行修复行动的行政命令,或者在此前政府没有对其提起修复费用追偿之诉,或者也没有同政府达成和解,表明其仅仅是潜在责任人,而非现实责任人。但是也有法院允许行使介入权的非和解者对和解提起上诉。在 U. S. v. Southeastern Pennsylvania Transp. Authority 案中,场地被用于铁路机车的维修和储存,由于电子机车需要使用绝缘液来冷却转换器,绝缘液中包含多氯联苯污染场地,对人体健康和环境安全产生现实的危险。Premier、Amtrak、Contail 和 Septa 是责任人,1992 年环境保护署制定决策记录,需要进行如下五个修复行动:①挖掘以及在场地上处理污染物土壤;②地下水处理以及燃料回收;③对场地建筑物和构筑物进行降污以及拆除;④挖掘居民区的污染土壤;⑤挖掘受污染地下水的沉淀物。环境保护署提出和解方案,要求 Premier 等上述四个责任人共同进行①至③的修复行动,并要求 Premier 另外进行④和⑤的修复行动。Premier 在法院批准该和解协议的过程中进行了介入,在法院批准和解协议后 Premier 提出了上诉,上诉法院经过审查后认为,该和解协议是公平的、理性的,与《超级基金法》的目标一致,因此维持了判决。该案中,Premier 虽然是非和解者,但是他不仅仅是潜在的责任人,而且环境保护署已经对其签发执行修复行动的行政命令,负有法定修复义务。[30] 与非和解者的介入权一样,非和解者的上诉权也需要符合上述特定的条件。

2. 上诉权行使的特殊主体

在法院批准和解协议过程中,进行介入的责任人享有上诉权,而不管其是否是和解协议的当事人。这里还有一个问题,即符合条件的责任人,没有在和解中介入,其对和解协议能否行使上诉权? 虽然和解结果对其利益有直接影响,但是如果允许其上诉,会造成法律关系的不稳定。因为政府和责任人之所以和解,也是希望能迅速地解决纠纷,不会期望在和解达成后还有其他人对和解协议的效力进行挑战。但是,法院批准和解协议的程序毕竟不同于普通的民事诉讼程序,法院批准的和解协议生效后会对非和解者产生显著影响,因此实践中,上诉法院会允许对和解协议提起上诉。

在 In re: Tutu Water Wells CERCLA Litigation 案[31]中,非和解责任人在地区法院批准和解协议的过程中并没有提交评论,但其对法院批准的和解协议提出上诉。上诉理由集中在实体和程序上。对于实体问题,上诉人认为地区法院完全采信和解当事人提供的关于损害评估的报告是武断的和不合理的。对于程序问题,上诉人认为地区法院没有举行完整的证据性听证会违反正当程序原则。该案中上诉法院并没有讨论非和解者是否具有上诉的资格,而是直接承认其上诉资格;对于上诉人提出的实体程序问题也进行了审理,维持了和解协议。上诉人并没有提供关于污染场地的事实调查和法律结论的任何文件、资料、分析报告等,无法满足举证责任的要求。[32] 相反,如果其能有充分的证据证明和解是在欺诈、误导的情况下达成的,法院也可能会推翻和解协议以实现公平。

3. 上诉权行使的效果

即使责任人行使介入权,初审法院还是倾向作出批准和解协议的司法

---

〔30〕 U. S. v. Southeastern Pennsylvania Transp. Authority,235 F. 3d 817 (3rd Cir. 2000).

〔31〕 Plaskett v. Esso Standard Oil S. A. *In re: Tutu Water CERCLA Litig*. 326 F. 3d 201 (3d Cir. 2003).

〔32〕 C. Travis Hargrove, Settling Environmental Cleanup Cases with Multiple PRP's under CERCLA: If One Party Jumps off the Bridge in Favor of Settlement, You Should Follow. In re. Tutu Water Wells CERCLA Litigation, *Missouri Environmental Law and Policy Review*, 2003,11 (2):204.

同意令,介入权人可以对此提出上诉,但是上诉法院一般会维持一审法院的决定。上诉法院认为在审查政府特别是环保署与责任人达成的和解协议时,需审查该协议是否满足公平合理以及符合立法目的三个要素,环保署作为《超级基金法》的执法机关,行使保护公共利益的职责,并且拥有较多的专业人士和丰富的经验,其所拟议的和解方案符合三个要素,因此法院需要尊重。

但是这并非表明上诉权是没有价值的,U. S. v. Montrose Chemical Corp. of California 等极个别案例推翻了初审法院的决定。[33] 初审法院聘请特别专家来指导和解,政府向特别专家提供了有关全部潜在损害及每个责任人责任比例的信息,但是特别专家并没有向法院提供,初审法院在没有进行独立审查的基础上批准了该协议。初审法院认为提供全部损害及不同被告相对过错程度的信息,与《超级基金法》鼓励尽快和解的目标相悖。上诉法院认为,由于初审法院没有依靠任何关于损害与责任比例的证据就作出决定,构成滥用自由裁量权。[34] 虽然初审法院可以信赖特别专家,但进行独立审查是其职责所在。上诉权能发挥事前抑制和事后救济的功能,就事先抑制而言,它能减少法院不假思索地、没有经过独立审查就批准和解协议;就事后救济而言,上诉法院可能以滥用自由裁量权来推翻初审法院司法同意令。

五、美国环境行政执法和解制度的重要特点

首先,兼顾公平和效率。美国《超级基金法》着眼于历史遗留污染场地的治理,规定了宽泛的责任人,污染物的生产者、污染场地的所有者、排污企业的母公司或其继受者都可能构成责任人,并且一些污染场地在污染形成的较长期限内,存在多个责任人,在此期间公司重组变更或者一些责任人注销,增加了确定责任人的难度。同时由于土壤污染过程的复杂性、交叉性、

---

〔33〕　U. S. v. Montrose Chemical Corp. of California. ,50F. 3d741(9th Cir. 1995).

〔34〕　U. S. v. Montrose Chemical Corp. of California. ,50F. 3d741,747(9th Cir. 1995).

长期性,准确评估土壤污染损害或每个责任人对损害的"贡献"也并非易事。由于污染所造成的对居民身体健康与环境安全的危险迫在眉睫,通过诉讼这种冗长的程序来界定责任可能会延误污染场地的治理。和解能减少政府与责任人在责任界定上所产生的时间与资源浪费,加快污染场地的清理与修复。

在注重效率的同时,《超级基金法》也关注公平。在可能存在多个责任人的情形下,部分责任人与政府和解、部分责任人没有和解的现象客观存在,为鼓励和解而需对和解者采取一些激励措施,这种激励措施会对非和解者产生一定的负外部性。因此法院在解释和解协议中已决事项的范围时,采取限缩的解释方法,使和解者阻却其他责任人分摊请求权的范围仅限于和解协议中已经明确的具体事项,而对和解协议中尚未明确的事项所产生的治理费用不能阻却其他责任人的分摊请求权,使其他责任人不需要承担过重的责任。特别是一些责任人对污染的"贡献"份额大,在政府启动治理的早期,由于损害评估鉴定的不全面而低估责任份额,这些责任人与政府和解,如果阻却日后的一切分摊请求权,也可能产生其通过和解逃避责任的动机。

没有参与和解的责任人对和解协议的介入权与上诉权问题,《超级基金法》本身没有任何规定,法院在实践中逐渐赋予符合条件的责任人介入权与上诉权,如果政府已经对一些责任人签发治理的行政命令或对其提起追偿治理费用的诉讼,这些责任人享有介入权与上诉权。责任人数量较少的情况下,即使没有被要求治理或被起诉,依然享有介入权与上诉权。法院作出如此判决的理由在于任何可能对他人产生不利影响的行政协议需要进行公告、进行听证,使利害关系人有表达自己意见的机会,避免在不知情的情形下被剥夺利益。

其次,符合了合作式治理的潮流。合作式治理是近年来公共管理领域兴起的新理念与新实践,认为虽然政府负有社会管理的法定义务,但政府并非社会管理的唯一主体,应该发挥社会组织、公民等多元主体的作用,使多种资源多种专业参与到社会管理中。合作式治理倡导平等协商,在政府行使公权力的过程中,并不仅仅依赖对行政相对人的强制性权力。通过协商使相对人更加自愿地的配合政府的工作,减少阻却与冲突产生的资源浪费。

合作式治理倡导过程的公开性,在社会治理中,政府积极主动地向社会公开信息,特别是对容易引起关注与质疑的事项及时澄清,减少不必要的误解。合作式治理要求反馈的及时性,对一些公共管理事项,利害关系人会向政府提出意见与建议,政府在整理分析的基础上及时作出反馈,对拟不采用的意见建议作出一定的解释。采用合作式治理有着深刻的社会原因,在现代社会,随着经济社会的发展、市场分工细化以及各种风险挑战的日益增多,政府所要应对的行政事务日益增多,也导致一些国家行政机构日益膨胀,行政权扩大。但是由于财政预算的约束,政府机构不可能无限增加,行政支出的费用也受严格约束,政府也需要能以更小的成本实现行政管理的目标,合作式治理所具有的优点也就自然而然成为政府的选择。

在环境执法与环境治理领域,合作式治理已经成为"命令控制型"治理模式之外的有效方式,美国环境领域合作式治理也不断实践环境协议就是例证。在钢铁、化工、采矿等行业中推行环境污染强制性保险,充分借助保险公司的力量参与环境治理,也是合作式治理的一种形式。在污染场地治理责任纠纷的和解中,政府与责任人就污染场地形成路径、责任人、具体责任份额进行协商,在此过程中也可能会积极引入第三方专业机构的鉴定评估作用。责任明确后,在治理方案的设计、治理期限的安排、治理方式的选择上,也可以通过协商予以确定。特别是一些污染场地规模大、修复所需资金庞大、修复期限长,维护协商有助于及时化解治理过程中产生的意外与矛盾。虽然政府可以通过诉讼的方式要求责任人承担责任,但是诉讼所需时间长,并且容易激化双方的矛盾,使相对人产生阻却的心理,导致本该用于治理污染场地的资金浪费在司法程序中。

再次,司法在完善和解制度中发挥着重要作用。这种作用在《超级基金法》四十多年的实践中比较常见。对于贷款人、排污企业的母公司、破产企业是否应当承担治理责任的问题,法院都形成了一系列明确类型化的标准。对于法院以司法同意令形式批准的和解协议的条件,法院以公平、合理以及符合立法目的三个要素来审视,填补了《超级基金法》本身的漏洞。《超级基金法》规定了三种和解类型,并且规定和解可以阻却其他责任人的分摊请求权,但是对没有参与和解的责任人承担的责任份额没有规定,法院在实践中逐渐形成了责任比例法的主流裁判思路。法院对和解协议中已决事项的范围作出限缩解释,也符合《超级基金法》立法目的。

当然对司法审查的范围,一般是限于污染场地的清理费用或生态环境损害赔偿金,对于协议双方关于清理或修复方案的选择,[35] 由于涉及复杂的环境科学等专业知识,法院一般会尊让协议双方的意思,因为与行政机关相比,法院对于此类问题不具有比较优势,这也是现代社会司法权与行政权的分工所致,法院不能代替行政机关作出决策。

同时,不同法院之间的认识分歧也使法律的确定性与可预期性降低。对没有参与和解的责任人,法院赋予其在批准和解协议的过程中介入的机会,表达自己的诉求,并对法院批准的司法同意令还可以进行上诉。如果政府没有对一些责任人签发治理的行政命令或者对其提起追偿费用的诉讼,这些责任人也没有参与和解,其对和解协议是否具有介入权与上诉权?美国最高法院并没有在这个问题上作出裁判,联邦上诉法院存在一些认识上的分歧,这些分歧反映出不同法官对和解制度的效率与公平价值的认识不同,也反映出《超级基金法》作为仓促出台的法律,本身存在需要完善地方。

六、结　语

在现代国家,修复治理环境污染与生态损害是政府的重要义务,同时也应该看到现代国家政府职能不断扩张,政府需要管理的事物日益增多,单独依靠政府的力量有时会显得捉襟见肘,特别在环境问题下,一些污染场地的形成期限较长、治理成本高昂、牵涉多方利益,因此充分发挥企业等行政相对方的积极性是可行路径,而行政执法和解能减少企业与政府的对抗,是有效的选择。美国《超级基金法》中规定了三种行政执法和解类型:微量和解、行政性和解和以司法同意令的形式批准的和解。微量和解与行政性和解无需经过司法批准,有助于提高行政效率。清理和解需要经过地区法院以司法同意令的形式批准,法院也会倾向于批准该和解,尊重行政机关的决定,

---

〔35〕 李兴宇:《生态环境损害赔偿磋商的性质辨识与制度塑造》,载《中国地质大学学报(社会科学版)》2019 年第 4 期,第 53 页。

这是因为行政机关在管理环境领域事务拥有专业人士、专业技术和专业设备,形成了与法院在知识经验上的比较优势。但同时,由于环境行政执法和解涉及污染场地治理方案的选择、治理责任的配置与治理费用的分担,可能对没有参与和解的当事人形成一定的负外部性,因此司法的审查作用也不可少。美国《超级基金法》几十年来的实践表明,司法在确保和解程序公正和实体公正方面作用不容忽视,非和解者如果不同意和解也可以上诉,只有保障非和解者获得司法救济的权利,才能使和解获得正义。

Abstract: In the field of environmental law enforcement in the United States, the legislation of administrative settlement is relatively perfect, justice is also more developed.

The Superfund Act of the United States stipulates that there are three types of settlement: settlement approved by judicial consent decree、de minimis settlement、administrative settlement. Because of the settlement may cover up the deviation in the determination of remediation responsibility、settlement against the exercise of the claim for apportionment、risk of lack of procedural justice in settlement and the administrative organization claims its rights passively in the settlement, the settlement of environmental law enforcement may impair the rights and interests of the third party. Therefore, it is necessary to carry out judicial review on environmental administrative settlement. The contents of judicial review include: application of the law of pro rata of liability in the action of recourse against non settlement parties, the scope of matters addressed in the settlement agreement shall be construed, Non-settling party should have the right to intervene and appeal in the settlement agreement.

Keywords: settlement The Superfund Act; matters addressed; right to intervene

(特约编辑:叶敏婷)

规制法的体系分析

——评《规制、治理与法律：前沿问题研究》

王瑞雪[*]

内容提要：科林·斯科特教授《规制、治理与法律：前沿问题研究》（清华大学出版社 2018 年版）一书立足于晚近西方规制与治理实践发展，对从"福利国家"到"规制国家"，再到超越规制国家的现代治理网络进行描摹，对政府规制机构与私人规制主体的规制角色、法律约束与责任机制进行探研，勾勒出一个相对完整的"规制组织—规制过程—规制责任"体系分析框架。其问题意识、理论模型和核心观点对中国公法学者构建规制法体系、理解行政法转型均颇具启示。

关键词：规制；治理；行政法；规制法

一、引　言

《规制、治理与法律：前沿问题研究》（以下简称《规制》，引用只注页码）

---

　　* 南开大学法学院副教授，法学博士。本文受教育部人文社科重点研究基地重大项目"规制改革与政务公开"（17JJD820002）资助。

一书为爱尔兰都柏林大学科林·斯科特（Colin Scott）教授的论文结集。[1] 作者深耕规制与法律的结合部多年，仅本书所集结论文的时间跨度即从 2000 年至 2014 年。规制法的体系并不明朗，少有学者归纳出一套可供一般适用的分析框架，这与"规制"本身的内容庞杂密不可分。如斯科特教授所言，规制体系与工具处于当代治理的中心地位，其带来的问题不亚于本身所提供的解决办法（页21）。而本书的数篇论文相互勾连，描摹出一幅相对完整的规制法体系分析图景，或许能够为我们体察诸多现实存在却较难纳入法律分析框架的规制实践提供帮助。

二、规制法的研究范畴

规制法的核心关切一直呈现出较为模糊的状态，这从规制法的学术论著往往先专门探讨"规制"概念即可窥见一斑，《规制》一书中的数篇论文亦如此（如页32、86、115、154、293 等）。这在传统学科中非常罕见，譬如我们很难在大量行政法学论文开篇看到作者表达自己对于什么是"行政"的看法，即使"行政"亦为一个包罗万象的复杂概念。[2]

斯科特教授在专门撰写的总括性首章中指出，规制的核心含义在于指导或调整行为活动，以实现既定的公共政策目标（页3）。在后续篇章中亦将极富争议的"规制"概念纷争进行了解说，根据其与 Robert Baldwin 和 Christopher Hood 教授合编著作中对规制的解读，规制概念有狭义与广义

---

[1] ［英］科林·斯科特：《规制、治理与法律：前沿问题研究》，安永康译，清华大学出版社 2018 年版。斯科特教授为都柏林大学欧盟规制与治理方向教授、社会科学与法学学部主任、平等多样性包容性事务副校长。其先后求学于英国伦敦政治经济学院与加拿大约克大学，先后任教于英国华威大学、伦敦政治经济学院和爱尔兰都柏林大学，并曾在澳大利亚国立大学、墨尔本大学和新南威尔士大学研究访学。斯科特教授著述颇丰，详可见 http://www.ucd.ie/research/people/co-humansciences/professorcolinscott/.

[2] 当然专著或专门性的讨论除外，譬如可见姜明安：《行政法》，北京大学出版社 2018 年版，第 3-6 页。

之分别（页154）。[3]

　　狭义地解读"规制"，其内涵为政府设立的规制机构根据既定的规则对市场主体进行监管，其外延为经济领域所有的政府干预行为，不包括政府直接提供公共服务的活动。虽然其理念与要求甚繁，但核心要点可以概括为两点：第一，规制的主体是政府，规制权是公权力的一种行使方式；第二，在规制语境下，公共服务的直接提供者是市场主体，政府通过监管市场主体达成政策目标，而并非直接提供公共服务。由此所引申出的政府样态，被概括为"规制国家"，[4]与"福利国家"相对应，后者指向国家直接提供公共服务的全能政府（页293）。[5]

　　广义的"规制"概念则囊括了所有形式的社会控制，不仅包括政府的干预活动，还包括市场与社会主体制定规则与实施控制。换言之，"规制"的实质在于权威主体（authority）通过规则进行控制，至于规制主体究竟是政府抑或私人主体则并不是关键要素。

　　与广义"规制"概念紧密相连的，是"后规制国"（post regulatory state）与"规制资本主义"（regulatory capitalism）概念、"规制空间"（regulatory space）理论以及在如今政治学、行政学和公法学界占据重要地位的"治理"概念等。作者使用了"后规制国"来概括淡化公私区分的"去中心化"实践

---

　　[3]　Robert Baldwin, Colin Scott & Christopher Hood, *A Reader on Regulation*, Oxford University Press, 1998. 伦敦政治经济学院法学院 Robert Baldwin 教授是著名的规制学者，其领衔合著的《理解规制》一书是英国引用率最高的规制著作，可见 Robert Baldwin, Martin Cave, and Martin Lodge, *Understanding Regulation (2nd Edition)*, Oxford University Press, 2002. 其领衔主编的牛津规制手册已被译为中文，可见[英]罗伯特·鲍德温、马丁·凯夫、马丁·洛奇编：《牛津规制手册》，宋华琳、李鸻、安永康、卢超译，上海三联书店 2018 年版。牛津大学荣退教授 Christopher Hood 是提出"新公共管理"概念的著名学者，其著作的中译本可见《国家的艺术：文化、修辞与公共管理》，彭勃、邵春霞译，上海人民出版社 2009 年版；《监管政府：节俭、优质与廉政体制设置》，陈伟译，生活·读书·新知三联书店 2009 年版。

　　[4]　英国学者普遍认为"规制国家"是不同于之前的科层制、控制—命令模式和全面干预式政府的国家形式，详可参见 Michael Moran, *The British Regulatory State: High Modernism and Hyper-Innovation*, Oxford University Press, 2003.

　　[5]　虽然与"福利国家"形式不同，但"规制"所调整的核心是社群体系（collectivist system），其目标是纠正市场失灵以满足公众利益，国家介入的是如果没有国家干预就不会发生的经济活动。与之相对的是私人主体自由追求经济目标的市场体系。参见[英]安东尼·奥格斯：《规制：法律形式与经济学理论》，骆梅英译，中国人民大学出版社 2008 年版，第 2 页。

（页*114*、*129*），用"后"来形容从狭义规制概念到广义规制概念的转型。[6] 不过这一概念的描述性超过了理论建构性，尤其在"治理"概念广被接受的情况下并无太多实际意义，"规制资本主义"概念亦类似。[7]

　　"规制空间"理论精义被用以观察规制权威的分散，是对规制权力扩张的一种更为具体的解释方案（页*31*）。该理论指出要占有规制权并有能力实施规制，需要有相关的资源，而资源呈现分散化或碎片化的样态。[8] 这些资源不限于正式的国家权力，还包括信息、财富和组织方面的能力，分散于各种政府主体之间以及政府与非政府主体之间。该理论所提出的解释方案，实际上是认为规制能力、规制角色与规制责任之间互为因果关系，有循环论证之嫌。但其洞见仍对我们理解广义规制概念极有助益，提醒我们不仅公权力可以产生高权关系，私人主体基于信息、财富与组织能力亦有可能成为规制过程中的权威。

　　"治理"也是一个含义丰富、极富争议的概念，可以被概括为一种由共同的目标支持的活动，这些管理活动的主体未必是政府，也无须依靠国家的强

---

　　[6]　斯科特教授 2004 年的论文在使用"后规制国"概念时，引用的对此概念更早讨论为伦敦政治经济学院的著名学者 Julia Black 教授 2001 年的论述，可见 Julia Black, *Decentring Regulation: Understanding the Role of Regulation and Self-regulation in a 'Post-regulatory' World*, Current Legal Problems, 2001, 54(1): 103-104. 而 Julia Black 教授在文中则引用了托依布纳教授更早的讨论，即 G. Teubner, *After Legal Instrumentalism: Strategic Models of Post-Regulatory Law*, in G. Teubner (ed), *Dilemmas of Law in the Welfare State*, 1986. 事实上斯科特教授对"后规制国"概念的使用与阐发在西方学界产生了较大影响，有学者专门对此进行了批判性讨论，认为其有加剧"规制国"概念混淆之嫌。可见[英]卡伦·杨：《规制国》，载[英]罗伯特·鲍德温、马丁·凯夫、马丁·洛奇编：《牛津规制手册》，宋华琳、李鹢、安永康、卢超译，上海三联书店 2018 年版，第 74 页。

　　[7]　著名的规制学者希伯来大学 David Levi-Faur 教授和澳大利亚国立大学 John Braithwaite 教授等人提出的"规制资本主义"概念，意指将公共和私人主体、正式和非正式工具均纳入以规则为治理基础的规制体系。可见 David Levi-Faur, The Global Diffusion of Regulatory Capitalism, *The Annals of the American Academy of Political and Social Science*, 2005, 598(1): 12-32. John Braithwaite, Regulatory Capitalism: How It Works, Ideas for Making It Work Better, *Edward Elgar*, 2008. 对后者的评论参见卢超：《从规制国到规制资本主义——评 Braithwaite〈规制资本主义〉》，载《二十一世纪》2011 年 2 月号。

　　[8]　"规制空间"理论是《规制》一书的重要参考理论，是由 Leigh Hancher 和 Michael Moran 在 1989 年主编著作中撰写的篇章中提出的。Leigh Hancher 为荷兰蒂尔堡大学教授，时为英国莱顿大学博士；Michael Moran 教授是英国公共政策领域的著名学者，生前为曼彻斯特大学教授。可见 Leigh Hancher and Michael Moran, Organising Regulatory Space, in Leigh Hancher & Michael Moran (eds), *Capitalism, Culture, and Economic Regulation*, Clarendon Press, 1989.

制力量实现。[9] Julia Black 教授曾指出"规制"概念较之于"治理"更窄，John Braithwaite、Cary Coglianese 和 David Levi-Faur 教授曾在《规制与治理》期刊创刊号上对二者概念进行过专门辨析，亦认同 Julia Black 教授的观点，认为规制是治理的一大领域，是供给（providing）与分配（distributing）之外的对事物与行为的调控。[10] 笔者认为，狭义"规制"概念与"治理"概念在政府规制与多元主体治理维度恰好相对；引入多元规制主体后的广义"规制"概念与"治理"概念则多有重合。但即使认为权力来源和权力行使方式不再拘泥于公权力和强制力，"规制"也更强调一个主体对其他主体的控制；"治理"概念则更加强调不同主体的相互依赖，强调不同主体共同完成公共目标。

但是，在诸如"元治理""自我规制""规制治理"等实践和理论的冲击下，亦较难把握"规制"与"治理"的分野。"元治理"的洞见最初揭示了政府在治理体系中扮演核心规制角色的地位，后认为这种核心角色也可能由其他主体扮演。[11] 承认治理网络中存在占据主导地位的权威，可以看作是"治理"所强调的合作理念与"规制"所强调的控制理念相互融合。"自我规制"指向企业约束自身行为以达成公共政策目标，由此成为治理网络中的一环。[12]"规制治理"指向融入了治理理念的规制体系，强调行为主体与工具的多元化，但该意涵并非新的洞见，原有概念完全可以表达，新的组合概念反而更

---

〔9〕　参见俞可平主编：《治理与善治》，社会科学文献出版社 2000 年版，第 2 页。

〔10〕　Julia Black, Critical Reflections on Regulation, *Australian Journal of Legal Philosophy*, 2002（27）：1-36. John Braithwaite, Cary Coglianese & David Levi-Faur, Can regulation and governance make a difference?, *Regulation & Governance*, 2007, 1(1):1-7.

〔11〕　关于"元治理"，可见 Bob Jessop, Governance and Metagovernance: On Reflexivity, Requisite Variety and Requisite Irony, in H. Bang（ed）, Governance, *Governmentality and Democracy*, Department of Sociology, Lancaster University, 2003. 俞可平主编：《治理与善治》，社会科学文献出版社 2000 年版，第 79-81 页。

〔12〕　在"自我规制"框架下，企业可以主动自我规制（voluntary self-regulation），国家可以鼓励、威慑与强制企业进行自我规制（enforced self-regulation），当自我规制无效时，或有升级为政府强制性规制的可能性。可见 Christopher Hood, Oliver James & Colin Scott, Regulation of Government: Has it Increased, is it Increasing, Should it be Diminished? *Public Administration*, 2000, 78(2):283-304. 对自我规制的反思性讨论，可见李洪雷：《走向衰落的自我规制——英国金融服务规制体制改革述评》，《行政法学研究》2016 年第 3 期。

容易让人陷入相似概念的甄别难题。[13]

　　笔者认为,如果不完全混淆广义"规制"与"治理"概念,而是承认其在相互交织的基础上仍各有侧重,也可进一步观察认为,斯科特教授的研究虽然关注了"治理",但其核心旨趣更多在于"规制"。其大多论述聚焦于政府或其他主体通过规则对其他主体进行控制之上,对不同主体如何通过合作来共同完成公共治理目标着墨不多。更明确地说,他更关注的更多是规制法,即如何控制规制主体使其合法行事的法,包括在其规则制定、规制策略选择等规制活动中应当受到的合法性控制等;而并非治理法,即不同主体如何相互合作共同实现公共任务的法,包括不同主体设定共同目标、制定与执行规则、相互协商与合作、分担责任的法律框架等。

三、规制法的分析框架

　　斯科特教授并未对规制法的分析框架单独行文,笔者比照经典的行政法框架"行政组织法—行政行为法—行政救济法"的逻辑理路,发现其对规制法中的相应部分大多进行过体系性分析(如图 1 所示)。通过对这些议题的具体阐释,《规制》一书实现了对规制法体系的构筑。

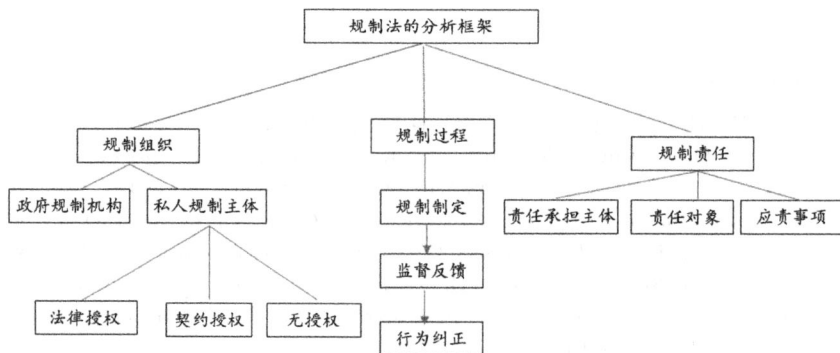

图 1　规制法分析框架

---

　　[13]　关于"规制治理"概念的阐发,可参见 Andrea C. Bianculli, Xavier Fernández-i-Marín & Jacint Jordana (eds), Accountability and Regulatory Governance: Audiences, Controls and Responsibilities in the Politics of Regulation, *Palgrave Macmillan*, 2014;《规制》第 4-5 页。

(一)规制组织

将规制主体根据公私性质进行简单划分,可以分为政府规制机构与私人规制者两大类。在政府规制体系下,斯科特教授重点描摹了独立规制机构,认为其与传统行政组织相比,政治考量更少,专业性更强;更加强调规则而不是裁量(页293)。作者反复强调这一经验源于经合组织国家,但实际上规制过程充满地方性知识,各国情况也殊为不同。譬如与国内偏好私人经济活动的文化密切相关,美国通过独立规制机构导控社会经济的历史很长,新政时期即迎来了关键发展期;[14]而英国在 20 世纪八九十年代国家从重大经济活动中退出后才逐渐建立起独立规制机构。笔者认为,无论历史渊源和形式类型上有何不同,现代法治精神对政府规制机构的核心要求在于,以普遍适用的、具有稳定性的产业政策与行政规则为基础对被规制主体进行平等监管,避免政府通过直接决定的方式偏袒部分企业的情形,避免以"父爱主义"精神直接干预市场分配,甚至以"裁判员"之名行"运动员"之实。

斯科特教授以权力来源为标准,将私人规制者分为三类:第一,法律有明确、正式授权的私人主体;第二,权力源于其他主体自愿让渡的私人主体,即通过契约获得正式控制权力的组织;第三,没有源自法律或契约的授权,但基于权威、信息、组织与财富等扮演规制角色的私人主体(页92)。笔者曾试图将私人规制者进行描述性分类,按照规制权力行使方式粗略分为作为规则制定者、认证认可者、看门人和纠纷解决者的私人主体,认为在制定、实施与执行规则之中的任一环节享有权力和权威即可被认定为私人规制者。[15]斯科特教授也提及了有能力负责标准的制定、监督与执行,而无需其他组织的干预的私人主体,信用评级机构和一些非政府组织甚至被称为"私人寡头组织形式"(页103)。笔者认为,无论是揭示权力性质的类型化方案,抑或描述权力的行使方式,核心关切均并非仅仅停留在将私人主体纳入公共治理网络,更重要的是关注其行为的合法性和有效性,设计相应的规

---

〔14〕　关于美国独立规制机构的梳理,详见宋华琳:《美国行政法上的独立规制机构》,《清华法学》2016 年第 6 期;任肖容:《论美国独立规制机构的独立性》,南开大学 2017 届硕士毕业论文。

〔15〕　王瑞雪:《论多元主体分担人权责任的类型与机制》,《浙江学刊》2018 年第 2 期。

范框架，设计相应的问责与约束机制。此外，全球行政法中的组织形态亦可以大致分为政府组织和非政府组织，斯科特教授在欧盟、经合组织和全球视角下进行了具体分析，着重关注了非政府组织的作用（页243）。[16]

（二）规制过程

斯科特教授在不同篇章中反复引用了 Christopher Hood、Henry Rothstein 和 Robert Baldwin 教授提出的一般控制体系分析框架[17]来进行描述规制过程（如页114、226、264）。即（1）某种标准、目标以及价值，用以对其所控制的环境中的进程进行衡量；通过（2）某种监控和反馈机制，进而触发（3）某种形式的措施，去根据既定目标对控制变量进行调整。

第一，规则制定。规则与裁量在公权力行使中均占据重要地位，但在规制法论域，更加强调通过规则制定提升规制的正式程度，并相对减少裁量的适用，以此实现更加合理、公平、平等的规制。软法规范业已成为提供规制规则的重要渊源，成为政府规制机构和私人规制者的共同选择（页130），也有学者认为其为公共治理的核心特征之一。[18] 软法是虽然不能由国家强制力保障实施但却能够产生实际影响的规则。[19] 一方面，政府通过指南等软法规范，在不动用正式立法程序的情况下影响相对人的行为选择；另一方面，在难以制定和实施硬法的领域，私人主体通过软法规范，制定在共同体

---

〔16〕 全球规制组织形态可以分为五类，分别为正式的政府间组织的规制、跨政府组织网络、各国规制机构实施的行政规制、政府和私人主体组成的混合行政、国际非政府组织的治理。参见〔美〕本尼迪克特·金斯伯里、尼科·克里希、理查德·B.斯图尔德：《全球行政法的产生》，《环球法律评论》2008年第5期；宋华琳：《全球规制与我国政府规制制度的改革》，《中国行政管理》2017年第4期。

〔17〕 Christopher Hood, Henry Rothstein & Robert Baldwin, The Government of Risk: Understanding Risk Regulation Regimes, Oxford University Press, 2001:23-27.

〔18〕 Orly Lobel 教授提出的规制的新治理模式包括八个维度，其中之一即为软法。参见〔美〕奥利·洛贝尔：《新新政：当代法律思想中管制的衰落与治理的兴起》，成协中译，载罗豪才、毕洪海主编：《行政法的新视野》，商务印书馆 2011 年版，第 108 页；〔美〕奥利·洛贝尔：《作为规制治理的新治理》，宋华琳、徐小琪译，载冯中越主编：《社会性规制评论》第 2 辑，中国财政经济出版社 2014 年版，第 127 页。

〔19〕 罗豪才、宋功德：《软法亦法：公共治理呼唤软法之治》，法律出版社 2009 年版，第 3 页。罗豪才教授亲自投入并组织学者深入软法研究，一个简要的梳理可参见王瑞雪：《我国软法理论的溯源、建构与发展》，《学习与实践》2017 年第 9 期。

内部被接受与认可的规则，为各方主体各行其是提供框架。软法的理念并非是将非正式的规则笼统地赋予"法"的地位，而是更加关注将法的价值和原则注入非正式的规则，同时增加治理工具的宽容性、灵活性。[20] 斯科特教授引用 Colin Diver 教授的分析框架，将透明度、可及性（accessibility）和一致性认为是规则应当普遍遵循的价值（页70）。在这一议题上桑斯坦教授亦有洞见，认为避免不合理与不公正是解释和发展规制法体系最需要注意的核心价值。[21]

　　第二，监督与反馈。规制主体获取被规制主体信息以发现偏离规则的行为，是监督与反馈机制的关注重点。在完整的规制链条下，企业自我规制是监督与反馈机制的第一道防线，企业自我规制既有可能出于企业防控风险的自愿需求，也在很多情形下出于法律的强制要求。[22] 市场监督机制是第二道防线，处于更优势地位的关联市场主体，基于其商业模式可以建立起有效的信息反馈机制。譬如现代法律已经向互联网平台课以收集并汇报入驻商家违法信息的相应义务。[23] 而消费者揭发其购买产品所存在的问题等，在过去是一种"单薄的"市场反馈机制（页224），而晚近消费者评价实际上已经成为互联网业态中商家构建"信用"的基础，被称为"众包"式的信息反馈机制（页9）。在这个意义上，淘宝、大众点评等平台上的买家评价，不仅是其商业模式的一部分，也是现代信息反馈机制中的一环。政府规制则是第三道防线，常态化而非运动式的行政检查、行政调查制度以及更为精确便捷的政府部门间监管信息共享体系，是完善政府监督与信息反馈机制的重要维度。[24]

　　第三，行为纠正。对偏离规则的行为进行纠正的机制，是规制体系的第

---

〔20〕　参见王瑞雪：《公共治理视野下的软法工具》，《财经法学》2020 年第 4 期。

〔21〕　参见［美］凯斯·R. 桑斯坦：《权利革命之后：重塑规制国》，钟瑞华译，中国人民大学出版社 2008 年版，第 193 页。

〔22〕　参见谭冰霖：《论政府对企业的内部管理型规制》，《法学家》2019 年第 6 期。

〔23〕　譬如《中华人民共和国食品安全法》第 62 条第二款规定，网络食品交易第三方平台提供者发现入网食品经营者有违反本法规定行为的，应当及时制止并立即报告所在地县级人民政府食品药品监督管理部门；发现严重违法行为的，应当立即停止提供网络交易平台服务。

〔24〕　参见施建军：《简政放权背景下的市场监管模式创新——基于"互联网＋信用＋大数据"模式的工商监管》，《中国工商管理研究》2015 年第 6 期。

三个要素，其实这也就是我们通常研究的规制工具。斯科特教授主张以政府规制的"执行金字塔"为基础，同时通过"执行网络"的形式，吸收私人主体的执行能力（页*11*）。一方面，Ayres 和 Braithwaite 教授建立的"执行金字塔"模型，[25]为分析大量正式与非正式的政府执法方式设定了分析框架。[26]另一方面，"执行网络"也纳入了私人主体，法律或契约授权的私人主体，譬如行业协会等，可能拥有认证认可等权力从而进行正式制裁，其亦应当以教育、警告为在先手段，审慎行使权力；基于其他资源进行规制的主体则可能通过提起诉讼、信息公开等形式影响被规制主体的行为选择，典型的譬如商业评级机构等。不过斯科特教授并未明确提及规制工具选择的具体方案。[27]值得注意的是，行为纠正机制无法有效容纳规制主体的风险规制行为[28]和助推行为等[29]。结合相关理论要义，行为纠正机制或许修正为行为型塑机制更为周延。

---

〔25〕 "执行金字塔"模型从上到下依次是吊销许可、暂停许可、刑事处罚、民事处罚、警告信、劝说。制裁程度较低的手段最为常用，譬如教育、劝诫、警告等；正式执行措施的使用更为审慎，譬如民事制裁、行政处罚和刑事制裁等。回应型规制要求从金字塔底端向上回溯，扩大底端手段的应用。详可见 Ian Ayres & John Braithwaite, *Responsive Regulation：Transcending the Deregulation Debate*, Oxford University Press, 1992.

〔26〕 罗豪才教授和宋功德教授在主张公法应当回应公共治理实践时曾提出了按照具体情境建构各类强弱程度不等的公法关系的主张，依照由弱到强的排列形成一个由建议类、契约类、审批类、命令类、处罚类共同构成的行为方式谱系。参见罗豪才、宋功德：《公域之治的转型——对公共治理与公法互动关系的一种透视》，《中国法学》2005 年第 5 期。重视规制手段的选择与不同领域内不同目标的相适应性问题的讨论，亦可见江必新：《论行政规制的基本理论问题》，《法学》2012 年第 12 期。

〔27〕 可参考宋亚辉教授对规制工具选择相关考量事项的详细列举，包括信息成本、执法成本、起诉动力、责任财产不足、逃避追诉的可能性、不确定性、财政约束、法律的不完备程度、加害行为的可标准化程度、社会的变化速度、预期负外部性、法律传统、执法激励、规制俘获、腐败、道德风险等。可见宋亚辉：《论公共规制中的路径选择》，《法商研究》2012 年第 3 期。

〔28〕 风险规制行为要求决策于未然，相关研究可见沈岿：《风险规制与行政法新发展》，法律出版社 2013 年版；金自宁：《风险中的行政法》，法律出版社 2014 年版等。

〔29〕 助推是指运用非强制的选择框架，先对人们的行为模式进行预测，并根据其可能的偏误或行为趋势设计相应的手段，来影响人们的实际行为选择。关于其的精到讨论，可见张力：《迈向新规制：助推的兴起于行政法面临的双重挑战》，《行政法学研究》2018 年第 3 期。详可见［美］理查德·泰勒、卡斯·桑斯坦：《助推：如何做出有关健康、财富与幸福的最佳决策》，刘宁译，中信出版集团 2015 年版。

（三）规制责任

当实践中规制权力并非完全集中于政府部门时，就很容易发生权责不对应的情形，甚至发生难以准确找到责任主体、确定责任承担方式的情形，因此规制责任就成为公法学者最为关注的问题。[30] 斯科特教授对规制责任的分析框架为，首先区分"谁当被问责"、"向谁负责"和"就什么事项负责"三组问题；进而将问责形式区分为向上级部门负责、向平行部门负责和向下级组织与群体负责；同时根据经济价值、社会/程序价值和持续性/安全价值来考察责任事项（页292）。笔者亦曾撰文分析治理责任，从责任承担主体、责任对象、责任承担标准、须负责的事项、程序性要求以及责任产生的结果六个方面展开讨论。[31] 无论何种分析框架，规制责任的核心要义为对规制主体进行合法性与正当性的控制，即使公共权力的行使更趋碎片化，公共责任也不能够减弱。原则上，须将各种问责形式扩展至此前不受此类约束的主体，扩大问责所捍卫价值的范围，以及引入新的主体来实施问责（页298）。具体地，规制责任须在具体领域、具体事项上针对不同主体进行分别厘定，笔者认为角色、能力与获益等要素可以作为厘定责任的相关标准。[32]

四、结语：行政法视角下的规制法

"规制"作为一个研究议题，很难成为具有独立方法论和分析方法的学

---

〔30〕 早在英国规制变革早期，Martin Partington 教授即呼吁公法学者关注这一问题，更好地回应实践发展（第289页），可见 M. Partington, The Reform of Public Law in Britain: Theoretical Problems amd Practical Considerations, in P. McAuslan and J. McEldownwy (eds), Law, Legitimacy and the Constitution, *Sweet & Maxwell*, 1985:196. 高秦伟教授对此亦曾进行详细讨论，指出对于承担行政任务的私人主体，不仅仅要有来自于行政机关的监管，而且也应该有来自于独立的第三方、私人主体本身的监管及自律，进而实现传统行政法中正当程序、理性、平等、公众参与、公开等公法价值。参见高秦伟：《私人主体的行政法义务》，《中国法学》2011年第1期。
〔31〕 王瑞雪：《论行政法上的治理责任》，《现代法学》2017年第4期。
〔32〕 同上注。

科领域，有时被相关学者归入自己所属学科作为子学科，如规制经济学；有时被作为一个跨学科或交叉学科领域，囊括经济、政治、社会、法律等诸多知识。[33] 具体在法学领域，规制也是一种法律学科内的整合，不只是行政法，甚至也不只是公法，而是为彻底解决法律问题而综合运用各种法律手段、法律机制和法律思想的理论。[34]

　　然而观察具体著述，相关学者探研规制即使涉猎了其他学科文献，本质上也极具本学科学术关怀。更明确地说，行政法视角下的规制法，即使在研究视角上与传统议题各有偏重，也仍在行政法的核心关怀之下，譬如美国经典的行政法教科书即以"行政法与规制政策"为题；[35] 阿斯曼教授将德国20 世纪 90 年代以来的行政法发展冠以"行政法学视为管制（调控）学"；[36] 皮特·卡恩教授提出了作为规制的行政法。[37] 斯科特教授对规制的研究亦如此，虽然《规制》一书甚少采用传统的行政法分析框架，但作者数度强调了公法视角（页68、92、252、288 等）。其所关注的制定平等适用的规则、约束与监督规制权力的行使、注重治理主体的责任，均为行政法核心价值对规制法的型塑。换言之，如果"规制"的核心意涵在于控制，那么"规制法"的旨趣则在于控制控制者，在于在追求如何依法实现规制任务的同时，并关注规制的合法性，包括规制主体的合法性，规制工具的合法性，规制程序的合法性，规制者的法律责任。这也与行政法和行政学的学科分殊两相统一。规制法旨在对规制主体的权力行使进行控制，对被规制主体和公众权利进行保障。因而虽然相较于传统行政法，规制法更侧重于以问题为导向，但其在

────────────

〔33〕［英］罗伯特·鲍德温、马丁·凯夫、马丁·洛奇：《导论：规制的领域及规制议程的发展》，载［英］罗伯特·鲍德温、马丁·凯夫和马丁·洛奇编：《牛津规制手册》，宋华琳、李鸻、安永康、卢超译，上海三联书店 2018 年版，第 12 页。

〔34〕朱新力、宋华琳：《现代行政法学的建构与政府规制研究的兴起》，载《法律科学》2005 年第 5 期。

〔35〕Stephen G Breyer, Richard B Stewart, Cass R Sunstein, Adrian Vermeule & Michael Herz, Administrative Law and Regulatory Policy: Problems, Text, and Cases (8 edition), Wolters Kluwer Law & Business, 2017.

〔36〕［德］施密特·阿斯曼：《秩序理念下的行政法体系建构》，林明锵等译，北京大学出版社 2012 年版，第 20 页。

〔37〕［澳］彼得·凯恩：《作为管制的行政法》，付宇程译，载罗豪才、毕洪海主编：《行政法的新视野》，商务印书馆 2011 年版，第 77 页。

寻求符合公共利益的规制目标和与之相匹配的规制手段的过程中,核心关切仍在于确保规制合法性的基础上进而实现规制有效性。[38]

可以说,斯科特教授的《规制》一书,既在国内具体领域的规制、欧盟治理、全球规制等议题上结合大量实证材料给我们带来了智识启迪,更对我们体察规制法的核心意旨、理解行政法的疆域扩展有所助益。如今中国所处的"三千年未有之大变局"仍在延续,我国公法学人面临着无比丰富的亟待理论回应的实践素材。[39] 建立和发展规制法理论,既是学术旨趣,或许也是时代任务。

(特约编辑:叶敏婷)

---

[38]　针对此议题对行政法理论的影响,可参考沈岿教授对监控者角色和管理者角色的抽象与讨论。参见沈岿:《监控者与管理者可否合一:行政法学体系转型的基础问题》,《中国法学》2016年第1期。

[39]　参见沈岿:《公法变迁与合法性》,法律出版社2010年版,后记。

认真对待规制

——评《规制、治理与法律：前沿问题研究》

陈　明[*]

内容提要：面对纷繁复杂不断变动的社会关系，精妙的规制理论体系展现出强大的描述力和解释力。遵循"规范—反馈—行为纠正"的逻辑架构，现代丰富的规制活动可根据不同的规制主体提炼为多样化的控制模式。法律仅是政府规制模式下的规范表现，而自我规制和元规制则是政府规制的替代方案，共同实现善治。随着公法学研究疆域的拓宽，公法学的研究对象也不仅限于以国家和政府为单一中心，进而公法学的研究与规制理论存在一定的耦合性。对于规制理论体系的重视，有助于公法学研究的纵深化。

关键词：规制理论；控制模式；公法学；研究范式

一、引　言

自 1887 年美国政府成立第一个独立规制机构（即美国州际贸易委员会）以来，"规制"逐步发展成为当代政府实践的重要理念和工具。斯科特教授的《规制、治理与法律：前沿问题研究》深度观察和描绘了英国、美国、澳大利亚、爱尔兰等国的规制图景，并揭示规制理论的发展脉络和学术争论。尽管该书由斯科特教授论文汇编而成，但也难掩其问题前瞻性、理论体系性、研究实用性的特点。值得一提的是，本书论文选编皆由斯科特教授亲自完

---
* 浙江大学光华法学院博士研究生。

成,并撰写《导言》以飨中国读者,无形中给大家学习规制搭建了一座天梯。莎士比亚曾言:"一千个人眼里,有一千个哈姆雷特。"囿于不同学科背景,政治学、经济学、管理学、法学等多学科研究人员带着"前理解"阅读本书时,都会有别样的体验和收获。这也正是斯科特教授的深厚功底所在,能够娴熟地驾驭交叉学科的研究思路和工具。作为研习公法的一员,阅读本书时,我们需要冷静地与法律保持一定的距离,去思考和观察政府管理中规制理念的演变,以及规制理论的多学科解读。在此基础上,我们再精准地拷问和回答,什么是规制给公法的贡献,而什么又是公法给规制的贡献?

二、规制体系的分析框架

斯科特教授在多篇文章中,都借助当前共识性的规制分析框架作为研究的基石。这种分析框架把规制体系视为一个控制系统。围绕控制论的要素,规制的内涵以最狭义的定义为起点,而不断得到延伸。在最狭义的视角中,规制理论的功能是对规制机构根据既定规则监督合规情况。从最广义的角度来看,规制包括所有形式的社会控制。[2]

在最狭义的视角出发观察规制体系,其涉及多个主体,并蕴含某种类型的标准、探查偏离标准行为的手段以及纠正行为,简要地可以概括为"设定规范—合规监督—纠正行为"。此种分类框架以政府规制为蓝本,体现了"命令—控制型"的控制模式。毋庸置疑的是,以行为为基础的分析框架,能够清晰地展现规制的运作过程,但是也存在一定的局限性。斯科特教授运用的"规制空间"理论恰恰印证了这种分析框架的不足:一是伴随自我规制、元规制的发展,规制的行为已经不能简化为"命令—控制"型。但是"设定规范—监督合规—纠正行为"的线性逻辑,依旧是对"命令—控制"型的应用和具体化;二是规制权力的分散,主体之间的权力会产生转换和互动,比如规制者对被规制者实施规制的同时,被规制者也会对规制者进行规制。以传

---

〔2〕 参见[英]科林·斯科特:《规制、治理与法律:前沿问题研究》,安永康译,清华大学出版社 2018 年版,第 154 页。

统政府规制为起点建立的分析框架过于静态,缺乏对动态规制关系的解释力。斯科特教授并非对这种缺憾熟视无睹,他援引和发展莱斯格的控制机制四分法,即法律、社会规范、市场和架构,就充分地说明他对规制机制发展的关切。[3] 因此,我们不难发现其运用简约的控制系统,主要是对政府规制进行讨论。即使是对规制新发展的讨论,也是将政府规制作为一个起点,进而讨论自我规制和元规制产生的机理。

为了更为全面地把握斯科特教授的规制理论,下文的展开将不限于以行为为基础的规制体系分析框架。一种修正的尝试是建立规制分析的"三个立体面"和"一个动力"。三个立体面包括规制主体、规制实施机制和规制的公共问责,一个动力则是指规制管理(regulatory management)。其中规制实施机制是建立在对斯科特教授对控制机制的分类上,即科层、社群、竞争和设计。"设定标准—监督合规—纠正行为"是内嵌于规制实施机制中的微观分析路径成为内嵌的分析路径。"三个立体面"主要是将政府规制、自我规制、元规制进行隔离观察,而规制管理则有力地成为连通规制体系之间的桥梁。规制管理使得规制的实施成为一个闭环,覆盖事前到事后的规制影响评估。[4] 各国出于行政成本的考量,运用规制工具,推动规制实践和理论的发展。这也是长期被以合法性为中心的公法学研究所忽视的一块"荒地"。[5]

三、政府规制:作为规制的起点

规制的基点是政府与市场的二元对立。对于产生于西方的规制理论,必须把握好"政府—市场"的基本格局。西方各国的政府与市场的力量对比

---

〔3〕 参见［英］科林·斯科特:《规制、治理与法律:前沿问题研究》,安永康译,清华大学出版社 2018 年版,第 272 页。

〔4〕 Christiane Arndt, Sarah Hermanutz, Céline Kauffmann & Rebecca Schultz, Building Regulatory Policy Systems in OECD Countries, OECD Publishing, 2016.

〔5〕 国内相关研究,可参见王瑞雪:《公共治理视野下的软法工具》,《财经法学》2020 年第 4 期。

并非都是一致和同步的。因此规制理念在不同国家的发展脉络具有一定的差异性。同时,尽管各个国家引入规制理念,调控市场,维护公共利益,但是受制于政府体制的差别,规制实践的路径也会发生偏差。由此,在理解政府规制的理念发展和工具运用时,我们需要牢记时空的差异是观察和讨论的基本前提。

(一)政府规制的背景:规制国

规制国是一个描述性概念,其体现的本质理念在于控制,主要包括三个要素:目标要素(设定法律规则或标准)、反馈要素(监督)和调整要素(对违法和违反标准行为实施制裁)。乐观的人会认为通过识别政府管理中的三个要素,就能够对国家是否是规制国做一个定性,但显然这项任务是艰难的。

斯科特教授引用莫兰的观点,分别概括英美规制国的发展进程。莫兰以国家对私人经济活动的导控为分水岭,认为美国规制国的关键时期是新政时期,然后在权利革命中达到顶峰。[6] 英国规制国的兴起则是源于 20 世纪 90 年代国家从重大经济活动中退出,专业精英主导的"俱乐部政府"(club government)削弱,国家内规制权力走向集中化。基于莫兰的观察,相较于美国,英国政府大规模地介入社会经济活动时间迟了接近半个世纪。但是,茱莉娅教授却称在规制国概念产生的前 50 年,"维多利亚的政府革命"诸多措施就已经显现规制国的特征。19 世纪末期,英格兰和威尔士规制机构的兴起,各类委员会开始执行与日俱增的规制任务。[7] 20 世纪 50 年代,英国政府通过公用事业的公有制加强对社会经济活动的高度控制,通过民选政治家组成的政府部门直接提供服务。[8] 进入 20 世纪 60、70 年代,英国的政府体制改革,一部分现有机构通过重组成为规制机构,一部分则在不改变形式的基础上,承担规制任务。从英国和美国规制国的发展道

---

〔6〕　森斯坦的观点,转引自 Michael Moran, The rise of the Regulatory State in Britain, *Parliamentary Affairs*, 2001,54(1):116.

〔7〕　Julia Black, Tensions in the regulatory state, *Public Law*, 2007(Spring):59.

〔8〕　M. Moran, The British Regulatory State: High Modernism and Hyper-Innovation, Oxford University Press, 2004:7.

路,我们发现美国的"规制国"产生于应对市场失灵的基础之上,而英国的现代规制国则是建立在民营化的基础上。英国在国家对经济活动放开直接控制的时候,需要对市场经济进行强有力的调控。

欧盟层面的规制国发轫于欧洲统一市场建立,主要特征是由国家垄断的公用事业领域实现自由化、设立独立机构促进竞争。欧盟中规制国的发展,与英国具有某种程度的相似性,都是以建立市场作为规制发生的前提。此外,斯科特教授还考察了其他经济合作组织国家规制国的不同模式,比如二战以后,日本经济活动的展开是以统一的国家部门为主导,与具有影响力的企业形成密切、非正式的关系。这种治理模式中缺乏正式和司法式的执行风格。[9]

从美国、英国、欧盟和日本等国(超国家组织)的规制国发展来看,所有发展路径的选择无不基于"政府—市场"强度的对比。规制理念只是在寻找政府和市场力量悬殊之间的平衡点,比如美国的"大市场—小政府",英国和欧盟的"大政府—小市场"以及日本的"政府—市场的纠缠"。规制国的产生和发展,能够让我们清晰地认识到规制理念是如何进入政府实践中的。这个可以被视为对于规制正当性的粗糙回答,也可以被当作对规制的宏观权力运作机制的解释。在这个背景下,下一步的工作是回应政府规制是如何展开的。这不仅是一个微观技术性的应用,包括规制规范的制定、监督合规的方式,更关涉规制的规范性,包括规制主体权力正当性、规制的公共问责等。

(二)政府规制的体系化构造

斯科特教授的行文中,政府规制永远是理解规制理论的起点。纵使谈到自我规制,政府规制所建构的体系理论也是有效的坐标系。按照上文所提出的分析框架,我们现在对斯科特教授所描绘的政府规制体系理论做一个概览。为了更为深入地理解规制体系,其他学者的相关观点和争论也会纳入观察的视野。

---

〔9〕　参见[英]科林·斯科特:《规制、治理与法律:前沿问题研究》,安永康译,清华大学出版社 2018 年版,第 117 页。

1. 规制主体

在政府规制中,规制主体讨论的核心问题是规制权力的来源。依据规制的实施机制,规制权力又可以拆分为设定标准的权力,监督合规的权力和行为纠正的权力。不同的国家基于国情,对规制权力进行合理地配置,主要分为两种模式:

一是以美国为代表的权力集中式设计。美国国会通过制定法律,成立独立规制机构,独立规制机构享有所有的规制权力,比如联邦通讯委员会、联邦证券交易委员会等。[10] 美国的规制机构一定程度上独立于行政机关,其被赋予的期待是要走出政治纷争的沼泽,弱化党派和利益集团的影响。尽管后期的"规制俘获"理论证明了这种努力的徒劳,但是该机构的运作突破了美国宪法"立法禁止授权"的规定,体现了规制国的不断壮大。[11]

二是以英国为代表的权力分散式设计。英国的规制权力分散在部长、特殊机构和法院之间:部长基于议会授权制定规则,特殊机构负责执行规则,而相关争议交由法院裁判。这一规制分权式的规制体制源于 1988 年撒切尔政府开始的下一步行动改革。为了减轻政府的行政负担,中央政府将决策权和执行权分离,执行权交予半自治机构行使,即执行局。[12] 目前,大多数的国家均与英国相似,采取规制权力分散的制度设计。

上述的划分不是绝对的,同一个国家的规制权力的设计有可能混合两种模式。规制主体的权力设计依赖于规制事项,需要个案性的观察,比如英国对公用事业民营化的规制有向美国集权模式演进的倾向。

2. 规制实施机制——科层制

在控制论下,科层制下的规制实施机制划分为三个阶段:设定规范、合规监督、行为纠正。从斯科特教授等学者的规制研究来看,在政府规制中,

---

〔10〕 美国独立规制机构在成立初期,并非集立法、行政和司法权为一体。随着社会管理需求,独立规制机构的功能才不断强大。具体论述参见宋华琳:《美国行政法上的独立规制机构》,《清华法学》2010 年第 6 期。

〔11〕 有关美国的规制失灵相关论述,可参见〔美〕凯斯·R. 桑斯坦:《权利革命之后——重塑规制国》,钟瑞华译,中国人民大学出版社 2008 年版。

〔12〕 关于下一步行动计划的介绍,可参见〔英〕彼得·R. 莱兰:《英国行政法教科书》,北京大学出版社 2007 年版。

设定规范和行为纠正是研究兴趣点所在,围绕此展开了许多有创见的讨论,而监督合规的研究则略显单薄。

设定规范是规制的灵魂,关系到规制的执行,也与后期规制效果的评估密不可分。一般规制的分析路径是需要确定规制目标、设计规制手段,实现手段和目标之间的匹配度。[13] 规制规范中承载分析路径中取得的成果。通过设定规范,约束规制者的行为,防止专断和恣意,也让被规制者清楚地预见行为后果。在一般层面,抛开规制规范的实质内容,规制规范的强度是技术性难题。[14] 茱莉娅教授概括规制规则的四个面向,包括实质(内容),特征(允许还是命令),地位(强制力和制裁性)和结构,其中结构是最为复杂的,涵盖适用空间、精确还是含糊、简单还是复杂、清晰还是不清晰。[15] 因此,规制规范强度的选择,游走在灵活性和普遍性、确定性和精确性张力之间。斯科特教授吸纳布雷斯韦特教授对于养老院监管的规范制定的实证考察,将规范分为规则(rules)和原则(standards),前者是详细性规范,后者是一般性规范。[16] 无论是详细性立法还是一般性立法,都有其优势和弊端:从规制者来看,详细性立法能够缩小执行的裁量空间,确保执法的公正性,但是难以运用妥当的立法技术,来涵盖所欲实现的规制目标。反之,一般性立法则会增加执法成本,并且依赖内部实践和自我监督,具有较高的信任要求;从被规制者来看,企业倾向于创造性地合规(creative compliance),通过详细立法实现严格控制的目标,往往都会落空。由此来看,制定规制规范,要充分考虑到裁量权的行使、守法程度、执法效果等多个层面。目前,更多的规制规范采用一般性标准,并通过各种机制对标准进行细化。上述规范都由具有规制规范制定权的机构制定,具有普遍适用性和直接的法律效力。

除了规则和原则的运用,规制规范中还有不具有普遍适用性和直接法

---

〔13〕 胡敏洁:《规制理论是否足以解释社会政策》,《清华法学》2016 年第 3 期。

〔14〕 Antony Ogus, Rules and Regulators, *Public law*, 1997(Winter):728.

〔15〕 英语世界不同的作者对于 norm, rule, standard, regulation 等词的理解和用法存在差异。笔者倾向于将规范作为上位概念,下属 rule(规则)、standard(原则)等。据此,茱莉娅教授的 rule (规则)界定为广义的规范更为妥当。

〔16〕 具体的论述可参见 John Braithwaite & Valerie Braithwaite, The Politics of Legalism: Rules Versus Standards in Nursing Home Regulation, *Social & Legal Studies*, 1995,4(3):307-342.

律效力的情形,前者比如通过契约设定的规范,后者比如"软法"。政府通过契约设定规范,主要存在于公共采购领域。政府与供应商签订契约,明确产品提供的标准,甚至包括第三方对供应商的监督以及违约的制裁机制。[17]这类规制规范是一种"点对点"的设置,直接效力发生于政府与供应商之间。在特许经营契约中,契约设定的服务、商品提供标准也会影响受益者。在外包日益增多的当下,斯科特教授关注到政府通过契约设置规范,但是其缺乏对于契约条款与实定法关系的讨论。契约条款是来源于对实定法规范的背书,还是对实定法规范的补充,抑或是超越实定法规范。在不同性质的条款下,对规制规范来源、效果的讨论会走向不同方向。此外,政府还会运用软法设定规制规范。斯科特教授以荷兰灾害管理的指导性文件为例,肯定了软法在操作上留下解释的空间,更加便于执行。同时,他犀利地指出在官僚体制下,上级的指导性文件实质上被下级严格地遵守,使得"指导性"丧失,由"软法"变为"硬法"。[18]斯科特教授敏锐地将现实上的规制规范进行三分,但不能忽略的是,政府规制中通过立法形式(包括立法机关立法和行政机关立法)制定的规制规范是政府规制最常见的形式。

　　以立法形式的规制规范作为主要基础的合规监督,联通了规范设定和行为纠正。斯科特教授将合规监督视为一种信息反馈机制。在政府规制中,获得授权的公共机构搜集信息、检查现场或接受投诉。[19]尽管在文集中,斯特特教授未就合规监督展开深入讨论,但却指明了探究的方向。其一,如何界定"授权的公共机构"。在行政法语境中,行政调查虽然一般不具有终局性的效力,但是该行为也要受到一定程度法约束,[20]是否有权进行调查就是最基础的问题,比如英国。其二,如何构建监督机制。信息不对称

----

〔17〕 参见[英]科林·斯科特:《规制、治理与法律:前沿问题研究》,安永康译,清华大学出版社 2018 年版,第 68 页。

〔18〕 由罗豪才教授提倡的软法治理在我国越来越受到重视,相关的论述参于罗豪才、宋功德:《软法亦法:公共治理呼唤软法之治》,法律出版社 2009 年版。对于软法与硬法治理的规制问责问题还可以进一步讨论,尤其在我国当下规范性文件附带审查制度被纳入行政诉讼,给我们观察这一问题提供了管道。

〔19〕 参见[英]科林·斯科特:《规制、治理与法律:前沿问题研究》,安永康译,清华大学出版社 2018 年版,第 8 页。

〔20〕 关于行政调查与法的约束程度讨论,参见[日]盐野宏:《行政法总论》,杨建顺译,北京大学出版社 2008 年版,第 171 页。

是政府规制中的一大难题。如何建立合适的信息搜集方式和机制,是合规监督的关键。

行为纠正是确保规制效果的重要环节,能够纠偏被规制者不合规的行为,维护公共目标。为了更好地实现规制目标,规制者会采取因情况而定的执法策略。依据执法的强制性,可以分为威慑式进路和建议与劝服式进路,前者指的是对抗式执法,强调对违反规则行为的制裁;后者则强调合作式执法,强调调解而非强制。[21] 两种执法方式在功能、手段到纠纷解决路径等方面都有显著差异(见表 1)。

表 1 威慑式进路和建议与劝服式进路的对比

	功能	手段	纠纷解决路径
威慑式进路	报复	依法制裁	法律程序
建议与劝服式进路	修复	协商与谈判	鲜用法律程序

然而这两种执法风格,仅是一种"理想类型"。尤其是政府调控企业的经济活动时,受制于企业规模、合规动机等影响,政府往往不会采取上述两种极端的执法方式,通常运用混合模式。为了修正极端理想的执法分析方法,斯科特教授采用埃尔斯和布雷思韦特提出的执法金字塔来观察政府实际的执法行动。布雷思韦特的执法金字塔依据纠正行为的严厉程度,从最低程度的警告到最高程度的剥夺资格。[22] 这个模型不是静止的,也不是机械地选择,而是充分考虑到被规制者与规制者之间的执法关系。被规制者在市场行为中难免会犯错,规制者可以采用警告、教育等方式向被规制者释放规制的信号。如果违规的被规制者不能及时纠正行为,规制者会依据被规制者的危害结果、违法情形等,从金字塔的上端选择适当的制裁措施。必须注意的是,规制者的选择并非是沿着金字塔逐级攀升,而是有针对性地选用执法措施。此外,斯科特教授还关注到胡德对于"交叉制裁"的研究。金字塔模型是对执法方式的描述,而交叉制裁则是对执法主体的讨论。交叉

---

〔21〕 参见尼尔·甘宁汉:《执法与守法策略》,载[英]罗伯特·鲍德温、马丁·凯夫、马丁·洛奇编:《牛津规制手册》,宋华琳、李鸻、安永康、卢超译,上海三联书店 2017 年版。

〔22〕 参见[英]科林·斯科特:《规制、治理与法律:前沿问题研究》,安永康译,清华大学出版社 2018 年版,第 10 页。

制裁是用来解决一个行为触发多个规制规范，两个以上的规制者都可以对其实施制裁的情形。[23]

在规制实施机制中，政府规制运用科层制，对社会经济活动进行系列控制，包括设定规范、监督合规、纠正行为。在行政法学语境下，规制实施机制与行政过程论在大体上趋同。[24]具体到相关的环节，尽管学术概念存在差异，但是也可以找到诸多功能相当的概念，比如上文提到的行政检查，还有与设定规范有一定交集的行政立法等。倘若遵循行政法学视角，行政过程后可能会产生相应的行政纠纷。切换到规制研究的视域，大体等同于规制研究中的公共问责。

3. 政府规制的可问责性

政府规制的正当性是对市场失灵的纠正，确保公共利益不受到损害。对于这种正当性维护的一种机制正是实施公共问责。对于可问责性，斯科特教授提出"谁当被问责""向谁负责""就什么事项负责"的三个问题。斯科特教授对于规制国家中的可问责性讨论，是公法问责机制的演变推进，从传统的部长责任制到多元化的问责制度，包括议会控制、司法救济、审计、苦情处理和内部审查等。这些制度涉及的是向谁负责的问题。斯科特教授将"向谁负责"和"就什么事项负责"进行关联研究，向谁负责分为向上的负责（比如对财政部），水平的负责（比如对外部和内部审计者）和向下的负责（比如对企业），"就什么事项负责"分为经济价值、社会和程序价值、持续性/安全性价值。[25]从本质上而言，斯科特教授的问责对象分类与公法视角中的政治问责、行政问责和公众问责基本无异。至于谁应当被问责的问题，斯科

---

〔23〕　对于这一讨论，行政处罚主要通过"一事不二罚"保护被处罚人的利益，规定在《行政处罚法》第24条："对当事人的同一个违法行为，不得给予两次以上罚款的行政处罚。"通常我们对于一事不二罚，主要从如何界定一事的角度展开，但是斯科特教授在交叉制裁理论下，提出交叉制裁的规制者权力悬殊问题，提供了一个新的视角。相关讨论参见 Hood, *Administrative Analysis: An Introduction to Rules, Enforcement, and Organizations*, Palgrave Macmillan, 1986。

〔24〕　关于行政过程论的研究，可参见[日]盐野宏:《行政法总论》，杨建顺译，北京大学出版社2008年版，第56页。江利红:《日本行政法学基础理论》，知识产权出版社2008年版，第322页。

〔25〕　比如各国通过相应的机构，确保问责的落实，比如美国政府问责办公室（Government Accountability Office）服务于国会，负责调查政府如何使用纳税人的钱，也对规制项目和规制管理工具进行特定的审查。英国国家审计署通过物有所值研究（value-for-money）负责监测规制政策的实效性（National Audit Office）

特教授的讨论主要是放置在司法审查的视角下,认为根据是否使用公权力、是否接受政府资助来界定是否需要被问责。跳出司法审查的视角,如何界定问责对象,尤其是在政治问责和行政问责中,或许宪法秩序中的民主正当性能够为检视这个问题提供分析的路径。[26] 对于斯科特教授所提到的新公共危机带给公共问责的挑战,会在下文的自我规制和元规制中进行阐述。

4. 政府规制的管理

规制主体、规制实施机制和规制的公共问责,都是相对于"规制者—被规制者"的效果而言。而政府规制的管理则是"上帝之眼",对上述过程中的手段和措施进行评估,进而来提升规制的效果。斯科特教授在文集中对于政府规制的管理着墨不多,仅简要地对规制影响分析(Regulatory Impact Assessment,以下简称"RIA")进行了介绍。在经合组织的规制评价指标中,规制影响分析仅是其中的一项,另外还包括利益相关者参与、规制影响分析和事后审查。[27] 经合组织对于每个项目又涉及四个观测指标,包括系统性采纳(systematic adoption)、方法(methodology)、透明度(transparency)和监督及质量控制(oversight and quality control)。[28] 经合组织对规制管理的制度设计,从事前的 RIA、利益相关者参与到事后评估,形成了一个管理的闭环。

聚焦至 RIA,RIA 是对规制政策选择影响的分析,包括目标、风险、方案的成本收益以及考虑如何得以遵守、对于小规模商业(small business)的可期待影响、相关利益体的视角、监管和评估受争议的规制活动的标准等。各个国家对于 RIA 设置不同的评估机构和路径,比如美国,对于国会立法,没有 RIA 的法定要求。由于行政分支没有办法制定初级立法(primary laws),所以 RIA 只适用于从属于法律的规制规范。美国的 RIA 由隶属于总统办公室的信息和规制事务办公室(OIRA)实施,一旦规制被认定为不

---

〔26〕 参见[德]施密特·阿斯曼:《秩序理念下的行政法体系建构》,林明锵等译,北京大学出版社 2012 年版,第 88 页。

〔27〕 参见 OECD, *Recommendation of the Council on Regulatory Policy and Governance*, OECD Publishing, 2012。

〔28〕 系统性采纳是用来观测正式要求以及其在规制实践中运用的频率;方法是用来收集各个领域中规制方法的信息。

充分,其有权将规制政策发回制定机关,要求其重新考量。但是 OIRA 不能审查独立规制机构制定的规则。[29] 英国则是在 1998 年布雷尔政府签署法令后,明确如果作用于商业、慈善等主体的规制政策提议必须经过 RIA,否则首相不得予以通过。英国的规制政策委员会(Regulatory Policy Committee)是一个非政府的咨询机构,通过 RIA 对政府的新规制方案证据进行独立审查。

　　总体而言,各国通过系列的制度设计,以期政府规制达到良好的预期效果。但是对于规则的审查,经合组织的报告中依旧指出不尽如人意的地方。规则的"生命周期"(lifecycle)依旧是不完整的:国家对于制定法律和规则较为熟悉,而对后来阶段的执行和审查法律和规则则比较陌生。因此,尽管一定的法律和规则可能过时,国家仍旧不能系统地搜集证据,监管执行并且评估规制的结果。[30] 对于政府规制的管理,不仅涉及已经实施规制的效果,而且还关系到即将实施规制的效果。作为规制管理中最为重要的 RIA,其重要功能就在于处理具体事项上,政府是否要规制以及何种程度的规制。对于不需要政府强有力的规制领域,公共利益、市场主体利益、消费者利益等如何实现平衡?斯科特教授所讨论的自我规制和元规制的理论正是对这个问题的回应。

四、自我规制和元规制:政府规制的一种补充方案

　　自我规制和元规制,尚无清晰的定义。斯科特教授利用"规制空间"和"碎片化"等术语来形容规制的发展方向。自我规制和元规制都是在这一趋势中的产物。对于私主体行使规制权力调控社会经济活动,都可以视为自我规制,包括设定规范、监督合规和行为纠正。相较于自我规制,元规制的内涵更为模糊。通常,元规制又被称为对自我规制的规制。但是也有人泛化地运用元规制,指代不同规制主体或不同规制层面之间的互动,无论这些

---

〔29〕　参见 OECD, *OECD Regulatory Policy Outlook 2018*, OECD Publishing, 2018.

〔30〕　参见 OECD, *OECD Regulatory Policy Outlook 2018*, OECD Publishing, 2018.

规制者是公共机构、作为私人企业的自我规制者还是第三方的看门人。[31]
对于私主体对公共部门的规制,斯科特教授又称为"私人规制",比如近期世
界银行发布《2019 营商环境报告》,对各个国家的营商环境进行评价,也可
以涵盖个体对公共部门的监督,比如利用媒体等形成的社会资本进行监
督。[32] 但是如何妥善地在规制体系中安排私人规制,还需要进一步讨论。
搁置学术理论的分歧,探析自我规制和元规制产生的动因是一项基础工作。
斯科特和茉莉娅教授的"后规制国"的理论是用于批判"规制国"的一种工
具,其旨在对自我规制、元规制等规制改革进行描述和概括。因此,梳理"后
规制国"的相关发展脉络显得尤为重要。[33]

(一)后规制国

与后规制国功能相当的理论表述还有新规制国,超规制国。这些理论
本质在于描述当代规制体系的碎片化、去中心化。在这一趋势下,学者对具
体的现象进行观察,形成丰富的概念表述,比如去中心规制、合作治理、外包
规制、授权的参与者、工具的互补组合、实现双赢局面的机会最大化等。[34]
对于后规制国呈现的特征,体现了政府管理手段的改变,同时受到了经济、
科技发展的刺激,具体而言有以下几点因素促成了"后规制国"的出现。

一是政府和超国家组织的改革措施。自 20 世纪 80 年代以来,英美各
国放松规制如火如荼地展开,其目的在于该项运动旨在通过自由市场、减轻

---

〔31〕 参见卡里·科格里安内斯、埃文·门德尔松:《元规制与自我规制》,载[英]罗伯特·鲍
德温,马丁·凯夫,马丁·洛奇编,宋华琳、李鸻、安永康、卢超译,《牛津规制手册》,上海三联书店
2017 年版。

〔32〕 参见 Peter Grabosky, Beyond Responsive Regulation: The Expanding Role of Non-state
Actors in the Regulatory Process, *Regulation & Governance*, 2013, 7(1):114-123, 其中论述到中国
网民展开的自我规制,比如运用"人肉搜索"进行反腐。

〔33〕 对于后规制国的理论,也有相应的批判,比如认同自我规制的出现,但其仍然强调规制
国的重要性,强调政府的公共责任。相关的论述,参见 Ian Bartle & Peter Vass, Self-regulation
within the Regulatory State: Towards a New Regulatory Paradigm, *Public Administration*, 2007,
85(4):885-905。

〔34〕 参见 J. Braithwaite, The New Regulatory State and the Transformation of Criminology,
British Journal of Criminology, 2000, 4(2):222-238。

行政和立法负担，消除规制守法成本的消极影响。[35] 英国放松规制运动肇始于 1985 年，根植于保守党政府放松规制的施政策略，由《减轻负担》(lifting the burden)白皮书予以书面化。[36] 经过数年发展，托尼·布雷尔工党政府执政，在语义上将"放松规制"转变为"更好地规制"。[37] 欧盟层面改善规制质量开始于 20 世纪 90 年代中叶，1995 年阿姆斯特丹条约的附属协定提出"更好地规制"原则在欧盟推广。2001 年，Mandelekern 小组报告提出七条"更好的规制"核心原则。次年，欧盟白皮书吸纳 Mandelekern 小组报告，强调"更好地规制"组成元素，包括两阶段的规制影响程序、建立咨询的最低标准承诺、实定法的简化项目、委员会内部建立更好的规制网络等。近期，美国政府进一步放松规制，于 2017 年提出"stock-flow linkage"规则，要求行政机关放松规制，以确保规制的总成本不会超过预算管理办公室批准的数额。政府放松规制是主动地给市场让出空间，促进自我规制的发展。但是也有人指出自我规制的出现是源自政府消极地不作为，包括有意地不作为，促使市场秩序自发地形成和调整。[38]

二是全球贸易影响。伴随经济全球化，生产要素打破主权国家的地理边界，在全球范围内自由流通。跨国公司需要适应不同国家的规制体系，规制体系之间发生碰撞，主权国家之间的竞争也不断加大。主权国家间的竞争一旦不经调节，就会发生逐底竞争的问题，即企业更愿意在规制条件宽松的环境中成长，由此引发系列问题，比如发展中国家利用自身廉价劳动力，吸引了高污染、高能耗的企业，对当地的生态环境造成不可逆的破坏；相关安全标准一再降低，导致危险程度极高的公共安全事故发生。为了消除全球规制体系产生的"负外部性"，保障一定区域内的公共利益，以行业协会为

---

[35] 从学者研究关注点也可以看出 20 世纪八九十年代放松规制运动的影响力，比如 Robert Baldwin，Martin Cave，Martin Lodge 所著的《理解规制：理论、策略和实践》第 3 版增加了规制失灵和规制风险，以检讨放松规制的现象。

[36] Robert Baldwin, Is Better Regulation Smarter Regulation?, *Public law*, 2005(Autumn):485.

[37] 放松规制和更好地规制在功能上的差异体现在：放松规制的基础是对于规制的消极性评价，而更好地规制表明，相较于造成负担的不佳规制，良好的规制使我们所有人受益。

[38] 具体论述参见 Tim Bartley, Institutional Emergence in An Era of Globalization: The Rise of Transnational Private Regulation of Labor and Environmental Conditions, *American Journal of Sociology*, 2007, 113(2):297-331.

基础的自我规制因应而生,涉及环境体系监管、产品认证等多个领域。

三是社会结构的变迁。从 20 世纪以来,政府加强对社会经济活动的调控,尽管有放松的迹象和努力,但是政府规制还是不可或缺的。追溯到 19 世纪,英国都铎和斯图尔特王朝时期就已有"自我规制"现象的出现,比如同业行会被赋予垄断经营权。[39] 但是,19 世纪的"自我规制"是建立在国家对经济调控力度不大的社会背景下。自我规制的组织目标也并非是维护社会整体利益,而只是为了保护自己的成员免受外部竞争。因此,有学者以"新"和"旧"来区分 19 世纪的自我规制和当代的自我规制。[40] 我们应当清醒地认识到现代的自我规制是建立在强大国家权力基础之上。对于自我规制的讨论,不能逃离政府规制的背景。这也是后规制国中产生的"规制合作""元规制"等理论的基础,强调政府权力与私主体进行分工合作。

尽管后规制国的特征和产生背景有相似的共同性,但是后规制国还是一个庞杂的理论体系,有两点值得注意:一是规制国和后规制国并非是非此即彼,历时性地发展,两者可能会存在于同一时空;[41] 二是在后规制国的背景下,自我规制与政府规制也密切相关,自我规制的体系也会受到政府管理风格的影响,比如有学者以电子商务领域的自我规制为观察对象,依据公权力对自我规制的影响,分别将美国和欧盟的自我规制风格界定为守法型(legalistic self-regulation)和协调型。[42]

在后规制国的背景下,我们需要对自我规制和元规制的实践有更为清晰的了解。狭义的元规制与政府规制体系几近相同。而自我规制在规制分析框架下,与政府规制有细微的差别。下文将着重描述自我规制的体系化构造。

---

〔39〕 相关论述可参见[英]安东尼·奥格斯:《规制:法律形式与经济理论》,骆梅英译,中国人民大学出版社 2008 年版。

〔40〕 参见 Ian Bartle & Peter Vass, Self-regulation within the Regulatory State: Towards a New Regulatory Paradigm?, *Public Administration*, 2010, 85(4):885-905。

〔41〕 Julia Black, Tensions in the Regulatory State, *Public Law*, 2007(Spring):58.

〔42〕 Abrham L. Newman & David Bach, Self-Regulatory Trajectories in the Shadow of Public Power: Resolving Digital Dilemmas in Europe and the United States, *Governance: An International Journal of Policy, Administration, and Institutions*, 2004, 17(3):387-413.

(二)自我规制的体系化构造

斯科特教授的文集并未专章讨论自我规制,但是其在"规制空间"理论框架下涉及自我规制,并且将自我规制作为一种工具,来观察线上交易的规制革新。由此可见,斯科特教授更倾向于在政府规制的前提下,关照到自我规制的理论和应用。从斯科特教授零散的自我规制讨论中,我们希冀进行一个体系化的构建。

1. 规制主体

顾名思义,自我规制(self-regulation)强调的是自我行使规制的权力。从这个层面而言,我们需要对"自我"是谁? 以及"自我"规制权力的正当性(权力来源)来做一个了解。

自我规制主体的类型是多样的,既可以是企业,也可以是行业协会,甚至是超国家组织,比如国际标准化组织(ISO)。从被规制的对象而言,可以将他们分为对内部经济活动的规制、对内部成员的规制和对外部进行规制,分别对应的例子有企业对产品生产的管理、行业自治协会、国际标准化组织的标准适用于任何想遵循标准的企业。因此,从这个角度而言,自我规制不完全是一个自我内部的管理,"自我"更侧重于权力的独立性。但是我们的逻辑在这里又会挑战,自我规制的权力并不是完全具有独立性。有学者根据政府自我规制的作用将其分为强制型(mandated)、促成型(facilitated)和默认支持型(tacitly supported)[43]。大多数的自我规制还是强制型自我规制,依据权力的来源和行使又分为下放型(比如专业规制领域)、授权型和合作型。[44]

基于规制权力正当性来源,不同的自我规制类型有所差别,主要有以下来源:一是法律的授权,比如英国 2003 年《通讯法》授权 Ofcom 规制广告的内容;二是基于专业性获得权威,常发生于专业性领域,比如关于医师资格

---

〔43〕 参见 Ian Bartle & Peter Vass, Self-regulation within the Regulatory State: Towards a New Regulatory Paradigm?, *Public Administration*, 2010,85(4):885-905.

〔44〕 德国法上也有基于国家作用程度,类型化自我管制的程度,分别完全不受影响之社会自我管制、受国家诱导之社会自我管制、国家参与之社会自我管制。参见詹镇荣:《德国法中"社会自我管制"机制初探》,《政大法律评论》2004 年第 78 期。

的认定、建筑师的管理;三是基于社群的约束,比如行业协会的成员自愿加入,接受行业协会规章制度的约束;四是基于契约,比如英国广告业协会成员与广告业主的集体合同。

自我规制主体的讨论与自我规制的公共问责密切关联,会涉及能否受到公法规范的约束,能否接受司法审查等系列问题,我们会在下文展开分析。

2. 实施机制

在政府规制中,实施机制主要依赖于科层制,并且将法律规则作为主要规范。但是在自我规制体系中,实施机制则与科层制不同。斯科特教授在控制论的体系下,提出竞争机制、社群机制。这两种机制为自我规制的实施提供了解释基础。(见表 2)

表 2　竞争机制和社群机制的对比

	设定规范	监督合规	行为纠正
竞争	声誉/产品质量/性价比等	竞争结果	获得更好的绩效
社群	社会规范	社会监督	社会制裁

表 2 的内容是竞争机制和社群机制所涵盖的实质内容。如何让这些实质内容得到运作,具体体现在程序的安排和设计。这个就关涉到权力的配置和行使。在政府规制下,金字塔执行模式是一个有效的分析工具。但是在自我规制体系下,建立在"规制者—被规制者"金字塔模式的显然是缺乏解释力的。金字塔执行模式忽视了被规制者和第三方力量的行动。对于执行模式的修正,也可以拓展至整个实施机制的分析中。在规制实施中,每个环节都会存在着被规制者和第三方力量的行动,而且他们的行动会对规制的发生产生重要的影响。[45]

在竞争机制中,规范难以由一个企业或一个组织确定,而且不是一成不

---

〔45〕 修正金字塔执行机构,要构建三面体,以涵盖规制中所有的行动主体。参见 P. N. Grabosky, Inside the Pyramid: Towards a Conceptual Framework for the Analysis of Regulatory Systems, *International Journal of the Sociology of Law*, 1997,25(3):195-201.需要说明的是,有人可能会认为在科层制下,也有被规制者和第三方参与,但在我看来这种参与是一种被动的,而且在参与效果上,受到公权力的挤压,可能难以有效地作用于规制者的行动。

变的。比如原先的产品标准是结果为导向,但是现在涉及过程标准。过程标准包括劳工保护,原料使用、环保措施等问题。从结果标准到过程标准正是消费者意识的变化,从自利走向利他,关注产品生产背后的公共利益。由此,消费者对产品选择标准的变化,又会让企业调整标准,吸引更多的客户群体。竞争机制可借助的监督主体呈现多元化,包括消费者对产品的选择,消费者保护协会、劳工保护协会等对企业行为的挑战。在行为纠正上,竞争机制虽然难以体现制裁性,但是能在市场这只看不见的手作用下,对企业产生依据时长而严重度递增的后果。市场对企业异常行为的作用效果往往无法在短期内显现,比如同类企业升级技术,避免环境污染,依旧墨守成规的企业前期不会受到太大影响,甚至会获利。但是随着消费者的选择、规模成本内部化等因素,转型升级后的企业会受到青睐,因而利润走高。而没有作出改变的企业会一蹶不振,甚至面临破产的灭顶之灾。需要说明的是,竞争机制与科层机制会有互动和交集,而且不一定因市场失灵有政府介入,比如上述提到的产品标准变化,政府可能在修法中纳入新的标准,进而政府规制就进入到这个领域了。

社群机制在自我规制中最常运用,而且其运作模式更类似于科层制,典型的就是行业协会的自我规制。行业协会通过设定章程和相关要求,约束其内部成员。但是社群机制与科层制也具有显著差异,比如政府规制是具有强制性的,普遍适用,但是行业协会的规制仅适用进入协会内部的成员。斯科特教授还认为同行监督、认可等都是建立在社群机制之上。

在自我规制的实施体系中,社群机制和竞争机制不是难以相容,有的时候甚至是并行不悖的,两种机制的特征兼而有之。

3. 自我规制的公共问责

对于自我规制的问责,斯科特教授并未展开过多的讨论。但是在自我规制体系下,私人利益可能被过分关注,而公共利益则被忽略。[46] 对于自我规制的问责,可能有以下几种路径:一是采取反向合作规制(co-regulation),让自我规制体系激励公共主体参与;二是运用市场竞争机制,

---

〔46〕 参见 Peter Grabosky, Beyond Responsive Regulation: the Expanding Role of Non-state Actors in the Regulatory Process, *Regulation& Governance*, 2013, 7(1):119。

比如评级机构和金融机构的信誉;三是进入社群体系中,采取合法的替代进路;四是司法审查机制。前三个问责的可行性和实效性都需结合具体规制领域进行观察,运用司法审查机制的审查已经实际发生。

以英国涉及自我规制协会的诉讼为例,法院需要去判定司法是否进行干预以及如何干预。通常而言,司法考虑的前提是公法和私法的界限。法院主要从三个层次递进式地分析司法控制问题,即对公共部门本质的宽泛理解、在功能分化社会中理解法律的角色以及审查自我规制协会行为的法律依据。在具体审查标准上,对于自我规制协会的司法审查,根据行使职能的性质,采取不同的审查密度:对于行使政府规制功能的协会,需要受到一系列公私法原则的约束,包括自然正义、合理性、合法性等;对于国家借助其执行公共政策的协会,相比其他协会要受到密度更强的公法控制。[47]

在自我规制重要性与日剧增的今日,如何在末端设置责任机制,确保自我规制实现公共目标,是一个艰深的任务。

五、对公法学研究的启示

规制权力碎片化是研究当代规制的基本共识。私人参与政府规制的各个环节,比如美国协商型规则制定程序、政府监督委托第三方机构实施等。与此同时,政府权力依旧笼罩在自我规制领域,典型的是强制型自我规制。斯科特教授用"规制治理"来涵盖规制新近的演变,以展现规制主体多元和控制机制多样。我无意于对规制的最新发展述评,但要声明的是,任何类型的规制治理都是以政府规制和自我规制为中心的组合形态。对何种领域规制、采取政府规制还是自我规制、运用硬法还是软法、实施威慑型还是建议型执法手段,这些依赖于各国政府力量、市场自由化程度和社会参与度。大胆的推断是规制不仅在各个领域表现不同,在各个主权国家也有异。规制的研究旨在寻求控制的合理手段,解决社会经济中的若干问题。从这一使

〔47〕 参见 Julia Black, Constitutionalising Self-regulation, *The Modern Law Review*, 1996(1):24-55。

命出发,这也是法律功能的栖息地。但是我们需要考虑法律和规制到底是何种关系?斯科特教授在论述中,将法律视为一种控制的工具。但是在解释后规制国现象的时候,其借助卢曼的"法律自创生系统"理论,法律又具有其独立的品质。由此看来,斯科特教授对于法律与规制关系的定位也并非那么清晰。从法律的视角,显然我更认同的是卢曼的预设,法律呈现"规范封闭,认知开放"的特质,以确保法律的独立性。基于此,作为研习公法学的一员,我们更多地将规制安放在政治、经济等子系统考虑,以考量其对公法的影响。

(一)公法学关切的起点:规制与公法的关系

对于规制与法律关系的讨论,主要从规制的描述性和规范性特征切入。在规制的描述性层面,我们借助所罗门教授分析法律与治理体系的范式,讨论公法对规制实践的影响:一种论点是公法对于新的规制体系视而不见,几乎无法发挥作用;第二种论点是公法积极地阻止规制体系的发展;第三种是公法和规制实践进行良好地互动。[48] 这三种情形在不同规制领域都有显现:第一种观点常在新兴领域规制中得到验证,比如人工智能和网络平台的规制中,法律对于风险识别度不高,时常让步于科技自主创新;第二种观点常出现在市场垄断或政府垄断领域,法律对这些领域设限,无法通过自主变革获得新的发展;第三种观点广泛地存在于各个领域,政府和市场在法律框架下展开博弈,根据实际情况,进退有度。

从规制的规范性层面,布朗和科斯特教授在一篇文章中具体讨论了规制和公法的关系,从研究视角、范畴等方面给我们提供了丰富的智识贡献。[49] 斯科特教授道明了公法和规制研究的局限性,指出有的公法规范能有助于进入规制,比例原则的适用就是实例。但是在自我规制和合作规制

---

〔48〕 Jason M. Solomon, Law and Governance in the 21st Century Regulatory State, *Texas Law Review*, 2008,86(4):819-856.

〔49〕 斯科特教授此篇文章未收录于本文集,参见 Ciara Brown & Colin Scott, Regulation, Public Law, and Better Regulation, *European Public Law*, 2011,17(3):467-484.

领域中难以受到宪法价值的约束，公法价值无法发挥作用。[50] 斯科特教授对于公法的观察更多的是以司法审查为中心的。然而，受到规制体系的冲击，公法学本身也在反思研究范式，比如马肖教授从行政解释的角度，发问了行政法根基何在，到底是以法院为中心还是以行政机关为中心。回到规制研究上来说，规制研究难以妥善安置民主正当性。尽管规制改革和研究尝试解释正当性，比如运用咨询等程序吸引公众参与、运用民主回溯机制寻求正当性，但是仍旧因法律在规制中的边缘化，而受到非多数民主的非难。

（二）公法学汲取的养分：规制理念、价值和工具

基于上文的规制研究，我们不难发现描述性的规制，正是行政法学研究的绝佳素材。而规范性的规制又影响着规制的实践，对行政法学研究造成冲击。在实用主义视角下，规制和行政法学高度的同质性，都面向具体问题的解决。但在价值追求上，二者又有着看似不可调和的差异。基于此，我们切回公法中的行政法学视角，讨论如何以及为何要认真对待规制，主要有以下三点。

一是重新审视行政法的制度背景。制度背景涉及政府职能、市场机制和社会结构等多个方面，是行政法学之根。制度构造回答了政府该管什么，不该管什么。而建立在“权力—权利”基础上的行政法学，就要对政府的行为进一步约束。简而言之，制度背景划定了行政法学研究的疆域。规制研究关注规制领域中的权力配置，并且重视不同权力组合，实现良好的规制效果。同理，行政法学研究不仅需要关注公共行政，还要关照社会行政，通过“授权—委托”等组织法的范式，规范社会中权力的运行。

但是行政法学对于制度背景的研究是站在宏观的视角，在责任层面对权力主体作出简化的处理。规制则深入到制度的成因、个体动机等内部剖析，进行规制制度的设计，以实现效果的可接受性。对于行政法学而言，这是一个需要关注的视角。尤其在中国政府的转型期，如何对“党委领导、政府负责、社会协同、公众参与”的制度格局作出规范性描述，任重而道远。

---

〔50〕 相关的论述参见 Jerry L. Mashaw, Recent Development: Agency-Centered or Court-Centered Administrative Law? A Dialogue with Richard Pierce on Agency Statutory Interpretation, *Administrative. Law Revied*, 2007, 59(4):889-904.

二是重新构建行政法的价值理念。对于行政法价值理念的转变,国内行政法学已经有了丰富的成果,比如实质合法和形式合法的讨论等。[51] 但是这种价值理念的转化,还停留在抽象价值的层面,并未展开更为精细化的研究。规制研究则以实效性为中心,不断地进行机制和手段创新,比如威慑型和建议型执法风格的研究。中国执法实践也在悄然变革,比如体验式执法以及对企业一般违法的教育。[52] 但是行政法学对这类执法风格的反思是不够的,是应该放置在裁量权中进行外围讨论,还是应在内部行政视角深入分析风格转变的规范意义。

三是重新反思行政法的活动方式。行政法律关系论拓展了以行政行为为中心的行政法学研究视角。[53] 行政法学研究愈发关注以行政任务为导向,与规制研究具有共通性。但是规制研究中的强制性自我规制,私人参与政府规制,也对行政法学研究活动方式提出新的问题。比如强制性自我规制的形式选择自由、监督责任配置等问题,如何在行政法学框架体系中找到合适的定位。此外,规制研究中规范设定的讨论,会分析规制俘获,进而进入民主正当性和公共利益的讨论。在行政立法的研究中,还缺乏对这一现象有力的检讨和反思。

以上的讨论,仅是徘徊在公法学门外的学子的浅薄看法。从规制研究的梳理和介绍,到对公法学研究的借鉴,是一种个人美好的希冀。苏格拉底曾言:“认识自己的无知就是最大的智慧。”对于蓬勃发展的规制研究,我们不应熟视无睹,但也要拒斥“拿来主义”。尽管反思公法学研究时,“重新”是刺眼的词汇,但是这并非意味推倒重来。在看待规制和公法研究时,我们研究要站在问题导向上,求同存异,以公法固有理论来解释和理解规制中的新理论、新现象。只有在传统理论没法调适时,我们才应当思考“变革”的可能性。这种立场源于学科分野,术语差异的基本共识。规制和公法学研究要对话,要沟通,但不要盲目地崇拜。所以,请认真地对待规制吧!

（特约编辑:叶敏婷）

---

〔51〕　参见何海波:《形式法治批判》,《行政法论丛》2003 年第 14 卷。

〔52〕　可参见《司法部关于充分发挥职能作用为民营企业发展营造良好法治环境的意见》,2018 年 11 月 10 日发布。

〔53〕　相关论述参见赵宏:《法律关系取代行政行为的可能与困局》,《法学家》2015 年第 2 期。

正当性基础上的规制分析

——对两篇评论的回应与思考

安永康[*]

内容摘要：规制研究是典型的跨学科研究。为了更好地进行理解，需要以正当性理论为基础，勾勒规制分析的架构。正当性是指在特定规范、价值、信仰和理解体系下，规制主体及其活动对于利益相关者而言，所具有的可接受程度这样一种一般化评价。以正当性为基础的规制分析需要回应四个基本问题：谁是规制者、为什么要实施规制、如何设计规制过程、怎样评价规制效果。行政法学研究能够且需要在多大程度上回答上述问题，尚待进一步讨论。

关键词：规制；行政法；正当性；实效性

《规制、治理与法律：前沿问题研究》的作者，是国际上的规制与治理研究巨擘、爱尔兰都柏林大学法学院的科林·斯科特教授。本书实为一本文集，收录了作者前后约二十年间的研究成果。自 2018 年首次出版以来，本书受到了颇多关注。南开大学法学院副教授王瑞雪和浙江大学光华法学院博士生陈明，还专门撰写了书评，就规制相关议题，阐释了自己的理解。作为本书主要译者，我非常感谢两位评论人，并尝试以自己有限的知识储备与理解水平为基础，对两篇优秀的书评作出一些回应。

两篇书评均触及的主要议题有二：一是规制的分析框架；二是从行政法学角度审视规制研究。关于议题一，陈明对"控制论"视角下的分析框架提

---

[*] 浙江大学光华法学院博士后、爱尔兰都柏林大学法学博士。

出了批判,并提出了"三个立体面"和"一个动力"的分析框架;王瑞雪则以经典行政法学框架为参照,对规制分析的各个部分进行了阐释。关于议题二,陈明指出规制研究能够为公法学提供养分,有助于重构行政法的价值理念、反思行政法的活动方式;王瑞雪从规范权力运行的角度,指出"虽然相较于传统行政法,规制法更侧重于以问题为导向,但其在寻求符合公共利益的规制目标和与之相匹配的规制手段的过程中,核心关切仍在于确保规制合法性的基础上进而实现规制有效性"。

规制研究是一种典型的跨学科研究,其中,经济学、公共管理、社会学的研究影响尤其明显。两篇书评均有着较强的行政法意蕴,尤其是在透过行政法思维审视规制分析时,遵循着经典的规范权力的逻辑。为了更加全面地进行回应,本文尝试以正当性为理论基础,围绕规制分析的架构,进行简要阐释。

一、什么是正当性?

在任何规制体系内,规制者及其活动的正当性从根本上决定着该规制体系能否成功运作。[1] 其作用不仅在于有效应对社会问题,还在于在规制竞争背景下,鼓励或吸引资本流入。[2] 因此,在规制实践与理论研究中,解释与构建正当性具有至关重要的作用。

(一)正当性的概念

正当性(legitimacy)[3]的观念最早源自于罗马时期和中世纪时的拉丁

---

〔1〕 Julia Black, Constructing and Contesting Legitimacy and Accountability in Polycentric Regulatory Regimes, *Regulation & Governance*, 2008,2(2):137-164.

〔2〕 Julia Black, Legitimacy and the Competition for Regulatory Share, *LSE Law, Society and Economy Working Papers* 14/2009, http://120. 52. 51. 14/eprints. lse. ac. uk/24559/1/WPS2009-14_Black. pdf, accessed 21 March 2019; Peter G Stillman, The Concept of Legitimacy, Polity, 1974,7(1):43.

〔3〕 Legitimacy 比较常见的译法有两种:合法性和正当性。在国内政治学研究中,一般被译为"合法性",例如汪自成:《论服务型政府的合法性》,吉林大学出版社 2008 年版。为了避免与行政法学中的"合法性"产生混淆,本文采用"正当性"的译法。

语 legitimus,用于描述正当的统治者,强调合法律性(legality)。发展至君主专制时期,"正当性"与主权、君权紧密结合起来。至文艺复兴时期,正当性的观念逐渐世俗化,发展为社会民众的自由同意。〔4〕在规制研究中,一个相对较多引用的定义来源于 Suchman 的阐释。〔5〕参照 Suchman 对正当性的界定,〔6〕结合规制语境,此处将正当性定义为:

> 在特定规范、价值、信仰和理解体系下,规制主体及其活动对于利益相关者而言,所具有的可接受程度这样一种一般化评价。

"在特定规范、价值、信仰和理解体系下"是评价正当性的根据,以是否符合特定的正义或道德标准作为判断标准。〔7〕"规制主体及其活动"是正当性指向的对象,现有规制研究讨论正当性的语境多是规制者或规制机构及其权力运行。〔8〕"对于利益相关者而言"意味着正当性的评价者不是规制者自身,而是与规制活动存在直接或间接利益关系的所有群体,即"正当性群体"(legitimacy community)。〔9〕这些对象不仅包括被规制者,也包括规制活动旨在保护的群体,还涉及一系列参与、协助或监督规制者及其活动

---

〔4〕 参见 Jost Delbrück, Exercising Public Authority Beyond the State: Transnational Democracy and/or Alternative Legitimation Strategies?, *Indiana Journal of Global Legal Studies*, 2003,10(1):29-43;另见 Anders Uhlin, Democratic Legitimacy of Transnational Actors: Mapping Out the Conceptual Terrain, in Eva Erman and Anders Uhlin (eds), Legitimacy Beyond the State? Re-examining the Democratic Credentials of Transnational Actors, Palgrave Macmillan, 2010。

〔5〕 Eric L. Windholz, Governing through Regulation: Public Policy, Regulation and the Law, *New York: Routledge*, 2017:112.

〔6〕 Mark C. Suchman, Managing Legitimacy: Strategic and Institutional Approaches, *Academy of Management Review*, 1995,20(3):574.

〔7〕 参见唐丰鹤:《在经验和规范之间:正当性的范式转换》,法律出版社 2014 年版,第 22-25 页。有关不同类型正当性的讨论,可参见 Julia Black, Constructing and Contesting Legitimacy and Accountability in Polycentric Regulatory Regimes, *Regulation & Governance*, 2008,2(2):137-164; Mark C. Suchman, Managing Legitimacy: Strategic and Institutional Approaches, *Academy of Management Review*, 1995:20(3):511-610 等。

〔8〕 例如[英]托尼·普罗瑟著:《政府监管的新视野:英国监管机构十大样本考察》,马英娟、张浩译,译林出版社 2020 年版;Giandomenico Majone, Regulatory Legitimacy, in Giandomenico Majone (ed), *Regulating Europe*, Routledge, 1996。

〔9〕 See Julia Black, *Legitimacy and the Competition for Regulatory Share*, LSE Law, Society and Economy Working Papers 14/2009, http://120.52.51.14/eprints.lse.ac.uk/24559/1/WPS2009-14_Black.pdf, accessed 21 March 2019.

的主体。[10]"所具有的可接受程度"指向的是利益相关者的内心认可与服从程度。可接受性本身或许难以准确评价,但规制有效解决实践问题,无疑是提升可接受性与正当性最为根本的途径。[11] 反之,正当性的提升也有助于规制的有效运行。[12] "一般化评价"意味着正当性不是个案面向,而是一种宏观的考察。

(二)正当性的评价体系

根据正当性的概念可知,其解决的是这样一个问题:在什么情况下,规制者及其活动才能为利益相关者所普遍接受? 其中的关键在于如何评价正当性,或言,正当性的评价体系包含哪些指标。

正当性的评价指标大致可以区分为程序性和实体性两类。政治学研究将正当性区分为输入正当性(input legitimacy)、输出正当性(output legitimacy)和过程正当性(throughput legitimacy)。输入正当性强调决策者在制定法律、规则过程中的公民参与和民意代表性;输出正当性强调的是如此形成的法律、规则等解决实际问题的效果;过程正当性指向的是决策机构内部的治理结构与过程,强调其自身治理的效率、可问责性、透明性以及对市民社会的包容与开放程度。[13] 其中"输入正当性"与"过程正当性"主要针对的是程序性事项,"输出正当性"则指向实体性事项。也有研究直接从程序正当性(procedural legitimacy)、实体正当性(substantive

---

〔10〕 See Mark H. Moore, *Creating Public Value: Strategic Management in Government*, Harvard University Press, 1995:113 - 114, 118 - 125; Eric L. Windholz, *Governing through Regulation: Public Policy, Regulation and the Law*, New York: Routledge, 2017:112.

〔11〕 Eric L. Windholz, *Governing through Regulation: Public Policy, Regulation and the Law*, New York: Routledge, 2017:119.

〔12〕 Julia Black, *Legitimacy and the Competition for Regulatory Share*, LSE Law, Society and Economy Working Papers 14/2009, http://120. 52. 51. 14/eprints. lse. ac. uk/24559/1/WPS2009-14_Black. pdf, accessed 21 March 2019; Peter G Stillman, *The Concept of Legitimacy*, Polity, 1974,7(1):43.

〔13〕 详细讨论可参见 Fritz W Scharpf, Governing in Europe: Effective and Democratic?, *Oxford University Press*, 1999; Vivien A. Schmidt, Democracy and Legitimacy in the European Union Revisited: Input, Output and "Throughput", *Political Studies*, 2013,61(1):2-22.

legitimacy)角度展开分析。[14] 从法学视角来看，程序性、实体性的区分或许更容易理解。程序正当性强调信息透明、过程参与、可问责。实体正当性的关注视角是专业、效率与政策目标的实现，更加强调对实践问题的关注，强调规制者解决实践问题、实现规制目标的能力。

根据正当性的概念与评价体系，以正当性为基础的规制分析需要回应四个基本问题：(1)谁是规制者？ 这是被评价的对象。(2)为什么要规制？这是正当性的前提基础。(3)如何规制？ 这也是构建与维护正当性的过程，具体可分解为是否与其他主体合作？ 具体如何进行制度设计？(4)实际效果怎样？ 这关涉对规制者及其活动结果的评价。下文将对这四个基本问题进行回应。

二、谁是规制者？

在规制发展早期，"规制者"主要局限在政府主体范围内。在美国，1887年州际贸易委员会（ICC）的建立，常被视为独立规制机构的开端。[15] 自此，有关当代规制国家的讨论，也主要以政府独立规制机构及其活动为核心展开。在欧洲，在 20 世纪的大部分时间里，规制被视为政府干预的同义词。[16]

近三四十年间，规制者的结构走向多元化。曾经长期以政府为核心的规制体系，迅速在两个维度走向"去中心化"。一是国际化的发展。这表现为多种形式，例如欧盟、联合国机构等正式的国际组织、区域性的贸易与经济合作

---

〔14〕 例可见 Giandomenico Majone, Regulatory Legitimacy, in Giandomenico Majone (ed), *Regulating Europe*, Routledge, 1996; Mark Thatcher & Alec Stone Sweet, Theory and Practice of Delegation to Non-Majoritarian Institutions, *West European Politics*, 2002, 25(1):1-22.

〔15〕 也有人认为最早的独立规制机构是成立于 18 世纪末专利办公室。参见 Jerry L Mashaw, Recovering American Administrative Law: Federalist Foundations, 1787-1801, *The Yale Law Journal*, 2006, 115(6):1260.

〔16〕 David Levi-Faur, Regulation and Regulatory Governance, in David Levi-Faur (ed), *Handbook on the Politics of Regulation*, Edward Elgar, 2011:4.

协议以及不同国家同类政府部门间的组织网络等。[17] 二是私人主体的扩充。这不仅包括具体的企业,也包括行业协会,还包括标准化组织、认证机构、非政府组织等一系列第三方主体。[18] 更为复杂的是,私人主体与政府机构、国际组织与国内主体常常互相合作,共同应对某一领域的特定问题。

三、为什么要规制?

(一)政府主体维护公众利益

一般认为,市场失灵对公共利益产生的负面冲击,是促使政府规制出现并发展的主要原因。早期有关政府规制的研究主要从经济学角度指出,由于存在垄断、信息不对称、“搭便车”、负的外部性等问题,市场运作机制出现失灵,扰乱了正常的交易秩序,也损害了公共利益。尤其是随着20世纪科技与市场的迅猛发展,市场失灵也迅速蔓延。在此背景下,政府规制才得到迅速发展。[19] 以社会性规制为主的食品安全领域如此,[20] 早期出租车领

〔17〕 具体可参见 OECD,*International Regulatory Co - operation:Addressing Global Challenges*,OECD Publishing,2013.

〔18〕 例可见 Peter N Grabosky,Using Non-Governmental Resources to Foster Regulatory Compliance,*Governance*,1995,8(4):527-550.

〔19〕 有关政府规制的一般原理分析可参见 Stephen G. Breyer,*Regulation and Its Reform*,Harvard University Press,1982 第一章;A. I. Ogus,*Regulation:Legal Form and Economic Theory*,Hart Publishing,2004 第三章。从经济学角度的分析,可见 George Stigler,Phillip Nelson,Randall G Holcombe 等人的研究。

〔20〕 例可参见 Spencer Henson,*The Economics of Food Safety in Developing Countries*,ESA Working Paper No 03-19,December 2003;Ismo Rama and Sallyann Harvey,*Market Failure and the Role of Government in the Food Supply Chain:An Economic Framework*,http://www.dpi. vic. gov. au/about-us/publications/economics-and-policy-research/2009-publications/market-failure-and-the-role-of-government-in-the-food-supply-chain-an-economic-framework,accessed 19 July 2013;http://www. dpi. vic. gov. au/about-us/publications/economics-and-policy-research/2009-publications/market-failure-and-the-role-of-government-in-the-food-supply-chain-an-economic-framework,accessed 19 July 2013.

域政府规制发展,更是符合经济学角度的分析。[21] 政府规制的作用被设定为维护市场主体之间的竞争、交易秩序,保护普通公众的经济、人身安全与健康等权益。[22] 此外,也有研究从基本权利保护、维护与促进社会团结角度论证政府规制的理由。[23]

(二)国际组织应对国际问题

国际组织实施规制的原因有二:一是消除贸易壁垒,二是解决国际性问题。在规制走向国际化的早期,降低不必要的规制差异、消除贸易壁垒,是最主要的行动原因。[24] 例如早在 20 世纪 50 年代,联合国粮农组织与世界卫生组织指出,各国有关食品添加剂的不同规制规则与措施,不利于国际贸易的发展。为了消除此种贸易壁垒,两大组织最终决定成立国际食品法典委员会,推动标准的统一。[25] 而在近 30 年左右的时间,贸易全球化的发展也造成了系统性的风险,例如环境问题、公众健康问题。为应对这些全球化带来的挑战,国际组织越来越多地发挥着规制的功能。[26]

(三)私人主体存在私益驱动

无论是产业界还是第三方私人主体,其发挥规制作用的原因都或多或

---

〔21〕 例可参见 George W. Douglas, Price Regulation and Optimal Service Standards: The Taxicab Industry, *Journal of Transport Economics and Policy*, 1972,6(2):116-127; Paul Stephen Dempsey, Taxi Industry Regulation, Deregulation & Reregulation: The Paradox of Market Failure, *Transportation Law Journal*, 1996,24(1):73-120; Bruce Schaller, Entry Controls in Taxi Regulation: Implications of US and Canadian Experience for Taxi Regulation and Deregulation, *Transport Policy*, 2007,14(6):490-506.

〔22〕 参见 Bronwen Morgan and Karen Yeung, *An Introduction to Law and Regulation: Text and Materials*, Cambridge University Press, 2007,第 2 章。

〔23〕 具体讨论可参见[英]托尼·普罗瑟著:《政府监管的新视野:英国监管机构十大样本考察》,马英娟、张浩译,译林出版社 2020 年版,第 17-22 页。

〔24〕 Kenneth W. Abbott, International Organisations and International Regulatory Co-Operation: Exploring the Links, in OECD (ed), *International Regulatory Co-operation and International Organisations: The Cases of the OECD and the IMO*, OECD Publishing, 2014:21-22.

〔25〕 http://www.fao.org/fao-who-codexalimentarius/en/最后访问日期:2020 年 11 月 21 日。

〔26〕 Jean Ziegler, *Report of the Special Rapporteur on the Right to Food*, Human Rights Council Seventh session A/HRC/7/5 (2008).

少离不开私人利益的驱动。在自我规制语境下,防止政府施加更为严格的标准要求或规制措施,是企业、协会组织积极行动的外因;更好的声誉、竞争优势则提供了更为重要的内在驱动力。[27] 为了回应产业界的需求,私人标准体系应运而生,第三方检查、认证市场进而形成。[28]

　　简言之,早期政府规制的兴起,与市场失灵存在密切关系。而规制朝着国际化、私人化两个维度的发展,有其自身原因。因此,政府规制"作为规制的起点"、自我规制作为"政府规制的一种补充方案"这种表述并不准确。进一步思考,规制动因的不同也在很大程度上影响着规制合作过程以及具体规制活动的开展。由于篇幅限制,此处不再详细展开。

四、规制过程设计

　　规制过程是规制主体制定策略、采取措施的具体过程,能够直接影响规制实效性的高低,进而影响利益相关者对规制正当性的评价。关于过程的组成部分,有研究总结了发现问题、做出回应、执行措施、评估效果、调整设计五个部分;[29] 在自我规制语境下,有研究提出了监督、遵从、裁断与惩戒四个步骤。[30] 而更常见的是,是"控制论"视角下的标准制定、合规监督、行为纠正三要素分析框架,即(1)设定规范、原则、目标,(2)搜集信息以了解行为主体是否偏离既定规范、原则、目标,(3)采取措施督促行为主体按既定规

〔27〕 Bernd M. J. van der Meulen, The Anatomy of Private Food Law, in Bernd M. J. van der Meulen (ed), *Private Food Law: Governing Food Chains Through Contract Law, Self-Regulation, Private Standards, Audits and Certification Schemes*, Wageningen Academic Publishers, 2011:88-89.

〔28〕 Tim Bartley, Certification as A Mode of Social Regulation, in David Levi-Faur (ed), *Handbook on the Politics of Regulation*, Edward Elgar, 2011.

〔29〕 Robert Baldwin, Martin Cave & Martin Lodge, *Understanding Regulation: Theory, Strategy, and Practice*, 2nd edn. Oxford: Oxford University Press, 2012, ch11.

〔30〕 Tony Porter & Karsten Ronit, Implementation in International Business Self-regulation: The Importance of Sequences and their Linkages, *Journal of Law and Society*, 2015, 42(3):413-433.

范、原则、目标进行活动。[31]

"控制论"角度的分析，体现的是一种活动过程的结构，并不能准确反映过程中的规制活动是否是命令-控制。胡德（Hood）等人借鉴自然科学领域的控制论研究，参考系统理论中的相关分析，提出了上述三要素分析框架。在各个组成部分中，仍然可以容纳不同主体的同类活动以及其间的互动情况。例如在标准制定要素中，规制分析不仅关注标准是否具有强制性、标准的产品／服务抑或生产经营过程面向、规则详略程度、要求的高低等属性，还关注利益相关者的参与、不同主体所制定标准之间的互补或紧张关系。又如信息搜集过程不仅限于单一规制者监督被规制者是否遵从规制标准，还可以容纳不同主体之间的互动、互补关系；其功能不仅限于发现偏离规范、原则、目标的行为，也在于通过信息反馈改善规制过程、督促行为主体积极行动。[32] 再如行为纠正要素不仅限于消极的制裁措施，还可以容纳激励措施；不仅限于单一主体的行动，还可以吸收多元主体的互动。[33] 因此，"控制论"视角下的三要素，仍不失为讨论规制过程设计的一个高效架构。

五、规制实效性评价

实效性是评价规制活动正当性的核心，以规制的实施效果为基础。在规制过程中，对规制实效性进行评估是一项重要任务，是对规制制度、措施等在应对实践问题中的优劣成败进行评价。[34] 在政府语境下，成本—收益分析、规制影响分析颇具影响。在美国里根政府时期，经济学研究主导的成本—收益分析开始被用作一种评价政府规制条例的工具。在同时代的英国，规制影响分析成为一种适用于政府规制全程的评价方法，并迅速发展至

〔31〕 Christopher Hood，Henry Rothstein & Robert Baldwin，*The Government of Risk：Understanding Risk Regulation Regimes*，New York：Oxford University Press，2001：21-27.

〔32〕 Yongkang An，Evaluating the "Monitoring Space" in Food Safety Regulation：A Comparison Between China and the United Kingdom，*China Policy Journal*，2020，2(1)：31-54.

〔33〕 更多分析可参见有关规制金字塔以及"聪明规制"（smart regulation）相关讨论。

〔34〕 Robert Baldwin，Martin Cave & Martin Lodge，*Understanding Regulation：Theory，Strategy，and Practice*，2nd edn. Oxford：Oxford University Press，2012：254.

各个欧盟成员国家。二者都在于对政府规制政策或制度等进行全面评价，然而在实践中却面临着诸多问题，包括但不限于过于重视事前的预测、难以精准评估成本和收益、过于关注经济效率等。[35]

事后的绩效或效果评估也与实效性相关，也得到了关注。基于对成本-收益分析与规制影响分析的反思，有研究认为，应当更加重视规制政策、制度等实施事后的评估与修正过程，即回顾、重新审视的过程。然而这种评估也面临的挑战，例如难以精准量化规制目标、难以准确评估规制结果等。[36]实际上，如果基于规制目标的实现而进行规制政策或制度的实效性评估，就会遇到难以解决的问题。这不仅因为很多规制目标实现的程度难以准确量化，而且规制目标的实现可能得益于多重规制制度，甚至规制以外的因素。

有研究通过分析规制制度的功能预期、考察被规制者的主观认知与客观行为反应，来评估规制实效性。[37] 就一项具体的政府规制制度或措施而言，这不失为一种考察其存在的实践问题、发现解决之道的更具操作性的方法。这类评估或许会超出行政法学的研究范畴，需要借助于经济学、社会学、行政学等非法学领域的专门知识。[38] 但于政府规制而言，实效性评估却能对其正当性的构建与提升发挥不可忽视的作用。因此，需要结合具体情况，形成一套系统的评估方法，并以实证数据为基础进行评估。

---

〔35〕　有关规制影响分析与成本-收益分析的系统性讨论，可参见 ibid. 第 15 章；Claire A. Dunlop，et al.，The Many Uses of Regulatory Impact Assessment: A Meta-Analysis of EU and UK Cases，*Regulation & Governance*，2012，6(1)：23-45；Colin Kirkpatrick & David Parker (eds)，*Regulatory Impact Assessment: Towards Better Regulation?*，Edward Elgar，2007 等。

〔36〕　Robert Baldwin，Martin Cave & Martin Lodge，*Understanding Regulation: Theory, Strategy, and Practice*，2nd edn. Oxford: Oxford University Press，2012:255-256，336-337.

〔37〕　例如 Judith van Erp，Naming Without Shaming: The Publication of Sanctions in the Dutch Financial Market，*Regulation & Governance*，2011,5(3):287-308；David Weil，et al.，The Effectiveness of Regulatory Disclosure Policies，*Journal of Policy Analysis and Management*，2006,25(1):155-181 等。

〔38〕　参见林将鏘:《德国新行政法》，五南圖書出版公司 2019 年版，第 23、29 页。

六、结语

本文尝试以正当性理论为基础,对规制分析框架进行了简单勾勒。虽无法面面俱到,但可以明确的是,规制研究是一种问题导向型研究,建立在多学科知识与方法基础之上。从行政法学角度分析规制,可能出现共鸣、互补,又或形成张力。对于二者的相通之处,或许不必太过忧虑。关于二者的互补之处,尤其是对于行政法学者而言,正当性基础上的规制分析远远超出了法学自身的知识与方法体系,[39]需要考虑是否或者在多大程度上借鉴其他学科的研究。关于二者存在的紧张关系,尤其需要慎重对待。特别是从行政法视角解释与构建规制相关制度时,不仅要考虑实际可行性,还需要思考政策目的或制度预期的真正实现。总而言之,各学科研究自有所长,亦有力不能及之处。关于规制研究,行政法学界虽已有大量革新努力,但自身的知识与方法体系能支撑多远,还充满未知,尚待未来继续观察。

(特约编辑:叶敏婷)

---

[39]　参见林明鏘:《德国新行政法》,五南圖書出版公司 2019 年版,第 80 页。